JIANCHA WENHUA CHULUN

中国检察文化理论研究文库

检察文化初论

张　耕／主编

中国检察出版社

序

　　文化是民族的血脉，是实现国家富强、民族振兴的重要支撑。作为社会主义先进文化的重要组成部分，检察文化是凝聚广大检察人员的精神家园，是推进检察事业不断发展的重要力量源泉，也是体现检察人员精神风貌、展示检察机关良好形象的重要载体。近年来，各级检察机关积极适应新形势新任务和推动检察工作科学发展的新要求，高度重视检察文化建设，大力实施"文化育检"战略，充分发挥文化独特的精神感召力、思想影响力和内心驱动力，在潜移默化、润物无声中提升检察人员的思想境界、职业素养和能力水平，取得了丰硕成果，对于引导广大检察人员坚定中国特色社会主义理想信念，坚定职业信仰和职业追求，增强公正廉洁文明执法的自觉性，提升检察机关的凝聚力、向心力、战斗力，发挥了积极的作用。

　　《检察文化初论》是由中国检察官文联组织检察系统内外专家和检察人员研究撰写的一部检察文化理论著作。该书贯穿了马克思主义的立场、观点和方法，体现了近年来最高人民检察院关于检察文化建设的政策方针，形成了紧密联系实际、富有理论创新、内容比较完整的理论体系，反映了检察人员对中国特色社会主义检察文化建设规律的不懈探索，具有较高的文化理论价值和实践指导意义。

　　党的十八届三中全会明确指出，要紧紧围绕建设社会主义核心价值体系、社会主义文化强国深化文化体制改革，推动社会主义文化大发展大繁荣，为深入推进检察文化建设进一步指明了方向。各级检察机关要深入学习贯彻党的十八届三中全会精神，坚持中国特色社会主义文化发展道路，以社会主义法治理念为指导，紧紧围绕弘扬政法干警核心价值观，大力加强检察文化建设，推动检察文化大发展大繁荣，更好地为中国特色社会主义检察事业发展提供精神动力和智力支持。

　　检察文化理论研究，是检察文化建设的一项基础性、先导性工作。要紧密结合检察文化建设实践，围绕关系检察文化深入发展的重大问题，进一步加强对检察文化的核心价值、基本要求、功能作用、发展规律、历史渊源等根本性问题的理论研究，特别是重视加强对检察职业理念、职业精神、职业道德、职业形象等一系列重大问题的研究，探索构建中国特色社会主义检察文化体系，为检察文化发展繁荣提供科学指引和理论支撑。

检察职业理念是检察人员在长期实践中形成的、与履行职责相关的思想、理论、理念和价值观念的总和。要把树立检察职业理念作为检察文化建设的核心，准确把握检察职业理念的科学内涵、思想精髓、实践要求和价值准则，牢固树立社会主义法治理念和政法干警核心价值观，进一步牢固树立"六观"、"六个有机统一"、"四个必须"等正确发展理念和执法理念，认真思考和研究新时期检察工作应当实现什么样的发展、怎样发展和为谁执法、怎样执法等一系列重大理论和实践课题，不断深化对检察工作发展规律的认识，增进对社会主义法治理念的理论认同与实践认同，为中国特色社会主义检察事业发展奠定坚实的思想基础。

检察职业精神是集中反映检察职业特征和时代特征、对检察人员起到思想引领作用的共同理想信念和价值追求。要把塑造检察职业精神作为检察文化建设的根本，认真研究和提炼检察职业精神的内涵，积极探索培育检察职业精神的有效途径和载体，坚定理想信念，提振精神状态，强化职业信仰，筑牢思想防线，始终保持奋发向上、充满活力的蓬勃朝气，攻坚克难、一往无前的昂扬锐气，廉洁奉公、刚正不阿的浩然正气，坚定不移地做中国特色社会主义事业的建设者、捍卫者和公平正义的守护者。

检察职业道德是检察人员在履行职责过程中，应当遵循的内心信念和基本行为规范。要把强化检察职业道德作为检察文化建设的重点，认真研究检察职业道德的定位、特征、基本规则，探索建立检察职业道德评价体系和约束机制，把对法律的信仰、对公正的追求深深植根于检察人员的思想和行动之中，引导广大检察人员始终保持忠诚的政治本色、牢记为民的宗旨理念、坚持公正的价值追求、坚守廉洁的职业操守，进一步提升检察机关执法公信力。

检察职业形象是社会公众对检察机关和检察人员总体表现所作的相对稳定与公认的评价和反映。要把提升检察职业形象作为检察文化建设的重要目标，按照"为民、务实、清廉"的要求，进一步密切与人民群众血肉联系，着力提高公正廉洁执法水平，切实加强执法作风建设，积极推进司法民主，自觉接受来自各个方面的监督，不断增强检察工作透明度，努力提高检察工作亲和力和人民群众满意度，真正树立起人民检察为人民的良好形象。

2013 年 12 月于北京

前　　言

　　《检察文化初论》（以下简称《初论》）终于定稿付印了。这是中国检察官文学艺术联合会（以下简称中国检察官文联）自 2011 年 6 月 22 日成立以来，组织编写的第一部检察文化理论专著，是 20 多位理论专家和检察官，花费了近两年时间辛勤劳动的成果。

　　中国检察官文联是最高人民检察院党组直接领导下，由检察系统文化艺术爱好者自愿组成的公益性社会团体。她秉承"以文载法，服务检察"的宗旨，立足检察文化，面向法治文化，传承中华文化，放眼世界文化，以文化艺术形式，服务于党和国家的工作大局，服务于检察机关的中心工作，服务于检察队伍建设，特别是基层检察队伍建设，服务于广大人民群众，努力推动中国特色社会主义检察事业科学发展。

　　检察文化理论研究、检察文化艺术创作、检察文化艺术活动这三项工作，是检察官文联全部业务工作的总和。在这三项工作中，检察文化理论研究是根本，具有指导性和导向性，为检察文化艺术创作和检察文化艺术活动提供理论支撑；检察文化艺术创作是关键，为检察文化艺术活动提供脚本和依据；检察文化艺术活动是载体，使检察文化理论研究成果和检察文化艺术作品形象化、生动化，充分展示其魅力和感染力。这三项工作"紧密结合，一起推进，协调发展"，构成了检察官文联"三位一体"的业务工作思路。中国检察官文联自成立以来，在推动这三项工作方面下了很大功夫。先后开展了一系列文化艺术活动。如检察系统书画摄影展、大型检察文艺演出、"以物（梅、竹、荷）喻检"文化活动、"迎新春，送文化（春联）"活动，还举办了多次笔会、采风等活动。同时，始终把检察文化理论研究放在重要位置，多次进行调研，分别在武汉、延安和吉林举办了检察文化理论研讨会，这些都为编写《初论》奠定了基础。

　　《初论》从精神层面（狭义的文化概念）对检察文化的一些基本理论问题进行了初步探讨。在编写过程中，作者认真研读了迄今为止公开发表的一系列有关检察文化的论著，从中得到了许多启迪和帮助，力求在此基础上有所深化和创新。总体来看，这部著作体例完整、结构合理、观点明确，论述较为深入，语言注重平实，具有一定的系统性和创新性，对检察文化理论研究的深入开展可以起到推动和借鉴作用。当然，这部著作对检察文化理论的研究还是初步的，对一些问题的研究甚至是肤浅的，期望得到各方的教诲和指正。

　　检察文化理论研究是一项十分宏大的工程，是一篇很大的文章，需要有志于这方面研究的检察官、理论家通力合作，艰苦攻关。《初论》如能起到抛砖引玉的作用，我们就十分欣慰了。中国检察官文联将以《初论》出版为契机，进一步加大检察文化理论研究的力度，组织编写《中国检察文化理论研究文库》，以《初论》的框架为基础，拟定若干个有关检察文化理论研究专题，深入进行调研，实行项目包干，经过几年努力，形成若干专著，逐步构建中国特色社会主义检察文化理论体系，为实现我国检察事业蓬勃发展、中国特色社会主义检察制度不断完善的检察梦作出应有的贡献。我们热切期待着对此项研究有热情、感兴趣、有专长的学者、专家和实际工作者加盟合作，潜心研究，共铸辉煌。

张　耕

2013 年 10 月于北京

目　　录

第一章　检察文化的概念

检察文化，既是文化的一部分，也是检察事业的一部分，是检察机关和检察人员在检察工作中创造、发展和传承地体现检察职业特征的精神成果。

第一节　文化

在我国古代，虽早有"文化"① 一词，但基本上是在两种意义上使用的。一是与武备或者武功相对，指文治或者教化；二是与野蛮相对，指文明或者开化。这两个意义上的文化概念都不同于 19 世纪中叶以来的文化学意义上的文化概念②，即与自然相对，指人类活动及其成果。文化概念起源于人类对自身发展过程的反思和对发展成果的自觉，人与自然之间以及人类的群体与群体之间的区分都可以从文化上找到答案。③ 反之，凡是可以表明人与自然、人类的群体与群体之间区别的东西，都属于文化现象。

文化现象本身的复杂性和人们认识文化现象的视角、方法和动机上的多样性，决定了文化概念的多义性和多面性。美国人类学家阿尔弗雷德·克罗伯和

---

① 据考证，文、化二字结合为一个词，最早见于西汉刘向的《说苑·指武》："圣人之治天下也，先文德而后武力。凡武之兴，谓不服也；文化不改，然后加诛。"此处的"文化"是一个动词，与"教化"相近。

② 据说，最早使用"文化学"这个名词的是弗日尼·培古轩。1838 年，他在德国刻尼格斯堡出版了《动力与生产的法则》，该书第 8 页中阐述了文化学的范围、意义及其学说。参见陈序经：《文化学概观》，中国人民大学出版社 2009 年版，第 42 页、第 45 页等。

③ 泰勒（又译泰罗尔）认为，人类要想认识自己，应当认识其文化。从这个意义上说，自然现象以外的统统都是文化现象。正是在这个最广泛的意义上，我国台湾地区学者韦政通认为："中国近百年来，是问题最多的时代。每一个问题，追根究底，都是一个文化问题。"（韦政通：《中国文化概论》，岳麓书社 2003 年版，第 1 页。）虽然这个观点有点偏激，但是许多问题确实与文化联系在一起，撇开文化，不仅难以解决各种问题，而且难以解释各种问题。

克莱德·克拉克洪对 1871 年至 1951 年 80 年间出现过的 161 种文化定义①进行了统计和分析，在 1952 年出版了专著《文化：关于概念和定义的评论》。这些定义从不同的角度和侧面反映了文化的特征，了解这些定义，有助于丰富我们对文化现象的认识，可以给我们深入研究检察文化现象以方法论上的启示。

一、文化概念的类型

文化概念是文化学研究的成果，研究的起点、路径和方法等都会对文化概念的形成产生影响，因而随着文化学的兴起，文化概念的多样性就是必然的结果。正如不同的文化对人类的进步都有一定的贡献一样，各种文化概念在文化学发展史上都有一定的贡献，都是我们获得关于文化现象的认识的垫脚石。下述五种类型的文化概念实际上主要是方法论差异所导致的，它们之间并不是完全互斥的，相反的，它们之间存在一定的相容性、互补性。这就是它们长期并存的意义和价值。文化概念的类型不同于文化的类型，前者是文化学研究的成果，属于认识的范畴；后者是文化学研究的对象，属于客观的范畴。文化的多样性与文化概念的多样性具有相关性，但不是对应的。

（一）描述性定义

一些学者认为，文化是指一切精神财富和物质财富的总和。最古典的定义是由爱德华·伯纳德·泰勒提出来的："所谓文化或者文明，在其广泛的民族志的意义上来说，是知识、信仰、艺术、道德、法律、习惯及其他人作为社会成员而获得的所有能力和习性的复合的总体。"② 这是一种宽泛的文化概念，没有把文化与文明区分开来，但是这个定义突出了文化"作为社会成员而获得的所有能力和习性"，即文化的社会性、继承性和整体性，为学术界所广泛接受，因而是经典的文化定义。我国学者梁漱溟认为："文化就是吾人生活所依靠之一切。""文化之本义，应在经济、政治，乃至一切无所不包。"③ 把"与人类生活的关联性"作为文化的本质特征，这是对泰勒的文化概念的进一

---

① 关于这本书收集到的文化定义的数量，有不同的说法。洪威雷、芦文龙编著的《行政文化概论》（武汉大学出版社 2009 年版，第 4 页）说有 164 种定义。［美］菲利普·巴格比著《文化：历史的投影》（夏克、李天纲、陈江岚译，上海人民出版社 1987 年版）第 91 页和第 97 页两次出现的数字均为"161"，故这里也采用此数字。其实，这个数字也只能是一个大约数字，表明有关文化的概念和定义很多而已。

② Edward B. Tylor, Primitive Culture, 1871 年版，第 1 卷第 1 页。在泰勒的文化概念中，物质文化不是文化本身，而是文化行为的产物。现在流行的"物质文化与非物质文化"的分类法是以林顿的"显性文化与隐性文化"（overt culture and covert culture）的概念为基础的，是对泰勒的文化概念的继承和发展。

③ 梁漱溟：《中国文化要义》，上海世纪出版集团 2005 年版，第 6 页。

步泛化，减少了文化的一些内在的规定性，有助于人们认识文化存在的普遍性。不过，过于泛化的文化概念也可能导致人们难以把握文化现象，更难认识文化及其发展规律。这就背离了文化学研究的目的。

（二）结构性定义

一些学者认为，文化是一种具有特殊结构的体系，每一个具体的文化内容都是这一体系的有机组成部分。T. 帕森斯认为，文化体系主要是由知识象征、道德评价、表情象征和制度性象征四个职能和成分构成的复合性体系。同时，文化体系只是人类行动系统的四个子系统即文化体系、社会体系、人格体系和行为有机体体系的第一个层次。文化体系的基本分析单位是"意义"或"符号系统"，核心是共同分享的价值观。当全社会的价值观被全社会成员所内化，就产生了"社会化"。社会化是一种维持社会控制和保证社会团结的极为强大的聚合力。文化体系在帕森斯的理论中占有相当突出的位置。文化体系与行动系统的关系极为复杂，文化体系一方面可以看作行动过程的产物，另一方面也可看作是采取进一步行动的条件成分。帕森斯对韦伯理论的重要补充是：文化体系既是由行动产生的，又对行动起着制约作用。

关于文化结构的成分，有两要素说，即由物质文化和精神文化两个部分组成；有三要素说，即认为文化由物质文化、制度文化和精神文化三个部分构成；有四要素说，即认为文化由物质文化、制度文化、精神文化和行为文化四个部分构成①；有六子系统说，即认为文化由物质、社会关系、精神、艺术、语言符号、风俗习惯六个子系统构成。这类结构性定义侧重于从行为方式及其价值取向的角度解释文化现象，同时又试图用文化的结构、功能和价值等理论来解释人类行动。其实，结构性文化定义都具有非常强烈的功能主义倾向。

（三）价值性定义

从文化的功能、价值、意义等角度来看，一些学者认为，文化是人类的价值创造及其体现。英国学者博洛尼斯留·马林诺夫斯基认为："文化，显然是一个集成性整体（integral whole），包括工具和消费品、各种社会群体的制度宪纲、人们的观念和技艺、信仰和习俗。无论考察的是简单原始，抑或是极为复杂发达的文化，我们面对的都是一个部分由人群、部分由精神构成的庞大装置。人借此应付其所面对的各种具体而实际的难题。这些难题之所以产生，是

---

① 陈建宪认为："文化主要有四大部类：物质文化、制度文化、精神文化、信息文化。"见其主编的《文化学教程》（第二版），华中师范大学出版社 2011 年版，第 24 页。

因为有一个受制于各种生物需求的驱体，并且他是生活在环境之中。"① 梁启超说："文化者，人类心能所开积出来之有价值的共业也。易言之，凡人类心能所开创，历代积累起来，有助于正德、利用、厚生之物质的和精神的一切共同的业绩，都叫做文化。"

（四）历史性定义

一些学者主张，文化是一定群体赖以生存的知识。美国学者福尔森说："文化是一切人工产物的总和，包括一切由人类发明并由人类传递后代的器物的全部及生活的习惯。"② 克莱德·克鲁克洪认为："文化是历史上所创造的生存式样的系统，既包括显型式样又包括隐型式样；它具有为整个群体共享的倾向，或者在一定时期中为群体的特定部分所共享。"③ 这种历史性文化概念所强调的是，今天的文化是历史上的创造所形成的，今后的文化是基于历史的文化而创造的，文化既是维护群体生存的必要条件，也是发展的必要条件。从文化与历史的关系来看，周有光先生说："文化是历史的精髓；抽去文化，历史就成时间的空壳。"④

（五）主体性定义

一些学者认为，在文化的创造和发展过程中，主体是人即社会的人，客体是包括人之外的自然界和人类的身体、本能等各种自然属性。文化是人类改造自然、改造社会、改造自身的活动及其成果。人创造了文化，同时文化也创造了人。文化是自然的人化，同时也是人的对象化。文化是人类创造出来并为人类服务的，同时，生活在特定社会条件下的个人也不得不受制于文化。人类既受益于文化又受制于文化，这是文化创新的条件和动力所在。威尔海姆·奥斯托瓦尔在其《教育学原理》中说："人区别于所有其他动物的这些特殊的人类特性，只有在文化内才能被理解。因此，把研究特殊的人类行为的科学称为文化学，也许是最恰当的。"

二、文化概念的演变：从大文化到小文化

上述五种类型的定义也只是数百种文化定义的类型化和古典定义的代表。

① ［英］马林诺夫斯基：《科学的文化理论》，中央民族大学出版社 1999 年版，第 52—53 页。参见 B. Malinowski, "A Scientific Theory of Culture and Other Essays", 1944 年版，第 150 页。

② 帕米尔书店编辑部：《文化建设与西化问题讨论集》（下集），帕米尔书店 1980 年版，第 415 页。

③ ［美］克莱德·克鲁克洪等：《文化与个人》，高佳、何红等译，浙江人民出版社 1986 年版，第 6 页。

④ 周有光：《文化学丛谈》，语文出版社 2011 年版，序言第 1 页。

作为文化学范畴的文化大致可以分为广义与狭义两种，广义的文化即"大文化"，是指人类社会在历史实践中所创造的物质财富和精神财富的总和，或者说，是人类生活的总和①。早期的经典的文化定义基本上都是广义的，譬如，泰勒的定义、马林诺夫斯基的定义等。德国科学家奥斯特瓦尔德在 19 世纪初提出："把人类种系与全部其他动物物种区别开来的这些独特的人种特性，都包括在文化一词中。因此，对这门关于人类特殊活动的科学可能最适合于称作文化学。"后来他还主张把文化学置于科学金字塔的顶端。②

"大文化"概念概括了人类有别于自然的独特的生存方式，揭示了人与动物、社会与自然的本质区别。凡人类劳动及其改造过的东西都是文化，这可谓"人力所及皆文化"了。外延过于宽泛，就不易与其他事物相区分，难以界定其范围，反而不利于深入地、精确地研究文化现象，也难以把文化学与社会学、人类学等社会科学区分开来。随着人们对文化现象的理论研究由古典文化学向现代文化学的转化和发展，重新界定文化范围并适当缩小其范围是必然的选择。

文化现象与自然现象的区分只是文化的第一个层次，这是文化学研究的基础和前提条件，也是古典的文化学著作所普遍采取的立场和观点。如果对文化现象的认识只停留在这个层次，把人类生活的全部内容都作为文化学的研究对象，那就把文化学与"哲学—社会科学"等同起来了，那就不是建立一个新学科而是给哲学—社会科学取了一个新名字③，至多在一定程度上丰富和发展了原有学科的内容而已。

人类的群体与群体之间的差异是文化的更高层次，也是文化学研究的重心所在。从不同的角度来划分人类群体是社会科学研究的基本方法即类型研究，但是不同的学科研究的重点和任务不同，譬如，地理学研究侧重于南方人、北方人、东方人、西方人等，生理学研究侧重于白种人、黄种人、棕种人和黑种人等，社会学研究侧重于大洲、国家、民族、城市、社区、家庭、职业群体、社会阶级、政治团体、宗教团体等。所有这些不同类型的群体都存在不同程度的文化差异，识别这些文化特征并研究其作用机制和变迁规律是文化学的主要任务。从文化的角度研究人类群体与群体之间的差异，根本的目的就是揭示人类行为的规律。怀特认为，人类的行为是由两个独立的、性质不同的因素即生

---

① 参见陈序经：《文化学概观》，中国人民大学出版社 2009 年版，第 251 页。
② 参见陈建宪主编：《文化学教程》（第二版），华中师范大学出版社 2011 年版，第 35 页。
③ 实际上，19 世纪中叶文化学与人类学、社会学在许多人看来是难以区分的，甚至不加区分。这恰恰反映了当时文化学尚未完全从其他社会科学中逐步分离出来。

理因素和文化因素组成的。① 研究文化就是要发现不同群体的行为规律或者不同群体的文化对行为的影响机制。正因为如此，研究和揭示人类与自然的区别固然属于文化学的任务，但是更多地属于其他社会科学的任务。文化学要揭示的主要是更高层次的人类群体特征即文化特征。

美国学者克罗伯率先把文化学的研究领域从"大文化"压缩到"小文化"。他主张文化具有清晰的内在结构和层面，有自身的规律。他还提出了文化结构、行为模式、符号系统、原型文化、文化价值观、文化系统、文化动力学、文化工程学、文化心理学等一系列概念和工具，这才使现代文化学真正建立起来。怀特（1900—1975 年）撰写《文化科学——人和文明的研究》（1949 年）的目的就是要论证和确立以人类群体的文化特征为研究对象的文化学的独立地位。②

狭义的文化即"小文化"，是指人类的精神创造活动及其成果。相对"大文化"而言，它强调人类的精神财富，同时，它肯定文化这种精神财富可以甚至必须通过物质载体和行为载体等形式来体现。这就把物质形态等客观形式与其中包含的文化内容区分开来了，也把物质和文化区别开来了。这是古典文化学转变为现代文化学的一个重要标志。当代中国的文化学与当今世界的文化学一样，并不否定广义的文化即"大文化"，相反的，文化学是在肯定"大文化"的前提下，重点研究"小文化"。换句话说，现代文化学基本上是以狭义的文化为研究对象的。检察文化研究也应当采取这一立场和方法，即以"大文化"为背景，以"小文化"为研究对象。

三、文化的矛盾性与先进性

文化是人类发展的成果和进步的标志。但是，正如劳动对人既有肯定性又有否定性（劳动异化）一样，文化作为人的活动的结果，既有对人的肯定性，也有对人的否定性，这就是文化的内在矛盾性。通俗地说，任何文化都有一定的精华，也难免有一定的糟粕。这就表明，绝对主义的文化观是片面的，甚至

---

① 参见［美］怀特：《文化科学——人和文明的研究》，曹锦清等译，浙江人民出版社 1988 年版，第 116—117 页。

② 怀特的《文化科学——人和文明的研究》通篇都是论证文化学的。他的逻辑起点是狭义的文化概念，即体现人类群体与群体之间差异的文化特征。在该书的序中，他说："人对于这些把自己所属的群体与其他群体区别开来的不同特征总是有意识的。这样，在某种意义上，我们可以说，人类总是具有文化意识的。"他的逻辑终点是文化学作为一门独立的学科是完全合理的和正当的，其结论是："文化学一词揭示出人类有机体与超机体的传统即文化双方之间的关系，它是创造性的；它建立并确定了一门新的科学。这便是文化学术语的意义所在。"（第 393 页）

是错误的。我们应当坚持辩证唯物主义和历史唯物主义的文化观。

人类是不断进步的，文化正是这种进步的体现。从历时性维度来看，作为人类不同发展阶段精神成果体现的文化，判断其先进性一般是比较清楚的。然而从文化的共时性维度来看，在同一历史时期，因交通、通信等技术和地理条件的限制，不同区域、不同群体都存在各具特色的文化，要判断这些文化的先进性则往往是比较困难的。这不仅因为判断容易受到意识形态的影响，而且其标准在一定程度上取决于文化观和社会观。按照历史唯物主义的观点，我们判断文化的先进性，根本的标准是看这种文化是否促进人的解放和自由发展。单项文化因素的比较，可以看这种文化因素对人的主体地位的肯定性多一些还是否定性多一些，但是这种单项比较容易以偏概全，而"只见树木，不见森林"。比较可靠的方法是从文化结构上进行比较，对人的劳动、自主性和创造性的肯定多一些而否定小一些，这种文化结构就相对合理一些，文化就先进一些。

"文化普遍主义"和"文化相对主义"都有一定的合理性，也都有一定的局限性。所谓文化相对主义，就是尊重不同的文化，承认文化的多样性及其存在的合理性，否认不同文化有高低优劣之分，反对用一种文化的是非标准去衡量另一种文化。所谓文化普遍主义，就是认为世界历史中各种文化在经过不断的碰撞，不断的涤荡之后得以保留下来的文化或者在竞争中取得优势的文化具有普遍适用性和终极必然性。文化相对主义看到了文化的多元性和多样性，但是它可能被保守主义分子利用，借以粉饰落后、专制、残酷的文化现象；文化普遍主义看到了文化的先进性和普遍性，但它可能被霸权主义、恐怖主义或者极端主义分子利用，借以侵略、征服或者消灭其他文化群体。我们主张文化多元主义，在承认文化的多元化和多样性的基础上，追求文化的先进性和普遍性，提倡多元文化的和平共存、共同发展、积极创新。

第二节　检察文化

检察文化的本质特征是什么？其范围如何界定？这是检察文化概念所要解决的基本问题。近年来，在检察系统内外有不少人尝试给检察文化一个清晰的概念。

一、检察文化概念的分析

有人认为，检察文化是检察官在行使宪法和法律赋予的职权的过程中形成的价值观念、思维模式、道德准则、精神风范等一系列抽象的精神成果。[①] 这一概念明确了检察文化的主体是检察官，渊源是行使职权的过程，内容是价值观念、思维模式、道德准则、精神风范等精神成果。这些认识的立足点和基本方向都是正确的，在检察文化研究兴起的初期是难能可贵的，也发挥了积极的作用。但是，现在看来，把主体局限于"检察官"，忽视了其他检察人员，也排除了"检察机关"，既不全面，也没有包含检察文化建设的组织者和领导者；把渊源局限于"行使职权的过程"，忽视了"检察机关自身的业务、队伍和检务保障建设以及内部的管理活动"，而这些都蕴含着检察文化；把内容局限于"价值观念、思维模式、道德准则、精神风范等一系列抽象的精神成果"，忽视了检察形象、行为方式和情感等心理因素。有人在此基础上进一步提出："检察文化是指检察人员在行使宪法和法律赋予的职权的过程中形成的价值观念、思维模式、道德准则、精神风范等一系列抽象的精神成果，乃至于包括信息化建设等科技强检内容在内的检察机关物质建设成果。简单地说，检察文化是检察机关在检察实践中创造的制度文化、精神文化乃至物质文化的总和。"[②] 这就把信息化建设等物质建设成果纳入了检察文化的范畴，并把检察文化分为制度文化、精神文化和物质文化三种，因而使检察文化概念又变成了一个"大文化"概念。这说明，在界定检察文化概念时，既要注重全面概括检察文化的精神内容，也要注意把检察文化与其载体包括制度、行为、物质等区分开来。

有人认为："检察文化是指在一定国体和司法体制下，检察制度、检察实践活动及其成果的总称。"[③] 这也是早期提出的一种检察文化概念，它的积极意义主要在于：一是突出了"检察制度"和"检察实践活动及其成果"，找到

---

① 参见刘佑生：《在竞争中发展检察文化》，载刘佑生、严正华、王松苗主编：《基层建设与检察文化》，中国检察出版社 2005 年版，第 355 页。

② 黄磊：《中西方法律文化视野下的检察文化》，载《法制日报》2008 年 12 月 11 日第 8 版。

③ 参见赵志建：《检察文化的概念需要科学界定》，载《检察风云》2005 年第 20 期。徐苏林在其《检察文化的界定、结构与功能》（载《北京政法职业学院党报》2008 年第 1 期）中表达了相同的观点。孙光骏在其编著的《检察文化概论》中也采用了这个定义。他补充说："从广义上讲，检察文化是指在一定国体和司法体制下，检察制度、检察实践活动及其成果的总称。作为一种文化成果，它包括检察思想、检察规范、检察设施、检察技术等方面。"（孙光骏：《检察文化概论》，法律出版社 2012 年版，第 22 页。）

了检察文化的根基的和主要载体；二是把检察文化与一定的"国体"和"司法体制"联系起来，注意到了检察文化的国家性、阶级性和司法性。但是，它对于检察文化的内容和形式的认识比较抽象，不便于人们把握检察文化的范围。有人提出："检察文化指的是在社会主义条件下，检察机关工作人员的检察实践活动及其成果的总和。它包括检察思想、检察规范、检察行为、检察设施、检察技术等诸多方面，是支配检察实践活动的价值基础和基本操作理念。从结构上看，检察文化是具有检察工作特色的物质文化和精神文化的总和。"[①] 这个定义的进步主要在于它突出了"检察工作特色"、"支配检察实践活动的价值基础和基本操作理念"，但是，相比前一个定义，它向前迈出了危险的一步，把"国体"具体化为"社会主义条件"，把"检察制度"摘除了，这就把检察文化限定在了社会主义类型，忽视了资本主义检察文化，也忽视了检察文化的主要载体即检察制度。也有人指出，检察文化是中国特色社会主义先进文化的重要组成部分，是检察机关及检察人员履行法律监督职能过程中衍生的法律文化，是其在检察实践中创造的物质财富和精神财富的体现，具体包括检察物质文化、检察制度文化、检察行为文化、检察精神文化。[②] 这就把"检察文化"与"中国特色社会主义检察文化"等同起来了。当然，这种用法在特定的语境之中也是可以的。值得商榷的观点是，检察文化是不是检察机关和检察人员履行法律监督职能过程中"衍生"的？我们认为，检察文化不仅仅是附产品或者附属物，还有主动的、自觉的创造，是蕴含在检察工作及其全部条件中的精神成果，是检察文明水平的写照。检察文化既在职能履行之中，也不限于履行职能，与职能相关的队伍建设、保障建设、公信力建设都有所体现。履行法律监督职能是检察文化的主要实践形式，而不是全部。

　　有人认为："检察文化是检察机关和检察人员在履行法律监督职责中形成的价值观念、思维模式、行为准则以及与之相关联的物质表现的总和。中国检察文化是具有中国特色的检察文化，是中国检察机关和全体检察人员在长期的工作、生活及其他社会实践中所创造的物质财富和精神财富的体现，是以强化法律监督、维护公平正义为核心的检察精神文明、制度文明、物质文明的总和，是人民检察官群体通向守卫社会正义基本价值取向的重要路径。"[③] 这一定义反映了近年检察文化理论研究的成果和水平，是一个比较完善的定义，其

---

　　① 参见钟勇、王治、王志章：《国家软实力与检察文化软实力构建研究》，人民出版社 2011 年版，第 28 页。

　　② 参见梁锦昌、王晓洪：《浅议检察文化》，载《法制与社会》2009 年第 7 期。转引自钟勇、王治、王志章：《国家软实力与检察文化软实力构建研究》，人民出版社 2011 年版，第 27 页。

　　③ 参见张国臣：《关于检察文化建设若干问题的思考》，载正义网 2010 年 10 月 31 日。

可贵之处主要是，注意到"检察机关"和"检察人员"都是检察文化的主体，注意到检察文化的物质表现形式，也注意到中国检察文化与世界检察文化的异同。但是，它也存在三个方面的不足：一是忽视了检察职业的特殊性；二是忽视了检察机关自身建设作为检察文化渊源的重要性；三是模糊了"大文化"与"小文化"、"检察文化"与"中国检察文化"和中国特色社会主义检察文化的界限。

2010 年，最高人民检察院在《关于加强检察文化建设的意见》中指出："检察文化是检察机关在长期法律监督实践和管理活动中逐步形成的与中国特色社会主义检察制度相关的思想观念、职业精神、道德规范、行为方式以及相关载体和物质表现的总和，是社会主义先进文化的重要组成部分，是检察事业不断发展的重要力量源泉。"这个定义在三个方面把人们对检察文化概念的认识向前推进了一大步：一是明确了"法律监督实践"和"管理活动"这两个方面都是检察文化的来源，克服了仅限于职能活动的片面性；二是列举了检察文化的主要内容即"思想观念、职业精神、道德规范、行为方式以及相关载体和物质表现"，突出了"职业性"和"行为方式"；三是明确了检察文化的归属即"社会主义先进文化的重要组成部分"和基本功能即"检察事业不断发展的重要力量源泉"，定位比较科学，有助于澄清一些片面的或者错误的认识。但是，它仍然存在值得商榷的问题或者不足：一是"只见机关，不见人"，忽略了检察人员的主体性地位；二是把精神成果与其"相关载体和物质表现"并列作为检察文化，失之于宽泛，容易陷入"大文化"概念，与该定义的主旨相左；三是没有注意区分检察文化与中国特色社会主义检察文化，忽视了检察文化的不同类型和多样性。

二、检察文化概念的重构

我们认为，检察文化是检察机关和检察人员在检察工作中创造、发展和积累的，体现检察职业特征的检察观念、检察伦理和检察形象等精神成果。这是本书采取的检察文化概念。它概括地界定了检察文化的主体、渊源、存续方式、本质和内容，是在批判和继承以往检察文化概念的基础上，结合检察文化建设的实际，在"小文化"的框架下拟定的，强调了检察文化的精神属性，区分了检察文化与其各种载体。

（一）检察文化的主体是检察机关和检察人员

首先，检察文化是一种机关文化。它既是具有机关性质和特色的文化，也是以机关为建设主体的文化。检察机关是国家的法律监督机关，是国家政权的重要组成部分。作为国家机关共性的一些文化特征（如组织性、纪律性较强等）在检察文化中必然占有重要地位。换言之，检察文化是机关文化的一种形态或者一个类型。同时，检察机关是检察文化建设的组织者、实施者，也是主导者、决策者，因而是检察文化的重要主体。

其次，检察文化是一种职业文化，即反映检察人员职业特征的文化，也是检察人员这个特殊群体共有、共创、共享的文化。检察人员是检察文化的最活跃、最现实的主体，是检察文化的具体的创造者、受益者和传承者，因此，我们不能把检察人员排除在检察文化的主体之外。

最后，检察机关和检察人员作为检察文化的主体，既具有内在的一致性，又各有侧重。一方面，检察机关与检察人员是一体的、统一的，检察机关是由检察人员构成的，检察人员是检察机关的工作人员；另一方面，检察机关与检察人员又是有角色差异的，检察机关是决策者、组织者，而检察人员是具体的执行者、创造者，检察机关是抽象的、组织性的主体，而检察人员是具体的、生动的主体。没有检察机关的正确决策和组织实施，检察人员的文化活动就难以确定方向和形成合力；没有检察人员的具体的文化行为，检察机关的决策和组织就无法实现。检察机关是检察人员的组织形式，是检察文化建设的实现途径或者方式。同时，突出检察人员的主体性地位，有利于坚持检察文化发展的正确方向，有利于激发检察人员文化创造的活力和文化传承的自觉、自信，防止检察文化的僵化。一般来说，检察文化为检察人员适应环境提供手段，为检察人员顺利开展检察工作提供条件；检察机关则为检察人员创造检察文化提供舞台，为检察人员的发展提供空间和保障。

（二）检察文化的渊源是检察工作，包括职能活动、管理活动和自身建设

检察工作是一个宽泛而常用的概念。从活动的性质和内容来看，检察工作包括检察机关的职能活动、管理活动和自身建设活动。在这个意义上，检察工作与"检察活动"、"检察实践"都是近义词。职能活动就是检察机关和检察人员依照法定的职权和程序行使检察权的活动。管理活动是检察机关内部和上下级检察机关之间的组织、规划、指挥、审批、执行等保证检察权依法统一运行的工作。自身建设是检察机关的人员素质提升、职能活动保障和工作质量改进，包括业务建设、队伍建设、检务保障及其改革和发展。检察工作是检察文化的基础和源泉，检察文化是检察机关和检察人员在检察工作过程中创造、发展和传承的精神成果。

检察文化作为检察工作的结果具有肯定、彰显和支撑检察人员精神状态和职业形象的功能。如果检察工作在总体上或者结构上出现了偏差甚至失误，由此产生的结果对检察人员的精神状态和职业形象都会产生消极的影响。正如把主观与客观联系起来的是实践一样，把检察主体（检察机关和检察人员）与检察文化联系起来的就是检察工作。正是检察工作改造了检察机关和检察人员，也更新了检察文化，因而只有检察工作才是检察文化的渊源。检察文化是在检察工作中创造和发展的，也是在检察工作中发挥主要作用的。离开了检察工作，检察文化就是无源之水、无本之木。

（三）检察文化的存续方式是创造、发展和传承

检察文化弥漫于检察工作之中，构成了检察人员的思维定式和行为习惯，有时让人久处其中而不自觉。实际上，"文化就像空气和水一样弥漫于我们生活的每一个角落，是链条，是环扣，每一个细节都相互依存，不可或缺。事实上也确实如此，人们每时每刻都在享受着前人所创造的文化成果，同时，人们每时每刻也在已有文化基础上不断地创造着新的文化。人类文明的进步，便是文化改良、创新、创造和发展的结果"①。

创造、发展和传承是检察文化存在的基本方式，也反映了检察机关和检察人员与检察文化的基本关系。单纯从检察机关和检察人员与检察文化的关系来看，一方面检察文化塑造了检察机关和检察人员，另一方面检察机关和检察人员在"享用"检察文化的同时，也在创造、发展和传承检察文化。从一定意义上说，创造、发展和传承检察文化的目的主要是检察机关和检察人员享用检察文化，即满足检察机关和检察人员的文化需要，当然，也可能为社会所享用，即对社会文化的发展发挥某种促进作用。

检察文化的供给与需求的矛盾是检察文化发展的内在动力。检察文化的创造或者创新正是源于检察机关和检察人员对检察文化的不断增长的需要，这种需要也反映了检察事业发展的要求。因而检察文化的这种内在矛盾可以称为"发展性的矛盾"。它起因于两种情况：一是环境变化要求检察机关和检察人员具备新的适应能力；二是检察机关和检察人员旧的需要得到满足后可能产生新的需要。这两种需求都要通过提升检察机关和检察人员的能力和条件，更新检察文化来解决。

检察文化的创造，是检察机关和检察人员提升自身能力和条件的活动。创造是"创新"的一种形式，强调的是"前所未有"，而创新除了创造之外，还包括"改造已有"，后者属于"发展"的范畴。检察文化的创造包括发现前所未闻的规律、发明前所未用的技术、实施前所未有的举措、创造前所未见的事物等，所有这些归纳起来就是两个方面，即能力和条件。能力提升是内在的，

---

① 陈华文主编：《文化学概论新编》，首都经济贸易大学出版社 2009 年版，第 2 页。

条件改善是外在的。正如鲁迅所说："文化是骨髓里的东西。"检察文化的创造归根结底是把检察机关和检察人员的精神境界提升到一个新的层次和水平，为检察工作更新意义系统和价值系统，使检察机关和检察人员不仅在工作能力和条件上，而且在观念、伦理和形象等各个方面得到全面发展。检察文化的创造要始终坚持先进文化的引领，以系统的理念科学谋划，以务实的态度把握规律，以超前的思维融会贯通，不断提高检察文化的精神境界。

检察文化的发展，既是检察文化成果本身的丰富和增加，也是检察人员对检察文化的后继性改造和连续性延伸。这种发展是在检察人员接受、享用检察文化与社会各界感受和评价检察文化交互作用的过程中实现的。相比检察文化的创造而言，检察文化的发展强调的不是质的飞跃而是量的变化和形式的延伸。检察文化不仅塑造检察人员的职业形象，而且影响检察工作的对象。检察文化发展的最简单、最直接的方式是在坚守检察观念和检察伦理的基础上，丰富和改善检察形象。发展是检察文化的存续方式，也是创造和传承检察文化的基础。

检察文化的传承，是指检察文化的传播、交流和转化。检察文化的传承，一方面是检察文化在时间上的延续和空间上的传播，另一方面是通过学习和教育培训，新进人员获得、接受和融入检察文化的过程。时间上的延续，最典型的形式就是代代相传，绵延不绝；空间上的传播主要是地域上和人际上的扩散以及跨文化的交流。这种传播和交流往往不会被简单地接受而是在与本土文化结合的过程中完成一定的转化。传承是一种选择性的继承，因而传承同时也是一种过滤和淘汰机制。在传承检察文化的过程中，实际上有一部分检察文化被淘汰了、消亡了，这是一种主动的、积极的失传。检察文化是不可能遗传的，其传承只有后天习得这一条途径。因此，一些检察文化及其载体如果得不到适当的保存和传播就可能失传，这种失传可能是一种被动的、消极的失传。

检察文化作为一种现实存在，是检察历史的积累，这个积累过程包括选择、传承和享用等形态。积累不同于累积或者简单堆砌，它包含着文化主体的自觉的选择。从历史的角度来看，传承是积累的一种方式，也是选择和淘汰的一种方式。从现实的角度来看，积累只是传承的一种结果，而且是一种不断更新的结果。

总体上说，检察文化的创造反映的是检察人员与检察文化的矛盾性，检察文化的发展反映的是检察文化的流动性和变化性，检察文化的传承则反映的是检察人员与检察文化的同一性。

（四）检察文化的本质是检察职业特征

检察职业，是检察人员在检察工作中形成的全部关系的总和。检察职业特征则是检察职业群体区别于其他职业群体的所有规定性或者特点。从这个意义上说，检察文化包括检察观念、检察伦理和检察形象等精神成果都是检察职业特征在文化层面上的反映，或者说，检察文化就是检察职业特征中的文化成分。

职业就是特定群体从事的特定领域的工作，是社会分工的结果。在表象上，职业是由专门的知识和技能决定的谋生和自我实现的方式；在实质上，职业是由特定工作的性质、价值、知识、技能、程序、效果等因素决定的社会关系，包括检察人员之间的关系和检察人员与公民、法人、国家、政党等主体之间的关系。这些关系的特殊性就是检察职业的规定性，检察职业特征就是这些规定性的抽象。

1. 检察文化是检察职业发展成果的综合反映和精神体现

它是一种内在的、难以言表的抽象物或者精神成果，也有外在的、可以感受和表达的具体符号、行为、器物等载体。但是，检察文化的载体不等于检察文化，只是蕴含着检察文化。正如文物是蕴含着特定文化信息的器物一样，尽管文化与器物两者之间存在难以分割甚至不能分割的、复杂的联系，但是在本质上两者是绝对不同的。检察文化是检察事业发展的整体性的、抽象性的精神成果，是检察人员在检察工作中的全部关系（即职业规定性）的综合反映。不管检察文化的内容如何博大精深，形式如何庞杂多样，检察文化是一个具有内在一致性的体系。我们常常使用的概念，如检察制度、检察政策、检察理念、检察官职业道德、检察形象、检察机关公信力、核心价值观、工作主题等，都是检察文化的某个方面或者侧面的反映，或者代表着检察文化，或者蕴含着检察文化。这是由检察文化的抽象性、精神性和整体性所决定的。

2. 检察文化是检察职业规定性的抽象

思想的规定性与物质的表现形式具有原则上的界限，我们不能把物质与精神、形式与内容混为一谈。由于检察文化结构的复杂性，任何关于检察文化内容的分类都是相对的。比如，关于检察物质文化、检察制度文化、检察行为文化和检察精神文化的"四分法"是一种常见的、"大文化"的分类法。它基本上属于载体分类法，虽然也可以用于"小文化"的分类，但其缺点是容易让人把检察文化载体与检察文化本身混淆。至于检察人员业余生活是否为检察文化活动，则与这种文化生活的性质有关。如果这种业余生活与检察职业有关，就会体现和创造检察文化，否则就属于其他文化活动的范畴。

3. 检察文化的内容是检察工作中创造、发展和传承的精神成果

这种精神成果必须是检察人员普遍认同的、客观上渗透于检察工作各方面的、具有历史进步意义的。当然，"历史进步意义"是一个主观色彩较浓的标

准，至少在当时看来是积极的、进步的，有益于检察事业发展的。那些消极的、破坏性的、有损于检察事业发展的精神成果本质上不属于检察文化的内容，但是，客观上检察人员的文化自觉总是历史的、具体的、有局限的，难免一时把消极的成分纳入检察文化之中，甚至奉为检察文化的精髓。因此，检察文化的发展过程既是不断创新的发展过程，也是不断扬弃的选择过程。

（五）检察文化的内容是体现检察职业特征的检察观念、检察伦理和检察形象等精神成果

检察职业特征的内容非常丰富，表现形式也是多种多样的，人们可以从不同的角度或者层面来认识和概括。到目前为止，对检察文化的内容还缺乏深入的类型化研究，我们认为，可以把检察文化的内容概括为检察观念、检察伦理和检察形象三个方面或者三种类型，是按照抽象性程度来划分检察文化内容的一种理论假设，目的是避免人们混淆不同层面上的检察文化的内容。

检察观念，即检察职业观念，包括理念、思想、理论、价值观念等，是检察文化的抽象程度最高的存在形态，包含着人们对检察机关及其职能的认识和反映，也包含着人们对检察工作的期待和要求以及检察人员的价值追求和精神生活。它既是检察文化的灵魂，从总体上决定着检察伦理和检察形象，也是检察文化中最活跃的成分，时常处于创新和变化之中，因为它要不断地反映时代精神和检察工作的新要求。

检察伦理，即检察职业伦理，包括职业道德、职业精神、职业礼仪等规范性要求，是检察文化的中坚和相对稳定的成分。有人说："检察文化的核心是检察职业道德，检察职业道德的核心内容是忠诚、公正、清廉、文明。"[1] 其实不然，检察职业道德只是检察伦理的规范化或者具体化，检察精神则是检察职业伦理的抽象化和概括，都是检察职业伦理比较容易把握的表现形式或者习惯用语。至于职业道德的某种规范化的表现形式是否全面、准确、真实地反映了客观的职业伦理，仍然有待检验和完善。换言之，检察官职业道德和检察精神都是围绕检察伦理这个中枢的，是检察伦理的不同表现形式。

检察形象，即检察职业形象[2]，是检察人员思维方式、心理定式、行为方式和职业能力的综合反映，既是检察人员对检察职业群体的心理认同，也是公

---

① 钟勇、王治、王志章：《国家软实力与检察文化软实力构建研究》，人民出版社 2011 年版，第 27 页。

② 德语中的"berufsbild"即职业形象、职业图像，是反映近代社会分工的理论范畴。它既是一个职业群体对自身的定位和期许，也是社会对该职业群体的定位和期待。因而这个"形象"并不仅仅是表层的印象，而且是与信念、道德、理想和现实需要紧密联系的深层的寄托和期许。

众对检察机关和检察人员的总体性的评价、印象和信任程度，其核心是检察机关的公信力①。相对而言，职业能力是检察人员内在品质的反映，职业形象是检察人员外在的社会评价的体现。检察职业规定性强调的是检察人员的群体性和检察工作的共同性，是所有或者绝大多数检察人员在长期的检察工作中形成的共有属性，而不是个别检察人员特有的或者暂时的属性。个别检察人员和检察人员群体都是检察文化的主体，但是这两种主体与检察文化的关系是不同的，对于检察文化的创造、发展和传承的作用也是不同的。我们强调检察人员群体对于检察文化的决定性，但是不否认个别检察人员对于检察文化的创造性贡献或者破坏性影响。

检察文化是一种精神成果。我们主张从精神成果的意义上理解和使用检察文化这个概念，把物质、制度、行为等检察文化形态都理解为检察文化的载体或者表现形式。目的在于把检察文化建设与检察队伍建设、业务建设、保障建设等具体的检察工作相对地区分开来，明确界定检察文化工作只是检察工作的一个方面而不是全部，便于探索和把握检察文化建设的规律性，便于正确有效地开展检察文化活动。如果把检察文化工作与全部检察工作等同起来，就容易导致检察文化工作的泛化，丧失独立性和特殊性，也使检察文化活动难以开展。但是，我们也要防止两种错误倾向：一是简单地把检察文化与检察工作割裂开来，使检察文化工作成为无源之水、无本之木；二是片面地把检察文化视为主观的、可随意改变的事物，不尊重检察文化工作的客观性和规律性。总之，我们既要从精神层面去把握检察文化的内容，又要充分认识到它是客观的精神成果。从哲学意义上说，检察文化是主观性与客观性的辩证统一。检察文化的概念与文化的概念一样，大致都经历了由古典的文化概念到现代的文化概念、由"大文化"概念到"小文化"概念这样两个发展阶段和过程。

检察文化是主观性与客观性的统一。检察文化，就其发展的自觉性来说，经历了由自在的检察文化到自觉的检察文化两个发展阶段。从人们对检察文化的认识程度来说，自在的检察文化与自觉的检察文化也是检察文化的两种存在形态。从认识论的角度来说，检察文化是检察人员的认识成果和实践成果，也是检察文化研究者的认识对象。作为认识成果，它总是而且必然是自觉的产物；但是，作为认识对象，它就不一定及时地或者普遍地被认识到或者从理论上全面把握。检察文化的发展形式和存在形态表明，检察文化本身与检察文化理论、检察文化政策等是不同的，检察文化是客体，是客观存在，检察文化的

---

① 把检察形象而不是检察公信力作为检察文化的一个层面，主要考虑的是公信力主要是职业的外部印象，而检察形象既有外部印象，也有内部的心理认同。

理论和政策是有关的主观认识和自觉活动，是对检察文化发展规律的认识和运用。检察文化是发展的，检察文化理论和检察文化政策也是发展的；但是，检察文化的发展可能是检察工作的间接产物或者在内外各种因素综合作用下产生的客观后果，而检察文化理论和政策都是自觉的产物、主观努力的过程和结果。

第三节　中国特色社会主义检察文化

上一节关于检察文化的论述界定了检察文化的基本内涵和外延。由此，我们获得了一个一般性的检察文化概念。它可以帮助我们把检察文化与政治文化、法律文化、法治文化、机关文化、企业文化、行政文化等文化现象区别开来。但是，它既没有区分时代，也没有区分国界；既没有体现阶级性，也没有体现民族性。

中国特色社会主义检察文化从属于社会主义文化，反映中国国情和检察职业特征，既是检察文化的中国化，也是社会主义文化的检察职业化。它是由社会主义国体和政体决定的，体现中国的文化传统、民族精神和时代精神的检察文化。概括而言，中国特色社会主义检察文化是检察机关和检察人员在中国共产党的领导下，在检察工作中创造、发展和传承的，体现当代中国检察职业特点的检察观念、检察伦理和检察形象等精神成果。中国特色社会主义检察文化概念的确立，是我国检察文化自觉和自信的重要标志，是检察文化建设科学化和规范化的重要基石。

一、中国特色社会主义检察文化的政治属性

（一）国体决定了中国特色社会主义检察文化的阶级属性

国体就是国家性质或者国家的阶级本质，是有关社会各阶级在国家中的地位的规定和反映。马克思在《德意志意识形态》中深刻地指出："统治阶级的思想在每一个时代都是占统治地位的思想。这就是说，一个阶级是社会上占统治地位的物质力量，同时，也是社会上占统治地位的精神力量。支配着物质生产资料的阶级，同时也支配着精神生产资料，因此，那些没有精神生产资料的人的思想，一般地是受统治阶级支配的。占统治地位的思想不过是占统治地位的物质关系在观念上的表现，不过是以思想的形式表现出来的占统治地位的物

质关系；因而，这就是那些某一个阶级成为统治阶级的各种关系的表现，因而这也就是这个阶级的统治思想。"① 在文化领域也是如此，虽然统治阶级的文化不是特定历史时期文化的全部，但是它必然地构成文化主流，形成主流文化。所谓主流文化，就是体现着统治阶级的根本利益和意志，支配着文化发展方向的、占统治地位的文化。检察文化是主流文化的一部分和一个分支。首先，它是统治阶级利益和意志在司法领域的体现，就是统治阶级的文化，因而从属于主流文化，而不是非主流文化。其次，它是主流文化即中国特色社会主义文化的一个分支，体现了检察职业的特点，因而又是相对主流文化的一种亚文化②，但是这种亚文化不是主流文化的反动或者背离，而是主流文化的派生和延伸。当代中国的国体就是"工人阶级领导的、以工农联盟为基础的人民民主专政的社会主义国家"（《宪法》第1条）。工人阶级是人民民主专政的领导，工农联盟是人民民主专政的基础，统一战线③是我国政权的重大特点之一。工人阶级领导、工农联盟为基础，是通过中国共产党的领导表现出来的。中国共产党是工人阶级的一部分，而且是它的先进部分，代表工人阶级以及全体人民的最高利益。因此，党的领导是我国国体的集中体现。中国特色社会主义检察文化的阶级属性主要表现为党的领导。是否坚持党的领导以及各级党组织是否正确地领导检察文化建设关系到检察文化的阶级本质，关系到检察文化发展的根本方向。

（二）社会主义政体决定了中国特色社会主义检察文化的国家属性

检察机关是国家政权机关的组成部分，检察文化是国家机关文化的组成部分。这是各国和各个历史时期的检察文化的共同特点，中国特色社会主义检察文化的特点在于它是社会主义检察机关的文化，即检察机关的社会主义政权机关性质和特点决定了检察文化国家属性的内涵。这主要表现在如下两个方面：一是人民代表大会制度是我国的根本政治制度，是我国的政权组织形式。在人民代表大会制度下，国家的一切权力属于人民；人民在民主选举的基础上选派代表组成全国人民代表大会和地方各级人民代表大会作为人民行使国家权力的机关；国家行政机关、审判机关、检察机关都由人民代表大会产生，对它负

---

① 马克思、恩格斯：《德意志意识形态》，人民出版社1961年版，第42页。
② 主文化与亚文化都是相对的概念。亚文化有两种，一种是从属于主文化、与主文化一致的亚文化，另一种是背离主文化或者游离于主文化之外的次要文化。检察文化相对于中国特色社会主义文化而言，是一种亚文化，但在检察机关和检察人员群体中又是一种主文化。
③ 现阶段的爱国统一战线是由中国共产党领导的，有各民主党派和各人民团体参加的，包括全体社会主义劳动者、拥护社会主义的爱国者和拥护祖国统一的爱国者的广泛的爱国统一战线。它实际上包括联盟，即以社会主义为政治基础的联盟和以拥护祖国统一为政治基础的联盟。

责，受它监督；人大常委会向本级人民代表大会负责，人民代表大会向人民负责。这是我国政体的基本结构。二是检察机关是国家的法律监督机关，依法行使公诉权、职务犯罪侦查权和诉讼监督权等权力。人民检察院依照法律规定独立行使检察权，不受行政机关、社会团体和个人的干涉。最高人民检察院领导地方各级人民检察院和专门人民检察院的工作，上级人民检察院领导下级人民检察院的工作。这是我国检察机关在国家政体中的基本定位、基本职能和职权运行特点。检察机关的这种宪法定位和职能特点决定了我国检察工作的内容和形式，也决定了检察文化的实践基础和职业特点。

二、中国特色社会主义检察文化的职业特征

（一）社会主义初级阶段是当代中国的基本国情

国情决定了中国特色社会主义检察文化的历史属性。每个时代和国家都有本土的、民族的、鲜活的、时代性的文化。同时，中国特色社会主义检察文化是中国检察文化在特定历史阶段的产物，既不能脱离具体的历史条件，超越历史发展阶段，也不能脱离世界文化特别是检察文化的发展潮流，更不能否定或者漠视人类检察文化的共同精神追求。普遍性寓于特殊性之中。我们必须把中国特色社会主义检察文化的历史特殊性与人类检察文化的共同性和普遍性有机地统一起来，既要自觉、自信地坚持社会主义检察文化及其中国特色，也要科学、理性地对待人类检察文化的精华并加以吸收借鉴。

（二）马克思列宁主义、毛泽东思想、中国特色社会主义理论体系以及在其指导下形成的社会主义核心价值体系、社会主义法治理念、政法干警核心价值观是当代中国的意识形态，也是中国特色社会主义检察文化的指导思想和理论基础

中国特色社会主义检察文化作为中国特色社会主义文化的组成部分，必然要体现社会主义核心价值体系。社会主义核心价值体系是社会主义文化的精髓，是检察文化的灵魂。坚持马克思主义指导地位，坚定中国特色社会主义共同理想，弘扬以爱国主义为核心的民族精神和以改革创新为核心的时代精神，树立和践行社会主义荣辱观，已经融入检察工作和检察机关自身建设全过程，贯穿于检察文化建设各领域，体现到检察文化活动和检察文化传播各方面。只有坚持用社会主义核心价值体系引领检察思想政治工作和理论建设，才能在全国检察系统形成统一指导思想、共同理想信念、强大精神力量、基本道德规范，才能促进和保持检察文化的大繁荣、大发展，凝聚检察力量，促进检察工作。社会主义法治理念是党中央在 2005 年提出的社会主义法治建设的重要指

导思想，系统回答了法治的性质、功能、目标方向、价值取向和实现途径等重大理论和现实问题，是全党、全社会关于社会主义法治建设共同意志的高度提炼，为中国特色社会主义法治建设始终确保正确方向、遵循科学道路、不断拓展深化提供理论支持与观念指引。我国检察机关作为社会主义法治建设的重要力量，检察工作作为社会主义法治的重要组成部分，检察机关自身建设和检察工作都体现了社会主义法治理念的基本精神。从总体上说，社会主义法治理念不仅是检察文化的重要内容，而且构成了检察文化的思想基础。2011 年中央政法委员会要求，按照中央关于推进社会主义核心价值体系建设的部署，把政法干警核心价值观建设作为加强政法机关自身文化建设的重要任务来抓，并总结政法各单位的探索实践，明确提出"忠诚、为民、公正、廉洁"的政法干警核心价值观。政法干警核心价值观是体现我国政法职业特点的价值准则，是我国政法文化的灵魂，也是检察文化的灵魂。

（三）法律监督是我国检察机关和检察职能的本质属性，是我国检察职业的基本特征

我国检察机关在国家政治体制、司法体制和诉讼程序中的地位和作用与其他国家特别是资本主义国家的检察机关存在很大的差别，最大的特点就是法律监督的性质和职能。西方国家的检察机关一般都是从属于司法行政机关、兼有一定司法属性的公诉机关，其主要职能就是公诉。与此不同，我国的检察机关是与行政机关、审判机关平行设置的专门的法律监督机关，独立于行政、审判之外且对这些职能具有一定监督制约功能的国家机构。公诉是其重要职能之一，但不是其唯一的职能。我国检察机关具有职务犯罪侦查、公诉、批准和决定逮捕、诉讼监督等职权，其核心职能是监督制约公权力和追诉犯罪，根本职责是维护国家的法制统一。因而，我国的检察机关不仅仅是一种刑事司法机关，而是维护国家法治的法律监督机关。检察机关这种地位和职能特点决定了我国检察人员的职业特点既有与西方国家检察职业共同之处，也有比较大的差别，即以法律监督为本位而非以公诉为本位，公诉只是法律监督的一种途径和职能，从属于法律监督。从这个意义上说，中国特色社会主义检察文化是以法律监督为本位的检察文化，而西方国家的检察文化是以公诉为本位的检察文化。

（四）检察工作发展理念和执法理念是中国特色社会主义检察观念的重要内容

第十三次全国检察工作会议把思想观念问题摆在突出重要的位置加以论述，系统地阐述了"六观"、"六个有机统一"和"四个必须"等重要思想和观念，形成了对检察工作具有方向性、根本性、战略性指导意义的发展理念和执法理念。检察工作发展理念和执法理念是中国特色社会主义检察理论发展的重要成果，体现了人民检察事业发展的必然要求。"六观"、"六个有机统一"和"四个必须"是一个有机整体。所谓"六观"，一是牢固树立推动科学发展、促进社会和谐的大局观；二是牢固树立忠诚、为民、公正、廉洁的核心价值观；三是牢固树立理性、平和、文明、规范的执法观；四是牢固树立办案数量、质量、效率、效果、安全相统一的业绩观；五是牢固树立监督者更要自觉接受监督的权力观；六是牢固树立统筹兼顾、全面协调可持续的发展观。所谓"六个有机统一"，一是高举中国特色社会主义伟大旗帜，努力实现检察工作政治性、人民性和法律性的有机统一；二是坚持以科学发展观为统领，努力实现检察工作服务科学发展与自身科学发展的有机统一；三是坚持围绕"四个维护、两个促进"的根本目标，努力实现打击、预防、监督、教育、保护职能的有机统一；四是坚持贯彻检察工作总要求，努力实现强化法律监督、强化自身监督、强化队伍建设的有机统一；五是坚持以执法办案为中心，努力实现法律效果、政治效果和社会效果有机统一；六是坚持解放思想、实事求是、与时俱进，努力实现继承、创新、发展的有机统一。所谓"四个必须"，一是检察权必须严格依法行使；二是检察权必须受到监督制约；三是检察职能的发挥必须与经济社会发展相适应；四是检察机关的法律监督必须遵循法治原则和司法规律，符合诉讼原理。"六观"、"六个有机统一"和"四个必须"相辅相成、不可分割，形成了一个思想体系。"六观"从思想认识的高度概括了当代中国检察机关和检察人员应当树立的基本观念，是检察工作发展理念和执法理念的精髓；"六个有机统一"从工作发展的战略和策略的高度概括了检察机关和检察人员处理一系列重大问题的基本方针，是检察工作发展理念和执法理念的实践要求；"四个必须"从依法治国基本方略的高度概括了检察机关和检察人员履行法律监督职责的基本原则，是检察工作发展理念和执法理念的制度支撑。它们分别侧重于观念、政策、制度这三个不同的层面，又都是对检察工作的基本要求，具有内在的一致性，互相补充，有机联系，共同构成检察工作发展理念和执法理念的完整思想体系。这个思想体系是全国检察机关广大检察人员在深入学习实践科学发展观、践行社会主义法治理念、建设中国特色社会主义检察制度和检察文化的长期实践中，形成的对一系列重要正确思想和观点的集中概括和总结，是中国特色社会主义检察观念的基本内容。

中国特色社会主义检察文化是植根于中国的文化传统、民族精神和时代精神的检察文化而不是从其他国家和地域移植的检察文化；它是新型的、充满活力的、处于初级发展阶段的检察文化，检察文化的自觉、自信和理论体系还在建设之中。

第二章　检察文化的特征

第一节　检察文化的一般特征

对检察文化特征的观察，需要基于世界眼光，着眼于检察文化与其他文化现象的联系与区别，对检察文化的普遍性特征进行概括性描述，从而使人们对检察文化的一般性特征进行准确把握。

一、职业性特征

职业性是检察文化的第一特征或者本质特征，只有深入剖析检察职业特点，才能获得对检察文化的本质认识，把握检察文化的特质元素和体系。

（一）检察文化职业性的基本内涵

职业是人们在社会生活中所从事的以获得物质报酬作为自己主要生活来源并能满足自己精神需求的、在社会分工中具有专门技能的工作。简单地说，职业就是特定群体从事的特定领域的工作。[①] 对于个人来说，职业既是谋生的基本手段，也是实现人生价值的基本途径。任何职业都包含着三个要素，即谋生、技能和人生价值。检察工作既是一种公务，也是一种职业。其特殊性主要在于：（1）它是行使国家检察权的职业活动。除了具有公务活动的一般特点外，还具有检察活动的特点。（2）它的从业人员是具备严格任职条件并经过特定选拔或者任命程序而产生的。（3）它是一种需要经验积累或者专门培训才能胜任的工作。这就决定了检察文化的职业性，既是一种身份特征，也是一

---

① 《中华人民共和国职业分类大典》将我国职业归为 8 个大类，66 个中类，413 个小类，1838 个细类（职业）。

种专业特征。

检察文化的身份特征反映了作为检察文化主体之一的检察人员的社会角色定位对检察文化的影响和烙印。在西方国家，虽然这种角色定位略有差异，但总体上看检察官都代表着国家，是司法公正和公共利益的维护者，且系由法律职业群体中的优秀分子担任。如在英国，根据皇家检察官法，检察官具有"国家聘请的律师"的鲜明特征，一般从律师中选任，在刑事控诉中地位独立，在控诉刑事犯罪的活动中强调公正、客观原则，具有较高社会地位和丰厚待遇。在美国，检察官代表国家，同样是司法公正和社会利益的维护者，且具有更大的独立性和自由裁量权。在法国，检察官是司法官，代表国家追诉犯罪，是站着的法官，既是"法律的守护人"，又是"公共利益的守护人"，工资、社会地位较一般公务员高已经形成传统。在更大范围的欧洲，根据《欧洲检察官职业道德和行为指南》的规定，检察官是违法行为发生并需刑事处罚时代表社会和公共利益、兼顾个人权利和刑事司法体系必要效率以确保法律施行的公共机构。① 在当代中国，检察人员是在检察机关工作的人员的统称，包括检察官和其他工作人员。其中，检察官是典型的检察人员。根据我国检察官法的规定，检察官是依法行使国家检察权的检察人员，包括最高人民检察院、地方各级人民检察院和军事检察院等专门人民检察院的检察长、副检察长、检察委员会委员、检察员和助理检察员。《检察官法》第10条还规定了担任检察官必须具备的六项条件，不具备的，应当接受培训合格后才能担任。另外，还有两个排除性条件，即曾因犯罪受过刑事处罚的或者曾被开除公职的人，都不能担任检察官。概括地说，担任检察官必须具备较高的政治素质和专业素质。相对而言，能够担任检察官的人是社会上比较优秀的或者先进的人才。检察官以外的其他检察人员虽然任职条件或者略低于检察官或者有不同的专业素质要求，但是，基本上都属于优秀人才。综上所述，无论是西方国家的检察官，还是我国检察人员的这种身份特征对检察文化有两个方面的影响：一是检察文化具有一定的先进性。它是人类社会政治文明尤其是司法文明发展的产物。二是检察文化的主流性。检察文化反映了国家意识形态，其法治内核、人权保障理念和公共利益观念等，在社会文化发展过程中起着主导作用、引领作用，体现了当今世界文化的发展方向。

检察文化的专业特征反映了检察工作的特殊性对检察文化形态和内容的影响。检察工作的特殊性，其根源在于检察职能的特殊性，也体现在检察机关自

① 张幼平：《欧洲检察官职业道德和行为指南——布达佩斯指南（节选）》，载《中国检察官》2011年第4期。

身建设和管理活动之中。在一般意义上，"检察官职业是随着法律制度的精密化，法律运作中职业的内部分工和法律职业角色的分化而形成的。作为法律职业，检察官与法官、律师等一样，具有法律职业的共性，即受过系统的法律职业教育和训练，有着以权利和义务为中心概念的参照系，有以理性的、专业的话语和独特的推理方法去实现法律的确定性，有以维护社会正义和自由，维护法律权威为价值追求的职业意识。但是，检察官因其角色特点又具有诸多有别于法官、律师的职业特性"①。从现代法律职业内部来看，这些职业特性从普遍意义上讲具体体现在：其一，检察官是对犯罪行为的积极追诉者，其职业活动的目的是维护法秩序，其行为方式相对于法官和律师而言更为积极主动。正是在这个意义上，有学者认为"检察官是法秩序的积极守护者"②。其二，检察官是社会公共利益的积极维护者。无论是奉行"当事人主义"的典型国家英国，还是奉行"职权主义"的典型国家法国，包括社会主义法系代表国家的中国，检察官都代表着国家追诉犯罪，致力于维护国家的法制统一，进而维护全体社会成员的共同利益，并经历着由法律的守护人向公共利益的看护人的职业角色的演变。其三，履行客观义务是世界范围内检察官的"共同基因"。相对于法官而言，在追诉犯罪上检察官更为主动，而法官奉行不告不理；相对于律师而言，检察官在职业活动中必须立场客观，忠实于事实本身，独立判断，且须公正对待被告方。其四，维护司法公正是世界范围内检察官的普遍价值取向。其五，检察一体原则是塑造检察官职业心理和职业行为的普遍原则。上述特点综合起来，凸显出检察工作的职业特性，决定了检察文化与法院文化、律师文化、公证文化、警察文化等各种职业文化的差异。

（二）检察文化的群体性与个体性

检察文化的职业性首先表现为检察人员职业群体的共同性和整体性。从一定意义上说，检察文化作为一种职业文化是全体检察人员共同创造、传承和享用的文化，不是一部分或者个别检察人员创造、传承和享用的文化。③ 这就是检察文化的群体性、整体性或者超个体性。具体而言，检察文化的群体性表现在两个方面：一是检察文化的创造和传承都离不开检察人员群体。检察人员群体是检察文化存在的基本形式，一切外在的、物态的检察文化都是由检察人员创造、体会和传承的，也只有得到检察人员群体的认同才能成为活的、具有实

---

① 郭立新：《检察官的职业特点》，载《检察日报》2004年3月2日第3版。
② 郭立新：《检察官的职业特点》，载《检察日报》2004年3月2日第3版。
③ "文化是在人类群体活动中体现的，是为满足群体的需要而创造，为群体所享用，通过群体而传播与继承的。"（陈建宪主编：《文化学教程》，华中师范大学出版社2011年版，第25页。）

际意义的检察文化。二是检察文化群体的文化活动制约或者规定了个体文化活动选择的范围和方式。任何检察人员个体的文化活动都必须体现和服从检察文化群体的要求，否则，只是没有意义的或者与检察文化没有关系的个人文化活动。

检察文化的职业性并不否定检察人员在职业活动中具有个体性。这种个体性表现在以下三个方面：一是检察人员群体本身就是由检察人员个体构成的，检察人员群体的文化创造和传承有赖于检察人员个体的实行。没有个体的检察人员的主观能动性的发挥，检察文化群体的创造性就无以体现。换言之，检察文化的创新总是通过检察人员个体尝试和开拓出来的。二是检察人员个体素质的差异和个人聪明才智的发挥程度不仅影响着检察文化创新的进程，而且影响着检察文化的内容和存在形式。检察文化是整体性的、一般性的、共同性的客观事物，但是各个检察人员所接受、享用和贡献的检察文化成分具有一定差异。换言之，各个检察人员对于检察文化的创造、传承和享用都是不尽相同的。三是检察人员对于检察文化具有选择的自主性。检察机关通过培训、教育、宣传等方式把检察文化传播到每一个检察人员，在这个过程中，检察人员并不完全处于被动接受的状态，也不会照单全收，而是经过一定的主观认知和过滤，有选择地接受。各检察人员把检察工作与自己的人生价值和理想等精神追求联系起来的程度也是不一样的，有的联系紧密，有的只是部分的联系，有的甚至没有联系起来。换言之，各个检察人员对检察工作这个职业的人生寄托是不一样的。个体性不仅是检察职业属性的一个方面，而且是检察文化主体性的重要体现。

检察文化的群体性与个体性是对立统一的。首先，检察人员个体的文化创造总是对以往检察人员群体智慧的总结和超越。只有那些深入检察人员之中，把握检察文化精髓的人，才能创新检察文化。脱离检察工作实际和不能全面把握检察文化的人都不可能创新检察文化。其次，检察文化群体无论在检察文化的创造上还是在传承上都具有根本的作用，创新需要群体的认同和分享，传承更是广泛的群体性活动。检察文化的创新和传承都有群体的共同作用和共同努力。最后，检察文化的群体性与个体性是相互制约的，也是统一的。群体性存在于个体性之中，个体性中包含着群体性。检察文化的群体性与个体性都是历史的、具体的，统一于检察文化的主体性。我们既不要片面强调检察文化的群体性而否定检察文化的个体性，也不要片面强调检察文化的个体性而否定检察文化的群体性。

（三）检察职业的习惯与规则

职业文化与业余文化是相对的。一方面，一个人在工作之外的活动都是业余活动，但是，业余活动中不一定完全排除了职业特色，有些业余活动是与职业无关的，也有些业余活动是与职业有关的。另一方面，一个人在特定的时间内一般只能从事一种职业，从属于一种职业文化，但是，一个人也可能从事两种或者更多工作，从属于两个或者两个以上的职业文化，当然，这并不否定其在工作之外还有业余的文化活动。一个人不管从事哪一种或者哪几种职业，只要想在该职业中干下去，就必须接受和遵循该职业的习惯和规则。

人们日常活动的90%源自习惯和惯性。美国作家杰克·霍吉在他的名著《习惯的力量》中说，习惯是一种重复性的、通常为无意识的日常行为规律，它往往通过对某种行为的不断重复而获得。这是从个人的日常生活来分析得出的结论。从职业生活来看，习惯或者行为习性是在长期的工作中形成的固定的行为模式，既来自个人的经验，也来自对同事行为方式的模仿。职业习惯根源于职业特点，表现为职业风格、职业风尚。职业习惯决定职业人员的行为方式和工作效率，也决定职业的命运和社会形象。检察职业习惯是检察机关和检察人员在检察工作中通过学习和经验积累而形成的比较稳定的行为模式。有一则笑话嘲讽检察官的职业习惯：在蚊帐里有两只蚊子，妻子让当检察官的丈夫把它们打死，检察官一出手就把吃饱了血的那只蚊子打死了，但是迟迟不打另一只，原因是"证据不足"。检察官追诉犯罪讲究证据，依靠证据，这是一种良好的职业习惯，但是把这个职业习惯带进日常生活就发生了错位。

检察工作是一种严肃的执法活动，关系司法公正和人权保障，其最突出的职业特点就是运用规则处理法律问题。因而，检察工作是最讲究规则的职业之一。检察职业规则大致由如下部分构成：一是国际、区际的检察官行为规范。如《联合国关于检察官作用的准则》、欧洲部长理事会《刑事司法体系中检察官职责的（2000）19号建议》等。二是各国立法机关制定的法律。如中国的《中华人民共和国检察官法》、英国的《皇家检察官法》、法国的《司法官身份法》等。三是法律职业共同体的行为规范。如在英国，检察官必要时也可以像警署那样适用于《内政部指南》①，在法国，检察官、法官的任职资格、培训机制、宣誓誓词基本一致。四是检察系统的内部规则。如美国的《全美检察准则》、《检察官职业联合会模范准则》，英国的《英国皇家检察官准则》，我国最高人民检察院陆续出台的《关于人民检察院保障律师在刑事诉讼中依法执业的规定》、《检察官职业道德基本准则》、《检察机关文明用语规则》、《检察机关执法工作基本规范》等。检察系统的内部规则只对检察机关和检察人员具有约束力，最能体现检察工作的特点和要求，因而也是通常意义上说的

---

① 李洪朗：《英国检察制度评介》，载《法学评论》2000年第1期。

检察职业规则。检察职业规则一方面来自对法律和司法政策的具体化，另一方面来自对职业习惯的系统化和完善。

检察职业习惯是一种不成文的、自发的、具有实际约束力的规则体系，检察职业规则是一种成文的、自觉的、需要贯彻落实的规则体系。两个规则体系具有共同的本质特征、同一的实践基础和相同的发展方向，但是在内容上、认同程度和实现程度上往往又存在一定的差距，甚至可能发生一定的冲突，或者具有一定的抵消作用。一方面，检察职业规则具有更高的权威性、科学性和合理性，应当得到普遍的遵守，检察职业习惯应当适应检察职业规则及时地进行调整；另一方面，检察职业习惯具有职业内生性、经验合理性和实用性，更加贴近检察工作实际，应当得到必要的尊重和理解，检察职业规则的制定应当充分考虑检察职业习惯合理性，有针对性地、慎重地改造检察职业习惯。这样才能减少检察职业规则与检察职业习惯之间的矛盾和冲突，保持检察文化的内在一致性。

二、结构性特征

检察文化是一个由多种文化元素构成的复杂的体系，也是一种无边、无形的存在，大部分内容是可以意会而难以言传的。但是，我们必须认识和把握检察文化，否则就不可能建设检察文化，也不可能自觉地创新、传承和享用检察文化。当然，我们必须正视认识和把握检察文化这个难题，努力探索通往正确认识的道路，而不能把任何一种理论绝对化。现有的有关检察文化结构的各种分类法，都只是从一个侧面给我们提供了认识和把握检察文化的台阶，甚至只是认识进程中的一次试错，其意义主要在于启发认识。

（一）检察文化现象的物质形态、制度形态、行为形态和精神形态

检察文化是一种精神成果，但是检察机关和检察人员在检察工作中创造、发展和传承检察文化的过程中，既改造了物质，也改造了精神。物质成果和精神成果是相互依存、相互促进的，而不是彼此分离、彼此矛盾的。凡是检察机关和检察人员在检察工作中所创造或者施加过影响的现象，包括物质的、制度的、行为的、精神的检察文化形态，[①] 都属于文化现象。以此为框架，对检察文化现象（而不是检察文化）可作如下分类：

---

① 陈建宪主编的《文化学教程》（华中师范大学出版社 2011 年版，第 24 页）提出："文化主要有四大部类：物质文化、制度文化、精神文化、信息文化。"并认为，物质文化是表层文化，制度文化是中层文化，精神文化是里层文化，信息文化是贯串表里的媒介。

1. 检察物质文化形态

检察物质文化形态，即具有检察工作的印记或者体现检察职业特点的器物，简单地说，就是检察器物，主要是检察工作中所使用的工具、设备、建筑和标志性物品。首先，检察物质文化形态是以物质载体存在的文化，物体本身只是载体，不是文化。检察器物大致可以分为两类：一类是检察工作中特有的器物，其他工作中不用或者不便用，如国际检察官协会的标识、英国皇家检察署标志、检察官服饰、检徽等标志性器物；另一类是与检察工作有关联或者在检察工作中使用过的普通器物，如我国最高人民检察院第一任检察长用过的办公桌、汽车、钢笔等，这些器物本身不能反映检察职业的特点，但是留下了检察工作的某种印记。其次，检察物质文化形态的意义主要在于它能够体现特定历史条件下检察工作的执法情况、保障状况、工作环境、人物性格等文化因素，或者说，它凝结了特定历史条件下的检察工作的信息，后人可以从中读出一定的历史内涵。在这种检察物质文化形态中，物质与文化是难以分开的，是内在地联系在一起的。

2. 检察制度文化形态

检察制度文化形态，即通过检察制度体现的检察文化，或者说，是以检察制度的形态表现出来的检察文化。检察制度是一套有关检察机关设置和职权配置及其运行机制的规则。它由权威机构以文字规范的形式规定了检察工作的主体及其活动目标、活动内容、活动方式，是检察文化最直接、最系统的表达方式，也是检察文化的重要组成部分。首先，制度文化形态是文化的高级形态。不管从人类文化进程来看，还是从职业文化发展来看，只有文化发展到自觉和自律阶段以后，才可能出现制度。因此，认识检察制度是了解一种检察文化的最便捷的途径。其次，检察制度规定的主要是检察人员之间的关系以及检察人员与检察工作对象之间的关系。从这个意义上说，检察制度直接规定了检察文化的基本内容，有什么样的检察制度，就有什么样的检察文化。但是，检察制度毕竟不是决定因素，超越了合理的界限以后，检察制度就可能失灵，或者不再属于检察文化的表现形式了（但仍然可以是具有特殊意义的检察符号）。

3. 检察行为文化形态

检察行为文化形态，即通过检察人员在检察工作中的各种行为方式所体现出来的检察文化，既是检察权的运行，也是检察人员的执法活动和检察机关的管理活动。检察行为文化形态是检察制度文化形态的动态形式，也主要是由检察制度来规范和引领的。检察行为文化形态是检察文化的最生动、最活跃的形态。社会往往是通过检察行为文化形态来理解检察文化，或者说，检察机关的社会形象和公信力主要来源于检察行为及其所体现出的文化。当然，作为检察文化形态的检察行为是多数检察人员的行为，是反复出现的、具有一定普遍性的行为方式，而不是单一的、偶然的、例外的行为。无论中外，杰出检察人物往往是一系列先进而典型的检察行为的集中体现，是检察行为文化形态的优秀层面；反面检察人物则是违反检察制度、破坏检察行为模式的行为的代表，是检察行为文化形态的消极或者恶劣层面。宣传和效法杰出检察人物，贬斥和预防反面检察人物，是从正反两个方面培养检察行为文化形态的举措。

4. 检察精神文化形态

检察精神文化形态，是体现检察职业特点的心理状态、思维方式、理论认识、价值观念、职业伦理、理想人格、审美情趣等精神成果的总和。① 检察精神文化形态居于检察文化的核心地位，相比而言，检察物质文化形态、检察制度文化形态和检察行为文化形态只是检察精神文化形态的不同的表现形式或者载体。检察精神文化形态是检察文化的中枢和灵魂，相比检察物质文化形态、检察制度文化形态和检察行为文化形态而言，更难形成也更难改变，而且，一旦发生改变，其他的检察文化形态都要相应地发生变化。正是从这个意义上，人们往往把检察文化简单地归结为检察精神文化形态，或者在检察精神文化形态的意义上使用检察文化概念。

（二）检察文化的心理层面、思想层面和价值观层面

从检察文化的复杂性和抽象性程度来看，检察文化可以分为三个层次：

1. 检察心理

检察心理，即检察人员在检察工作中形成的特定的认识方式、情感倾向和意志力量，也是具有检察职业特点的需要、动机、态度、兴趣等共同倾向和心理特征。检察心理是检察人员在心理活动上的共同倾向和一般特点。譬如，检察官既要依法惩治犯罪，又要依法保护犯罪嫌疑人的人权。这种对犯罪的痛恨与对犯罪人的同情并存的心理素质是需要经过训练的，不是所有的人都具备的。

2. 检察思想

检察思想，即检察人员对检察工作的理论认识和理性思考及其形成的思想成果，主要体现在检察学和检察政策之中，一旦转化为检察实践机构的思想，就对检察工作具有理论指导和政策调节作用。检察思想主要由两个部分构成，一是对检察工作规律的一般认识；二是关于检察工作中存在的问题及其解决办法的观点。前者是知识，后者是对策。

---

① 从文化成果的学科分类来看，精神文化也可以分为文学、艺术、宗教、哲学等。参见陈建宪主编：《文化学教程》，华中师范大学出版社 2011 年版，第 76—92 页。

3. 检察价值观

检察价值观，即由检察工作的价值目标和价值标准构成的评价体系，是检察机关和检察人员共同奉行的执法理念、职业道德、职业理想、职业信念等意识形态，是检察文化的精髓。检察价值观是检察文化的精神和统帅，决定全体检察人员的精神面貌。它从检察心理、检察思想发展而来，但是，它一旦形成就反过来影响检察心理和检察思想。

从心理、思想和价值观三个层次来分析和观察检察文化，实际上只是对检察精神文化的层次性进行了阐述，并没有揭示整个检察文化的结构。不过，这种分类照顾了那些主张检察文化就是检察精神文化的人，也把检察文化的核心部分进行了细化，因而可以看作对上一种分类的深化。

（三）显性检察文化和隐性检察文化

文化是一种无形的存在，弥散在所有的领域，即使以语言文字或者实物的方式存在，其中的意蕴也是仁者见仁，智者见智。尽管如此，我们可以把文化的存在分为文化现象与文化精神，前者是可感触的实物、符号或者人的活动，后者是只能通过抽象思维理解和把握的精神成果。1952 年，克罗伯和克拉克洪提出的文化定义是："文化，由外显的和内隐的行为模式构成；这种行为模式通过象征符号而获致和传递；文化代表了人类群体的显著成就，包括它们在人造器物中的体现；文化的核心部分是传统（即历史地获得和选择的）观念，尤其是它们所带来的价值；文化体系一方面可以看作是活动的产物，另一方面则是进一步活动的决定因素。"① 1958 年，迈克尔·波兰尼（Michael Polanyi）在哲学领域提出了显性知识（explicit knowledge）和隐性知识（tacit knowledge）的概念。按照波兰尼的理解，显性知识是能够被人类以一定符码系统（最典型的是语言，也包括数学公式、各类图表、盲文、手势语、旗语等诸种符号形式）加以完整表述的知识。隐性知识与显性知识相对，是指那种我们知道但难以言述的知识。

检察文化就其存在方式而言，可以分为显性检察文化与隐性检察文化。显性检察文化就是通过一定的符号存在和传播的检察文化。存在的不一定都被认识，也不一定都在发挥作用，但传播的一定是被认识并发挥着现实的作用的。检察文化虽然主要是近代的产物，但是也是有一定历史的存在。从西方来看，英、法两国早在 12 世纪率先形成了检察文化。② 我国自清朝末期建立检察制

---

① 傅铿：《文化：人类的镜子——西方文化理论导引》，上海人民出版社 1990 年版，第 12 页。在一些著作中，"外显的与内隐的"被译为"显型与隐型"、"显性与隐性"等。

② 徐汉明等：《当代中国检察文化研究》，知识产权出版社 2013 年版，第 151 页。

度以来，经过了民国时期、革命根据地时期、新中国初期，这些不同类型的检察文化都有许多内容有待人们去开发和利用，它们是中国现代检察制度生长和发育的历史，也是检察文化初创和形成的历史。不同时期的检察文化都有不同的价值目标和价值标准，也有一些共同的文化因素，在一次次转型中沿袭下来的文化因素恰恰是当代中国检察文化的根基和精神。隐性检察文化只是不可言传的文化，而不是不可传承和享用的文化，也不是死的、沉寂的、没有作用的文化，相反的，它是检察文化中最有影响力和无所不涉的文化。比如，惩恶扬善、维护法律秩序是检察文化中的重要成分，检察官不一定经常提及，但是天天都在奉行。隐性检察文化不一定是官方当时倡导的检察文化，但是它的作用可能比官方倡导的检察文化更大。隐性检察文化与显性检察文化的分离、差别甚至对抗总是不同程度地存在，官方的努力往往就在于尽量缩小这种差别，消除这种对抗。如果这种对抗普遍存在并达到尖锐的程度，官方对检察文化的领导力就会大大削弱。通常，显性检察文化与隐性检察文化是可以相互转化的，检察官通过文学艺术活动、理论研究活动和规则制定活动等可以把一些隐性的检察文化表现出来，使其转变为显性检察文化；同时，一些检察工作包括检察文化活动每时每刻都在积累着隐性的检察文化。

三、价值功能性特征

价值与功能具有不同的内涵与外延。所谓价值，是一个关系范畴，指人们在认识和改造世界过程中形成的一种满足与被满足的关系，体现为客体对主体的意义。所谓功能，在一般意义上是指事物或方法所发挥的有利的作用、效能。也有辞书在与"结构"相对应的意义上，将"功能"定义为有特定结构的事物或系统在内部和外部的联系和关系中表现出来的特性和能力。我国的语言习惯中经常将价值功能合并使用，强调的是客体对主体需要的满足程度，或者说客体符合主体要求的作用和效能的发挥程度。从这个意义上来讲，检察文化的价值功能就是检察文化本身对检察机关和检察人员需要的满足程度。

毋庸置疑，检察文化实质上是以往检察工作所积累的全部成果，既是开展检察工作的全部条件和手段，也是检察工作发展的力量源泉。因此，检察文化的根本功能是满足检察机关和检察人员的工作需要，包括物质的需要和精神的需要，可以简称为检察工作需要。不过，值得注意的是，这种需要不仅是检察机关的需要，也是检察人员的需要。这两种需要是对立统一的，不能以检察机关的需要替代或者否定检察人员的需要，也不能以检察人员的需要替代或者否定检察机关的需要。这是由检察文化的组织文化属性和主体属性所决定的。

检察文化价值功能的特殊性就在于它满足检察工作需要的内容和方式，即它拿什么来满足检察工作需要和以什么方式满足检察工作需要。从满足检察工作需要的内容来说，检察文化的功能可以分为满足检察工作物质需要与满足检察工作精神需要。满足检察工作物质需要，就是提供检察工作所需要的人力、经费、装备、基础设施等；满足检察工作精神需要，就是提供检察人员所需要的理想信念、价值观念、思维方式、心理慰藉等。

从满足检察工作需要的方式来说，除了物质保障之外，检察文化的价值功能体现为精神培育、行为引领、队伍凝聚、形象塑造。本书主要研究作为精神文化的检察文化即狭义的检察文化，因而在第三章着力阐述的是精神培育、行为引领、队伍凝聚、形象塑造四项基本功能。这种价值功能划分是立足检察机关、着眼检察人员，既有个体需要，也有群体需要，既有价值目标设定，也有价值标准和实现路径，为检察文化建设提供了一定的理论基础。

从我国的情况看，近年来，我国检察文化活动和理论研究的兴趣，起源于检察管理的创新。有的检察长面对精神涣散、缺乏凝聚力的检察院，借鉴企业文化建设的经验，自觉地探索检察文化，运用检察文化来振奋精神、激发活力、培养队伍，收到了很好的效果，逐渐引起了普遍的关注。① 不过，检察文化的功能不仅仅是管理的手段，甚至远远超越了检察管理的范围，特别是在党和国家大力提倡和推进文化大发展大繁荣的背景下，我们要站在"文化是民族的血脉，是人民的精神家园"这个高度来认识检察文化的意义，高度重视运用检察文化引领检察事业的发展方向、凝聚检察人员的奋斗力量，不断以思想文化新觉醒、理论创造新成果、文化建设新成就推动检察工作向前发展。

四、传承性特征

文化总是不断发展的，人类文化的发展经历了许多阶段和历史类型。所谓文化的传承性，是指同一民族国家或地区在历史发展的不同时期所产生的检察文化既存在差异性又具有历史继承性。这有助于我们从历史的纬度，或者说是从文化的时间结构来识别不同历史时期文化的联系与区别。任何文化都有自己产生、演化和发展的历史，检察文化也是如此。检察机关和检察官的出现都是近代民主、法治和诉讼结构变迁的结果，尽管人们可以把检察文化的根源追溯到千年以前，但是完整意义上的检察制度和检察文化都是近代的产物，此前的文化根源只是某种潜在的、相近似的文化元素，有的是文化的历史契合，有的

---

① 例如，湖北省武汉市汉阳区人民检察院的检察文化建设，就是孙光骏在任检察长期间进行"文化育检"的探索，"成功将一个后进院塑造成全国十佳检察院"。参见孙光骏编著：《检察文化概论》，法律出版社 2012 年版，序。

是想象的契合。

检察文化的历史虽然只有几百年，但是经历了一次重大的转型，即从资本主义检察文化转向社会主义检察文化。这次转型也许至今尚未完成，其历史影响却是强有力的、广泛的。从主要的文化特质来看，资本主义检察文化是以公诉为特质的检察文化，而社会主义检察文化是以法律监督为特质的检察文化。社会主义检察文化吸收了公诉文化的特质，但又超越了公诉文化，把公诉文化纳入了法律监督文化之中，形成了既统一又对立的检察文化体系。长期以来，这种对立性一直是社会主义检察文化的反对者否定社会主义检察文化的理论根源之一。

无论是资本主义检察文化还是社会主义检察文化都是人民和国家选择的结果。这种选择有一定的偶然因素，但是起决定作用的是历史的必然性。无论是对社会主义检察文化的选择，还是对资本主义检察文化的选择，在历史上、在今天和未来都存在争议或者不同意见。这是因为检察文化的形成及其历史必然性往往不是清晰而透明的，人们的认识难免存在某种局限性，正方与反方都难以彻底地说服对方。这种异议并不都是破坏性的，只要保持在一定的范围之内，往往可以是一种积极的动力，激发人们进一步探寻尚未揭示的真理。

五、共时性特征

在同一历史时期，各国的检察文化往往既存在许多差异性，又存在许多共同性，甚至在一国之内的各区域的检察文化也可能存在这种情况。撇开检察文化的不同历史类型，仅仅从检察文化的空间分布来分析和识别各文化元素①、文化集丛②和文化模式③，我们可以发现同一时代的各个区域的检察文化之间

---

① 文化元素，亦称文化特质（culture trait），是组成文化的最小单位。由于最小单位的确定是相对的，故文化特质或元素亦有其不确定性。有时，人们又把文化元素与文化物质区分开来，把文化特质界定为文化的一个最小的功能单位，把它视为一个较大的文化复合体的基本元素，只有能够发挥一定文化功能的元素才是文化特质，而组成它的更小的元素就不能视为文化特质。

② 文化集丛（culture complex），又称文化丛，是在功能上互相整合的一组文化特质。它存在于一定的时空之中并作为一个文化单位发挥功用。文化集丛通常是以某一个文化特质为中心，结合一些在功能上有连带关系的特质而组成的，其中每个特质都围绕中心特质而对整体发挥功用。这样的文化集丛总是冠以中心特质的名称而称为某文化集丛。比较复杂的文化集丛包括数量很多的文化特质。文化集丛只反映文化的一个方面，而不是文化的全貌。也有学者，如美国文化人类学家 A. L. 克罗伯等人把文化集丛和系统的文化模式当作同义语使用。

③ 文化模式（pattern of culture），是指组成一个特定文化的文化丛和文化特质的文化体系。在不同的文化人类学家那里，对文化模式的理解也不同。美国文化人类学家克罗伯，把文化中的那些稳定的关系和结构看成一种模式。美国著名文化人类学家本尼迪克特认为，文化模式不仅是用来探讨文化体系形态结构的常用术语，而且是解释各种文化差异现象、剖析文化问题诸特性的重要理论工具。

存在各种联系，有差异性，有共同性，还有自觉的交流和融合。同一时代的不同检察文化之间的相互作用、相互影响和相互融合，就是所谓的检察文化的共时性。

检察文化的共时性是以差异性为前提的。这种差异性包括地域性、民族性、阶级性、国家性等。不同的地域、民族、阶级、国家等往往代表着不同的生产方式、生活习惯、道德传统、核心利益、价值目标和价值标准。这些文化环境上的差异不仅决定和影响着检察文化的内容和形式，而且决定了检察文化发展的方向。尽管现代交通和通信条件发达，各国检察文化之间的交流与融合日益频繁和深入，但是检察文化的差异甚至根本性的差别是不可忽视的因素，而且是必须坚持的基本立场。

当今世界，检察文化大致有三种模式，即英美法系检察文化、大陆法系检察文化和社会主义检察文化，前两者属于资本主义检察文化。在社会主义检察文化中也存在一定的差异，关于是否存在不同模式的社会主义检察文化仍然是有争议的。我们认为，中国特色社会主义检察文化是一个正在形成之中的社会主义检察文化模式。检察文化模式的形成和发展主要是因为各种检察文化有其不同的主旋律，包括民族精神、时代精神和阶级属性。检察文化模式的形成和发展是一个自然的历史的进程，有检察官及其群体的主观努力，也有时代的、民族的、阶级的规定性。人为的、企图超越历史发展阶段的设计和选择往往缺乏生命力。从这个意义上说，我们要大力推进中国特色社会主义检察文化建设，但是也要明确一点——这是一个长期的、缓慢的进程，不可能一蹴而就。中国特色社会主义检察文化模式的形成有赖于检察文化创新来充实和提升，而检察文化创新都是在特定历史条件下发生的，而且要接受历史的检验。

检察文化创新的基础主要由两个方面构成。一是检察文化多样性的存在。多样性往往是创新的契机。他山之石，可以攻玉。正视和深入研究其他检察文化模式，可能获得有益的借鉴或者启发。二是在检察工作中对异质文化的宽容。如果过于强调检察文化的统一性、一致性，一些检察文化创新的萌芽就可能被扼杀在摇篮之中。另外，检察文化创新的根源是检察工作，只有深入地认识和反映检察工作及其发展趋势，才能产生有意义的检察文化创新。

检察文化的共时性意味着不同模式的检察文化之间存在一定的共同性。从理论上把这种共同性集合起来，就有可能构建普遍的检察文化模式，即一切检察文化共同的特质和结构。现在看来，普遍的检察文化模式至少包括以下四个文化特质：（1）追诉犯罪的责任；（2）客观公正义务；（3）保障人权、维护法治和司法公正的价值目标；（4）检察一体。对于检察文化模式的研究是建立在对检察文化特质、检察文化集丛的研究的基础之上的，而这两个方面的研究都有待深入。

第二节　中国特色社会主义检察文化的基本特征

　　文化是"活的"，我们既要有对文化的历史性观照，也要有对文化的现实性理解，研究检察文化形成和发展的历史，把握检察文化的普遍特征，其根本目的在于科学把握检察文化的发展规律，把握现代世界检察文化的发展格局与趋势，从而更好地推进当代中国的检察文化建设。

　　当代中国的检察文化，是中国特色社会主义的检察文化。"中国特色"体现出当代中国检察文化的民族性、时代性，亦表明了这一文化所赖以形成与发展的实践基础；"社会主义"则表明了当代中国检察文化的政治属性。中国特色社会主义检察文化根植于中国特色社会主义的伟大进程，体现着中国特色社会主义检察制度的根本要求，产生于中国特色社会主义检察事业的鲜活实践，是中国特色社会主义先进文化的重要组成部分，伴随着中国特色社会主义检察事业的发展进步而不断丰富完善，对检察事业起着基础性和长期性的推动作用，并在这一过程中体现出鲜明的先进性、民族性和法律监督性的基本特征。

一、先进性

　　从现代政治和社会学意义上讲，文化的先进性是指顺应时代发展潮流，遵循和体现社会历史发展规律，代表广大人民群众根本利益，并对社会发展和人类进步产生积极意义的思想观念、行为理念及其物质承载方式的总和。文化的先进性，既是一个历史的概念，又是一个价值的概念。评判检察文化是否先进，既要看其是否顺应历史规律和时代潮流，是否代表先进文化的发展方向，是否体现先进生产力的发展要求，还要看其是否与所处时代、所处民族和国家（地区）经济、政治、文化、社会文明进步形成现实的良性互动，是否对人的全面发展具有推动和促进作用。

（一）中国特色社会主义检察文化先进性的内涵

　　对于中国特色社会主义检察文化来说，在价值层面上，其先进性体现为它是符合社会发展规律，推动经济发展和社会全面进步，代表最广大人民群众根本利益的文化；在历史层面上，其先进性体现为它是中国特色社会主义经济和民主政治的反映，是先进的世界观、价值观，是民族的灵魂，是综合国力的重要组成部分，具有功能和内容的先进性。

1. 中国特色社会主义检察文化具有科学性

科学性即体现规律的真理性。历史唯物主义认为，先进的文化是对先进的经济、政治的基本反映，对经济社会与政治发展起着积极的推动作用。文化的科学性在于能够揭示自然、社会和人类思维发展的本质和规律，是科学的世界观和方法论。中国特色社会主义，既坚持了科学社会主义基本原则，又根据时代条件赋予其鲜明的中国特色，以全新的视野深化了对共产党执政规律、社会主义建设规律、人类社会发展规律的认识，从理论和实践结合上系统回答了在中国这样人口多底子薄的东方大国建设什么样的社会主义、怎样建设社会主义这个根本问题，使我们国家快速发展起来，使我国人民生活水平快速提高起来。实践充分证明，中国特色社会主义是当代中国发展进步的根本方向，只有中国特色社会主义才能发展中国。① 中国特色社会主义检察文化立足于中国特色社会主义这个当代中国最大的实际，遵循中国特色社会主义司法规律、检察工作规律和文化建设与发展规律，以马克思列宁主义及其与中国革命、建设、改革、发展实际和时代特征相结合所产生的科学理论——毛泽东思想、邓小平理论、"三个代表"重要思想、科学发展观为指导思想，以社会主义核心价值体系为价值引领，以马克思主义关于国家与法的思想观点及其在当代中国的最新发展——社会主义法治理念为理论基础，引领和促进检察机关和检察人员坚定不移地做中国特色社会主义事业的建设者、捍卫者，为推动及促进中国特色社会主义市场经济发展和中国特色社会主义民主政治建设提供坚强的价值引领和精神支撑，并直接指导和塑造检察机关和检察人员的理想信念、职业信仰、职业追求，是科学的世界观和方法论。

2. 中国特色社会主义检察文化具有政治性

政治作为上层建筑领域中各种权力主体维护自身利益的特定行为以及由此结成的特定关系，是人类社会的重要现象，它随着社会文明的发展而发展。"一定的文化是一定社会的政治和经济在观念形态上的反映。"② 政治决定着文化发展的方向，有什么样的政治就会产生什么样的文化；文化反过来又对政治具有反作用，影响着政治。中国特色社会主义的政治，其本质是人民当家做主，其核心是党的领导、人民当家做主、依法治国有机统一，其目标是增强党和国家活力、调动人民积极性，其优势在于摒弃了选举式民主的弊端，实现了

---

① 参见胡锦涛在中国共产党第十八次全国代表大会上的工作报告。
② 《毛泽东选集》（第 2 卷），人民出版社 1991 年版，第 663 页。

选举民主和协商民主的结合。其先进性体现在它是近代以来 100 余年中国社会历史发展的必然结果，是中国人民在掌握了自己的前途命运后通过新中国成立以来 60 余年尤其是改革开放 30 多年伟大实践所作出的科学选择，是在与西方政治理念、政治体制、政治道路交锋、竞争中日益凸显出其独特优越性的政治文明发展范例。① 这一立足中国国情，具有坚实政治基础、深厚文化底蕴、广泛社会共识的政治选择，已经成为当代中国国家富强、民族振兴、人民幸福、社会和谐的根本政治保证，并对世界范围内民主政治的发展产生着深远的影响，这从当今世界方兴未艾的关于中国道路、中国经验、中国模式的大讨论中可见一斑。先进的文化必然是先进的政治在观念形态上的反映。中国特色社会主义的政治发展道路及其相应的政治制度选择和政治文明建设实践，是检察文化产生与发展的基础和源泉，它规定并涵养着检察文化中的核心部分——检察政治观、阶级意识、发展理念、执法理念等内容，并直接指导和塑造着检察机关和检察人员的政治观念、政治立场和政治追求，使得中国特色社会主义政治的先进性在检察文化中得以深化，并具体反映在党性、阶级性等诸方面。从党性来说，坚持中国共产党的领导，巩固党的执政地位，与党中央保持高度一致，是中国特色社会主义检察政治观的核心理念，也是中国特色社会主义检察文化的核心特征和政治优势。在实践中，检察机关始终坚持党的政治领导、思想领导和组织领导，使检察工作的政治方向、发展理念、执法理念等与党的基本理论、基本路线、基本纲领、基本经验、基本要求高度符合，体现出鲜明的党性。从阶级性来说，我国是工人阶级领导的，以工农联盟为基础的人民民主专政的社会主义国家。人民民主专政是中国特色社会主义民主政治的实现形式，检察机关是人民民主专政下的司法机关，具有坚定的阶级属性和阶级立场，其全部活动都在于维护统治阶级的意志和利益，这种阶级意识深入地影响和塑造着中国特色社会主义检察文化。

3. 中国特色社会主义检察文化具有人民性

文化的本质内涵是"人化"，人创造了文化，文化又塑造着人，人创造文化的目的全在于为人的生存与发展提供更广阔的空间。从这个意义上讲，一种文化是否先进，最根本的评价标准是其对主体的意义和满足程度，简单地讲，就是其是否坚持以人为本，体现主体的根本利益和长远利益，能够为主体的生存发展提供更好的精神资源、制度资源，并由此增进主体的自由感与幸福感。

---

① 比较政治学者贝淡宁曾经指出："中国应该推广激励中国人的政治价值观，如果世界其他地方认真对待这些价值观，将有助于这个世界变得更加美好。这是中国对世界的最大贡献。"参见贝淡宁：《中国不妨大胆推广政治价值》，载《环球时报》2010 年 11 月 18 日。

中国特色社会主义检察文化的人民性是指检察机关和检察人员在长期检察实践中形成的关于检察权源于人民、属于人民、服务人民、受人民监督的一系列思想意识、价值观念与价值准则。它既体现着检察机关和检察人员对中国共产党根本宗旨、执政理念和检察权的来源、性质、宗旨的认识与实践，又充分体现着人民检察事业的特点，还蕴含着全部检察工作的价值主体、价值目标与价值标准。

具体来说，中国特色社会主义检察文化的人民性具有如下内涵：一方面，人民主权是中国特色社会主义检察文化的逻辑起点。我国遵循人民主权的原则，确立了人民民主专政的国体，也确立了人民当家做主的地位。检察权源于人民、属于人民，人民的意志和利益主要通过宪法和法律来体现。因而，对于检察机关和检察人员来说，通过切实强化法律监督、忠实履行检察职责，保证国家权力严格按照人民的意志行使，促进人民民主，是一切检察活动的必须遵循的一般规则，由此产生的思想意识、价值观念等（即检察文化）既为检察机关和检察人员监督和制约国家权力提供智力支持，又为促进人民当家做主提供思想保障和价值引领。另一方面，以人为本是中国特色社会主义检察文化的价值基础。正是人民群众对检察活动的参与，以及检察机关和检察人员为不断满足人民群众日益增长的新期待、新要求而作出的不懈探索，才为检察创新事业发展提供了动力源泉。这意味着，只有人民，才是检察活动的实践主体，也是检察活动的价值主体。中国特色社会主义检察文化，产生于检察机关和检察人员维护宪法和法律统一、尊严、权威的群体实践，其价值取向就是崇尚人性、保障人权、尊重人格、促进人的全面发展。从这个意义上讲，检察文化的形成、发展过程，就是"发现人"的过程，是人民主体地位不断凸显的过程，也是人民权利不断实现的过程，这也正体现了"以人为本"这一科学发展观的核心要求。对检察人员自身来说，中国特色社会主义检察文化的人民性还体现为不断满足检察人员的精神需要，表达检察人员的思想感情，尊重检察人员的理想追求。与此同时，执法为民是中国特色社会主义检察文化的价值目标。检察权为人民服务，并得到人民的充分信赖和支持，是执法为民的本质要求。执法为民是检察权力观、宗旨观、价值观等方面的综合体现，也是检察职业精神的核心内容之一。它规定着作为检察文化重要内容的检察活动的价值目标——以维护最广大人民的根本利益为本；规定着检察活动的价值标准——以人民群众满意为本；规定着检察活动的方式方法——充分依靠人民群众，实行专门机关和群众路线相结合，做到公正廉洁执法，理性平和文明规范执法，不断提高执法理念、执法制度、执法行为、执法形象的文明程度。

综上所述，中国特色社会主义检察文化致力于引领检察机关和检察人员着力满足人民群众对公平正义的需求，着力为经济社会发展和人民安居乐业提供有力的法治保障和法治服务，着力满足人民群众和全体检察人员不断增长的文化需求，其所弘扬和传播的"民主"、"法治"、"公正"、"人权"、"自由"等理念，回应着人民群众和检察干警最深层次的心理需求和价值追求，是大众的检察文化，是增进自由感和幸福感的检察文化。

4. 中国特色社会主义检察文化具有批判继承性

文化的先进性既意味着尊重文化传统，注重对优秀文化传统的有效继承，也意味着尊重文化的多样性，注重对世界优秀文化的批判借鉴。虽然从文化的渊源来看，中国特色社会主义检察文化的形成与发展较多地借鉴和移植了西方国家尤其大陆法系国家、苏联的检察文化，存在一定程度的不成熟性。但同时，这恰恰表明，中国特色社会主义检察文化是一种具有开放性、批判继承性的文化，它既摒弃民族虚无主义，又拒绝全盘西化，坚持着古为今用、洋为中用、取其精华、去其糟粕的科学态度，在以我为主、博采众长中实现着自身的繁荣与发展。

5. 中国特色社会主义检察文化具有创新性

先进文化是时代的产物，它不仅维系着历史的延续性，而且随着社会历史的发展而不断发展、超越和创新。中国特色社会主义检察文化既批判继承历史优秀传统，又充分体现时代要求，反映时代精神，引领时代潮流，体现出与时俱进的内在品质。

（二）中国特色社会主义检察文化先进性的主要表现

中国特色社会主义检察文化的先进性不仅体现为其自身的蓬勃生命力、创造力和凝聚力，还体现为它能为所处时代的经济社会和检察事业进步提供强大的精神动力和智力支持，成为经济发展、社会进步、人民利益实现的积极推动力量。

1. 检察职业观念的先进性

一方面，指导思想的先进性是检察文化先进性的根本保证。改革开放以来，中国共产党把马克思主义基本原理同中国实际和时代特征结合起来，坚持走中国特色社会主义道路，创造性地坚持和发展了马克思列宁主义、毛泽东思想，形成了包括邓小平理论、"三个代表"重要思想、科学发展观在内的科学理论体系——中国特色社会主义理论体系。中国特色社会主义理论体系，是对当代中国共产党执政规律、社会主义建设规律、人类社会发展规律的真理性认识，既是中国特色社会主义先进文化的重要内容，也是中国特色社会主义检察事业的指导思想与行动指南，它为检察职业观念的熔铸提供根本的思想引领，为检察职业伦理的发展提供根本的价值引领，为检察职业形象的提升提供根本的目标引领，使得检察文化始终沿着中国先进文化的前进方向不断发展。另一方面，宗旨理念的先进性是检察文化先进性的价值基础。人民群众是先进文化的创造者，又是先进文化的服务对象、表现对象。中国特色社会主义检察文化始终坚持"执法为民"的宗旨理念，始终坚持"发展为了人民、发展依靠人民、发展成果由人民共享"的检察文化发展观，始终坚持在全社会弘扬社会主义法治精神，把满足人民群众日益增长的法治文化需求、公平正义需求，提高人民群众的法治意识作为自身的目标任务，体现了先进文化对人民群众主体地位的尊重，对人民群众需要和愿望的符合，对人的全面发展的促进。与此同时，发展理念和执法理念的先进性是检察文化先进性的现实体现。从发展理念和执法理念上看，以"六观"、"六个有机统一"和"四个必须"为主要内容的检察工作发展理念和执法理念是当代中国检察文化发展的最新成果。"六观"、"六个有机统一"和"四个必须"囊括了当代中国检察机关和检察人员在思想意识上应当树立的基本观念、在工作战略和策略上应当坚持的基本方针、在履行法律监督职责中应当坚持的基本原则，它回应了时代发展和社会进步对检察文化的内在要求，体现了中国特色社会主义事业对检察文化发展的客观需要，符合先进文化的发展方向。

2. 检察职业伦理的先进性

其具体指检察文化的政治性、人民性在职业精神、职业道德中凝炼为"忠诚"、"为民"的价值准则。忠诚，是检察职业精神的基石、检察职业道德的核心，是政法干警核心价值观的重要内容，也是中国特色社会主义检察文化价值准则的重要方面。忠于党、忠于国家、忠于人民、忠于法律，是对检察人员政治本色的根本要求，更是对检察人员政治品格的内在要求。从忠于党、忠于国家的角度讲，忠诚就是对党和国家矢志不渝、尽心竭力的思想觉悟和道德品格。它不仅要求检察人员具有政治上的坚定性，矢志不渝，而且要求具有道德上的纯洁性，忠贞不二。忠于党，这是检察官忠诚品格的集中体现，是党要求检察官"政治坚定"的首要内容，检察机关是司法机关，检察权是司法权的重要内容，司法权是至关重要的执政权，必须掌握在对党和人民绝对忠诚的人的手中。忠于党作为检察官的政治义务，要求检察官必须坚定共产主义信念，坚定对党的事业的信心，视党的事业为生命；不断用党的理论武装头脑，接受和服从党的领导，与党中央保持高度一致；始终遵循党的路线，自觉贯彻党的方针，坚决执行党的政策，坚持检察工作的政治方向。忠于国家，这是公民的基本义务，也是检察官作为公职人员的一种基本责任。《检察官法》第35条规定，检察官不得散布有损国家声誉的言论，不得参加非法组织，不得参加旨在反对国家的集会、游行、示威等活动，也不得参加罢工。检察官不但具有普通公民忠于国家的义务，而且负有忠于国家的职业责任。对于检察官而言，履行忠于国家的责任，就是依法行使宪法和法律赋予的检察权，维护国家安全、荣誉和利益，维护国家统一和民族团结，维护社会稳定，促进经济社会和谐发展。为民，是宪法和法律对检察机关和检察人员的现实要求，是包含检察人员职业使命感、职业责任感和职业荣誉感在内的检察职业精神的内在要求，是政法干警核心价值观的根本，是全部检察工作的出发点和落脚点，是中国共产党全心全意为人民服务根本宗旨和"立党为公、执政为民"执政理念在检察工作的具体体现，它构成中国特色社会主义检察文化价值目标与职业伦理的核心内容。从职业道德的角度来看，2009 年 9 月最高人民检察院第十一届检察委员会第十八次会议通过的《检察官职业道德基本准则（试行）》，明确要求检察官忠于人民，坚持立检为公、执法为民的宗旨，维护最广大人民的根本利益，保障民生，服务群众，亲民、为民、利民、便民。从职业礼仪的角度来看，2010 年 3 月 16 日最高人民检察院第十一届检察委员会第三十次会议通过的《中华人民共和国检察官宣誓规定（试行）》将"忠于人民"规定为检察官誓词的重要内容。2010 年 6 月 9 日最高人民检察院第十一届检察委员会第三十八次会议通过的《检察机关文明用语规则》，则把文明用语提高到了增强检察人员职业道德素质，提升文明执法水平，尊重和保障人权的高度。2010年 9 月 3 日最高人民检察院检察委员会第十一届第四十二次会议讨论通过的《检察官职业行为基本规范（试行）》，则重申坚持执法为民，坚持人民利益至上，密切联系群众，倾听群众呼声，妥善处理群众诉求，维护群众合法权益，全心全意为人民服务。

3. 检察职业形象的先进性

检察职业形象，是检察人员思维方式、行为方式和职业能力的综合反映，树立良好职业形象是检验检察文化建设成效的重要标准，是体现检察文化先进性的重要方面。提升检察职业形象的核心是提升检察机关的执法公信力，而执法公信力集中反映着人民群众对检察机关和检察人员的综合评价，因此，人民群众是否满意是检察职业形象的根本衡量标准，也是检察职业形象人民性的基本内涵。近年来，全国检察机关坚持把提升职业形象作为检察文化建设的重要内容和关键环节，认真贯彻执行《检察机关执法工作基本规范》和《检察官职业行为基本规范（试行）》等规范性文件，着力规范职业行为；出台《"十二五"时期全国检察教育培训规划》，着力强化职业素质，提高法律监督能力；坚持从严治检、廉洁从检，持续深化检务公开，着力提升职业形象，有效提升了执法公信力，形成了职业形象建设的良性循环：一方面，人民群众对检察机关、检察工作、检察人员的满意度日益提高；另一方面，人民群众的评价、期待和要求成为促进各项检察事业创新发展的重要依据和动力源泉。

4. 检察文化载体与表现形式的先进性

载体和表现形式能否符合检察文化的特性，是衡量其先进性的根本标准。从物质载体来看，当代中国的检察建筑、检察器物、检察文书、检察服饰、检察徽章等都体现出一定的文化象征意义，发挥出理念表征、行为支撑、形象识别的独特功能①。如检徽作为检察机关的标志性器物，其基本图案由盾牌、五颗五角星、长城和橄榄枝图形构成。其中，盾牌和五角星象征着检察机关在国家法治建设中担负着法律保障等重要职责；长城象征着中国，充分体现了检察机关的国家属性，也象征着国家对司法工作顺利开展的坚强保障力；橄榄枝代表着和谐，象征检察机关在维护社会稳定、促进社会和谐发展中的重要作用。这一设计理念突出了检察机关代表国家利益的特征，体现出国家利益在司法领域代言人的文化象征意义。再如检察机关的建筑，尤其是控告申诉接待中心等功能性建筑，检察机关的标志，尤其是"人民检察院"等标识，无不表征出"执法为民"的价值观念，体现出检察文化的人民性。制度承载文化，从检察制度对检察文化政治性、人民性的有效表达来看，我国的检察制度是中国特色社会主义政治制度的一部分，检察机关的性质、任务、组织体系、组织和活动原则以及工作制度都反映出检察制度文化的政治性；再从检察人员的思维方式、行为方式和职业能力要求来看，围绕中心、服务大局、维护人民合法权益、维护社会和谐稳定、维护社会公平正义、维护社会主义法制统一、尊严和权威、促进反腐倡廉建设、促进经济社会发展是根本目标，具有明显的政治性。与此同时，我国《宪法》第129条规定："中华人民共和国人民检察院是国家的法律监督机关。"《检察官法》第3条规定："检察官必须忠实执行宪法和法律，全心全意为人民服务。"人民检察院的根本定位、全心全意为人民服务的宗旨定位，凝铸着检察机关和检察人员的立场、观点和情感，明确地揭示出检察机关的"人民性"。

5. 文化内在品质的先进性

此即中国特色社会主义检察文化坚持以开拓创新为动力，始终体现与时俱进品质。时代进步永无止境，社会发展永无止境，人的认识的提高永无止境，文化的先进性建设自然也永无止境。先进的文化必然代表着时代文化发展的主流和方向。中国特色社会主义检察文化以改革创新作为自身成长发展的根本方式，以面向现代化、面向世界、面向未来的、民族的、科学的、大众的姿态开拓进取，在职业观念、职业伦理、职业形象上与中国特色社会主义事业发展和

---

① 参见徐汉明等：《当代中国检察文化研究》，知识产权出版社2013年版，第274页。

时代进步的潮流同频共振，是与时俱进的创新文化。这种与时俱进的内在品质在当前集中体现为中国特色社会主义检察理论发展的最新成果——检察工作发展理念和执法理念。这一检察工作发展理念和执法理念，是科学发展观和社会主义法治理念与检察工作有机结合的产物，是社会主义核心价值体系、政法干警核心价值观与人民检察事业历史经验和根本走向相互融合的产物，是全国检察机关和全体检察人员共同智慧的结晶，也是在各种思想观点交流、交融、交锋的历史背景下，结合世情、国情、党情和检察实际，借鉴和吸纳人类政治文明和法治文明成果的重要理论创新。它凝聚了关于中国特色社会主义检察事业发展方向、检察机关本质属性、检察工作实际成效的一系列全新思想和观点，构成了科学的思想体系，是人们对中国特色社会主义检察工作规律认识的最新成果，是新时期检察工作的方向性、根本性、战略性思想武器，为不断提升检察工作科学化水平，开创中国特色社会主义检察事业新局面提供了坚强的精神动力和智力支撑。

坚持中国特色社会主义检察文化的先进性，对于增强中国特色社会主义检察文化的文化自觉、文化自信，使检察文化始终沿着"中国先进文化的前进方向"繁荣发展具有重要意义；对于坚持党的领导、人民当家做主与依法治国有机统一这一中国特色社会主义民主政治发展道路，推动检察事业、检察文化适应人民群众新期待新要求，始终保持正确的发展方向具有重要意义；对于充分发挥检察机关和检察权的政治功能，推动检察工作在正确的发展理念、执法理念指引下科学发展具有重要意义。

二、民族性

文化的民族性，是指一个民族在长期的社会实践和社会生活中形成和发展起来的，并存在和表现于民族的风俗、习惯、观念等方面特有风格和品质。它是一定社会历史条件下的产物，是社会历史发展的积淀，是一个动态的发展过程。作为一个社会历史范畴，其在本质上就是存在于语言文字、生活方式、行为习惯、思想观念、心理素质等方面的一种差异性，同时也体现为一种特定代表性。考察中国特色社会主义检察文化的民族性，在于加深对当代中国检察文化的认识和把握，在于深入探讨如何继承和弘扬民族文化的精华，吸纳世界各民族文化之精髓，以更好地推动中国特色社会主义检察文化的繁荣和发展。

（一）中国特色社会主义检察文化民族性的内涵

中国特色社会主义检察文化的民族性，是指其在职业观念、职业伦理、职业形象等诸方面所体现出的与其他国家检察文化的差异性，和对中华民族优秀传统文化的传承性，及由此而体现出的特定代表性。

1. 中国特色社会主义检察文化与其他国家检察文化的差异性

从差异性的角度来讲，不同民族国家不同的生产方式、生活习惯、道德传统、核心价值往往决定和影响着检察文化的内容和形式，决定着检察文化的发展方向。中国特色社会主义检察文化作为中国特色社会主义检察事业的实践所积累的精神成果，必然与中国特色社会主义的经济、政治和文化传统相适应，必然与社会主义初级阶段的历史条件和发展水平相协调，必然与中国特色社会主义的理论、道路、制度及其对司法制度的需求相一致，由此形成的职业观念、职业伦理、职业形象，既与英美法系、大陆法系国家检察文化存在明显差异，也与其他社会主义法系国家检察文化存在较大差异。如在思想基础上，中国特色社会主义检察文化以马克思主义关于国家和法的思想和观点及其在当代中国的新发展为思想基础，而西方国家检察文化的思想基础是权力制衡理论和人权保障理论。在政治基础上，中国特色社会主义检察文化以坚持中国共产党的领导、强调人民主权为政治基础，而西方国家检察文化的政治基础则是强调"三权分立"、天赋人权。在职能定位上，中国特色社会主义检察文化是以法律监督为本位的检察文化，而西方国家的检察文化则是以公诉为本位的检察文化。再如在检察体制上，中国特色社会主义检察文化虽然与其他社会主义法系国家一样强调法律监督，但在体制运行方式上却没有采纳其他社会主义法系国家的垂直领导体制，而是实行"双重"领导体制，且强调检察机关要接受人大监督。

2. 中国特色社会主义检察文化对中华民族优秀传统文化的传承性

从传承性的角度来看，任何文化首先体现和反映的是一个民族生存与发展的理念以及具体的活动方式、规律和特点，中华民族传统文化作为中华民族共同的思想基础、行为规范和活动方式，维系着民族的生存与发展。中国特色社会主义检察文化作为社会文化的分支，形成于中华大地这片民族文化底蕴深厚的土地，其培育获得了优秀民族文化传统的丰富滋养，其发展得到了伟大民族精神的有力支撑。虽然从严格意义上讲，在中国古代封建社会一直未能产生真正意义上的检察文化，但我国传统文化尤其是传统法律文化仍然构成了我国检察文化的重要渊源，并深刻影响着中国特色社会主义检察文化的方方面面。如中国传统文化以伦理道德为核心，强调礼法结合、德主刑辅，而当代中国既强调依法治国，又强调以德治国；中国传统法律文化中公法文化发达、私法规范落后，而"重刑轻民"的观念至今仍然影响着我国的法治建设；中国传统法律文化信奉无讼息争，追求社会和谐，而维护社会稳定、促进和谐发展也是当代中国检察机关的重要任务。

3. 中国特色社会主义检察文化的特定代表性

从特定代表性的角度来看，任何国家的检察文化首先要取决于该国的政治文化，同时还要受该国的社会历史背景、法律文化、经济文化发展水平等因素的制约。在我国，检察机关和检察人员的根本价值取向是巩固中国共产党领导下的人民民主专政的政权，维护好、实现好、发展好最广大人民群众的根本利益；在国家权力体系中，检察机关被宪法定位为法律监督机关，检察人员的诉讼地位超越于当事人的地位。这种价值取向和职能定位深刻影响和塑造着检察机关的意识结构，以及检察人员的角色心理，体现出中国特色社会主义检察文化的特定代表性。

（二）中国特色社会主义检察文化民族性的主要表现

中国特色社会主义检察文化，深深地根植于民族文化的土壤之中，积淀着深层次的民族价值追求，具有鲜明的民族特色。

1. **检察职业观念的民族性**

在当代中国，中国特色社会主义，是中华民族的根本利益所在、美好愿景所在，也是中华民族最根本、最核心的民族性。坚持马克思主义与中国实际和时代特征相结合，丰富和发展马克思主义，走自己的路，是近代以来中国共产党带领中国人民作出的改变民族命运、改变国家面貌的最为正确的选择、最为根本的成就。在当代中国，这一选择、这一成就在检察职业观念中集中体现为坚持以邓小平理论、"三个代表"重要思想和科学发展观为内容的中国特色社会主义理论体系在检察意识形态中的指导地位，坚持以社会主义法治理念为检察文化的思想基础，坚持"忠诚、为民、公正、廉洁"的政法干警核心价值观为当代中国检察文化的灵魂。从价值追求来看，适应中国特色社会主义事业对检察工作的内在要求，检察机关将"强化法律监督，维护公平正义，服务科学发展，促进社会和谐"作为自身的根本任务，这一根本任务的确立，成为检察人员思维方式、行为理念、价值准则的决定性因素，检察机关和检察人员的所有努力，都集中于丰富中国特色社会主义检察理论，完善中国特色社会主义检察制度，推动中国特色社会主义检察事业科学发展。从检察职业信仰来看，在中国共产党的领导下，坚持共产主义远大理想，坚持走中国特色社会主义道路，实现中华民族的伟大复兴，成为中国特色社会主义检察职业信仰的显著标志，它与民族信仰同根同源，使得检察机关和检察人员是中国特色社会主义事业的建设者、捍卫者这一角色理念深深融入了检察人员的血脉。

2. **检察职业精神的民族性**

检察职业精神是中华民族精神的拓展与延伸。民族精神是民族意识、民族品质、民族气质的精髓，是民族文化最本质、最集中的体现，它熔铸在民族的生命力、凝聚力和创造力之中。在 5000 多年的发展中，中国优秀传统文化产生了"诚信"、"民本"、"自强"、"日新"、"忧患"、"和而不同"等核心价值理念，中华民族形成了以爱国主义为核心的团结统一、爱好和平、勤劳勇敢、自强不息的伟大民族精神。检察职业精神以忠诚为基石，以为民为宗旨，以公正为核心，以服务大局为使命，以清廉为操守，它传承了民族精神的基本要素，反映了民族精神的内在要求，是在检察领域对于民族精神的集中体现和生动再现。如爱国主义是民族精神的核心，而爱国主义在检察职业精神中最集中的体现就是忠诚，它要求检察机关和检察人员忠于国家，热爱祖国，忠实履行国家赋予的神圣职责，坚决维护国家的安全、荣誉和利益；满怀对中国特色社会主义的政治认同、理论认同、感情认同，献身中国特色社会主义伟大事业，坚定不移地做中国特色社会主义事业的建设者、捍卫者，把强烈的爱国热情转化为推进中国特色社会主义伟大事业发展的强大动力。

3. 检察职业道德的民族性

检察职业道德是中华民族荣辱观的具体体现。荣辱观是人们对荣誉和耻辱的根本看法和态度，是世界观、人生观、价值观的重要组成部分，是道德规范的集中体现。众所周知，任何社会都有自己的价值取向，也有自己的道德评判标准。自古以来，中华民族就有着自己鲜明的荣辱观。在漫长的中国古代，随着儒家思想逐渐占据统治地位，以"礼义廉耻"、"忠孝节义"、"仁义礼智信"为关键词的伦理道德标准（荣辱观）成为封建社会的核心价值体系。虽然这一价值体系中具有宗法等级秩序的封建糟粕，但也不能排除其在道德标准和社会规范方面的积极意义。以"礼"的内涵为例，礼既包括了政通人和的礼制设想、合适有度的言语举止，也包括了谦逊优雅的礼让精神、不卑不亢的礼貌原则等，还包括了礼文化的社会目标，即创立一个"天下为公"的大同社会，这对于社会文明进步具有重要传承意义。再看"义"的内涵，其核心是道义，其关键在于义利之辩，以义统利，要求人在谋求物质利益的同时，心存志向、怀抱情操。儒家的"廉"，囊括了洁身自好的品德、方正拒腐的风格和严明监察的方法等内涵，儒家的"耻"，则要求人有自尊自爱之心，以知耻之心指导自己的日常行动。① 由此反观以"八荣八耻"（以热爱祖国为荣、以危害祖国为耻，以服务人民为荣、以背离人民为耻，以崇尚科学为荣、以愚昧无知为耻，以辛勤劳动为荣、以好逸恶劳为耻，以团结互助为荣、以损人利己为耻，以讲求诚实守信为荣、以见利忘义为耻，以遵纪守法为荣、以违法乱纪为耻，以艰苦奋斗为荣、以骄奢淫逸为耻。）为主要内容的社会主义荣辱观，

---

① 参见《继承优秀传统与提升文明素质》，载《学习活页文选》2011 年第 41 期。

可以明显地看出，"八荣八耻"是中华民族传统美德、优秀革命道德与时代精神的完美结合，反映了中国特色社会主义对道德观、荣辱观的基本要求，是中华民族荣辱观在当代中国发展的最新成果。"八荣八耻"包含了忠于祖国、忠于人民、忠于宪法和法律的价值取向，包含了对公平正义的价值追求，包含了清正廉洁的价值准则，包含了文明和谐的价值原则。"忠诚、公正、清廉、文明"的检察职业道德与民族荣辱观一脉相承，既具有精神实质的一致性，又是民族荣辱观在检察领域的具体体现。

　　是否坚持中国特色社会主义检察文化的民族性，关系到在建设检察文化中举什么旗、走什么路、朝什么目标前进的原则性、根本性、方向性重大问题。只有坚持民族性，才能更好地继承和弘扬民族的优秀文化传统，才能不断强化民族自信心、民族自尊心和民族自豪感，才能不断增进广大检察人员对中国特色社会主义检察制度和检察文化的政治认同、理论认同、感情认同和实践认同，才能使中国特色社会主义检察制度和检察文化焕发出强大的生命力、创造力、感召力。当然，坚持检察文化的民族性，并不代表不加分析地继承，对于民族传统文化中的糟粕，应当予以扬弃。强调检察文化的民族性，并不意味着闭关自守、盲目排外。恰恰相反，文化的民族性所表现出的差异性，正是文化发展存在的互补性和包容性所在。中国特色社会主义检察文化在繁荣发展的过程中，需要立足中国国情，学习借鉴人类社会检察文化乃至法律文化的优秀成果，兼收并蓄、博采众长，这是当代中国检察文化自我提升、自我完善的有效途径，也是文化自信的一种表现。

三、法律监督性

　　从普遍意义上讲，检察文化是人类社会法治进程中产生的一种政治资源配置现象，是在以检察权制衡行政权、司法权过程中产生的精神理念、价值观念等精神成果的总和，是人类社会科学配置政治资源、管理国家、推动经济社会发展进步水平的重要表征。法律监督是指在中国法律的语境中，由专门的国家机关根据法律的授权，运用法律规定的手段对法律实施情况进行监察、督促并产生法定效力的专门工作。[①] 在此基础上谈检察文化的法律监督性，我们认为，法律监督性既是中国特色社会主义检察文化的基本特征，也是其根本属性，且随着人民代表大会制度和诉讼制度的发展，检察文化的法律监督属性亟待进一步加强。

---

　　① 　张智辉：《法律监督三辨析》，载《中国法学》2003 年第 5 期。

（一）中国特色社会主义检察文化法律监督性的内涵

所谓中国特色社会主义检察文化的法律监督性，就是人民检察院及检察人员遵循中国特色社会主义宪法的基本原则与精神，为实现保障国家法律在全国范围内统一正确实施的宪政价值，依据国家权力机关授权，在行使法律监督权过程中所体现出的文化特质。中国特色社会主义检察文化的法律监督性取决于两个方面：一是在其社会文化、法律文化属性之外，体现其质的规定性的宪法定位；二是法律监督权在运行过程中所体现出的独有文化特点。

法律监督是一种与法律运作和政治权力架构紧密联系的制度设计，其主要目的在于通过法律监督进行权力控制，防治权力的滥用和腐败。宪法是检察制度的基石，宪法关于我国检察机关系"法律监督机关"的定位，决定了人民检察院及检察人员的价值取向、思维模式、发展理念、执法理念等均需遵循法律监督的要求发展和完善，从而决定着检察文化的发展方向、发展路径、基本内容和载体形式等。

一方面，法律监督的保障性决定着检察文化的发展方向。"从法的运行过程考察，法律监督是法的运行不可或缺的构成性机制，是保证法的实现的贯穿性机制和维护法的统一、尊严和权威的保障性机制。可以说没有法律监督，就没有完整意义上的法的运作，也就没有真正现代意义上的法治。"[①] 从法律监督的目标来看，保障宪法和法律完整和统一实施是我国检察制度担负的根本使命，检察文化是检察机关及检察人员维护国家法律统一、尊严和权威实践的抽象反映，其发展方向必然受到这一根本使命的制约和导引。

另一方面，法律监督的辅助性决定着检察文化的发展路径。我国宪法第三章明确规定全国人大及其常委会有权对国务院、中央军委、最高人民法院和最高人民检察院实施宪法和法律的情况进行监督。这表明，从法律监督的地位来看，"检察机关不是全面监督法律实施的机关，也没有去'统揽法律监督权'，检察机关的法律监督权是由权力机关授予并受权力机关领导和监督的"[②]。在人大及其常委会的立法监督以及执法方面的宏观监督之外，辅之以检察机关的专门性法律监督，从而保证宪法和法律在全国范围内一体遵循，是我国法律监督体系的重要特征。检察文化是在检察机关对法律的遵守和执行情况进行监督的过程中所产生的文化现象，其发展必然体现辅助性和专门性的路径选择。

与此同时，法律监督权的复合性决定着检察文化的主要内容。从法律监督

---

① 郭立新：《法律监督、检察机关法律监督争议评析》，载《国家检察官学院学报》2003 年第11 卷。

② 韩大元：《关于检察机关性质的宪法文本解读》，载《人民检察》2005 年第 7 期。

权的结构来看，它既包括侦查权，又包括公诉权；既有诉讼监督权，又有司法解释权，等等。从法律监督权的运行来看，检察机关既制约司法权，监督审判乃至整个诉讼过程；又控制警察权力，保障人权，维护法治；除了对诉讼活动的监督之外，检察机关的监督还包括对某些非诉讼活动的监督。这就决定了检察文化内容的多样性。就法律监督权整体而言，其具有明显的复合性。这就决定了法律监督理念的包容性、开放性。而在法律监督实践中形成的思想观念、价值理念正是检察文化的基本内容要素。

此外，法律监督的程序性决定着检察文化的内容结构。法律监督职能的实现方式主要是启动法律程序和进行程序性审查。检察机关是通过启动法律程序而不是通过行使实体性或终局性的裁决权来实现维护人民合法权益、维护社会和谐稳定、维护社会公平正义、维护社会主义法制统一、尊严和权威、促进反腐倡廉建设、促进经济社会发展等功能的。法律监督权行使本身，也须严格依照诉讼程序进行。这就决定了法律监督的程序性行为模式，而行为模式背后的行为理念正是检察文化的重要内容。

（二）中国特色社会主义检察文化法律监督性的主要表现

检察工作是检察文化的源头活水，是"活的检察文化"。经过长期的探索实践，法律监督已经成为中国特色社会主义检察文化的显著标志。它以中国特色社会主义宪政文化为依托，以中国特色社会主义法律监督制度的设置、运行为依据，以在长期法律监督实践中积淀和体现出来的群体性价值观念、思维模式等精神成果为主要内容，体现着法律监督权的运行规律，引领着法律监督工作的发展方向。一方面，法律监督是检察职权配置的根本依据。检察机关有多项监督权，如职务犯罪侦查、公诉、侦查监督、审判监督、刑罚执行和监管活动监督、民事审判、行政诉讼监督等，这些职权配置的依据都是检察机关的宪法定位，都是为了使各项监督权能互相补充、互相促进，促使检察机关全面正确履行法律监督职能。另一方面，法律监督决定着检察主体的角色定位。检察文化以检察官为主体，是检察机关、检察官活动的抽象化的反映。检察机关是法律监督机关，检察活动的核心是法律监督活动，检察官是"法律守护人"，这正是中国特色社会主义检察文化显著特色。与此同时，我国的检察工作亦凸显着检察文化的法律监督性。经过80多年的曲折探索，尤其是1982年宪法明确检察机关作为国家法律监督机关的性质和地位后，人民检察院和一代又一代检察官们的生动实践，始终围绕着巩固和发展人民检察机关的宪法地位来进行，始终围绕着强化法律监督、维护公平正义、服务科学发展、促进社会和谐来展开，并在这一过程中不断深化着对法律监督规律的认识，形成了一整套法律监督工作的思想、理念、观念，凸显了检察文化的法律监督性。

在价值理念上，中国特色社会主义检察文化以"忠诚、为民、公正、廉洁"为法律监督职业群体的核心价值观和根本价值追求。它内在地要求检察机关和检察干警始终忠于宪法和法律，充分履行宪法和法律赋予的法律监督职责，在强化法律监督、维护公平正义、推动科学发展、促进社会和谐中大力弘扬以忠诚为基石、以为民为宗旨、以公正为核心、以清廉为操守的检察职业精神。

检察文化以检察制度和检察权为依据，检察制度精神是最初形成的检察文化。在制度安排上，中国特色社会主义检察文化以法律监督制度设计和法律监督权定位为依据，以法律监督活动为制度运行方式，以满足国家权力控制、人民权益保障、维护法制统一的社会基本需要为目标任务。中国特色社会主义检察制度关于法律监督的领导体制、机构设置、工作机制等一系列安排，在精神实质上都体现了法律监督的内在要求。

检察文化以检察工作为基础，集中体现为检察人员的共同行为理念。在行为规范上，中国特色社会主义检察文化以参与诉讼和监督诉讼活动为主要行为模式，以对行政权和审判权进行监督制约为主要内容，以程序性监督和个案监督为主要特征，在"敢于监督、善于监督、依法监督、规范监督"的基本理念之下，进行监督理念更新、监督机制创新、监督资源整合、监督物质支撑、监督环境优化与监督绩效评估，从而积极预防、纠正公权力行使中的严重违法行为及诉讼活动中的违法现象，救济受损的权利，最终达到监督目的。

检察文化还融入于具有鲜明检察特色的物质载体之中。包括检察基础办公设施、检察形象标识、检察文书和检察档案、检察文化设施、检察风俗和仪式等，是检察精神理念的外在表征、检察职业伦理的物质支撑和检察职业形象的识别系统。在物质表征上，检察服饰的穿戴、检察标识的设计、检察建筑的风格、检察技术设备与装备的配置与使用等，从不同的侧面体现着检察机关的宪法定位、法律监督职能履行的需要和法律监督工作者的职业形象。例如，检察机关办公大楼的设计与装饰必须庄重、严肃，体现开展法律监督，维护公平正义的严肃性与神圣性。检察文书的格式，体现着诉讼监督的严肃性、程序性，等等。

（三）强化中国特色社会主义检察文化法律监督性的意义

维护法制统一、保障人权、控制国家权力是法律监督的神圣使命，也是检察文化的根本价值取向。在中国特色社会主义法律体系形成之后，强化检察文化的法律监督性显得更加重要而紧迫。

1. 我国的文化传统呼唤检察文化的法律监督性

从本土文化传统的角度来看，我国的传统文化中存在大量影响法律统一正确实施、损害法律权威和尊严的情况，使得法律监督的必要性较为突出。主要表现在：一是权力一元化的文化传统要求加强法律监督。在中国古代封建社会的历史长河中，为了保证中央集权的巩固，防止官员滥用权力，通过设置谏议大夫、御史等相对独立的监督机关巩固皇权、维护封建统治秩序、治理官员、监督地方是历朝历代的共同选择，使得运用监督权防止权力滥用的观念延续至今。二是法治传统缺乏的客观现实呼唤法律监督。我国封建社会一直未能产生真正意义上的检察制度与检察文化，这与我国法治传统的缺乏不无相关。封建社会的人治、等级、特权思想和重权轻法、重言轻法、重情轻法的观念根深蒂固，且至今仍有广泛而深刻的影响，致使现实生活中以言代法、以权压法、以情扰法、有法不依、执法不严、违法不究的情况仍然比较突出。在相当长的时间内，封建思想残余对法律统一正确实施的影响不可低估。①包括现实中存在的执法犯法、部门保护主义、地方保护主义等现象，都是法治传统缺乏的具体体现。尤其是在中国特色社会主义法律体系已经形成，我国基本解决了"有法可依"问题的情况下，如何按照党的十八大关于"全面推进依法治国"的要求，形成"科学立法、严格执法、公正司法和全民守法"的生动局面，实现"依法治国基本方略全面落实，法治政府基本建成，司法公信力不断提高，人权得到切实尊重和保障"的法治建设规划，迫切要求强化法律监督，保障宪法和法律在全国范围内的一体遵循和有效实施。三是法律实施的现状要求强化法律监督。经过30多年的改革开放和经济建设，我国的经济总量跃居世界第二位，但人均GDP排名2011年仅居世界第89位，我国处于并将长期处于社会主义初级阶段。经济、文化不发达且发展不平衡，正是这一阶段的显著特征。这种不平衡尤其表现为地区之间、城乡之间的发展不平衡。经济基础决定上层建筑，经济是法治的基础，经济社会发展的不平衡，导致法律实施、法律执行中的差异化现象，"同命不同价"、"同罪不同判"、"经济犯罪立案标准地方化"、"利益驱动"等现象就是典型的体现，严重制约着法律的统一正确实施，强化法律监督的紧迫性、必要性仍然突出。

2. 世界检察文化发展的历史进程支撑检察文化的法律监督性

现代公诉制度产生与发展、检察制度发展与演变的历程表明，监督是检察文化的基本属性之一。对于大陆法系国家来说，普遍将检察官视为"法律守护人"，从而使监督成为其检察文化与生俱来的固有属性。我国的检察制度是在借鉴和扬弃了大陆法系国家检察制度的基础上建立和发展起来的。大陆法系国家赋予检察机关法律监督权的通行做法，苏联与俄罗斯对检察机关法律监督职能的规定，表明将检察机关定位为法律监督机关并非我国独创，而是世界范围内检察文化发展的重要特征。由于法律监督是法律自身的内在要求、是法制

---

① 朱孝清：《中国检察制度的几个问题》，载《中国法学》2007年第2期。

统一的客观需要、是司法公正的重要保障，进入 21 世纪以来，大陆法系、英美法系国家检察文化出现了融合发展的新趋势。一方面，检察机关作为"法律守护人"、维护社会公平正义和公益的观念亦得到了更加广泛的认同，检察职能普遍从刑事诉讼领域向民事和行政诉讼领域延伸。美、英、法、德、日、意、比利时、巴西、瑞典、阿根廷、芬兰、委内瑞拉、哥斯达黎加、澳大利亚、斯里兰卡等很多国家，法律或判例中都有检察机关有权干预和参与民事诉讼的规定。① 另一方面，大陆法系国家的法律监督进一步强化，英美法系国家则有选择吸收了法律监督思想，对检察制度进行了以强化法律监督为重要特点的相应改革，使得强化法律监督性成为检察文化发展的国际潮流。这充分表明，检察文化的法律监督属性有着浓厚的历史积淀和普遍的合理性。

强化检察文化的法律监督性，是适应中国特色社会主义法治发展进程的现实要求，是破解现实存在的法律监督的权力配置不尽完善、运行机制不够健全、监督能力水平滞后等法律监督难题，促进检察事业科学发展的迫切需要。特别需要强调的是，强化法律监督是检察机关立身之本，是检察权发展的时代潮流，因此，检察发展理念的丰富和完善应当立足法律监督的生动实践及时代要求，围绕强化法律监督职能、提高法律监督能力和水平来进行，从而更好地把握法律监督工作规律，推动法律监督工作体系的健全和完善。这是中国特色社会主义检察事业科学发展的必然要求。

---

① 张如新：《撩开检察权的面纱——从国家权力结构模式和社会权益维护结构视角入手》，载《浙江检察》（第 2 卷），第 3 页以下。

第三章　检察文化的形成和发展

检察文化的形成过程实质上就是检察职能从其他国家职能中独立出来的过程，也是检察职业形成的过程。

第一节　检察文化的背景、根基和渊源

文化作为一种社会现象，既呈现多样性特征，也具有传承性特点，这就使文化既有主文化与亚文化的区分，也存在冲突与转换、消融的动态现象，在一定范围内，还体现为相互影响、相互承继和兼收并蓄、博采众长并形成丰富内容的生成过程。在这个过程中，文化的背景、根基和渊源决定了文化的主要内容甚至成为文化内容的重要部分。研究检察文化的基本内容，需要以更广阔的视野和更深邃的眼光去观察和分析它的背景、根基和渊源。

一、主文化与亚文化

主文化与亚文化是相对的概念。主文化，又叫主流文化或文化主流，顾名思义就是在一定社会或组织成员中占主导地位的文化，是大多数人认同的价值观、采取的行为方式，体现的是社会或组织的核心价值观；亚文化是在这一范围里处于相对次要状态的文化，是少数成员认同的价值观及采取的行为方式。亚文化是总体文化的次属文化，它不否定主文化，只是忽视其中某些方面。亚文化一般有两种，一种是从属于主文化、与主文化一致的亚文化，是大文化中的文化组，或大群体中小群体的特殊文化；另一种是背离主文化或者游离于主文化之外的次要文化。

马克思和恩格斯在论述统治阶级的思想具有的特殊作用时指出："统治阶级的思想在每一个时代都是占统治地位的思想。""支配着物质生产资料的阶级，同时也支配着精神生产资料，因此，那些没有精神生产资料的人的思想，

一般地是受统治阶级支配的。占统治地位的思想不过是占统治地位的物质关系在观念上的表现。"① 这揭示出，在文化的历史存在过程中，因为阶级的出现而可以划分为支配与被支配的不同文化内容，一般情况下，统治阶级在特定时期总是占主导地位，因而所属的文化就是主流文化，相反则属于支流文化。据此，有人把主文化界定为体现时代的主导思想、支配文化的前进方向、占统治地位的文化；亚文化是指某些方面与社会主导性文化的价值体系存在不同者。② 比如，从事不同职业的人形成各自不同的职业亚群体，并具有各自不同的价值观念、职业规范及职业习惯，而且这些价值观念、职业规范及职业习惯与主流文化或主导性文化存在一定的差异。

主文化一般具有以下特征：（1）主导性。主文化具有占统治地位的特性，它从根本上规定着一个社会、组织和群体的基本制度、行为方式和精神文化内容。正是这种特性，使主文化在文化发展中处于引导整个文化发展的地位，规定着文化的发展方向。（2）前沿性。主文化在与其他文化形态共存过程中，从本质上具有站在其他文化前列、引导其他文化向前发展的突出的时代性特征。主文化的前沿性特征不仅表现为引导文化的发展潮流，而且表现为时代性，即主文化是一种代表着时代个性和特色的文化；它不仅集中反映着特定时代文化的本质特征，而且彻底表现着文化的基本面貌和精神脉络。（3）普遍性。主文化在文化领域普遍存在并且影响广泛，它渗透于文化的方方面面，规范和引导着所有的文化形态和文化内容，同时对社会文化具有广泛性和深刻性的影响。（4）制度性。主文化基本上都是以制度文化的形态表现的，从而规范和引导着其他文化顺应主文化的发展。如在一个社会中，主流文化大都以国家法律法规的形式被确定下来。

亚文化具有以下特征：（1）附属性。亚文化依附并顺从主文化而存在，并对主文化起一定的辅助作用，在文化存在过程中起非主导作用，它不代表文化的前进方向，也不是文化结构的核心。比如，一个民族或地区的婚姻习俗，只对某一民族或地区产生影响，超越这一民族或区域，就仅仅成为主文化婚姻习俗中的"异文化"。（2）民间性。亚文化的形成和存在方式都是非官方与非主流的，没有强制性的规定或法律作为它的存在规范和导向。当然，这种"民间性"是相对的，是相对于主文化存在的广泛时空范围及其存在形式的强制性、权威性而言的，在亚文化自身存在的特定时空范围内，其也有一定的权力介入并发挥强制保障作用。（3）特殊性。亚文化的存在不是普遍的现象，

---

① 《马克思恩格斯选集》（第1卷），人民出版社1995年版，第52页。
② 陈华文：《文化学概论新编》，首都经济贸易大学出版社2009年版，第276页。

影响也不广泛，而且具有许多个性特点，比如有自己的组织群体、自己的职业语言、自己的行为规范、自己的精神支柱等。① 亚文化虽然附属于主文化，但并不是没有存在价值的文化，其丰富的内容和多样的形式在许多情况下是主文化不可替代的，而且对促进文化发展具有积极作用。比如我国春秋战国时期，各种思想文化活跃，正是这种百家争鸣的局面，促进了学术和社会的进步。即使在现代社会，各种外来文化从本质上看都属于亚文化的范畴，它们对中国当今文化发展发挥了不可或缺的促进和推动作用。

主文化与亚文化可以随着空间变化而改变。一个文化区的文化对于全民族文化来说是亚文化，而对于文化区内的各社区和群体文化来说则是总体文化，后者又是亚文化。主文化与亚文化还随着时间变化而改变。随着时代的发展，主流文化可能会沦为文化支流甚至被淘汰，如欧洲中世纪属于主流文化的宗教裁判所，在 20 世纪初就被改为圣职部，最终退出了历史舞台。在外国历史上，著名的爵士乐与摇滚乐都曾经是亚文化，随着专业人士与文化学者的不断介入，到后来都成了正规文化的一部分。也就是说，昨天的亚文化可能就是今天的主流文化，今天的亚文化可能就是明天的主流文化。这表明，所谓正规文化总是在吸收亚文化的过程中发展起来的。所以，主文化与亚文化其实没有特别区分，在许多情况下不同的文化模式只是处理的方式不同而已。基于这些因素，人们提到一个国家、民族、社会或组织的文化时，常常是指在这个范围内存在的主流文化。

主文化与亚文化的研究，对于正确认识检察文化的内容具有重要意义。我国检察文化相对于中国特色社会主义文化而言，是一种亚文化，但对于检察机关和检察人员群体来说，又是一种主文化。受中国特色社会主义文化这一主文化的影响，比如坚持党的领导、服务党和国家工作大局等成为检察文化的内容；同时，检察文化的一些重要内容也成为中国特色社会主义检察文化的重要元素，如注重法律监督的理念等。

二、文化的背景、根基和渊源

马克思、恩格斯在《德意志意识形态》一书中深刻阐明了物质与意识的关系，强调社会存在决定社会意识，物质实践是社会历史发展及社会意识诸形式产生、发展的动力。② 毛泽东在《人的正确思想是从哪里来的》中指出，人

---

① 陈华文：《文化学概论新编》，首都经济贸易大学出版社 2009 年版，第 276 页。
② 《马克思恩格斯全集》（第 1 卷），人民出版社 1995 年版，第 62 页以下。

的正确思想是从社会实践中来的，人们的社会存在决定人们的思想。① 文化作为人类的精神财富，属于社会意识形态范畴。根据马克思主义的观点，作为人类精神创造活动及其结果和以社会意识形态形式存在的文化，总是在一定的社会实践中产生的，它的产生发展过程不仅是精神财富的生产过程，而且归根结底是由物质财富的生产实践影响并从中获得动力的。自从有阶级和国家以后，文化的创造、发展和传承都与一定社会的经济模式、政治体制、历史地理环境以及社会组织结构等紧密相关，深深扎根其中并从中汲取其生长发展的源泉。这些要素及其因子构成的体系就形成了文化的背景、根基和渊源。对于文化的背景、根基和渊源，需要依托以下关系来探究。

（一）文化与环境

由于人都在一定的环境中生存，所以人类的文化创造与环境关系密切。围绕这一问题，形成了诸多解释文化与环境关系的理论。其观点主要有三种。一是环境决定论。古希腊的思想家希波克拉底、柏拉图和亚里士多德等人在考察人与气候的关系时，都认为人的性格和智慧由气候决定。其后，这种观点进一步发展，认为人类的文化发展、性格、身心特征、社会组织等都受自然环境特别是气候条件影响。二是环境可能论。它是与环境决定论相对立的观点，认为环境只是为人类文化发展提供了多种可能，由人类选择和利用，而生活方式决定人类选择哪种可能。三是文化生态论。这种观点认为文化与环境的关系是互为的，人类行为本身对周边条件的影响也是构成文化形态的一个基本条件。如美国人类学学者司徒华在其《文化变迁的理论》一书中就使用"文化生态"来解释文化与环境的关系。② 综合来看，在理解人类社会文化与环境的关系时，学者们普遍承认二者的互为与融合。从这个意义上说，他们的观点与马克思实践论所论述的"人与自然"的观点是一致的。同时要看到，作为价值观念层次的狭义文化（精神文化），自然环境虽然对它有影响，但关系比较弱，而且往往是通过科学技术、经济体制、社会组织等中间变量来实现的；但是，如果反过来看，对人类社会化影响最近、最直接的却是价值观念形态的精神文化。③

（二）文化与经济

马克思曾说，思想、观念、意识的生产最初直接与人们的物质活动，与人

---

① 《毛泽东选集》（第8卷），人民出版社1999年版，第320页。
② 陈华文：《文化学概论新编》，首都经济贸易大学出版社2009年版，第156页。
③ 胡潇：《文化现象学》，湖南出版社1991年版，第201页。

们的物质交往，与现实生产的语言交织在一起。① 这表明，文化与经济是共生、同构与互动的关系。经济活动从物质上满足了人类的需要，也为文化的发展提供了物质基础，并促使人类向更高的文化需求发展，因而文化与经济是共同产生并同步发展的，一定的经济结构必然有存在其中或建立其上的文化结构，一定的文化结构又必然以其特殊的形态生动表现着经济结构的丰富性，并随着经济结构的运动变化而发生与之既相适应又相矛盾的辩证运动。有什么样的文化结构，就会有什么样的经济结构，反之亦然。经济结构的变化必然导致文化结构的变动，而文化结构的变化也必然影响经济结构。当然，文化与经济的关系非常复杂，不是简单的谁决定谁的问题，在文化的发展中，经济并不是唯一的因素。②

（三）文化与政治

政治本质上是人们在一定经济基础上，围绕特定的利益，借助于社会公共权力来规定和实现特定权利的一种社会关系，其核心是国家政权问题。同时要看到，在不同的文化观念中，对政治的理解也不一样。在中国传统文化中，政治被认为是政府的事，政治的主体是政府；而在西方文化观念中，政治的主体是人民，政治不仅是政府的事，更是人民的事。③ 从广义上讲，政治是人类文化现象的一种，是社会结构的组成部分。文化与政治都属于上层建筑范畴，二者之间的联系是历史的、必然的。同时，二者不可分割、相互作用。政治提供了文化发展的稳定因素，并通过社会舆论引导文化的方向，通过国家机器规范文化的走向；文化反映政治，一定的社会文化为一定的政治服务，当文化发展到一定程度时又会影响政治。在中国传统文化中，政治占有极为重要的地位；同时，文化也在政治各领域发挥着深刻和广泛的作用，特别是儒家文化，长期作为统治者的正统意识形态，是中国社会的主流思潮，自上而下地影响着整个社会生活，深刻影响了中国人的所有生活领域。从世界范围来看，随着世界多极化的发展，西方大国借助文化渗透的方式，推销其价值观念，企图削弱甚至取代别国的民族文化，世界范围内反对文化霸权主义的斗争成为当代国际政治斗争的重要内容。总之，文化与政治是一种共荣的关系，文化在宽松和支持性的环境中可以得到较好的发展；文化的发展也有利于形成良好的政治形势。

（四）文化与社会

文化与社会是一对结合十分紧密的人类独具的客观现象，它们之间无疑具

---

① 《马克思恩格斯全集》（第3卷），人民出版社1995年版，第29页。
② 陈华文：《文化学概论》，上海文艺出版社2001年版，第89页。
③ 魏光奇：《中西文化观念比较》，经济科学出版社2012年版，第267页。

有很强的同构性。人类与动物的本质区别就在于人能进行文化的创造。这种创造绝不可能是单个人的孤立行为，他们必须在创造文化的劳动中结成类的关系才能进行。这种类的关系，就是社会关系。所以人的文化属性与社会属性是同时产生的，不存在先后的问题，两者之间的同构性正是由此而决定的。有什么样的社会结构，就会形成与之相适应的文化。比如，中国传统的社会结构一直具有宗法性、专制性特点，这就导致在中国传统文化中强调伦理道德、注重人际关系和文明礼仪，以及比较强烈的整体观念、国家利益至上的观念、对权力和权威的迷信与服从等心理。① 正因为文化与社会相互依附，具有很强的同构性，社会结构一旦发生变迁，与之具有同构性的文化必然发生相应的变化，这种变化是一种结构性的重组。比如在中国历史上，社会结构先后经历了君主专制、民国体制和人民代表大会制等典型结构，在其相互取代而形成的变迁中，也形成了具有不同核心价值的文化，形成了文化结构的深刻变迁。尽管文化与社会具有同构性，然而两者在发生变化时并非完全同步。一般而言，文化思潮的变化总是稍早于社会结构的变化，这是因为文化思潮的承担者大都是社会中的精英分子，他们的学识修养、思维观察能力和所处的社会地位都较领先。②

（五）文化与传统

传统，指历代文化积淀并沿传下来的带有根本性质的模型、模式、准则的总和。③ 在论述传统时，人们常交替使用传统文化和文化传统两个概念。它们的含义既有联系又有差异，所指对象都是时代累积、具有传统意义的人类文化，它们的区别只是就同一现象的不同侧面而言。传统文化是相对于现代文化而言的概念，指历史上创造完成遗留下来的文化财富，其意义大致相当于过去的一切文化现象；文化传统指文化累积中影响深远、贯通古今，其影响及于现在以至未来的具有根本性的内隐与外显的要素。④ 传统文化是已经完成的固定的东西，属于文化史学考察研究的对象；文化传统贯通古今，获得了随时代发展而变异转化的机制，为研究社会现状与未来的学人所关注。⑤ 文化传统具有稳定性、延续性、内隐性、兼容性等特征。⑥ 不同时代的文化具有继承性，特别是其中的文化传统具有深刻作用。比如20世纪80年代我国形成了"文化寻根"热潮，主张立足于自己的民族土壤，重视对本土文化积淀的发掘，发扬

① 张岱年、方克立：《中国文化概论》，北京师范大学出版社2012年版，第55页。
② 胡邦炜：《当代社会结构的变迁与文化结构的重组》，载《四川省委党校学报》2003年第1期。
③ 陈建宪：《文化学教程》，华中师范大学出版社2011年版，第140页。
④ 张岱年、姜广辉：《中国文化传统概论》，浙江人民出版社1989年版，第5页。
⑤ 刘守华：《文化学通论》，高等教育出版社1992年版，第100页。
⑥ 陈华文：《文化学概论》，上海文艺出版社2001年版，第295页。

文化传统的优秀成分，从文化背景来把握我们民族的思想方式和理想、价值标准，努力创造出具有民族风格和民族气质的文学。正是因为文化传统贯通古今的作用，所以在社会和文化的现代化变迁过程中，尽管形成了丰富多彩的新文化，但与传统文化具有深厚的渊源关系。

三、检察文化的背景、根基和渊源

检察文化的背景、根基和渊源，与检察文化的内容紧密相关，有的直接影响甚至决定了检察文化内容的形成和发展。在不同的经济、政治基础上和不同的社会结构中形成了不同的检察文化，同时受不同的历史地理环境和文化传统影响，不同国家（地区）的检察文化也具有不同的内容和特色。因此，考察检察文化的背景、根基和渊源，首先要把考察对象界定在一定的范围内，明确所考察的检察文化的性质和类型。根据本研究的目的，这里重点以中国特色社会主义检察文化为对象，探究检察文化的背景、根基和渊源。

（一）检察文化的背景

检察文化的形成和发展，始终以检察制度的形成和发展作为最重要的基础和最直接的背景而展开，检察制度的形成和发展集中反映了它自身以及检察文化在特定历史时期的经济、政治、社会以及环境等各种背景因素。考察我国检察文化的背景，可以通过考察我国检察制度的形成和发展的历史过程而实现。

我国现代检察制度是清末民初从西方引进的。19 世纪中叶特别是 1840 年鸦片战争后，外国列强的坚船利炮打开了中国封闭的大门，现代工商业经济的渗透瓦解了几千年的小农经济体制，社会阶级结构开始发生变化。外国列强迫使清政府签订了一系列不平等条约，在所谓"租借地"攫取了领事裁判权，破坏了中国的领土完整和司法主权，迫使清政府由被动地接受西方法律改造转为主动实施自救性的"新政"运动，先后开展了"戊戌变法"和"预备立宪"活动，制定了一系列具有近代意义上的法律文件和法律制度，开始了中国传统法制近代化转型的痛苦历程。随着清末宪政的开始和修律活动的全面展开，清政府聘请外国顾问和学者专门讲授检察制度，从外国的检察制度中学习继受适合中国的体制。[①] 根据当时的法律规定，司法权由法院行使，各级检察厅附设于大理院或同级审判厅，但受专门负责司法行政的法部领导。1911 年辛亥革命取得胜利后，以孙中山为代表的革命派仿照西方国家，建立起了具有

---

① 何勤华：《检察制度史》，中国检察出版社 2009 年版，第 333 页。

共和性质的革命政府，宣告了中国历史上两千多年专制统治的终结，标志着民主革命的胜利。在建立政权过程中，孙中山借鉴西方的"三权分立"并结合中国的历史传统，实行立法、行政、司法、考试、监察"五权分立"，司法权由法院行使，而检察机关属于行政系统，由司法行政机关领导，与法国、德国等欧洲国家相似。国民党时期基本上照搬了"五权分立"的政治体制。中国共产党成立后，开启了中国革命的新篇章。1949年中华人民共和国成立，标志着中国共产党领导的新民主主义革命取得胜利。早在新民主主义革命时期，中国共产党人就开始学习借鉴苏联等社会主义国家创建检察制度，1931年在江西瑞金成立中华苏维埃共和国临时中央政府时，确立了包括检察制度在内的人民司法制度。人民检察制度在中国共产党领导的人民政权建设中始终薪火相传、探索发展，奠定了新中国检察制度的基础。新中国成立后，我们在政治体制上借鉴苏联的经验，实行人民代表大会制度，不搞"三权分立"。在我国，人民代表大会是国家权力机关，各级行政机关、审判机关和检察机关都由它产生、对它负责、受它监督；根据宪法和人民法院组织法、人民检察院组织法的规定，人民法院是审判机关，行使审判权；人民检察院是国家法律监督机关，行使检察权，它们共同构成我国的司法机关。我国检察制度以苏联检察制度模式为基础，并结合我国的国情而创立，充分体现了我国人民民主专政的性质，因而称为人民检察制度。

新中国成立以来，我国检察制度的发展与经济政治发展紧密相关，经历了曲折的过程。1957年开始的反右运动，使检察制度的发展遭受挫折，最高人民检察院一度与最高人民法院、公安部合署办公。"文化大革命"开始后，检察机关被视为与党分庭抗礼的机构，受到严重冲击，从1968年12月起，各级检察院被撤销。人民检察制度中断了整整10年。1978年，党和国家深刻总结法制被破坏的惨痛教训，重新设置人民检察院。叶剑英在《关于修改宪法的报告》中指出，"鉴于同各种违法乱纪行为作斗争的极大重要性，宪法规定设置人民检察院"。1979年重新修订的人民检察院组织法，第一次开宗明义明确了我国检察机关是国家的法律监督机关。1982年宪法还对检察制度作了新的规定。我国的检察制度从此翻开新的一页，进入了稳定发展时期。经过几十年的风风雨雨，我国检察制度已经成为我国政体的有机组成部分，构成了中国特色社会主义政治制度、司法制度的鲜明要素；我国检察制度的发展，从一个侧面反映了中国共产党领导中国人民沿着符合国情的社会主义民主政治和权力监督制度的道路走过来；我国检察制度的历史，是始终与我国民主与法治进程同呼吸共命运的历史。① 自恢复重建以来，我国检察制度伴随着改革开放和法治建设而发展，逐步形成了中国特色社会主义检察制度，并不断积累和创造了繁荣发展、欣欣向荣的中国特色社会主义检察文化。

（二）检察文化的根基

检察文化的根基是检察文化生成的基础、起点和本源。检察文化同其他各种文化一样，都是在传承与扬弃、冲突与交融中历经沉淀才形成了最核心的价值理念和最基本的精神内核。这些内容就构成了检察文化的根基。从检察文化孕育、形成、发展的历程和背景来考察，我国检察文化是在自身传统法律文化精神扬弃的同时，吸收符合时代精神的现代法治文化以及学习借鉴苏联社会主义检察文化而形成的。

1. 中国传统法律文化

中国传统法律文化是中国传统文化的重要组成部分，是中国几千年来法律实践活动及其成果的统称，是从上古起至清末止，广泛流传于中华大地的具有高度稳定性和持续性的法律文化。在儒家思想影响下，中国传统法律文化形成了"德"、"礼"为基石的法律理念，② 具有以下鲜明特点：（1）礼法结合，重礼轻法。在中国古代，律多指制度规范，法的价值剥离为礼，于是礼就成为了中国古代法律所追求的目标。以礼为主、礼法结合是中国古代刚柔相济的管理模式。在实践中，强调礼治居于主要地位，是仁治的基础；法治位于次要地位，为弥补礼治不足而存在。礼由氏族社会一般的祭祀习惯，演变为中国古代法的精髓，是古代由具有极强血缘关系合为一体的家国相通统治模式的结果，也是数千年立法、司法的实践、选择的结果。在以礼为主、礼法结合的思想指导下，中国传统法律文化包含了根深蒂固的等级特权观念。（2）德融于法，德主刑辅。由于中国是在宗法等级制度基础上建立起来的国家，中国人将家庭中的道德伦常看得极为重要，将伦理作为西方眼中的自然法，认为伦理是社会生活的根本准则，从而不仅强调礼法结合，也促成了"德主刑辅"立法、司法原则的确立。道德成为社会调整的主要手段，法律只是次要手段。在中国传统社会，人们一般是在不用法的情况下生活的，他们对于法律制定些什么不感兴趣，他们处理与别人的关系以是否合乎情理为准则。（3）以秩序和谐为最高价值理想。③ 中国传统法律文化中解决纠纷以"和"为最高价值选择。作为儒家法哲学最高标准的"和谐"成为整个中国传统法律文化的最高价值理想。

---

① 孙谦：《人民检察制度的历史变迁》，中国检察出版社 2009 年版，第 422 页。

② 顾珩：《中国传统法律文化的特点》，载《法制与社会》2011 年第 12 期（上）。

③ 赵文琴：《论中国传统法律文化与现代法治建设》，载正义网 2011 年 11 月 28 日。

以"天人合一"为哲学基础的中国传统法律文化，其价值目标是要寻求人与自然、人与人之间的秩序和谐。这种思想在社会生活中体现为"无诉"法律意识。人以"无诉"为有德，以"诉讼"为可耻，因此，打官司也成了一种蒙羞之事。（4）民刑不分，重刑轻民。在君主专制制度下，立法定制是为了保护皇权，不是为了保障人民的权利，宗法制度下普遍存在人身依附关系，阻碍了个人权利义务观念和民事法律关系的发展。① 因此，中国古代法律的主要内容为刑法，虽然针对民事法律作了相关规定，对于违反民事法律的行为也施以刑罚。所以中国古代法律制度从这一角度看是民刑不分的，同时反映了中国古代法律制度重刑轻民的特点。（5）诸法合体，行政监理司法。在中国传统社会中，一方面，为了巩固皇权，保证中央集权制度的实施；另一方面，也由于交通、科技不发达，导致行政司法分离的成本太高，所以没有类似于西方的三权分立，而是行政监理司法。如三国两晋南北朝时期的"死刑奏报制度"就是最好的例证，这一方面可以防止冤案的发生和滥杀无辜的现象，另一方面也将生杀予夺的大权控制在以皇帝为首的中央。这导致中国古代社会虽然设立了专门的司法机关，但没有独立行使过职权的制度保障。

中国传统法律文化对我国检察文化具有深刻影响。一方面，中国传统法律文化总体上呈现出"公法文化"特征，② 在集权统治下法律仅仅是统治者手中驭民的工具而已，难以形成现代法治所要求的民主、平等、自由、人权等观念，导致检察观念中重打击犯罪、轻保障人权以及司法受到行政权力干预等落后观念至今根深蒂固。同时，检察文化也继承了我国传统法律文化的不少优秀品质，如民为邦本、公正执法、清廉为官、礼法并用以及注重促进和谐、重视法律与道德、人情的协调统一等思想，至今仍为检察文化所继承并成为其重要内容。特别是把检察机关的性质确定为法律监督机关，在我国有其深厚的历史文化渊源。我国自秦汉时期就一直实行监督官吏的御史制度，由御史负责"肃正纲纪，纠弹百官"。有研究指出："御史制度所蕴含的权力监督制约原理是中国政治传统和政治文化的重要元素，是中国特色社会主义检察制度的历史前提和文化基础的重要方面。"③ 辛亥革命后，孙中山先生提出了"五权宪法"理论，主张设立专门的监察院。孙中山作为非常熟悉西方政治制度的革命家，没有照搬西方三权分立的政治制度，主张把古代社会的监察制度继承下来，使之与西方政治制度的"三权""中西合璧"，这是孙中山先生研究中国传统文

---

① 刘新：《中国传统文化与社会主义法制建设》，载《法律学习与研究》1988 年第 3 期。

② 张中秋：《中西法律文化比较研究》，法律出版社 2009 年版，第 78 页。

③ 孙谦：《中国特色社会主义检察制度》，中国检察出版社 2009 年版，第 25 页。

化和总结西方宪政制度经验教训得出的结论。由此可见，由专门的监督机关来维护法制的统一，是中华传统法律文化的特色，具有深厚的历史文化渊源。

2. 现代法治文化

法治是全人类的重要文明成果。现代法治文化是以古希腊和古罗马法治文化为历史渊源，发端于现代启蒙运动，由西方资产阶级革命开辟道路而发展起来的，其核心是现代法治思想观念。作为一种观念形态，法治确立了人类文明社会发展进程中的价值典范，为现代文明国家吸收利用。法治的内容博大精深，有学者将其最主要的精神概括为三个方面：一是主张实行民主政治。在西方政治法律文化传统中，从亚里士多德到近现代，法治观念始终是排斥专制、与民主思想并提。法治意味着法应该是一种理性，而不是君主的意志。法律至高无上，压倒一切，与专制、特权相对立。法治的核心是确信法律能够保障每个公民免受任何其他人特别是政治权力阶层专横意志的摆布。坚持法律至上，监督制约权力，变专制为民主，才能达到法治状态。法治的第一要求是在政治上建立民主政体，确立人民主权、权力制约等根本原则，如卢梭指出，实行法治的国家必须是也只能是民主共和国。二是强调保护人权。法治精神就是权利精神，人生而平等，人的生命权、财产权、安全权及追求幸福的权利，是每个人必需的权利，也是每个人与生俱来的权利。国家之所以必要，仅在于社会必须有公意机关以保障公民享受人权、制止和制裁一切违反公共规则、侵犯他人权利的行为。这种国家只能是法治国。三是要求平等。平等原则是权利精神推导下必然得出的结论。依据自然赋予的权利，人性相同，一切享有各种天然能力的人显然都是平等的。如法国《人权宣言》宣称，在法律面前，所有的公民都是平等的。当然，法律上的平等和事实上平等并不一致，进入 20 世纪以来，西方理论家针对事实上的不平等探寻从多种途径解决，并对平等观作了修正，如罗尔斯在其名著《正义论》中系统阐述了他的平等观念。① 虽然传统的平等观发生了一些演变，但平等观的核心理念始终未变，并成为现代法治的重要精神。② 根据法治的基本精神，现代法治的主要内容包括：（1）法律至上。最早提出这一思想的是古希腊的亚里士多德，他在给法下定义时说，法治应包含两重意义，已成立的法律获得普遍的服从，而大家所服从的法律又应该本身是制定得良好的法律。③ 这一思想得到了继承和发展，思想家洛克、康德等都强调了法治即法的统治的重要。美国独立战争时期的著名思想家潘恩就明确指

---

① ［美］罗尔斯：《正义论》，何怀宏等译，中国社会科学出版社 1988 年版，第 60 页以下。

② 孙琬钟：《法治教育全书》，中国人事出版社 1998 年版，第 63 页以下。

③ ［古希腊］亚里士多德：《政治学》，吴寿彭译，商务印书馆 1965 年版，第 199 页。

出，在自由国家中法律便应成为国王。① （2）法律平等。法律面前人人平等，任何人都没有超出法律之外的特权。如洛克就指出："法律不论贫富、不论权贵和庄稼人都一视同仁，并不因特殊情况而有出入。"② （3）尊崇自由。认为法治不仅是自由的保障，而且是自由在法律上的体现。法治的正义性和公正性来自个人的自由和权利，同时意味着政府除了实施众所周知的规则以外不得对个人实施强制，基于对个人自由权利的保护，必须加强对政府的一切权力的限制。（4）追求正义。法律是实现正义的重要途径，正义是法律追求的理想。如西赛罗就强调，法是正义与非正义事物之间的界限。③ 正义始终是法的目的或者说法律文化的价值取向。④ （5）程序公正。程序的公正是自由的内在本质，程序决定了法治与恣意人治之间的基本区别，正当程序的实质就是以公正为价值取向的。程序公正不仅在法治观念中占有举足轻重的地位，现在已被世界上多数国家接受并予以实践。当然，法治作为人类文明的伟大成就，其内容博大精深，不可泛泛而谈，需结合研究目的进行概括。

我国近代法律思想的演变在很大程度上是伴随着西方文明的入侵而开始的，在这种演变中，西方以"法治"为核心的法律文化和观念对我国产生了深刻的影响。梁启超曾首倡"法治主义为今日救时之唯一主义"，引发了我国思想界多次关于"法治"、"人治"孰优孰劣的讨论，随着讨论的日益深入，"法治"作为一种新的思想体系也逐渐成熟了起来，并对我国法律制度包括检察制度建设产生了深刻影响。除却与三权分立等资本主义制度具有一致性的内容外，现代法治思想观念已成为人类的共同文明成果，从而也成为我国检察文化的重要根基。党的十八大报告明确指出"法治是治国理政的基本方式"，提出要"加快建设社会主义法治国家，发展社会主义政治文明"，强调"更加注重发挥法治在国家治理和社会管理中的重要作用"。⑤ 这些论述表明，法治是我国现代政治法律文化的重要内容，我国检察文化只有不断从现代法治文明的肥沃土壤中汲取丰富营养，才能更加繁荣昌盛。

3. 社会主义检察文化

社会主义检察文化以苏联和东欧国家为探索开创者，以马克思主义为根本指导，在社会主义政治法律实践中创造出来。苏联检察制度是在马克思主义政

---

① ［美］潘恩：《潘恩文集》，商务印书馆1965年版，第35页。
② ［英］洛克：《政府论》（下篇），商务印书馆1986年版，第88页。
③ ［古罗马］西塞罗：《法律篇》，转引自《西方法律思想史资料选编》，北京大学出版社1983年版，第78页。
④ 张中秋：《中西法律文化比较研究》，法律出版社2009年版，第361页。
⑤ 《中国共产党第十八次全国代表大会文件汇编》，人民出版社2012年版，第23页以下。

治法律观指导下，作为第一个社会主义国家所建立的检察制度，对检察制度的创立及检察文化的形成具有重大影响，特别是列宁围绕检察制度的性质、任务、组织体系、职权范围和活动原则等内容形成的法律监督思想，为我国检察制度所吸收，并成为我国检察文化的重要内容。甚至有研究者认为，当代中国检察制度是以列宁法律监督思想为指导、在学习借鉴苏联检察制度基础上建立起来的。① 因此，苏联社会主义检察制度虽然不存在了，但其在社会主义初期实践中所探索积累的历史经验特别是列宁关于加强法律监督、维护法制统一的思想，已然成为社会主义检察文化的重要成果，是我国检察文化的重要根基。

列宁的法律监督思想主要体现为以下几个方面：（1）法律监督是法制存在的基础和保障。列宁认为，法制的实现不仅需要运用国家权力对违法者制裁，而且首先要求在国家的权力结构中确立一种督促人们遵守法律、发现并追诉违法者的法律监督机制。没有一个有效的、以国家强制力为后盾的法律监督机制，就不可能有法律的普遍遵守和适用，不可能建立起有秩序的法制。为了保证法律在全国的统一实施，必须建立以专门的法律监督机构为主导的、广大人民群众广泛参与的监督机制。（2）检察机关应当承担维护法制统一、监督法律实施的职能。在维护法制统一的任务由哪个机关承担的问题上，列宁选择了检察机关。② 他指出，检察长的唯一职权和必须做的事情只有一件——监视整个共和国对法制有真正一致的理解，不管任何地方的差别，不受任何地方的影响，使任何地方政权的任何决定都与法律不发生抵触。（3）法律监督权是一种广泛的、程序性的权力。法律监督权包括对一般社会主体的违法行为的监督、国家机关及其工作人员的违法行使职权行为的监督；法律监督机关只拥有代表国家行使控诉、检举的权力，而不能行使决定制裁、处罚的权力。（4）法律监督机构应当具有较高的、独立的地位。法律监督机构应该由最高国家权力机关产生，并享有与行政机关、审判机关平行的宪法地位。为了从组织上保证检察机关独立行使职权、防止和克服地方的影响，检察机关应该保持相对的独立性，在内部实行垂直领导原则。③ 列宁的法律监督思想是社会主义检察制度的重要理论基础，对社会主义国家检察制度建设具有普遍性意义。

列宁的法律监督思想对我国检察制度建设产生了重要影响。在新中国成立前，在起草中央人民政府组织法时，关于检察机关的设置曾有两种不同的意见。一种意见主张检察机关直属国家权力机关，独立于行政机关和司法机关；

---

①　冯向辉：《当代中国检察制度的设计理路及改革历程》，载《学术交流》2009 年第 4 期。

②　郭立新：《列宁的法律监督思想》，载《检察日报》2003 年 2 月 11 日。

③　蒯茂亚、季金华：《列宁的法律监督思想及其借鉴意义》，载《扬州大学学报》2009 年第 2 期。

另一种意见主张将检察机关隶属于行政机关。经过讨论，最后认为应当根据列宁的原则，在国家最高权力机关领导下，设立独立的检察机关。① 可见当时主要是对苏联建国经验的借鉴。在革命战争时期根据地的政权建设中，检察机关的重要性和独立地位并没有得到重视，所以当时检察机关并没有成熟的设置模式；国民党政权中的检察制度模式因属于旧法统，在当时是要彻底打碎的。所以，基于相同的意识形态、人民民主国家观的契合以及面临的相同境遇和任务，借鉴以列宁法律监督思想为指导建立的苏联检察制度模式成为新中国检察制度建构的必然历史选择。② 1979年彭真同志在第五届全国人大第二次会议上就人民检察院组织法的立法做说明时明确指出："列宁在十月革命后，曾坚持检察机关的职权是维护国家法制的统一。我们的检察院组织法运用列宁这一指导思想，结合我国实际情况制定的。"③ 因此，列宁关于法律监督的思想是我国检察制度建设的重要理论指导，是我国检察文化的重要根基之一。

（三）检察文化的渊源

渊源，即源流、本源，常常指事物的来源与出处，用来描述某一事物与其他事物的联系。检察文化的渊源，可以分为实质意义上的渊源和形式意义上的渊源。实质意义上的渊源就是检察文化内容的来源，如本书第一章所述，检察文化是在检察工作中创造的，是检察工作的产物和成果。从这个意义上讲，检察文化的渊源是检察工作，包括职能活动、管理活动和自身建设等。形式意义上的渊源就是检察文化的内容与其他本源性文化内容的联系，包括历史渊源、理论渊源和本质渊源。历史渊源，是指检察文化或其中的特殊内容与历史上出现过的行为、事件等文化现象的联系；理论渊源，就是检察文化内容的理论源泉、依据和基础；本质渊源，就是从本质上说检察文化来源于什么。从形式意义上看，检察文化的渊源比较广泛。考虑到检察文化的历史渊源与检察文化的根基在内容上有重叠交叉，此处着重从理论渊源和本质渊源的角度，阐述中国特色社会主义检察文化渊源。主要有以下几个方面：

1. 中国特色社会主义文化

中国特色社会主义文化是我们党以马克思主义为指导，领导中国人民在建设中国特色社会主义的伟大实践和历史进程中形成的一切文化成果。从主文化和亚文化的角度来分析，我国检察文化是中国特色社会主义文化的重要组成部

① 参见王桂五：《中华人民共和国检察制度研究》，法律出版社1991年版，第164页。
② 石少侠、郭立新：《列宁的法律监督思想与中国检察制度》，载《法制与社会发展》2003年第6期。
③ 转引自石少侠、郭立新：《列宁的法律监督思想与中国检察制度》，载《法制与社会发展》2003年第6期。

分，是从属于中国特色社会主义文化的亚文化；但是在检察机关和检察人员群体中，检察文化是主文化，以中国特色社会主义文化为重要来源和母体文化。因此，中国特色社会主义文化是我国检察文化的重要渊源。

从意识形态层面来讲，中国特色社会主义文化集中体现为社会主义核心价值体系，这也是社会主义先进文化的精髓。社会主义核心价值体系主要包括四个方面的内容：（1）马克思主义指导思想。坚持马克思主义基本原理，坚持中国特色社会主义理论体系，不断把党带领人民创造的成功经验上升为理论，推进马克思主义中国化、时代化、大众化。（2）中国特色社会主义共同理想。中国特色社会主义是当代中国发展进步的根本方向，集中体现了最广大人民根本利益和共同愿望。要增强中国特色社会主义理论自信、道路自信、制度自信。（3）以爱国主义为核心的民族精神和以改革创新为核心的时代精神。爱国主义是中华民族最深厚的思想传统，改革创新是当代中国最鲜明的时代特征。弘扬爱国主义、集体主义、社会主义思想，增强民族自尊心、自信心、自豪感。始终保持与时俱进、开拓创新的精神状态，永不自满、永不僵化、永不停滞。（4）社会主义荣辱观。社会主义荣辱观体现了社会主义道德的根本要求，体现在社会公德、职业道德、家庭美德、个人品德等各个方面。为进一步推进社会主义先进文化建设，党的十八大明确提出，要倡导富强、民主、文明、和谐，倡导自由、平等、公正、法治，倡导爱国、敬业、诚信、友善，积极培育和践行社会主义核心价值观。

2. 社会主义法治理念

社会主义法治理念是社会主义国家对法治的性质、功能、目标方向、价值取向和实现途径等重大问题的理性认识，是体现社会主义法治内在要求的一系列观念、信念、理想和价值的集合体。在当代，社会主义法治理念是中国特色社会主义的法治理念，是马克思主义法律学说与当代中国社会主义法治实践有机结合的产物，是新中国成立以来法治建设经验与时代精神相互融合的成果。社会主义法治理念深刻揭示了社会主义法治的内在要求、精神实质和基本规律，系统反映了符合中国国情和人类法治文明发展方向的核心观念、基本信念和价值取向，是社会主义法治建设的指导思想，从而理所当然地成为我国检察文化的重要渊源。

社会主义法治理念的主要内容和基本要求可以概括为五个方面：依法治国、执法为民、公平正义、服务大局、党的领导。[①]（1）依法治国。依法治国是社会主义法治的核心内容，是我们党领导人民治理国家的基本方略。依法治

---

① 参见中共中央政法委员会：《社会主义法治理念读本》，中国长安出版社 2009 年版。

国，就是广大人民群众在党的领导下，依照宪法和法律规定，通过各种途径和形式管理国家事务，管理经济文化事业，管理社会事务，保证国家各项工作都依法进行，逐步实现社会主义民主的制度化、法律化。依法治国理念具有十分丰富的内涵。其基本含义是依据法律而不是个人的旨意管理国家和社会事务，实行法治而不是人治；其核心是确立和实现以宪法和法律为治国的最具权威的标准。具体而言，它包含着人民民主、法制完备、树立宪法法律权威、权力制约等内容。（2）执法为民。执法为民是社会主义法治的本质要求，是执政为民理念的具体体现，其基本内涵包括以人为本、保障人权、文明执法等内容。（3）公平正义。公平正义是人类社会的共同理想，是社会主义法治的价值追求，是立法、行政和执法司法工作的生命线。公平，是指处理事情合情合理，不偏袒哪一方面；正义，是指公正，公平正直，没有偏私。社会主义法治理念中的公平正义，是指社会全体成员能够按照宪法和法律规定的方式公平地实现权利和义务，并受到法律的保护，包括法律面前人人平等、合法合理、程序正当、及时高效等内容及要求。（4）服务大局。按照岗位职责要求，全面履行尽责，充分发挥职能作用，全面保障服务中国特色社会主义事业，实现执法办案的法律效果与政治效果、社会效果有机统一。（5）党的领导。坚持党的领导是建设社会主义法治的根本保证。党的领导主要是思想、政治和组织领导。要把坚持党的领导、巩固党的执政地位和维护社会主义法治统一起来，把贯彻落实党的路线方针政策和严格执法统一起来，把加强和改进党对政法工作的领导与保障司法机关依法独立行使职权统一起来，始终坚持正确的政治立场，忠实履行党和人民赋予的神圣使命。

3. 政法干警核心价值观

政法干警核心价值观体现政法职业特点的价值准则，是社会主义核心价值体系的重要组成部分，与社会主义法治理念一脉相承又各有侧重，是政法文化的灵魂和社会主义法治文化的精髓，是政法干警必须遵循的最基本、最核心的价值观念。政法干警核心价值观也是检察人员必须遵循的核心价值观，构成了检察核心价值和根本理念的重要来源，成为检察文化的重要渊源。

政法干警核心价值观以马克思主义为指导思想，以中华民族优秀传统文化为重要根基，以政法工作为实践基础，其内容概括起来就是"忠诚、为民、公正、廉洁"。① （1）"忠诚"，就是忠于党、忠于国家、忠于人民、忠于法律。这是政法干警的政治本色。（2）"为民"，就是始终把人民放在心中最高位置，切实做到执法为民。这是政法干警的宗旨理念。（3）"公正"，就是公

———————

① 参见中共中央政法委员会：《政法干警核心价值观教育读本》，中国长安出版社 2012 年版。

正执法司法、维护社会公平正义。这是政法干警的神圣职责。（4）"廉洁"，就是清正廉明、无私奉献。这是政法干警的基本操守。这八个字是党和人民对政法队伍的基本要求，也是政法干警包括检察人员必须自觉坚持的共同价值取向。政法干警核心价值观对于引领法律思潮，在政法战线形成统一指导思想、共同理想信念、强大精神力量、基本道德规范，发展中国特色社会主义检察文化具有重要意义。

第二节　检察文化的历史渊源

　　一般认为，检察制度和检察文化源于欧洲，欧陆国家向法国借鉴、移植了检察制度。随着文化传播和殖民战争，法国的检察制度和检察文化传播到许多国家。直到现在，一些业已建立检察制度的国家，都在不同程度上受到法国检察文化的影响。虽然各国检察制度相对差异较大，但是从渊源、传承和谱系来看，大致可以分为四种类型。第一类是以法、德为代表的大陆法系检察制度；第二类是以英、美为代表的英美法系检察制度；第三类是以苏联、东欧社会主义国家以及新中国为代表的社会主义法系检察制度；第四类是伊斯兰法系检察制度。依托于检察制度和检察工作的检察文化，也大致可以分为以上四种类型。我国作为社会主义法系的一员，继受了苏联检察制度并有所取舍，如今大陆法系检察制度和英美法系检察制度也对我国检察制度的发展有相当重要的影响，因此，本书在探讨域外检察制度时，以大陆法系检察制度、英美法系检察制度和苏联、东欧社会主义国家为主。在我国，检察制度是清末自日本引进并仿效德国、法国的产物，我国古代漫长的政治和法律实践孕育了以御史制度为代表的监督文化，可以说，监察制度虽然不能完全等同于检察制度，但我国检察文化仍然可以从监察制度中汲取营养。

一、外国主要检察文化的历史渊源

（一）大陆法系检察文化的渊源

　　大陆法系检察文化以法德为代表。法国是最早建立检察制度的国家，德国的检察制度是效仿法国建立起来的，法国检察文化可以说是大陆法系检察文化的最早渊源。大陆法系检察文化发展模式以国家权力至上的价值取向为轴心，体现为：检察机构的实际地位高于当事人，检察机关负有保护社会秩序、惩治犯罪的义务；在侦查和公诉方面，检察机关的职权和职能十分广泛，在纯粹职权主义制度下，检察机关缺乏不起诉的自由裁量权；检察机关的组织体系和检察官管理制度比较严格。

对于法国检察制度的起源，主流的观点认为，法国检察制度起源于 12 世纪末的国王代理官制度，在大革命之后受到启蒙思想的洗礼实现了近代转型。

1. 国王代理官制度

法国在封建社会制度确立以前，属于古代奉行日耳曼法传统的法兰克王国的一部分，其刑事诉讼方式采取个人或团体的私诉方式。封建制度形成以后，早期法兰西仍然继承了法兰克的私诉传统。

12 世纪以前，法国是欧洲典型的封建割据社会，每个封建主在其领地内，都是最高统治者，握有立法、行政、司法大权，实施自己的法律，设置领主法庭，进行司法审判。12 世纪以后，商品经济开始发展，新兴的市民阶级强烈要求消除封建割据局面，农民反抗加强，法国国王为加强中央权力，将司法权逐步收归中央。13 世纪，法国国王路易九世实行司法改革，将大封建主的司法权置于国王法院管辖之下，同时派遣代表进驻法院，代表国王监督法院工作，此即为法国检察官的开始。腓力四世时代，法国设立检察官，最初作为国王的私人代理，后又规定其可以代表国王对各地封建主是否遵守国王法令实行监督，以国家公诉人身份对罪犯提起诉讼、参加审判，在涉及王室利益的民事诉讼中，出庭维护国王利益。法国检察文化的起源，说明检察官最初是为代表国王参与民事诉讼而产生的，并且从一开始就立下了大陆法系检察官配属于法院系统内的传统。

随着王权的日渐强大，国王代理官的追诉权范围不断扩大，1303 年国王腓力四世正式颁布敕令，国王代理人应当和司法官一样进行宣誓，以国王的名义参加有关王室利益的诉讼。对地方官员不愿起诉但关系到王室收益的财产类诉讼，由国王代理人负责提起诉讼；对涉及危害社会治安的违法犯罪行为，也视为对国家的侵害，由国王代理人对其提起诉讼，由此国王代理人制度逐渐从私人化向国家代理和国家追诉的检察制度过渡。到 15 世纪，法兰西国家的国王代理官获得司法官员身份，其常经由提名产生，有时也通过选举产生。国王代理官的职权范围，已经不仅限于追诉权，甚至对判决的执行以及对裁判官的监督，也纳入国王代理官的职权范围。16 世纪，法国以成文法的形式正式规定了检察制度，国王代理人正式更名为检察官，并规定了上下级隶属关系。1670 年，法国国王路易十四颁布刑事法律敕令，在最高审判机关中设立总检察官；在各级审判机关中设立检察官和辅助检察官，对刑事案件行使侦查、起诉权。至此，法国检察制度完全建立起来。但是，在纠问式审判模式下，并没有确立不告不理的原则，检察官可以发动公诉，法官也可以主动接受控告，并展开调查。

2. 分权制衡理论

法国近代意义的检察制度是在法国大革命胜利以后，随着法兰西共和国的建立而确立的，国王的代理官转化为共和国的代理官。显而易见，法国近代检察文化的形成明显受到分权制衡思想的影响。

分权思想可以溯源于古希腊的亚里士多德。在分权思想基础上发展起来的分权制衡学说，是18世纪中叶法国启蒙运动时期思想家、法学家孟德斯鸠的杰出贡献。孟德斯鸠继承和发展了英国人洛克的两权分立学说，将国家权力分为立法权、行政权和司法权。孟德斯鸠主张必须实行三权分立和相互制约。他说，政治自由是通过三权的分野而得以保障的。当立法权和行政权集中在同一个人或同一个机关之手，政治和社会的自由便不复存在了。如果司法权同立法权合二为一，将对公民的生命和自由施行专断，而如果司法权同行政权合二为一，法官便将握有压迫者的力量，公民的自由将荡然无存。一句话：没有分权就没有政治自由。关于权力制衡，他认为，"一切有权力的人都容易滥用权力，这是万古不变的一条经验"。"有权力的人们使用权力一直到遇有界限的地方才休止"。因此，他强调权力的相互约束，通过特定的力量平衡，达到以权力控制权力的目的。"从事物的性质来说，要防止滥用权力，就必须以权力约束权力。"在他看来，一个自由的、健全的国家必然是一个权力受到合理限制的国家。孟德斯鸠的分权制衡理论为法国大革命和大革命后的新政权建设提供了强大的理论支撑。

大革命前的法国，是专制王权的强盛时期。17世纪法国国王路易十四宣称"联即国家"，国王大权独揽，主宰一切，标志着专制王权的顶峰。大革命前，在纠问式诉讼模式下，法国的法院完全沦为国王维护专制统治的工具，司法专权达到空前程度。在法国大革命过程中，法院是旧制度下的一个最保守的基地，高等法院对革命持敌视的立场，因此旧刑法和旧司法制度成为了革命的对象。

大陆法系现代意义上的检察制度于1789年的法国大革命诞生，正式奠立于1808年的拿破仑《治罪法》。当时，旧的纠问式诉讼被废除，在以权力约束权力的分权制衡理论的指导下，有"革命之子"美誉的检察官制度重获新生，刑事诉讼中控告、审判职能分别由检察机关和法院行使，使之互相控制并保持平衡。检察机关真正成为了追诉犯罪、维护社会秩序、制约法官的专断、保证正义实现的"法律的守护人"。后来在拿破仑战争的影响下，德国、芬兰、意大利、俄罗斯等欧陆国家相继建立了大陆法系的检察制度。

（二）英美法系检察文化的渊源

英美法系检察文化以个人权利优先保护、以公民权利制约司法权力的价值趋向为轴心，集中表现为公诉文化。英美法系检察文化的主要特点是受当事人主义的支配，注重程序公正，检察官扮演着政府律师的角色，检察机关的法律地位与公民权利对等，检察官可以与当事人进行"认罪协商"（辩诉交易）。

英美法系的检察制度和检察文化起源于英国。英国的检察制度起源于国王律师和大陪审团。其中，国王律师发展为英国检察长和副检察长，大陪审团演变为英国的公诉组织。从文化传统和思想渊源上看，英国检察文化的主要渊源包括法律至上理论和"国王的安宁"的理论及相关实践。

1. 国王的律师

与欧洲大陆相比，英国王室相对封建领主的势力并不足够强大，英国始终没有建立起一人统治的君主制，因而从未有过凌驾于自己法律之上的绝对的国家权力。"国王不应在任何人之下，但应在上帝和法律之下"——13世纪英国王室法官布雷克顿的经典名言反映了英国法律与王权的关系。国王在法律之下，因此在封建领主与国王的权利斗争中，封建领主较好地利用了法律手段来划分国王与封建领主的权利义务，对国王的权利进行严格限制。特别是1215年大宪章颁布之后，国王的权利进一步受到限制，国王与封建领主的权利义务界限更加明确。

国王在法律之下，那么国王就必须遵守法律，遵守法律当然包括遵守当时的诉讼制度。客观上国王势力较弱，也使得国王倾向于通过法律手段而不是武力来解决与封建领主的争端，并将诉讼渠道作为维护国王权利的主要手段，这催生了国王的律师。

律师制度是英国诉讼制度的一大特点，法律至上的崇高地位和英国法律的繁杂，较早地催生了律师制度，在13世纪就已经形成了传承至今的四大律师学院。纷繁复杂的法律和诉讼制度的不统一，使得聘请律师参与诉讼显得尤为必要，就连国王也概莫能外，这使得国王律师的产生成为必然。

13世纪后期，国王挑选律师作为王室的常设律师和法律顾问。1279年，律师威廉担任了国王的法律顾问，这是国王专职律师的开端。1311年，国王对国王律师和王室法律顾问下了正式任命书。随着法律事务的增多，到15世纪中叶，增加了皇家法律代表，为国王律师和法律顾问配备了助手。据英国议会档案记载，新任国王代理人约翰赫伯特在他的任命特许状中被称为英格兰的总检察长，这是人们知道的对皇家首要的法律官员采用现代名称的例证。1461年，理查德·福勒被任命为首任国王初级律师，负责所有"英格兰王国的案件、诉讼以及有关王国中的争议"，同时，设置国王的辩护人。法学界普遍认为，此项任命为现代副总检察长的最早的雏形。1515 年，国王辩护人定名为副总检察长。至此，英国的检察制度正式建立。不过，直到 1985 年的《犯罪起诉法》明确规定设立一个独立的自成系统的皇家检察署实行起诉，英国才建立了现代意义上的检察制度，检察机关才相继在英格兰、威尔士等地建立。

2. 公诉机构的形成

法律至上，王在法下，催生了英国的国王律师制度。"国王的安宁"理论将国王律师演变为公共利益的代理人，并促进了陪审团制度的建立。

在 12 世纪前，英国的司法制度并不统一，王室法庭、教会法庭、郡法庭、领主法庭等多种法庭并存，且互不隶属。在诉讼中，原告在何处起诉往往具有较大的选择权，因此各种法庭之间的司法竞争相当激烈。同时，在英国的普通民众之中流传着一种"国王是正义的源泉"的信念，因此，那些对封建的、社区的及教会的法庭及其法律的迷雾已经绝望的人，就将希望寄托在了王室的干预上，纷纷将自己的案件提交到国王自己的法庭以求获得救济。在司法管辖权竞争之中，王室法庭通过司法改革凸显其优势。首先是提出了"国王的安宁"理论，把一些犯罪逐步视为对"国王的安宁"的破坏，从而将这类案件纳入王室法院的管辖范围。在审判方式上，王室法院先后采用了神明裁判和陪审团制度审判，相比于封建领主法庭采用决斗方式进行审判，更加先进、合理。同时，王室建立起了司法令状制度，民众通过无偿或者支付金钱的方式获取司法令状，进而取得将案件交付王室法院审判的权利。王室法院审判方式的革新使其在司法管辖竞争中获得优势，民众逐渐抛弃落后的封建领主法庭的审判，而转向到王室法院审判。

陪审团制度就是在这种司法竞争中逐步确立起来的。1164 年，英王亨利二世颁布了克拉灵顿诏令，按照诺曼人的古老习惯建立陪审团，规定王室法院的巡回法官在各地审理土地纠纷案件时，应从当地有声望的骑士和自由民中挑选 12 个知情人作证人，经宣誓后向法庭提供证言，以确定哪一方当事人的理由充分、要求合理。1166 年，亨利二世再次发布克拉灵顿诏令，规定凡属重大刑事案件都应由 12 名陪审官向法院控告，他们不仅要证明犯罪事实的存在，而且要呈请法庭将被告逮捕审判。这表明，英国当时已出现在审判前对犯罪证据进行核实、判断，并向法院控诉的组织，它具有证人和陪审法官的双重性质。1352 年，爱德华三世颁布诏令，禁止大陪审团参与制作判决而专司起诉，另设一个小陪审团参与案件的实体审理。从此，大陪审团就成为起诉的专职机关，大陪审团认为需要起诉的签署诉状移交小陪审团审理，认为不需要起诉的案件即告终结，小陪审团必须尊重大陪审团是否起诉的决定。这标志着英国公诉机构的形成。

(三) 苏联社会主义检察文化的渊源

俄罗斯的检察制度最早形成于 18 世纪早期沙皇彼得一世时期，以行使监督职能为主要特点。1917 年，列宁领导的"十月革命"推翻了沙皇统治，建立了世界上第一个社会主义国家——俄罗斯苏维埃联邦社会主义共和国（以下简称苏俄），并废除了沙皇检察制度，直到 1922 年 5 月，列宁在司法人民委员部内建立检察机关。1936 年苏联宪法才把苏联检察机关从人民司法委员部划分出来，成立单独的总检察长领导下的检察机关，并最终形成苏联社会主义检察制度和检察文化。苏联检察文化是一种典型的监督文化。从渊源上看，苏联检察文化以列宁法律监督思想为指导，并继承了俄罗斯帝国的监督传统。

1. 俄罗斯帝国的检察监督传统

俄罗斯帝国的检察制度起源于沙皇彼得一世时期的监察制度，因此俄罗斯的检察文化先天带有强烈的监督文化的色彩。1711 年，为了保障法律的实施，彼得一世决定借鉴瑞典经验在俄罗斯设立监察局，建立起了国家、省、市和基层四级监察体系，其主要任务是对法院审判是否公正实施秘密监督，同时也负责征收应上交国库的资金，但监察局运行效果并不理想。1722 年，彼得一世在总结监察局的经验教训基础上，签署了关于设立俄罗斯帝国检察机关的命令。与监察局的秘密监督不同，俄罗斯帝国检察机关公开实施监督活动。根据 1722 年 4 月彼得一世签署的关于总检察长职位的命令的规定，总检察长是"国家的眼睛"，总检察长对最高国家机关参政院的活动实施监督，以便使参政院严格依照议事规则和皇帝的命令实施活动。总检察长还有权向参政院提出关于就法律未调整的问题通过决议的建议。可见，当时俄罗斯帝国总检察长不仅拥有法律监督权，而且在法的创制领域拥有部分权限。该命令还规定，各级检察长有权对其他国家机关遵守法制的情况实施监督。他们负责维护国家的利益，对被捕者的案件审理情况实施监督，对监禁被羁押者的场所是否遵守法制实施监督。各级检察长还有权对各种国家机关的非法决定提出异议，有权提出关于消除其他违法行为的建议。俄罗斯帝国各级检察长隶属于总检察长，总检察长仅隶属于沙皇彼得一世。由此可见，在俄罗斯帝国，检察机关是根据集中统一原则建立起来的监督机关。

在沙皇时期，检察机关的首要任务是对各种国家机关及其公职人员遵守法制的情况实施监督，对国家机关颁布的规范性法律文件的合法性实施监督，检察机关最初并不具有公诉职能。1864 年司法改革之后，俄罗斯帝国的检察机关内部形成了两个拥有不同权限的检察机关分支体系。一是法院的检察机关，基本上变成了刑事追诉机关。但是，其职责不仅仅是在刑事诉讼中支持公诉，它还领导预审机关，对司法机关是否正确适用法律实施监督等。二是各省的检察机关。各省的检察机关不拥有公诉职能，但它们在实施一般监督方面拥有重大权限。这种以监督为主要职能的检察机关模式一直持续到1917年"十月革命"爆发前夕。

2. 列宁的法律监督思想

"十月革命"之后，苏俄在废除了沙皇时期检察制度的同时并没有立即建立起社会主义性质的检察机关。相关法律监督职能由全俄中央执行委员会、人民委员会、司法人民委员部、工农检察院、地方苏维埃、省司法处等多个部门分散行使，实践中产生了一些问题。一方面，由于国家地域广阔，各地出于地方保护倾向，在执行苏维埃政权的法令时差异很大。立法的统一和执法的差异形成了鲜明对比。另一方面，监督机构分散，职权重叠交叉，法律监督效果并不理想。因此设立专门的机关监督国家法令的统一实施在客观上就显得十分必要。列宁在领导苏俄革命和政权建设的实践过程中逐步认识到上述问题，形成了列宁的法律监督思想。列宁关于法制统一的论述和法律监督思想为苏俄及苏联检察机关的设立提供了理论指导。

列宁的检察监督思想主要体现在《新工厂法》、《论双重领导和法制》、《司法人民委员部在新经济政策条件下的任务》、《在全俄中央执行委员会第四次会议上的演说》、《我们怎样改组工农检察院》、《宁肯少些，但要好些》等重要论文及报告中。关于法制统一，列宁提出"法制不能有卡卢加省的法制，喀山省的法制，而应是全俄统一的法制，甚至是全苏维埃共和国联邦统一的法制"。关于维护法制统一，列宁提出，"究竟用什么来保证法令的执行呢？第一，对法令的执行加以监督。第二，对不执行法令加以惩罚"。在监督法令执行的过程中"检察长有权利和有义务做的只有一件事：注意使整个共和国对法制有真正一致的理解，不管任何地方差别，不受任何地方影响"。关于检察机关的职能，列宁指出"检察机关本来就是为我们的一切国家机关而设的，它的活动应毫无例外地涉及所有一切国家机构：地方的、中央的、商业的、纯公务的、教育的、档案的、戏剧的等等——总之，各机关无一例外"，"检察机关不仅是公诉机关，而且是法制的监督机关，是法律的维护者"。关于检察机关的领导体制，列宁提出"双重领导的原则不仅犯了极大地原则性错误，不仅根本错误地搬用了'双重'领导的原则，而且会破坏一切建立法制和建立起码文明的工作"。归纳起来，列宁的法律监督思想的核心内容包括：社会主义国家的法制应该是统一的。为了保障国家法制的统一，必须有专门的机关来监督法律的统一实施。检察机关作为法律监督机关拥有包括一般监督、诉讼监督在内的广泛监督权。为了保障检察机关独立行使监督职权，维护法制统一，检察机关应实行垂直领导。列宁的法律监督思想奠定了苏联检察文化以监督为中心的特殊秉性，并为社会主义国家检察文化树立了典型。

二、我国检察文化的历史渊源

1906 年以前，中国并不存在近代意义上的检察制度。尽管如此，我国长达几千年的政治和法律传统中不乏与检察职能近似的实践活动，其中以御史制度为代表的监督制度最为相似，从某种意义上说，御史制度为代表的监督文化可以成为我国检察文化的渊源，只不过，古代的监督文化以维护皇权的大一统思想为宗旨，与现代法律监督的宗旨有着明显差异。

（一）御史监察百官

夏商周时期，中国逐渐建立起了以血缘宗法关系为中央政权，开始形成了早期礼义为核心的大一统局面。"大一统"一词始见于《公羊传·隐公元年》："何言乎王正月？大一统也。"何休注："统者，始也，总系之辞。夫王者，始受命改制，布政施教于天下，自公侯至于庶人，自山川至于草木昆虫，莫不一一系于正月，故云政教之始。"可见大一统是以王权为统领，自公侯至庶人的秩序体系。维护王权秩序是大一统的核心。先秦时期，西周社会始为创立的礼乐文明遭遇根本性冲击，王权衰落，诸侯割据，早期初始形态的"大一统"格局趋于瓦解。面对诸侯征战，围绕如何恢复秩序，以老子为代表的道家、以孔孟为代表的儒家、以墨子为代表的墨家、以韩非子为代表的法家纷纷提出了自己救世、治世的方案，形成了"百家争鸣"局面，核心仍然是实现大一统的局面。对于大一统思想，以儒家、法家贡献最为突出。儒家历来推重"大一统"，如孔子关于"天下有道"的理论、孟子"定于一"的主张、荀子"四海之内若一家"的理想等，都是"大一统"的表现。战国时期以秦国为代表的变法运动，其目的就是要建立起一个大一统的帝国。它以富国强兵为争夺天下的手段，用加强中央集权来打击内部的分裂势力。变法运动的过程实际上就是"体制改革的完成与大一统实现的过程"。秦始皇一统天下，统一官制，设三公九卿，用郡县制代替分封制，实行书同文、车同轨，统一货币度量衡，大一统思想渗透到政治经济文化各个领域。御史制度就是大一统思想在政治领域的体现，通过御史监察百官，从而保证了官僚体系的稳定，强化了官员自下而上的服从和政令的畅通，有效地巩固了封建皇权的专制统治。

（二）以法治官

为了使官吏忠君报国，勤政廉政，自战国以来，就实行了严密的监察制度。战国时起，御史便握有监督百官的职能。《史记·滑稽列传》中有"执法在旁，御史在后"的记载。至秦汉，监督弹劾制度已初具规模，《通典·职官一》说："秦兼天下，建皇帝之号，立百官之职……又置御史大夫，秦、汉为纠察之任。"这些都为后世监督机构的设置和运行打下了基础。

中国古代的监察机关，无论设置、隶属关系、活动原则都是相对独立的，直接对君主负责，由皇帝居中驾驭，内外相维，层层监督。监察机关除了对内外职官进行行政监督外，也对司法机关进行司法监督，它们是依法治吏的执行者，有时也参加大狱的审判。这些在后世检察职能的运行中都得以沿用。

在中央集权制度下，君主控制国家和社会，并将其旨意付诸实施，是通过权力媒介实现的。这个媒介就是官吏。因为官吏是具有人格的，所以官僚队伍是封建专制制度的支柱，吏治的状态又关系到国家的治乱兴衰。早在秦国统一中国之后，便开始了以法治官的传统，以巩固庞大的官僚体系并保证其运行。这种以法治官的法律监督传统，主要包括：明确官僚的职、责、权；规定官僚的行为方式与自我调整、自我约束机制；实行考选举荐考课、监督等一系列制度，使之奉公守法，为国效力，为君尽责。这些文化传统，都在后世检察制度中得以体现。

另外，自秦汉以来，历朝历代制定的惩贪之法都尤为系统，而且规范详密，虽然在实施程度上各有差别，但对于维持吏治、发挥官僚作用、保证国家机器正常运行和社会安宁还是发挥了一定积极作用的，对后世检察文化中的廉政文化特色开创了最初的渊源。

第三节　检察文化的传承

检察文化作为法律文化的一个分支，不是自人类社会诞生以来就存在的，而是社会发展到一定水平之后才产生的。无论在东方还是西方，无论是哪一种检察文化，都曾经历了从无到有、从萌芽到成熟、从单一到丰富的发展过程。在这个发展变化的过程中，社会经济基础以及相对应的政治体制、法律制度等，是决定一个国家或者地区在特定历史背景下检察文化特征的重要因素。

一、西方检察文化的传承

西方检察文化的核心是诉讼文化，西方国家在建立检察机关之初，主要将其看作公诉机关，是代表国家或君主（在君主专制国家，君主即国家）追究刑事责任和提起公诉的机关。对西方检察文化传承的研究应当从公诉文化的起源着手。

（一）西方诉讼文化从私诉到公诉的发展

公诉制度并不是自古就有的。在原始社会实行的是血亲复仇、同态复仇，这种方式一直沿用到奴隶社会。直到进入封建社会，随着国家的出现，犯罪被视为对统治秩序的破坏，国家要主动进行追究，这才产生了公诉制度。

探寻公诉制度的起源，古罗马时期的诉讼制度是最具代表性的。在早期罗马社会，曾经出现过类似国家追诉的诉讼制度。当时的刑事审判权由民众大会、勒克斯（最高行政长官）以及一些为审理重要的案件而临时组织的机构行使。民众大会审理刑事案件时，由裁判官或其他行政长官提起诉讼，由民众大会以投票方式作出判决。这一诉讼制度到了公元前149年古罗马设立刑事法庭后，改由罗马公民提起诉讼。这可算是国家追诉的最早尝试。其后，随着王权的扩张，国王开始独揽司法大权，诉讼方式也由控诉式改为纠问式，即由法官主动追究犯罪者的刑事责任。但是，纠问式诉讼制度毕竟与时代发展背道而驰，控诉式诉讼制度最终还是取代了纠问式诉讼制度。

在法国，随着王权的加强，到13世纪法王路易九世开始实行司法改革，改革中形成的一项重要制度就是国王代理人制度。当时诉讼中的罚金和没收财产是王室收入的重要来源，改革过程中，国王出于保障王室收入考虑，规定凡是涉及作为王室收入的罚金和没收财产的诉讼，都不准采取私人起诉的方式提起，转由作为国王代理人的国王代理官提起。国王代理官在代理起诉的同时也对法院的审判形成了监督。国王代理官起诉制度，打破了长期以来的私诉传统，开创了公诉制度。与此相适应，在追诉权的行使上，国家追诉主义开始成为主流，公诉文化的这一传统一直沿用至今。

应该说，西方检察文化的发展，受到了古罗马司法制度很大影响。特别是近现代经济因素成长起来后，为破除中世纪长期割据、主权衰落给商品经济发展造成的障碍，新兴的阶级要求中央集权，消灭封建割据，使包括公诉制度在内的能执行国家意志、监督全国遵守法律的检察制度成为可能。另外，法治思想的传播，提出了检审分离的思想，相比检审一体又是一个历史进步。因此在法国大革命后，"检察"一词以及现代意义上的检察制度正式建立起来。

（二）西方主要国家检察文化的传承与沿革

法国是最早建立检察制度的国家，也是西方国家中检察制度最完备的国家。18世纪末，受法国"启蒙运动"的影响，孟德斯鸠、伏尔泰、卢梭等代表人物高举理性旗帜，以自然法理论为武器，对专制制度和宗教神学世界观进行了无情批判，提出了自由、平等、博爱和天赋人权等主张。法国大革命胜利后，法国资产阶级着手建立符合其利益需要的法律制度。在《治罪法》、《刑法》等一系列成文法典中，法国检察制度被系统规定下来。由此，法国检察官开始正式合法的对刑事案件进行侦查、提起公诉和支持公诉，对法院审判过程进行监督，对判决的执行进行监督，代表公共利益参与民事诉讼，参加司法管理工作并执行某些行政职能，基本行使了现代检察机关的大部分职能，积累了大量实践经验，为其后其他国家建立检察制度提供了先例。法国检察文化在欧陆国家中有重要的影响，后来更受到其他许多国家的效仿。

英国属于欧洲国家，但由于独特的历史和地理条件，使它形成了与欧洲大陆不同的法律制度。中世纪以后，当欧洲多数国家普遍接受罗马法，形成大陆法系的法律制度时，英国却发展了自己的普通法，创立了与大陆法系并列的普通法系。由于英国长期形成了一种观念，认为犯罪是对国王和平的破坏，而每个人都有为国王维持地方治安的义务，如发现有犯罪事实，公众有责任揭发犯罪，以国王的名义检举犯罪，并在法庭上支持起诉，所以英国盛行自诉程序，公诉人制度并不如西欧发达。英国革命胜利后，检察机构出现了一些新的变化，其中一个重要特点就是公诉职能的加强。此后英国检察机关的性质，主要是公诉机关，同时也是政府的法律顾问机构。它在检察文化的定位上不是一个司法文化，而是一种行政文化，代表政府行使行政权，有权对重大刑事案件提起公诉、支持公诉，在涉及政府利益的重大民事案件中代表政府参加诉讼活动，代表政府对社会慈善事业实行监督，对法院的审判活动进行监督和对地方机关的活动进行监督；作为王室的主要法律顾问，英国总检察长可向政府各部门提供法律咨询意见，在拟订关于司法权的法案中向议会作报告，对议员提出的关于法律方面的质询代表政府作出答复。不过，相比大陆法系国家，英国传统上检察文化是不够独立和权威的，特别在组织体系和职权上是不够健全发达的，这也为其在"二战"以后进行大量的检察制度改革设下了伏笔。

从西方检察文化的沿革可以看出，检察制度在西方现代司法制度和社会法治化进程中担当着不可替代的法治功能和作用。虽然各国检察官的具体职能不同，但从历史考察角度来看，西方同一历史时期的检察官往往有着共同使命，在检察文化上也有一定的共同点。

一是都经历了从一般监督到公诉职能的转变。检察权从监督职能到公诉职能的转变过程，正是诉讼模式从纠问主义向现代控诉主义的转变过程。重要思想动因是民主革命的胜利，人权观念逐渐树立，司法的专横受到抨击，诉讼模式必须由纠问主义过渡到现代控诉主义的审判模式，现代检察法律监督文化在权力制衡的理念中孕育而生。国家公诉权从纠问主义下的司法权中分离出来，检察官从一般性的监督地位变为主动通过公诉行为对审判活动进行监督。

二是从国王利益的代表到代表公共利益的转变。英国早期的检察官，虽然有一些公益的影子，但在专制暴虐的年代，国王设立检察权的目的是控制和监督地方司法权，而不是追求诉讼的公平和正义。在民主革命之后，刑事诉讼程序的目的从单纯的追究犯罪朝着追究犯罪和保障人权两大目的发展，检察权不再是维护国王利益的监督权，而是承担起在刑事领域以及民事、行政诉讼领域对弱势群体的保护之责。

三是检察机关从从属机构到独立机关的转变。英国检察制度在初起时，没有独立的检察机关存在，仅是律师兼职作为国王的诉讼代理人。到了现代检察制度形成后，检察机关才形成自上而下一套独立系统，成为了国家机关的重要组成部分。这个传统一直延续至今，且影响广泛。

四是检察官从多重身份到单一身份的转变。在检察制度的早期，检察官往往具有多个身份，既是国王的诉讼代理人又是律师。但是到了现代检察制度确立之后，检察官不允许由律师兼任，而成为一个专门职业。

二、我国检察文化的传承

（一）先秦时期监督文化的起源

从中国自古无检察制度，与检察制度近似的监察制度最早出现于秦汉时期。监察文化包含的监察百官的文化为后来的检察文化所继承，这种监察文化起源于春秋时期诸子百家思想中的法家思想。

法家代表人物商鞅、慎到、申不害三人分别提倡重法、重势、重术，各有特点。法是指健全法制；势是指君主的权势，要独掌军政大权；术是指驾驭群臣、掌握政权、推行法令的策略和手段。到了法家思想的集大成者韩非时，他提出将三者紧密结合的思想。法家对法制的尊崇，比起"礼不下庶人，刑不上大夫"的礼制有其进步意义。但是，法家眼中的法律并非至高无上，它只是君王用于统治的工具。这就是中国监察文化的核心内容——监督文化的起源。不过，这种监督文化与我们今天理解的法律监督是有区别的。法律监督的前提是将法律作为整个国家机器运转的依据，监督一方面是实现公平正义的手段，另一方面也是法律程序价值的体现，没有任何人或者组织能够超越它。封建时期的监督文化，是对君主之下的监督，君主本身是在被监督的对象之外的，监督只是维护君主统治的手段。这是中国两千多年来的封建检察文化最重要的基础。

（二）封建时期的监督文化的传承

从秦汉国家机关的职能和活动中可以看到，影响后世的法律文化已经成型。《汉书·百官公卿表》记载："监御史，秦官，掌监郡，汉省。"御史制度的确立，标志着监察文化的成型，也是监督文化在政治制度上的具体体现。御史作为专门监察性质的官职，即监察之官，负责记录皇帝的言行，监督百官严格执法并执行皇帝的命令。这一制度的设立完全基于法家思想，即法是治理国家的根本，维护皇权统治的工具，因此御史必须确保法律的统一实施；要充分发挥法律的工具作用，君主要有贯彻执行法律的必要手段和驾驭臣下的一整套办法，因此御史兼具监督、弹劾官员，为皇帝御下提供可靠依据的职责；同时必须树立专政君主所独有的绝对权威，以强权为后盾。因此，专门设置御史来加强对法律实施的监督，以此建立完整的国家法律监督机制。

汉朝初年，因国家长期战乱，经济衰退，百姓生活困苦，统治者在政治上主张无为而治，经济上实行轻徭薄赋，思想上主张清静无为和黄老学说。武帝即位时，从政治上和经济上进一步强化专制主义中央集权制度已成为统治者的迫切需要。儒家的春秋大一统思想、仁义思想和君臣伦理观念显然与武帝时所面临的形势和任务相适应。于是，汉武帝采纳了董仲舒"罢黜百家，独尊儒术"的建议，从而开始了以儒家思想为核心的封建政权立法、司法正统思想的时代。

这次变革对于法律文化方面的影响主要体现在两个方面：一是加强了中央集权。确立了儒家思想的正统与主导地位，使得专制"大一统"的思想作为一种主流意识形态成为定型，而作为一种成熟的制度亦同样成为定型，在此基础上，君主受命于天的理论更加深入人心，从而使得君主地位神化，并借此不断强化统治。为了维护这种统治，所有人都必须遵从纲常伦理。在这一思想的主导下，亲亲相隐的文化传统被确立下来，甚至影响到今天——2012年新修改的刑事诉讼法修改确立了配偶、父母、子女不被强制出庭作证的规则。二是在法治传统上提出了"德主刑辅"的思想，即以礼教为先导，以刑罚为必要的补充和强制实现礼教的手段。以此强化君主为首的法律监督系统，鞭策各级官吏认真执法。在这一思想的主导下，强调君主为政不以德就违背了天意，会遭到"失道败国"的惩罚。这成为建立"朝议"、"上疏言事"、"臣下直言诤谏"等制度的理论基础，在一定程度上限制了帝王作为国家的主宰者以言代法、言出法随的任意性。

（三）清末及民国时期检察文化的产生

清朝末年随着检察制度的产生而形成检察文化，古代的监督文化得以在检察制度和监察制度中延续。

1895年4月，日本逼签《马关条约》的消息传到北京，康有为发动在北京应试的1300多名举人联名上书光绪皇帝，痛陈民族危亡的严峻形势，提出拒和、迁都、练兵、变法的主张，史称"公车上书"，揭开了维新变法的序幕。6月11日，光绪帝发布《明定国是诏》，变法从此正式开始。变法成果涉及政治方面的主要有：广开言路，准许各级官员及民众上书言事，严禁官吏阻格；删改则例，撤销重叠闲散机构，裁汰冗员；取消旗人的寄生特权，准其自谋生计。其最终目标是推行君主立宪。这次变法因为顽固势力的抵触最终失败，但开了中国法制方面"师夷长技"的实践之先河，自此更多的人投入学习西方先进制度的热潮，为检察制度的发展和法律文化的变革积极酝酿。

1908年，清末政府在内外双重压力下终于决定变法，并颁布了《钦定宪法大纲》，预备实施君主立宪。但一些基本法尚未颁布或者颁布后尚未实施，清朝政府就轰然倒塌。因此清末检察文化是缺少实践内容和根基的文化。但是，从制度设计上来看，清末检察最具文化里程碑意义的事件是将司法与行政分开，改刑部为法部，专司司法，改大理寺为大理院，专掌审判。这一改革中，一反中国古代沿袭几千年的司法、行政合一的传统，由法部直辖内外审判、检察各厅，统理司法行政事务；大理院为全国最高审判机关，下设各级审判厅，在大理院附设总检察厅，各级审判厅亦俱设同等之检察厅以事监督。虽然这是在内忧外患中迫不得已对"祖宗之成法"的被动改变，并且还未来得及实施清王朝就在辛亥革命的炮声中覆亡，但司法与行政分开的传统在近代以后的检察制度中被得以保留，成为近代检察文化的一个重要标志。

清末检察文化的主要特点有三。一是指导思想上仍然具有浓厚的封建色彩。建立检察制度只是在清末变法修律中的一环，其根本目的是捍卫摇摇欲坠的清王朝的封建统治。二是在形式和内容上主要效仿日本等大陆法系。日本法学专家冈田朝太郎、松冈义正等人曾受聘担任顾问甚至参与起草相关法律，《法院编制法》基本上是《日本裁判所构成法》的翻版，检察机关名称、职责、体系等大多照抄日本。三是中西法律文化的冲突体现出来。虽然在立法上和部分地区初步实现了将司法与行政分开、控审分离，改变了中国古代沿袭几千年的司法、行政合一的传统，但是在地方行政兼理司法的传统并没有彻底终结，老百姓仍然习惯于到衙门告状，造成立法与实践在一定程度上脱节以及司法实践中的双轨制。

民国检察文化，不仅是根据时间进行分界，同时也特指近代中国建立的检察制度和检察文化。这一时期检察文化的主要特色是沿用旧制，保守变革，少有创新。由于国家体制发生了改变，同时西方的一些经验得到实践，因此体现出了一定特点。

一是检察官政党化。国民党是中国近代以来第一个建立政权的现代政党，南京国民政府成立后，国民党实行"以党治国"的党国体制，在司法工作中一改北京政府时期《法院编制法》严禁司法官加入任何党派的禁令，大力推行司法党化，检察制度党化主要体现在在检察官考试及培训中增加了"三民主义"建国方略等国民党政治理论方面的内容，检察官主要由党员充任，国民党对司法机关实行监督，司法实践中对法律无规定，或者法律规定太抽象空洞或僵化的，应当运用党义来补充；法律与实际社会生活明显地矛盾而无别的法律可据用时，可以根据党义宣布该法律无效。检察官政党化使得检察机关积极维护国民党的一党专政。

二是检察官职权大幅扩张。1928年的刑事诉讼法废止了自清末开始确立审判官"预审"制度，并将相应预审权限交由检察官行使，检察官职权得以扩张。检察官在侦查过程中对被告有通缉和羁押的权力，可以在不公开的情况下对犯罪嫌疑人进行讯问。几次刑事诉讼法的修订，扩大了侦查机关侦查的范围，几乎对一切犯罪案件包括自诉案件均可侦查，并放宽了检察机关对被告进行搜索的条件。1945年的《调度司法警察条例》和《检察官与司法警察机关执行职务联系办法》进一步突出了检察官作为侦查活动的主体的地位，强化检察官在侦查过程中调度司法警察的权力，并在一定程度上赋予了检察官对司法警察的奖惩权力，以确保司法警察服从指挥。

三是检察制度存废之争影响深远。20世纪20年代至30年代初，关于检察制度的存废之争一度比较激烈。废除检察制度的理论在舆论上占据上风，不仅是部分学者、律师，甚至连时任湖北省高等检察厅检察长的王树荣，以及曾任四川省高等检察厅检察长的吴炳椹等都主张废止检察制度。受存废之争影响，1927年南京国民党政府作出了裁撤检察机关，实行检察官配置制的举措，甚至在1935年全国司法会议上，仍然有人提出废止检察制度。

四是检察立法与实践相脱节现象依然严重。由于时局动荡，加之财力、法律人才有限，统计显示截至1936年仅建立法院398个，到1947年全国法院也只有1779个，还有1000多个县没有建立法院，更没有设置检察官。在基层由县长兼理检察事务，传统的县长兼理司法依然较为普遍。

（四）当代中国的检察文化的发展

当代中国的检察文化是在革命根据地检察文化的基础上发展而来的。革命根据地检察文化实际上是新民主主义革命时期，中国共产党根据国际共产主义理论和根据地建设需要建立的人民民主专政的政权的一个重要组成部分。它在当时巩固人民民主专政、惩罚犯罪、保障人民权益方面，发挥了重要作用。但是，由于受到主客观条件的限制，与新生的人民审判机构相比，还处在不稳定、不健全、不统一的阶段，有关检察工作的立法也不多。其制度上的主要特点是"检审合一"，反映了当时革命斗争的动荡形势，也体现了保卫红色政权的需要。

1949年9月21日中国人民政治协商会议召开后，通过《中华人民共和国中央人民政府组织法》规定"组织最高人民法院及最高人民检察署，以为国家的最高审判机关及检察机关"。最高人民检察署受中央人民政府委员会直辖，对政府机关公务人员和全国国民之严格遵守法律负最高的检察责任。这时的检察文化受到苏联检察文化的影响，并结合了新中国成立后的实际情况，基本确立了检察机关接受人民政府领导，与人民法院并列，独立行使检察权的体制传统。

当代中国的检察文化伴随着新中国的诞生和新的检察制度的建立而发展迅速。从1949年10月1日到现在，检察机关经历创建、发展与波折、中断、重建和发展四个基本阶段，这也是当代中国的检察文化的主要时段和基本形态。其中，反映这一时期检察文化本质特征的思想基础和制度形态，是根据人民民主专政的理论和列宁关于社会主义检察制度的思想，在继承新民主主义革命时期根据地和解放区的检察工作的优良传统，发扬中国古代政治法律制度特别是御史制度的精华，吸取国外特别是苏联社会主义检察制度建设的经验的基础上，结合中国的实际建立的检察机关和检察制度而形成的。

当代中国的检察文化主要有两个特点：

一是尊重和保障人权的理念近年来得到体现和加强。新中国是社会主义的人民民主专政的国家，一切权力的来源都是人民。在法治方面最重要的体现就是人民享有立法权。因此与传统检察文化相比，监督成为真正的监督，没有超越法律的存在，任何组织和个人都必须依法办事，检察机关享有的法律监督权可以针对任何享有国家权力的组织。在具体的案件办理中，对人权的保障成为越来越重要的监督内容。当然这也经过了一个发展变化的过程。以刑事诉讼为例，新中国成立初期直至改革开放，司法机关的主要任务都是打击犯罪保护人民，近几年，对人权的重视程度逐渐加强，直至本次刑事诉讼法的修改，将尊重和保障人权作为基本任务之一明确写入了法条。

二是监督与诉讼并重。当代中国的检察制度，首先传承了中国传统检察文化中的监督内容，比如在检察院内部设立反贪污贿赂局和反渎职侵权局，就是对国家机关工作人员正确履职进行监督；在诉讼活动中对公安机关、审判机关进行监督，确保国家法律的正确统一实施。其次在制度的确立完善过程中，在借鉴苏联的检察制度和文化的基础上，吸收了西方检察文化诉讼的内容。

第四节 中国特色社会主义检察文化的创新

文化并不是一成不变的，有意识的文化建设比自然发生的文化演变更容易发生文化创新现象。我国现阶段高度重视检察文化建设，自觉进行文化创新，取得了一系列重要成果，为进一步发展和繁荣打下了坚实的基础。

一、检察文化中的社会主义法治理念

法治理念是人们对法律的功能、作用和法律的实施所持有的内心信念和观念，是指导一国法律制度设计和司法、执法、守法实践的思想基础和主导价值追求。[①]

社会主义法治理念是体现社会主义法治内在要求的一系列观念、信念、理想和价值的集合体，是指导和调整社会主义立法、执法、司法、守法和法律监督的方针和原则。中国特色社会主义检察文化建设是在社会主义法治理念的指导下不断完善和发展的。治国需依法，执法需公平正义，需服务大局，这是任何检察工作的必然，但是执法为民、党的领导却是社会主义特色，属于我国检察文化的创新内容。近年来，有的检察机关为强化法律监督、维护公平正义、促进社会和谐，提出检察工作要做到六个必须，包括：必须始终坚持中国特色社会主义的政治方向；必须认真落实"立检为公、执法为民"的工作宗旨；必须充分发挥法律监督的职能作用；必须切实做到严格、公正、文明执法；必须努力建设专业化、高素质的检察队伍；必须深入开展争创全国先进检察院活动。这些都丰富了检察文化的精神内涵。

无论是"强化法律监督，维护公平正义"的检察工作主题，还是"立检为公，执法为民"的检察职业宗旨；无论是"三个认同"、"三个至上"、"四个在心中"、"六个有机统一"的检察职业信仰，还是"理性、平和、文明、规范"的检察执法理念；无论是"忠诚、公正、清廉、文明"的检察职业道

---

① 刘佑生、石少侠主编：《社会主义法治理念与中国检察制度》，中国方正出版社 2007 年版，第 184 页。

德，还是"忠诚、为民、公正、廉洁"的政法干警核心价值观，这些细化的检察精神文化无不体现了社会主义法治理念。另外，监督者同样应当受到监督的理念在检察文化中逐渐占据主要位置，限制权力使之不被滥用的意识在检察人员的心中得到增长，为相应的制度发展打下了文化基础。

二、检察文化创新的制度表现

检察文化的创新，主要体现在制度创新上，检察机关是法律监督机关，同时检察机关也必须接受监督，以便更好地履行检察职责，做好检察工作，真正公平正义地执法。检察工作的人民性决定了其必须接受人民的监督。检察监督文化坚持社会主义法治理念，检察工作自觉接受各方面的监督。除了坚持人大监督对检察工作的法定监督外，检察机关创建了人民监督员的监督、检务督察、检务公开等自觉接受监督的制度。检察机关对于自身的监督与对外履行法律监督职能同等重要。

（一）人民监督员监督

2003 年 9 月，最高人民检察院通过了《关于人民检察院直接受理侦查案件实行人民监督员制度的规定（试行）》，其中规定："人民检察院实行人民监督员制度，应当设立人民监督员办公室，作为人民监督员的办事机构。"人民监督员监督是一种新型的外部监督，是在强化对检察工作监督的背景下产生的。它是通过规范程序将办理职务犯罪案件的关键环节有效地置于民众监督之下，力求通过民众参与检察来保证检察权的正当行使，切实防止和纠正查办职务犯罪工作中的执法不公的问题。人民监督员监督是社会主义法治理念的实践体现，是检察机关自觉接受监督的最直接体现。人民监督员的产生方式为经过机关、团体、企事业单位推荐并征得本人同意，并明确规定在查办职务犯罪案件中，由人民监督员对检察机关拟作撤案、不起诉处理和犯罪嫌疑人不服逮捕的"三类案件"以及立案不当、超期羁押、违法搜查扣押、不依法给予刑事赔偿和检察人员违法违纪办案"五种情形"进行监督。最高人民检察院对人民监督员监督极为重视，2004 年对该规定作出修订，并重新颁布；2005 年制定《关于人民监督员监督"五种情形"的实施规则（试行）》；2010 年最高人民检察院颁布了《关于实行人民监督员制度的规定》，进一步完善了人民监督员制度，并在检察机关全面推行。实行人民监督员监督以来，有效防止和纠正了检察机关在查办职务犯罪案件中可能出现的差错；促进了规范执法，提高了查办职务犯罪案件的质量；体现了诉讼民主，促进了人权保障；促进了检察机关依法独立行使检察权，维护了法律的统一正确实施。各地通过建立人民监督员库、成立人民监督员工作委员会等形式切实实现人民监督员对检察工作的监督。

（二）检务公开

为了自觉接受人民群众和社会各界的监督，保证检察机关公正司法，1998年10月最高人民检察院决定在检察机关普遍实行"检务公开"，增强检察工作透明度，这是检察机关接受群众监督，依靠广大人民群众做好检察工作，正确履行法律监督职能，依法办事、公正司法、文明办案的重要保障，是促进检察干警增强政治素质和业务素质，提高执法水平，开创检察工作新局面的有力措施。自1998年以来，最高人民检察院通过颁行一系列关于检务公开的规定，对检务公开的内容、方式、原则、监督保障等方面作了详细规定。1999年最高人民检察院通过《人民检察院"检务公开"具体实施办法》，列出了检务公开的十项内容，称为"检务十公开"。2006年，又专门颁行《关于进一步深化人民检察院"检务公开"的意见》，扩展了检务公开的基本内容。14年来"检务公开"的进程，是公民权利有效监督检察权力的逐步实现过程。为实行"检务公开"，检察机关建立健全了相关工作制度，如诉讼权利义务告知制度；主动公开和依申请公开制度；定期通报和新闻发言人制度；责任追究和监督保障机制；妥善处理检务公开与保密工作的关系等。各地检察机关在实行"检务公开"中，还充分利用现代化信息手段，建立"检务公开"信息台、咨询台，设置电子显示大屏幕、自动触摸屏等设备，在互联网上开通宣传页、网址等，方便社会各界和公众查询、监督，开展"公众开放日"活动等，增强"检务公开"的效果。深化"检务公开"是检察机关深入开展以"依法治国、司法为民、公平正义、服务大局、党的领导"为基本内容的社会主义法治理念教育的具体体现。

（三）检务督察

检务督察，是指在检察机关内部设立相关的督察部门，依法对检察机关及其工作人员履行职责、行使职权、遵章守纪、检风检容等方面进行监督检查和督促落实。这是检察机关内部监督的一种监督方式，是完善对检察权行使的监督制约的一项重要举措，其最大的特点是突出事前和事中监督，具有动态性，可以强化检察机关内部监督的刚性和力度，旨在达到从源头上防止检察人员违法违纪的目的。2007年11月最高人民检察院通过了《检务督察工作暂行规定》，专门对检务督察的相关内容进行了规定。最高人民检察院设立检务督察委员会，并下设检务督察室作为常设办事机构，展开督察工作。通过开展检务督察，有利于检察机关落实党中央关于建立健全教育、制度、监督并重的惩治和预防腐败体系实施纲要，拓展从源头上防止检察人员违法违纪的工作领域；有利于加强上级检察院对下级检察院的领导，确保检令畅通、令行禁止；有利于发现和解决检察业务与检察队伍相关联的突出问题，进一步加强检察机关作风纪律建设，防止和减少检察人员违法违纪案件。

三、检察文化载体的最新发展

随着检察改革的不断深入，检察文化建设正在成为检察理论界和实务界共同关注的重点。检察文化建设取得了一系列新发展。

为了更好地巩固和记录改革的成果，人民检察博物馆于 2007 年在革命老区井冈山成立，展出了人民检察制度自 1931 年在江西瑞金诞生以来的各个时期的检察史料，如文物实物、图片和档案资料等，使近 30 年间检察制度的发展轨迹在其中得到了清晰的展现。无论顺境与逆境，都需要有越来越多具有检察情结的人。有学者指出检察博物馆的意义："人民检察博物馆不仅为珍视检察历史的人保存了一份珍贵记忆，也为不了解检察历史的人去熟悉人民检察制度的起步、发展、挫折而跌宕起伏的历程提供了条件。许多人对自己从事的高尚事业缺乏自豪感，对自己肩负的责任缺乏使命感，对自己正在做的事务缺乏一种历史传承感，也许正是因为不了解这种职业的历史的缘故。如果了解了自己从事的职业在流淌着的历史河流中的意义，可能更多人会涌起对检察事业的热爱，更多人的心中会埋下检察情意结。"不仅如此，"人民检察博物馆为检察人员以及其他参观者在较短时间和以印象深刻的方式了解检察机关走过的历程提供了便利。这里展示给人的，都是最直观的历史，那些照片、图表和实物争相诉说着人民检察院从起步、壮大、颠扑到重新起步、再度发展壮大的过程。检察人员可以从历史的源头和检察机关经历的种种事件中重新认识现在，发现自我，知悉检察制度背后隐而未现的历史缘由和政策考量，进而对影响社会发展和人类进步的各种潜在因素重新思考。在这里，看到人民检察院曾经有过的成就，还可以使检察官产生职业自豪感和角色认同感，从而增强整个检察系统的凝聚力"[①]。

检察官文学艺术联合会的建立则是检察文化建设的最新成果。检察文联的成立，既是检察文化发展的成果，也是检察文化建设的新的组织平台。2011年，最高人民检察院成立中国检察官文学艺术联合会，随后各省、市、县三级人民检察院纷纷成立地区检察官文学艺术联合会。检察文联紧紧围绕检察中心

---

① 张建伟：《人民检察博物馆感言》，载《国家检察官学院学报》2010 年第 1 期。

工作，坚持以提高队伍素质、提升检察形象和执法公信力为目标，组织、团结、带领全省检察文学艺术队伍，深化对检察文化建设规律的研究，积极创新方法途径，努力推动检察文化和法治文化大发展大繁荣。检察文联成立后，各级检察机关深刻认识检察文化建设的战略性、基础性和先导性地位，纷纷加大了对检察文化的研究、建设力度，推出了一批文化成果，检察机关文化软实力得到了有力提升。

第四章 检察文化的基本内容

对文化内容的认识，因人们对文化概念的定义和理解不同而有很大差异。广义的文化指人类作用于自然界和社会的成果的总和，它的内容就包括一切物质财富和精神财富。狭义的文化指意识形态领域所创造的精神财富，它的内容主要包括宗教、信仰、风俗习惯、道德情操、学术思想、文学艺术、科学技术等。检察文化作为文化的一种具体形态，对其概念的定义也有很多种，因而，对其内容的认识和理解也有很大差异。在本书中，为了理论剖析的集中深入和实践指导的精准明确，我们采取了狭义的检察文化概念，与此相一致，我们认为检察文化的内容主要包括检察观念、检察伦理和检察形象。

第一节 检察观念

检察观念，即检察职业观念，包括理念、思想、理论、价值观念等，是检察文化较高层次的存在形态，包含着人们对检察机关及其职能的认识和反映，也包含着人们对检察工作的期待和要求，以及检察人员的价值追求和精神生活。检察观念是检察文化的灵魂，是在长期实践和历史沉淀中形成的相对稳固的部分，同时，它要不断地反映时代精神和检察工作的新要求，所以也是检察文化中最活跃的成分，时常处于创新和变化之中。

一、检察观念的结构类型

检察观念的内容非常广泛。清晰认识和准确概括这些丰富而内隐的检察观念，需要对其进行科学的结构解剖和类型划分。

（一）检察观念的结构界说

从现代系统论的观点来看，任何一种社会现象都是一个有机的系统。对系统进行整体性把握除了要对系统的要素进行具体的分析和探讨以外，还应当进行结构性总体分析，而所谓系统的结构是指构成事物各要素之间的关系和组合方式。检察观念作为检察人员对检察职业规定性及其社会现象的主观把握方式和反映，也是一种特殊的社会系统。在这一系统中，检察观念的内容或构成因素就是其构成要素，而检察观念的各构成要素之间的相互联系、相互制约和彼此互动的关系及其所形成的检察观念的有机系统则是检察观念的结构。因此，对检察观念进行结构性分析，实际上就是对检察观念各要素及其相互之间的关系的研究，并在此基础上将检察观念作为一个有机的、具有内部结构和外在层次的、充满生机和活力的整体系统来加以整体性的把握。

（二）检察观念的结构分析

面对纷繁复杂、丰富多样的检察观念，对其内容进行纵向、横向的分析，形成对其结构的清晰认识，对于有目的、有针对地加强检察观念培育很有裨益。

从纵向结构看，根据人的认识过程分为感性认识和理性认识两个不同的阶段，可以将检察观念的内容结构划分为检察心理和检察思想体系。（1）检察心理是人们对检察职业规定性及其表现认识的感性阶段，它直接与检察人员日常的检察活动相联系，是人们对检察现象的表面的、直观的、自发的反映。检察心理只是检察人员个体对检察现象的朴素的、直观的反映，往往不能全面地、深刻地反映出检察官群体对检察现象的态度。（2）检察思想体系是检察官群体对检察现象认识的理性阶段，它表现为系统化、理论化了的关于检察职业内在规定性及其现象的思想、观点和学说，是对检察现象的自觉反映。

同时，检察观念是与检察官群体或个体心理特征相联系的，关于检察现象的认知、情绪、意志的总和；而这种关于检察现象的认知、情绪和意志过程是有着不同的层次或阶段的，又由于作为检察文化内在要素的检察观念总与一定民族因历史积淀而成的固有的心理和思维态势相联系，所以，就形成了意识、理念、理论、精神四个层次的检察观念。（1）检察意识是检察人员对检察现象反映（认知、情绪、意志）过程中所形成的直接的心理状态，具有直接性和自发性、多元性和民族性、潜意识性和滞后性等特征。如检察人员对检察机关是国家法律监督机关的角色认知，形成了法律监督意识；受一定历史传统影响，对检察机关是专政机器的角色认知，导致有的检察人员重打击轻保护思想根深蒂固、人权保障意识淡薄。（2）检察理念是检察人员在对检察现象反映的过程中所形成的比较自觉，具有一定体系但又尚未系统化的检察观念形态。检察理念既体现为个体的认识观念，又体现为部分检察人员的认识观念，还体现为检察官群体就某一方面现象所形成的认识观念。如关于执法现象的反映，形成了执法理念；关于检察工作发展问题的认识，形成了检察工作发展理念。（3）检察理论是检察人员特别是检察官群体在对检察现象反映的过程中所形成的整体化、系统化的理性思维体系，它的特征主要是体系化形态、指导性地位、专业化主体等。如在我国现阶段，中国特色社会主义检察理论反映了我国基本国情和特色，在整个检察活动中是居于指导地位的检察观念。（4）检察精神是检察职业规定性最深层次的内核部分，也是检察官群体的核心价值观，是由民族历史文化积淀所形成的，由检察职业内在规定性所决定的，集中体现职业特征、民族特征、时代特征的共同理想信念和价值追求。可以说，检察精神就是检察官群体的灵魂，是检察官群体意识最凝炼的浓缩，是检察官群体意志最集中的反映。检察观念的这四个层次是彼此联结、互为作用的，体现了主观认知水平由低级到高级的过程。

从横向结构看，根据检察观念所反映的课题和对象的不同，可以将检察观念区分为检察执法观念和检察管理观念，分别指以检察机关的执法活动和检察机关的管理活动为认识对象而形成的检察观念。另外，有研究者根据检察观念所涉及内容的不同，将检察观念划分为检察宪政理念、检察发展理念、检察执法理念和检察价值理念四个层次。①

（三）检察观念的类型划分

在不同国家和不同历史发展阶段，检察观念有很大不同。检察观念是检察文化的灵魂，是历史积淀而又与时俱进的、相对稳固而又不断变化的部分。从一定意义上讲，很大程度上检察观念的多样性与统一性、传承性与创新性，影响甚至决定着检察文化的斗争与融合、承继与流变，形成了检察文化发展的历史脉络和现实图景。因此，对检察观念类型进行区分认识，有利于认识不同类型检察文化的特点，有利于检察文化建设的借鉴比较。

首先，检察观念属于意识形态范畴，其形成发展与一定社会的经济基础和政治制度紧密相关。因此，根据检察观念所形成和依存的国家政治制度的不同历史类型，可以将检察观念区分为资本主义检察观念和社会主义检察观念。前者是在资本主义生产方式基础上形成的、反映资产阶级统治意志的关于检察机关和检察官的功能、价值等一系列观念，如与"三权分立"制度相适应，将检察权视为"三权"中行政权而非司法权的组成部分，英、美等国家还一直奉行起诉权行使的当事人主义等观念。后者是社会主义国家和民主政治关于检察机关和检察官的功能、价值等基本观念，如强调一切权力属于人民，国家权

---

① 吴建雄：《检察工作科学发展机理研究》，中国检察出版社 2009 年版。

力应集中统一行使，实行民主集中制原则，检察权行使的目的是监督法律的统一正确实施等观念。

其次，检察观念与检察制度密切相关，秉持不同检察观念所建立的检察制度具有差别，而依附于不同检察制度之上并反映不同检察制度形态的检察观念也呈现出不同形态。据此，可以将检察观念区分为英美法系检察观念、大陆法系检察观念和社会主义法系检察观念等。如在英美法系检察观念中，控辩对抗观念、正当程序观念等构成了其核心内容；在大陆法系检察观念中，职权主义观念、客观义务观念等构成了其核心内容；而在社会主义法系检察观念中，法律监督观念构成了其核心内容。

最后，还要看到，检察观念类型的区分是相对的、变化的，特别是关于检察功能价值的基本理念和认识，一方面随着历史变迁而不断沉淀累积、不断趋向理性、不断趋于统一；另一方面随着区域交流而不断交锋融合、不断求同存异、不断学习借鉴，形成了关于检察价值功能的更多共同认识，如依法独立公正行使检察权，尊重和保障人权，遵循客观公正原则等。这些观念是全人类法治文明成果，也是各类型检察观念共同的价值内容。

（四）　我国检察观念的结构类型

当前，以"六观"、"六个有机统一"、"四个必须"为主要内容的检察工作发展理念和执法理念，构成了我国检察观念的主要内容。它科学回答和解决了新时期检察工作实现什么样的发展、怎样发展和为谁执法、怎样执法等一系列重大理论和实践课题，为当代中国检察事业科学发展提供了方向性、根本性、战略性思想武器，体现了人民检察事业发展的必然要求，是中国特色社会主义检察文化的核心内容。这些理念的形成和提出，反映了对检察职业内在规定性认识和对检察工作发展规律认识的深化，是对我国检察观念的进一步丰富和充实，是检察文化发展的重要成果。

检察工作发展理念和执法理念有科学的、完整的结构。从外部结构看，以"六观"、"六个有机统一"、"四个必须"为主要内容的检察观念同时是当前我国政法工作理念、法治理念的有机组成部分，其很多内容渊源于中国特色社会主义理论体系、社会主义法治理念以及政法干警核心价值观。从内部结构看，检察观念的各个构成要素相互联系、相互影响，形成了完整的理念体系，其中，"六观"是检察观念的思想精髓，"六个有机统一"是检察观念的实践要求，"四个必须"是检察观念的价值准则。学习、培育检察观念，要从现代系统论观点出发，对"六观"、"六个有机统一"、"四个必须"一体学习、一体贯彻，并与社会主义法治理念教育有机结合起来，不断培养和发展科学的、先进的、中国特色的检察观念。

从类型看，检察工作发展理念和执法理念属于社会主义检察观念。它是以中国特色社会主义理论体系为指导，总结我国检察工作及理论研究成果，概括新时期关于检察工作发展和执法工作的一系列新认识、新思想、新观点而建立的，与社会主义法治理念在根本性质上是完全一致的。同时，它以包容开放的态度和开拓创新的精神，积极吸收、借鉴了现代法治理念、政法干警核心价值观以及其他国家和地区检察观念的有益成分。

二、检察观念的思想精髓

检察观念的思想精髓，是检察观念中最精要、最深刻反映检察职业内在规定性的思想认识和价值理念。当前，我国检察观念的思想精髓，集中体现为"六观"，即"忠诚、为民、公正、廉洁"的核心价值观，推动科学发展、促进社会和谐的大局观，理性、平和、文明、规范的执法观，办案数量、质量、效率、效果、安全相统一的业绩观，监督者更要自觉接受监督的权力观，统筹兼顾、全面协调可持续的发展观。①

"六观"是对全国检察机关广大检察人员在深入贯彻落实科学发展观、践行社会主义法治理念、建设中国特色社会主义检察制度的长期实践中，形成的一系列重要正确思想和观点的集中概括和总结，是科学发展观和社会主义法治理念与检察工作有机结合的产物。检察工作发展理念和执法理念是兴检之魂，是检察文化的精髓，是检察人员在长期的司法实践中形成的共性思维，决定着中国特色社会主义检察事业的发展方向。

（一）核心价值观

"忠诚、为民、公正、廉洁"的核心价值观，要求忠于党、忠于国家、忠于人民、忠于宪法和法律，坚持执法为民，守护公平正义，保持清正廉洁。这是检察人员共同的根本宗旨、职业操守和行为准则，是社会主义意识形态和思想文化对检察人员的本质要求，也是全体检察人员团结奋斗的精神力量。"忠诚"就是忠于党、忠于国家、忠于人民、忠于法律，是检察人员核心价值观的灵魂，是检察人员必备的基本政治品格，是检察人员的政治本色。"为民"就是始终把人民放在心中最高位置，切实做到执法为民，这是检察工作的根本出发点和落脚点，是检察人员的宗旨理念和重要责任。"公正"就是严格公正执法、维护社会公平正义，这是检察工作的生命线，也是检察工作的根本目

---

① 参见最高人民检察院政治部：《检察工作发展理念和执法理念讲义提纲》，中国检察出版社2012年版，第10页、第11页。

标，是检察人员的价值追求。"廉洁"就是要清正廉明、无私奉献，是检察人员的基本操守和必须坚守的道德底线。

（二）大局观

推动科学发展、促进社会和谐的大局观，要求更加自觉地把检察工作摆到经济社会发展全局中来谋划和推进，做到执法想到稳定、办案考虑发展。我们是社会主义国家，检察工作是党和国家工作的重要组成部分，必须在党和国家工作大局下开展，为党和国家工作大局服务。人民检察院作为国家的法律监督机关和人民民主专政的重要工具，从诞生的第一天起，就把执行国家意志、服务国家大局作为其根本职责。能否服从、服务于党和国家的工作大局，不仅仅是一个工作问题，更是一个方向问题、立场问题。牢固树立推动科学发展、促进社会和谐的大局观，是党和国家根本任务的必然要求，是社会主义法治的重要使命，也是检察机关作为中国特色社会主义事业建设者和捍卫者必须承担的政治任务。

（三）执法观

理性、平和、文明、规范的执法观，要求更新执法理念，改进执法方式，规范执法行为，加强执法管理，使人民群众通过检察机关的执法办案，既感受到法律的尊严、权威，又感受到人民检察官的关爱和温暖。执法观是执法的指导思想和基本观念，是执法者思维的依据和行动的指南。检察机关的执法观是检察人员在长期的执法实践中积累形成的指导执法办案的思想、观念和心理状态的总和。最高人民检察院反复强调，检察机关要适应新形势新任务新要求，既要严格、公正、廉洁执法，又要理性、平和、文明、规范执法。在2011年召开的第十三次检察工作会议上，专门提出了理性、平和、文明、规范的执法观，并作为检察工作发展理念和执法理念的重要内容。其中，理性是基础，平和是关键，文明是基本要求，规范是重要保障。

（四）业绩观

办案数量、质量、效率、效果、安全相统一的业绩观，要求坚持以数量为基础、质量为生命线、效率为保障、效果为根本、安全为前提，做到五者协调统一、相辅相成。办案数量、质量、效率、效果、安全相统一的业绩观，是检察机关深入学习实践科学发展观、社会主义法治理念，系统总结以往检察工作经验得出的规律性认识，也是实现检察工作平稳健康发展的必然要求，必须始终不渝地遵循并落实到执法办案中去。实践证明，检察工作如果没有科学的业绩观，就会失去正确的导向。要实现检察工作科学发展、服务经济社会科学发展，必须牢固树立正确的业绩观，妥善处理办案数量、质量、效率、效果、安全的辩证关系，努力实现五者之间的有机统一。

（五）权力观

监督者更要自觉接受监督的权力观，要求始终把强化自身监督放在与强化法律监督同等重要的位置，坚持职权法定，有权必有责，用权必监督，滥用必追究。权力观，从本质上说，就是人们对权力的认识和态度。检察机关是国家法律监督机关，肩负着维护法制统一正确实施的重任，行使好权力更具有特殊重要的意义。监督者如果自身不正，何以监督他人。加强对检察权运行的监督制约，既是现代法治的基本内涵，也是建立健全国家权力监督制约体系的重要环节；既是坚持检察权的人民性，进一步落实"立检为公，执法为民"执法宗旨的基本要求，也是坚持从严治检，加强新形势下检察队伍建设的重要方面。检察人员必须牢固树立监督者更要自觉接受监督的权力观，始终坚持权为民所赋、为民所用、受民监督。

（六）发展观

统筹兼顾、全面协调可持续的发展观，要求正确处理检察工作中的一系列重大关系，加强对各项检察工作的统筹协调，推动检察工作科学发展。当前，在检察工作中，还存在重当前轻长远、重业务建设轻队伍建设、重办案轻监督等不正确、不科学的发展观念，迫切要求我们坚持以科学发展观为指导，坚持走统筹兼顾、全面协调可持续的发展道路。特别是要深刻把握科学发展观对检察工作提出的新要求新课题，不断深化对检察工作特点和规律的认识，正确处理业务建设、队伍建设与保障建设、重点工作与基层基础、近期工作与长远发展等关系，不断增强检察工作服务科学发展和实现自身科学发展的能力和水平，努力创造符合党和人民要求、符合经济社会发展需要、符合检察工作发展规律的业绩。

随着经济社会的全面发展和依法治国的深入推进，随着检察文化建设的蓬勃发展，检察工作发展理念和执法理念将会不断得到发展和完善。我们要始终秉持与时俱进、开拓创新的精神，注意总结经验，加强理性思考，不断融入新的时代特征和发展要求，使发展理念和执法理念始终体现时代性、把握规律性、富于创造性，为在新的历史起点上全面推进中国特色社会主义检察事业提供强大动力。

三、检察观念的实践要求

作为意识形态的人的观念不是从天上掉下来的，而是在一定的生产生活实践中产生的；同时，人的观念对实践具有能动作用，特别是那些被实践检验正确的观念对新的实践具有直接和重要的指导与推动作用。同样，产生于检察工作的检察观念不仅本身具有很多反映检察工作特性的内容，而且对实践具有很多思想理念上的要求。当前，我国检察观念的实践要求主要体现为"六个有机统一"。

（一）高举中国特色社会主义伟大旗帜，努力实现检察工作政治性、人民性和法律性的有机统一

实现检察工作政治性、人民性和法律性的有机统一，就是坚持党对检察工作的绝对领导，坚持人民代表大会制度，坚持立检为公、执法为民，坚持依法独立公正行使检察权，坚定不移地走中国特色社会主义政治发展道路。第一，高举中国特色社会主义伟大旗帜，坚定中国特色社会主义信念，增强对中国特色社会主义的政治认同、理论认同、感情认同，坚定不移地走中国特色社会主义政治发展和法治建设道路。第二，坚持党的领导，坚持党的基本理论、基本路线、基本纲领和基本经验，确保党的路线方针政策在检察工作中得到不折不扣的贯彻落实。第三，坚持人民代表大会制度，积极主动地向人民代表大会及其常务委员会报告工作，认真贯彻落实人民代表大会及其常务委员会的决议和要求，虚心听取人大代表和人民群众的建议、批评和意见，加强和改进检察工作。第四，坚持立检为公、执法为民，把实现好、维护好、发展好最广大人民群众根本利益作为检察工作的根本出发点和落脚点，作为检验检察工作是否取得成效的根本标准。第五，坚持依法独立公正行使检察权，坚持宪法法律面前一律平等，充分履行批捕起诉、查办和预防职务犯罪、诉讼监督等职责，确保宪法法律正确实施，树立宪法法律权威，维护执法司法公信力。

（二）坚持以科学发展观为统领，努力实现检察工作服务科学发展与自身科学发展的有机统一

实现检察工作服务科学发展与自身科学发展的有机统一，就是既增强大局意识、服务意识，保障和促进经济社会科学发展，又在检察工作中自觉贯彻落实科学发展观，着力解决自身发展中不符合、不适应、不协调的突出问题。第一，牢固树立科学发展的理念，深入学习我们党关于科学发展的一系列重要观点，深入学习胡锦涛等中央领导同志对检察工作的重要指示，从理论和实践的结合上深刻理解和全面把握科学发展观的科学内涵、精神实质、根本要求，深刻把握科学发展对检察工作提出的新要求新课题。第二，转变不适应、不符合科学发展观要求的思想观念，着力在检察工作要不要服务科学发展、能不能推动科学发展、怎样保障科学发展等重大问题上形成更大的共识，增强贯彻落实科学发展观的自觉性和坚定性。第三，着力为经济社会科学发展提供司法保障,特别是善于从经济社会发展要求和人民群众司法需求出发找准检察工作服务经济社会发展的切入点、结合点和着力点,拓宽服务领域,创新服务方式,提高服务水平,为经济建设、政治建设、文化建设、社会建设以及生态文明建设创造良好的法治环境。第四,解决影响和制约检察工作科学发展的突出问题,包括检察工作整体发展水平还不高,基层基础工作还不适应,各项检察业务工作的发展还不协调,各地区工作发展还不平衡等问题。

(三)坚持围绕"四个维护、两个促进"的根本目标,努力实现打击、预防、监督、教育、保护职能的有机统一

实现打击、预防、监督、教育、保护职能的有机统一,就是在依法打击犯罪、加强法律监督的同时,更加注重犯罪预防,更加注重司法保护,更加注重教育引导公民自觉守法,坚持全面正确有效发挥检察职能,维护人民合法权益,维护社会公平正义,维护社会和谐稳定,维护社会主义法制统一、尊严和权威,促进反腐倡廉建设,促进经济社会发展。第一,更加注重维护人民群众权益,始终把人民呼声作为第一信号,把人民满意作为第一标准,真正站在人民的立场上考虑问题、谋划工作,完善和落实便民利民措施,依法妥善解决群众合理诉求。第二,更加注重维护社会公平正义,把每一起案件的办理、每一件事情的处理都当作维护社会公平正义的具体实践,从实体、程序、时效上体现维护社会公平正义的要求。第三,更加注重维护社会和谐稳定,准确认识和把握当前和今后一个时期的维稳形势,充分发挥检察职能作用,着力防范和化解影响社会和谐稳定的突出问题。第四,更加注重维护社会主义法制统一、尊严和权威,全面加强和改进法律监督工作,认真履行各项检察职责,促进和保障宪法和法律的有效实施。第五,更加注重促进反腐倡廉建设,坚持标本兼治、惩防并举,充分发挥检察机关在建立健全惩治和预防腐败体系中的职能作用。第六,更加注重促进经济社会发展,紧紧围绕科学发展主题和加快转变经济发展方式主线,完善和落实服务大局的措施,为经济社会发展提供有力的司法保障和良好的法律服务。

(四)坚持贯彻检察工作总要求,努力实现强化法律监督、强化自身监督、强化队伍建设的有机统一

实现强化法律监督、强化自身监督、强化队伍建设的有机统一,就是坚持以强化法律监督为立身之本,做到敢于监督、善于监督、依法监督、规范监督;坚持以强化自身监督为发展之基,严以律己,切实保障检察权依法正确行使;坚持以队伍建设为根本保证,做到信仰坚定、思想成熟、素质过硬、品德高尚、作风务实、一身正气。第一,切实承担宪法赋予的法律监督职责。毫不动摇地坚持检察机关的宪法定位，强化监督意识，突出监督重点，提高监督能力，忠实履行好宪法和法律赋予的神圣职责，使监督工作由"软"变"硬"，树立法律监督的权威，提升法律监督的地位，扩大法律监督的影响。第二，坚持把强化自身监督作为重要保障。牢固树立监督者更要接受监督的意识，着力强化内部监督工作，主动接受人大监督，自觉接受人民群众和社会各界监督，将强化自身监督覆盖至检察工作的各个方面，凡是有权力的人，都要受到监督；凡是有权力的岗位，都要去监督；凡是权力行使的环节，都要跟进监督；做到哪里有权力，哪里就有监督，权力行使到哪里，监督就延伸到哪里。第三，始终把检察队伍建设作为重中之重。坚持以建设高素质检察队伍为目标，以执法能力建设为核心，以执法作风和形象建设为载体，强化对检察人员的教育、管理和监督，大力推进检察队伍思想政治建设、领导班子建设、人才队伍建设、基层检察院建设，努力造就政治坚定、业务精通、作风优良、执法公正的检察队伍。

（五）坚持以执法办案为中心，努力实现法律效果、政治效果和社会效果的有机统一

实现法律效果、政治效果和社会效果的有机统一，就是把执法办案作为法律监督的基本手段，以事实为根据、以法律为准绳，确保所办案件事实清楚、证据确实充分、程序合法、定性准确、宽严相济、客观公正，确保良好法律效果；必须增强政治敏锐性和鉴别力，坚持从有利于维护党的执政地位、维护国家安全、维护社会大局稳定出发处理案件，确保良好政治效果；必须注意把握办案时机，改进方式方法，注重化解社会矛盾，推进社会管理创新，争取积极社会评价，确保良好社会效果。第一，坚持以执法办案为中心。加大批捕起诉、查办和预防职务犯罪、诉讼监督工作力度，全面履行检察职责，确保执法办案工作的全面健康深入开展。特别是正确处理执法办案与服务大局的关系，既增强大局意识、服务意识，防止孤立办案、就案办案、机械执法；又坚持严格依法，绝不能借口保护地方经济发展而放弃履行职责、不敢办案，甚至人为设置办案禁区。第二，坚持法律效果、政治效果和社会效果的有机统一。统筹兼顾"三个效果"的关系，坚持从是否有利于社会秩序的维护，是否有利于营造和谐的发展环境，是否符合社会的基本道德评价标准和价值取向等方面系统地思考案件的处理，合理衡量好群众需求、社会价值追求和国家政治需要，严把事实关、证据关、程序关，把坚持党的领导与盲从领导个人意志区别开来，把取得良好社会效果与迎合部分群众聚集施压区别开来，依法严格公正处理案件。第三，正确处理执行法律和执行政策的关系。特别注意防止两种错误倾向：一方面是机械执法，本本主义，不善于用政策指导执法办案，不善于在执法中把握法律政策界限；另一方面是片面强调执行政策，搞法律虚无主义，将执行政策置于执行法律之上，有的甚至执行一些明显违反法律的"土政策"。

（六）坚持解放思想、实事求是、与时俱进，努力实现继承、创新、发展的有机统一

实现继承、创新、发展的有机统一，就是坚持解放思想，继续更新不合时宜的发展理念和执法理念；坚持实事求是，一切从实际出发，勇于坚持真理、修正错误；坚持与时俱进，既保持工作的稳定性、连续性，又及时研究新情况、解决新问题、总结新经验，永不僵化，永不停滞。第一，坚持解放思想。真正以解放思想、更新观念为先导，从检察工作的实际出发，切实摒弃各种不符合科学发展观要求的司法理念和习惯做法，以改革的精神研究解决重大理论和实践问题，使我们的理论、政策以及思想观念同社会主义现代化建设相适应，与党和人民要求相适应，与检察工作发展相适应。第二，坚持实事求是。按照实践是检验真理的唯一标准，自觉地把思想认识从那些不合时宜的观念、做法和体制的束缚中解放出来，从对马克思主义的错误的和教条式的理解中解放出来，从主观主义和形而上学的桎梏中解放出来，使我们的思想和行动更加符合客观实际。第三，坚持与时俱进。坚持在实践基础上大力推进理论创新、体制创新和机制创新，特别是围绕关系检察工作科学发展的全局性、战略性重大问题，加强基础性、系统性、前瞻性研究，推动检察工作创新发展。第四，发展完善中国特色社会主义检察制度。坚持从我国国情出发，放眼世界，借鉴人类政治文明和司法文明的有益成果，加强检察理论研究，学习各国检察制度的成功经验，不断发展和完善中国特色社会主义检察制度。

四、检察观念的价值准则

价值作为一个哲学的、社会学的概念，是指客体能够满足主体生存和发展需要的一种潜在性能。价值准则就是在客体满足主体需要的过程中，客体所应遵循的基本原则、行为规范等。价值准则是检察观念中体现检察官群体共同职业精神、职业价值取向、职业行为标准的基本理念，是对检察职业活动特别是检察权行使的价值目标、价值追求及价值评判标准的基本认知，是检察观念的重要内容和构成要素。根据我国检察制度的功能和检察工作的价值目标以及检察权行使的基本原则，当前我国检察观念的价值准则主要体现为"四个必须"。

（一）　检察权必须严格依法行使

任何公权力都有边界，检察权的行使要始终以宪法和法律的规定为界限。检察机关的法律监督必须由法律专门授权，应当在法律规定的范围内，运用法律规定的手段，并依照法定程序进行监督。严格依法行使检察权，既是依法治国的基本要求，也是检察权行使的一项基本原则。它体现了法律监督职能的基本特点，也是检验检察机关和检察人员行使检察权正当性的基本标准。坚持检察权必须严格依法行使，对于正确认识、准确把握检察机关的法律监督职能，保证检察机关全面履行宪法和法律赋予的职责使命，做到既不缺位又不越位，具有重要意义。

（二）　检察权必须受到监督制约

任何公权力的行使都必须受到监督制约，检察权也不例外。检察机关作为法律监督机关，更要加强自身监督，勇于接受监督，避免和防止权力滥用。实现对权力的有效制约与监督，是我国政治体制改革的重要内容，也是发展社会主义民主政治的必然要求。党的十七大提出，要完善制约和监督机制，保证人民赋予的权力始终用来为人民谋利益。检察权受到监督制约是马克思主义权力观对检察工作的必然要求，是人民主权的必然要求，是提高检察机关执法公信力的必然要求，是检察权依法行使的重要保障。检察机关作为法律监督机关，只有不断完善内部监督体系，加强自身监督，健全接受外部监督制度和机制，勇于接受外部监督，才能真正赢得公信、树立权威。

（三）　检察职能的发挥必须与经济社会发展相适应

检察职能的发挥必须与经济社会发展相适应，特别是要适应人民群众日益增长的司法需求以及执法环境、执法能力、执法保障方面的新变化新要求，努力形成重点突出、布局合理的法律监督工作格局。服务和保障经济社会发展是检察机关履行法律监督职能的根本要求。服务好经济社会发展，一方面要求检察机关必须密切关注经济社会发展的形势，及时调整工作重心，完善服务措施，充分发挥职能作用；另一方面检察职能的发挥也不能超越经济社会发展的阶段，检察工作的价值目标必须与其客观环境和条件相适应。检察机关要顺应经济社会发展的要求，顺应人民群众日益增长的司法需求，顺应检察机关执法环境、执法能力、执法保障的新变化新要求，加强法律监督，在服务经济社会发展中实现自身科学发展。

（四）　检察机关的法律监督必须遵循法治原则和司法规律，符合诉讼原理

对诉讼活动的监督，应与违法情形的性质、程度及诉讼阶段相适应，遵循诉讼经济、分工制约等原则，保证诉讼活动有序高效运行。遵循法治原则和司

法规律是检察权运行的内在要求，是依法治国、建设社会主义法治国家的客观需要。检察机关在诉讼程序中发挥法律监督职能作用，必须符合诉讼原理，把职务犯罪侦查、批捕起诉和诉讼监督等工作与诉讼原理有机地结合起来，既贯彻分工制约、协调配合原则，又注重监督的适当性、实效性，维护好公平正义，更好地彰显我国检察制度的优越性。

第二节　检察伦理

　　检察伦理，即检察职业伦理，包括职业道德、职业精神、职业礼仪等规范性要求，作为一种内化的规范，它是检察文化的中坚和相对稳定的成分。培养检察职业道德，锻造检察职业伦理，对于塑造检察人员职业精神，促进检察文化建设，具有不可或缺的重要作用。

一、检察伦理范畴

（一）伦理与道德

　　伦理原本是两个词，许慎在《说文解字》中解释说，"伦，从人，辈也，明道也；理，从玉也。"伦就是经常的意思，理就是道理。中国古代有"五伦"、"五常"之说，强调的是处理人与人特别是亲属之间、君臣之间关系的日常规范。在西方，伦理本有风俗习惯、传统惯例之意，但自从亚里士多德关于伦理学研究的著作问世以来，伦理就有了新含义，成为专门研究善及人类德性的科学。现代伦理学的研究范围早已超越了亲属、君臣领域，扩展到人与人、人与社会各种关系的伦理，简单地说就是处理人与人、人与社会、人与自然之间关系的规范。

　　道德最初也是两个词，道就是人行走的道路，引申为人们必须遵循的社会行为准则和规范；德即得，是指依道而行心中有得之意，因此二字经常合用。在西方，道德指涉风俗习惯，引申为规则、规范之意，两者具有高度的重叠性。道德是人类社会评价个体行为的基本尺度，是调整人与人、人与社会之间关系的行为规范总和，是关于是非、善恶的价值判断。从本质上看，道德是一种社会意识，是一种非制度化的、内化的规范，更是一种实践精神。

　　关于伦理与道德两个概念的内涵及其相互关系，学者有很大争议。如有学者指出，在道德哲学中，伦理与道德被看作两个不同的范畴，伦理处理的是人们应该如何生活；道德处理的是人们应该如何相互对待。① 二者的具体区别，一是取向不同，伦理是中性词，道德是正面取向；二是大小不同，伦理不仅包括道德，也包括权利等。② 还有学者从词源学的角度并结合黑格尔在《法哲学原理》中的相关观念，对二者的内涵加以区别界定，认为道德是个体对自身完满性的价值追求，具有主体性与私人性，而伦理则是基于社会成员之间的互动交往而形成的规范体系，具有"互主体性"与公共性；道德是伦理的基础，伦理是道德的提升。③ 有研究认为，伦理是客观的精神，是生活世界的秩序，是对人类理性关系和关系理性的揭示；道德则是个体对伦理的"得"，是个体对伦理的反思，是个体对伦理的主观映像以及重新建构，道德以伦理为指向和归宿。同时认为，个体的道德对既有的伦理进行反思，产生对立与冲突，最终形成新的伦理，从而实现着道德与伦理的互动与流变。④

但也有学者认为，伦理与道德虽然是两个不同的词，但都有内心的品性和外在的规范之意，二者没有严格的区别，特别是在很多场合，伦理与道德两个概念同时使用。⑤ 所以在西方，有伦理学即道德哲学的说法。本书重在研究检察伦理的基本内容、价值规范及其形成发展和建设，所以对二者不加严格区分。

（二）职业伦理

职业伦理又称职业道德，是指某种职业或专业的从业人员以伦理自然律为基础，根据本行业的专业知识，经过逻辑推演形成的行为规范。⑥《中国大百科全书（哲学卷）》将职业道德定义为："在职业范围内形成的比较稳定的道德观念、行为规范和习俗的总和，是调整职业集团内部人们之间关系以及职业集团与社会关系各方面的行为准则，是评价从业人员职业行为的善恶、荣辱的标准，对该行业的从业人员具有特殊约束力。"马克思曾说，每一个阶级甚至每一个行业，都各有各的道德。从事某种特定职业的人们，由于有着共同的劳动方式，经受着共同的职业训练，因而往往具有共同的职业兴趣、爱好、习惯和心理传统，结成某些特殊关系，形成特殊的职业关系，从而产生特殊的行为

---

① 张容菊：《试论伦理与道德的统一性》，载《华东师范大学学报》（哲学社会科学版）2012 年第 4 期。

② 刘林鹰：《伦理与道德的关系之探讨》，载《长春理工大学学报》（高教版）2009 年第 5 期。

③ 韩升：《伦理与道德之辨证》，载《伦理学研究》2006 年第 1 期。

④ 于建星、郭秀霞：《论伦理与道德的关系》，载《河北建筑科技学院学报》（社科版）2005 年第 4 期。

⑤ 孙青平：《职业伦理与道德的新视角研究》，载《河南社会科学》2010 年第 6 期。

⑥ 李本森：《法律职业伦理》，北京大学出版社 2008 年版，第 7 页。

模式和道德要求。在任何历史时代，职业道德都是当时社会的或阶级的道德在各种职业活动中的特殊表达和具体贯彻，或者说，是当时社会或阶级的道德结合人们所从事的不同职业活动的传统和特点，而对行为调解的具体领域。

职业伦理涉及了从业人员与服务对象、职业与职工、职业与职业之间的关系，因此，职业伦理也是从业者对从事的工作和服务的对象所承担的责任。[①]职业伦理是随着职业的出现而产生和逐步发展的，是社会伦理在职业领域的具体体现，是基于其社会定位和职业特征，长期潜移默化、渐进生成的具有内化性、恒定性、感召性的职业理念、准则。职业伦理与一般社会伦理既有联系又有区别，它是一般社会伦理中的重要内容，同时也是对一般道德原则和伦理规范的重要补充，在一定条件下，二者相互融合、相互统一。

职业道德具有以下一般特征：（1）在内容方面，职业道德重视要鲜明地表达职业义务和职业责任，以及职业行为上的道德准则；（2）在形式方面，特别是在职业道德的行为准则的表达形式方面，往往比较具体、灵活、多样；（3）在调节范围上，主要是用来约束从事本职业的人员；（4）在功效上，职业道德，一方面使一定社会或阶级的道德原则和规范"职业化"，另一方面又使个人道德品质"成熟化"；（5）在效力上，职业道德与职业惩戒相辅相成，职业道德规范一般都包括有惩戒性规范内容。

职业道德由职业道德意识、职业道德行为和职业道德规则三个层次构成。职业道德意识是人们对于职业道德的基本要求的认识，包括职业道德心理和职业道德思想，具有相对稳定的特征。职业道德行为是职业道德意识在职业个体行为的外在体现，从结果上看，它既可以是正面的道德行为，也可以是违反职业道德的行为。职业道德规则是约定俗成或通过一定的规范性形式表现的职业的意识、行为的准则或标准，一般由职业道德原则、职业道德规范和职业纪律所组成。职业道德规则是在职业道德意识和职业道德行为的基础上产生和发展起来的，是职业道德的规范化形式。这是职业道德和普通的社会道德的一个重要区别。我们研究检察伦理，更多地侧重检察职业道德规则。

（三）法律职业伦理

法律职业伦理是指法律职业活动中应当遵循的伦理规范，属于职业伦理范畴。法律职业伦理是构建高度职业化、专业化法律职业共同体的精神核心和基本伦理，它具有以下特征：（1）主体的多样性与特定性。法律职业伦理的主体包括法官、检察官、律师、公证人员等相对广泛的群体，具有多样性；同

---

① 孙青平：《职业伦理与道德的新视角研究》，载《河南社会科学》2010 年第 6 期。

时，这些群体又都具有特定性，都是特定的从事法律职业的人员。（2）内容的普遍性与特殊性。由于法律职业具有较强的政治、法律属性，因此其内容具有特殊性；同时，因为法律职业涉及公共利益，涉及的群体具有多样性，所以法律职业伦理具有普遍性。（3）形式的规范性与非规范性。法律职业伦理主要体现为各项具体的、明确的规范，同时，一些观念性的要求则难以具体化，如司法公正等，但它们是对法律职业人员行为约束的基本伦理。即使是最详尽的职业伦理行为规范也不可能穷尽所有的行为方式，而法律职业人员牢固树立司法公正等职业道德观念，则可以使之在任何时候都能明辨是非善恶。（4）实施的他律性与自律性。由于法律职业涉及公共利益，一般都有健全的监督体系，使法律职业伦理的实施具有较强的他律性；同时，法律职业伦理的真正落实还必须依靠法律职业人员的自觉行为和自我约束。

法律职业伦理具有比较完善的体系，其中，法律职业伦理基本原则是最基本的法律职业伦理规则，可以派生出其他比较具体的伦理规则。根据有关法律法规和职业习惯，我国法律职业伦理的基本原则主要有：（1）忠实执行宪法和法律。这一条在法官法、检察官法、律师法、律师职业道德和职业纪律规范中都有规定。（2）以事实为根据，以法律为准绳。这一条在法官法、检察官法、律师法中也都有规定。（3）严明纪律，保守秘密。法官、检察官作为公务人员都要遵守纪律规定包括法院、检察院内部的各项纪律规定；保守秘密则包括保守国家秘密、商业秘密以及当事人的隐私等。（4）相互尊重，相互合作。法律职业伦理作为处理法律职业共同体内部之间及其与外部关系的伦理，要求法律职业人员相互尊重、相互合作，共同维护法治权威。（5）恪尽职守，勤勉尽责。如法官受理当事人申请后应尽快审查立案、及时开庭、准时到庭等，检察官要认真细致审查证据等。（6）清正廉洁，遵纪守法。法律职业者作为社会公平正义的守护者，应当自觉做到清正廉洁，带头遵纪守法。

（四）检察伦理

检察伦理，属于职业伦理范畴，也是法律职业伦理在检察职业领域的具体化，是检察人员在职业活动中应当遵循的伦理规范和道德准则，也可以称为检察职业伦理、检察官职业道德，具体说，就是检察官及检察机关其他工作人员在行使检察权、履行检察职责过程中，或者从事与之相应的活动及相关社会生活中应遵循的内心信念和行为规范的总和。检察伦理是检察官的职业操守、职业观念、职业态度、职业技能、职业纪律和职业作风的集中体现，是社会伦理体系的重要组成部分，是社会道德在检察职业领域中的具体体现和升华。检察伦理或检察职业道德作为一种意识形态，既反映了社会对检察官群体的道德期许和价值判断，也反映了检察官群体的自我定位和自我认知。

检察伦理是既不同于普通的伦理规范，也不同于其他法律职业规范的特殊道德规范，检察职业道德与其他职业道德相比具有更强的象征意义和感召作用，因为法律在人们心目中是公平与正义的体现，是规范社会、惩恶扬善的最后手段。而作为法律实施者、执行者、监督者的检察官在社会中具有更加特殊的地位和作用，他应该具有的道德品行也必然要高于其他职业的道德要求。同时，检察职业具有严格的法定性、明确的规范性、特定的专门性、严谨的操作性，并带有国家强制性和权威性，也要求检察官遵循更高的伦理规范和道德准则。正是因为检察伦理与检察职业有着密切的关系，所以有学者认为，检察职业道德是以"权、责、利"的统一为基础，以协调个人、集体与社会关系为核心的职业行为准则和规范系统，没有相应的道德规范，检察职业就不能承担起社会职能。[①]

检察伦理是世界各国检察界共同关注的问题，但中外检察官名称相同、职责有异、性质有别，这就决定了中外检察官的职业伦理内容和特征上都有差别。我国检察机关是国家法律监督机关，检察官不仅行使一般的司法权力，而且对其他司法活动进行监督，具有更大的职权，因此作为检察官行为规范的检察伦理具有更大的责任性、更特殊的示范性和更大的强制性。[②]这是由我国检察机关的性质和检察官的职业特点所决定的。

检察伦理对于检察文化建设具有重要作用。其一，培育检察官群体的职业道德，能够直接对检察工作的推进产生助力；其二，检察伦理的基本规范和价值要求赋予了检察职业以实质内涵，能够满足检察官群体的精神文化需求，促进其全面发展；其三，培育检察官群体的职业道德，同时就是提升其政治素养、法律素能、法治意识、廉洁品格的过程，这必然全面提升检察官群体的职业素质；其四，检察伦理内在地要求检察职业道德不能一成不变、僵化保守，应根据党和国家的需要、人民群众的需求，适时发掘新的道德价值，以便与时俱进，从而促进检察文化的改革创新。综上，检察伦理直接关涉检察文化建设的成效和成败，应将检察职业伦理的培育作为检察文化建设的重要任务来抓。

二、检察伦理定位

职业伦理是社会对从事某种职业的群体和个人的规范价值要求，它是把从业者视为按照职业来加以区分的特定的社会角色，并在此基础上对其权利与义务作出规定。从这个意义上说，职业伦理其实就是角色伦理。只有准确把握某

---

① 沈忠俊、刘同华：《司法职业道德》，中国政法大学出版社 1999 年版，第 25 页。
② 李本森：《法律职业伦理》，北京大学出版社 2008 年版，第 136 页。

种职业的社会角色定位，才能"量身定做"其职业伦理规范。因此，认识某种职业伦理的定位，其实就是要从这种职业形成发展的历史实践过程中，分析把握这种职业的社会角色和功能价值。检察职业伦理体现了检察职业规定性，既是对检察人员在职业活动中思想和行为的要求，又是检察职业身份对社会所负的道德责任与义务。①检察职业伦理融合了国家、社会和公众对检察机关和检察官职业活动的道德期许，是检察机关社会角色和检察制度社会功能的伦理规范和价值要求。因此，检察伦理的基本定位，需要在考察检察机关的社会角色和制度功能的形成与发展过程中来把握。根据检察制度基本类型，选取典型国家检察制度作为考察对象，分析其形成发展的历史过程，可以得出检察机关包括检察官的社会角色定位，从而得到检察伦理的三个基本定位，以此为基础可以准确把握检察伦理的价值取向和规范要求。

（一）国家利益和社会公益的代表

检察官是国家利益和社会公益的代理人和维护者，这一角色定位在以法国为代表的大陆法系国家具有典型性。法国是近现代检察制度的滥觞之地。早在封建割据时期，国王为维护王室利益，于 12 世纪设置"国王代理人"，代表国王参加诉讼。腓力四世在位期间，将弹劾式诉讼变革为纠问式诉讼，国王代理人亦改称检察官。检察官一面以国家公诉人身份对犯罪进行侦查，决定是否起诉犯罪人，参与法院审判；另一面代表国王监督地方领主。17 世纪，法国设立总检察官，近代检察制度基本形成。该时期，检察官的复合职能表明其由单一维护王室利益向兼顾王权和国家利益过渡。1789 年，法国废除纠问式诉讼，实现诉审分离，"检察官从纠问法官手中承继了一些重要特征：检察官有权调遣警察，有责任客观公正地评价事实"。②1808 年法国刑事诉讼法典规定检察官有权侦查一切犯罪，有权直接要求警察协助其执行任务，有权向法庭提起公诉，并在法庭上行使公诉方律师的职务，从而确立了现代检察制度。

从以法国检察制度为代表的大陆法系检察制度的流变谱系不难发现，检察官的前身——"国王代理人"实质上是封建王权的利益代表。在检察官出现后，其兼有的国家公诉人身份表明其开始部分代表国家利益、社会公益，但对其作用不可高估，因为在纠问式诉讼中，法官集侦、控、审三大职能于一身，拥有几乎是无限的权力。在他面前，被告人几无权利可言，仅仅只是一个

---

① 谢鹏程：《台湾地区检察官职业道德与公信力建设》，载《人民检察》2010 年第 17 期。
② ［德］托马斯·魏根特：《德国刑事诉讼程序》，岳礼玲、温小洁译，中国政法大学出版社2003 年版，第 40 页。

"程序对象"而已。① 资产阶级法治的建立和现代检察制度的出现催生追诉权与审判权的分离，"法官与检察官彼此监督节制，藉以保障刑事司法权限行使的客观性与正确性"，② 从而限制了司法恣意，对审判权形成监督和掣肘。同时，检察官还对警察权形成有效制约，一方面通过直接指挥行为监督警察权的行使，另一方面通过审查起诉对警察权进行制约，防止公民合法权利受到警察权的威胁。可以说，检察官制度的创设，正是法、德等欧陆国家催生法治国并克服警察国的里程碑。③

可见，现代检察制度是分权制衡、监督制约的产物，这决定了检察制度自肇始之日起，就成为防止司法擅断、保障人权、维护公益的重要力量。检察伦理与检察制度有着天然的依附关系，检察制度所具有的国家利益和社会公益代表性质，也决定了检察官作为检察制度的践行者，自然具备了国家利益和社会公益代表的伦理色彩。

（二）社会公平正义的守护者

检察官是社会公平正义的守护者，这一职业角色定位在英美法系国家表现尤为突出。英美法系的检察制度首先产生于英国。13 世纪中叶，英国出现国王律师和国王法律顾问，他们代表皇室利益进行诉讼或起诉。1461 年，国王律师更名为总检察长，国王法律顾问更名为国王辩护人。1515 年，国王辩护人更名为副总检察长，与总检察长一道执行关于皇室利益案件的调查、起诉和听审任务。19 世纪初，英国增设了追究破坏王室利益以外案件的检察官，检察机构的职能延伸至王室诉讼范围之外，开始涉及国家利益活动。这说明，英国具有现代意义的检察制度开始形成。④ 1879 年，英国国会通过《犯罪检举法》，设立公诉管理处，隶属于总检察长。公诉管理处，一方面对重大刑事案件的当事人提起公诉；另一方面则作为警察机关的法律顾问，指导警察机关的刑事起诉活动。自此，英国现代检察制度基本定型。1985 年，英国颁布《犯罪起诉法》，规定刑事诉讼必须由警方移送给皇家检察机关审查并决定是否起诉。英国检察制度形成后，随着殖民扩张，流传至美、澳、加等国家和地区，最终形成英美法系的检察制度。

英美法系国家刑事立法多数均规定检察官负有客观公正义务。例如，英国

---

① 参见［德］约阿希姆·赫尔曼：《德国刑事诉讼法典》，李昌珂译，中国政法大学出版社 1995 年版，引言第 3 页。

② 林钰雄：《刑事诉讼法》（上），元照出版有限公司 2004 年版，第 116 页。

③ 林钰雄：《刑事诉讼法》（上），元照出版有限公司 2004 年版，第 117 页。

④ 参见任允正、刘兆兴主编：《司法制度比较研究》，中国社会科学出版社 1996 年版，第 5 页。

的《律师行为守则》规定检察官不应当把自己视为一方当事人出庭，不能不惜代价地谋求胜诉，控方律师对被告人负有公正义务并应当公正行事，他应当公正无偏地向法庭展现构成控诉案件的全部事实，并应当在本案可能出现的所有法律问题上协助法庭。① 再如，美国的《律师职业责任示范法典》规定检察官的职责不同于普通律师，他的职责是实现法律公正，而不仅仅是寻求被告人有罪；而《律师执业行为示范规则》规定检察官不仅仅要承担普通律师的职责，更要承担作为实现司法公正的国家官员所应当具有的职责。② 上述规定透视出检察官应当承担的客观义务。所谓客观义务，是指"检察官为了发现真实情况，不应站在当事人的立场上，而应站在客观的立场上进行活动"。③ 客观义务的价值内核在于检察官应客观中立的探求法律事实，对警察权的恣意筑起第一道藩篱，并先于法官维护法律的公平正义，从而使检察官获得了"法律守护人"和社会公平正义守护者这一职业伦理色彩。

（三）国家法律实施的监督者

检察机关和检察官是国家法律实施的监督者，这一定位在以苏联为代表的社会主义法系国家具有典型性。1917 年"十月革命"胜利后，苏联建立了世界上第一个社会主义国家。根据马列主义关于摧毁旧的国家机关、建立新的苏维埃国家机关的理论，撤销了"十月革命"前的检察机关，但是新的、对革命法制状况实施监督的专门机关并没有马上建立起来，而是由许多权力机关和管理机关共同承担。1918—1920 年国内战争胜利后，关于建立苏维埃检察机关的问题被提上日程，但在拟定检察机关条例中，很多人反对检察机关的集中统一体制，不同意授予检察机关对地方权力机关的决定提出异议的权力。病中的列宁得知上述分歧后，将《关于"双重"领导和法制》一信转交中央政治局，建议抛弃双重领导原则，确立地方检察机关仅服从中央的原则，并建议授予检察机关对地方权力机关的各种决定有提出异议的权力和职责，以保障国家法制统一。列宁的上述思想得到支持和贯彻，于 1922 年 5 月通过了苏维埃共和国检察机关条例。该条例明确规定，检察机关拥有下述四类权限：（1）以国家的名义对一切国家权力机关、经纪机构、社会组织、私人组织和个人的行为是否合法实施监督；（2）对侦查机关揭露犯罪的活动实施直接监督；（3）在法庭上支持公诉；（4）对是否正确监禁被羁押者实施监督。条例的颁

---

① 参见［英］麦康维尔：《英国刑事诉讼导言》，中国政法大学刑事法律研究中心组织编译，中国政法大学出版社 2001 年版，第 42 页。

② 参见程雷：《检察官的客观义务比较研究》，载《国家检察官学院学报》2005 第 4 期。

③ ［日］松本一郎：《检察官的客观义务》，郭布、罗润麒译，法学译丛出版社 1980 年版，第 112 页。

布实施，正式确立了社会主义检察机关的法律监督职能定位。在此后的法律完善中，苏联检察机关的法律监督职能不断得到强化。1977 年苏联通过的新宪法以一个专章的篇幅确认了检察机关的法律地位，明确规定检察机关"对是否准确地一致地遵守法律实施最高监督"；1979 年 11 月通过的《苏联检察机关法》将该宪法有关检察监督的内容、目的和任务等进一步加以具体化。[①] 因此，在社会主义法系国家，检察伦理的形成与发展及其规范确立与检察机关是法律监督机关的职能定位紧密相关。

综上可见，作为上层建筑，检察伦理的性质由经济基础决定，不同经济基础之上的检察伦理有不同的价值定位和规范要求。但同时，不同性质的检察伦理之间也具有共同性和相通性。1990 年 9 月 7 日，联合国通过了《关于检察官作用的准则》，综合世界各国关于检察官职业伦理的内容，就世界各国已达成共识的内容作了概括和归纳，并根据检察官制度的发展状况提出了前瞻性的要求。[②] 我国现代检察制度确立较晚，检察伦理建设起步迟，可承继的内容屈指可数，更应该借鉴吸收古今中外检察伦理的优质成分，构建中国特色检察伦理体系。

三、检察伦理规范

伦理或道德一般由思想意识体系（道德观念）、活动体系（道德行为）和规范体系（道德规范）三个层次的内容构成。其中，道德规范是道德的规范化形式，它以道德意识为思想基础，是道德意识的集中体现；同时，它也是道德活动形式的基础，对道德活动具有规范、评价、引导作用。我们研究检察伦理，更多地侧重检察伦理规范即检察官职业道德规范。

（一）检察伦理的一般规范

世界各法治国家都有丰富而完善、成文或不成为的检察伦理规范。特别是1990 年 9 月第八届联合国预防犯罪和罪犯待遇大会通过了《关于检察官作用的准则》，这是第一个关于检察官的国际性法律文件，也是检察官在刑事司法中发挥作用的基本行动指南，其中有很多关于检察官履行职责的义务的规定，形成了国际上关于检察官的基本伦理规范。例如，它明确规定，检察官应始终一贯迅速而公平地依法行事，尊重和保护人的尊严，维护人权从而确保法定诉讼程序和刑事司法系统的职能顺利地运行；同时规定，检察官在履行职责时

---

① 何家弘：《检察制度比较研究》，中国检察出版社 2008 年版，第 211 页以下。

② 张智辉、杨诚：《检察官作用与准则比较研究》，中国检察出版社 2002 年版，中文序言第5 页。

应：（1）不偏不倚地履行职能，并避免任何政治、社会、文化、性别或任何其他形式的歧视；（2）保证公众利益，按照客观标准行事，适当考虑到嫌疑犯和受害者的立场，并注意到一切有关的情况，无论是否对嫌疑人有利或不利；（3）对掌握的情况保守秘密，除非履行职责或司法上的需要有不同的要求；（4）在受害者的个人利益受到影响时应考虑到其观点和所关心的问题，并确保受害者按照有关规定知悉其权利。

（二）我国检察伦理规范的依据和发展

在我国，检察伦理规范的依据主要包括：（1）法律，如检察官法以及三大诉讼法中关于检察官回避、保密等规定，国家公务员法有关纪律规定等；（2）法规，如国家有关廉洁从政的法规等；（3）司法解释，如《人民检察院刑事诉讼规则（试行）》中的有关规定；（4）行业规范，如最高人民检察院发布的《检察机关执法工作基本规范》中提出的有关规定；（5）国际公约，如《关于检察官作用的基本准则》中的有关规定；（6）其他道德规范，如《公民道德建设实施纲要》中关于职业道德的内容，对于检察职业道德也具有指导作用。

随着法治建设的深入发展，为适应社会公众对检察官道德日益提高的期望，我国不断加强检察伦理规范建设，相继出台了一系列关于检察官职业道德的专门规范。

2000年年初，最高人民检察院组织编写了《检察官道德读本》，提出检察职业道德的总体要求是忠实于党、忠实于人民、忠实于宪法和法律、忠实于事实真相；检察职业道德的基本内容是爱岗敬业、恪尽职守，严格执法、文明办案，守法遵纪、清正廉明，刚直不阿、护法为民；检察职业道德的核心是公正执法，热情服务。归纳起来就叫作"四个忠实、八句话、一个核心"，简称为"481"道德规范。[1]

2002年3月，最高人民检察院发布《检察官职业道德规范》，将检察官职业道德规范的内容概括为"忠诚、公正、清廉、严明"八个字。"忠诚"就是：忠于党、忠于国家、忠于人民，忠于事实和法律，忠于人民检察事业，恪尽职守，乐于奉献。"公正"就是：崇尚法治，客观求实，依法独立行使检察权，坚持法律面前人人平等，自觉维护程序公正和实体公正。"清廉"就是：模范遵守法纪，保持清正廉洁，淡泊名利，不徇私情，自尊自重，接受监督。"严明"就是：严格执法，文明办案，刚直不阿，敢于监督，勇于纠错，捍卫

---

[1]　最高人民检察院政治部组织编写：《检察官道德读本》，中国检察出版社2000年版，第28页。

宪法和法律尊严。

2009年9月，最高人民检察院制定《检察官职业道德基本准则（试行）》，将检察官职业道德的基本要求概括为"忠诚、公正、清廉、文明"八个字，与2002年的表述略有修改，并作出了共6章48条的具体规定，使检察官职业道德规范更加详细和具有可操作性。

在对检察官职业道德基本规范进行集中、专门规定的同时，近年来检察机关还根据有关法律修改的新要求和社会公众对检察官职业道德的新期待，不断加强检察官职业道德规范建设。最高人民检察院相继修订了《人民检察院刑事诉讼规则》、《检察机关执法工作基本规范》等规范制度，其中有不少对检察官职业道德规范的新要求；同时，还针对检察官职业道德领域容易出现问题的关键环节，专门就检察官职业伦理某些方面出台了专门的规定，如《关于规范检察人员与律师交往行为的暂行规定》、《检察机关文明用语规则》等，使我国检察伦理规范体系不断健全。

（三）我国检察伦理的基本规则

根据目前我国法律法规、司法解释以及检察职业惯例等成文或不成文的规范，我国检察伦理的基本规则可以概括为以下几个方面：

1. 忠诚履行职责

忠诚是检察官伦理道德基础。从我国检察官制度的前身御史监察制度来看，御史监察人员代表皇帝监督百官，必须对皇帝绝对忠诚；从近现代检察官的起源看，检察官最早是国王的御用法律顾问，被称为"国王的眼睛"，也需要具有忠诚的品质。受这些历史文化传统的影响，在我国检察官也必须首先具备忠诚的优良道德。特别是司法权是至关重要的执政权，必须掌握在对党和人民绝对忠诚的人的手中。因此，在我国，检察人员必须忠诚履行职责，始终做到忠于党、忠于国家、忠于人民、忠于法律，勤勉敬业、尽心竭力，真正成为党、国家、人民和法律的忠诚卫士。

2. 维护公平正义

公正是检察官的价值追求。法是社会公平正义的承载，司法是社会公平正义的最后一道防线。法官、检察官都必须始终做到秉持公正之心，这是司法职业者的价值追求。与法官居中裁判"给予"公平正义不同，检察官更多的是要做好社会公平正义"守护"者，要"手持正义之剑，除尽天下不公之事"，使被蒙蔽的社会正义得以伸张，使已实现的社会公平不被侵扰。因此，恪守公正的道德底线，是检察官的最基本角色要求和资格条件。

3. 坚持客观理性

客观理性是检察官的基本行为准则和风格。从检察制度产生的缘起和最初目的看，在法官和警察之间设立一个专门负责刑事案件起诉的检察官，就是要通过程序分割和制度设计，避免法官的恣意妄为和警察的专横行为。因此，从一定意义上说，检察官从其产生之时起，就是作为狂热追诉、感情用事、任意行事、专横独断、主观臆断、先入为主、虚妄不实、野蛮粗俗等现象的对立者身份和面貌出现的。这就要求检察官始终保持客观理性，以事实为根据，以法律为准绳，做到有罪追究、无罪保护，客观公正、不偏不倚，严守程序、保障人权，理性平和、规范文明，在探索事实真相、实现法律真实、尊重保障人权、彰显司法文明中发挥独特作用。

4. 保持清正廉洁

检察官作为执法者和社会公平正义的守护者，在社会大众看来，就是法律和正义的化身，必须保持清正廉洁，才能维护自身形象和增强全社会对法律的信心和信服。检察机关作为法律监督机关和反腐败重要职能部门，自身是否清正廉洁，不仅关乎检察机关整体形象和检察公信力，而且影响案件公平公正，影响社会公平正义。因此，保持清正廉洁，是检察官的道德底线。检察官要以社会主义核心价值观为根本的职业价值取向，不贪名，不贪利，严格自律，遵纪守法，拒腐防变。

四、检察伦理建设

检察从业人员作为掌握国家公权力的执法人员，服务对象乃是社会公众，在检察职业伦理中，除了对所在组织负有履职义务外，更偏重于对国家对社会的道义责任，因而其职业道德养成至关重要。世界各法治国家和地区都高度重视检察伦理建设，如我国台湾地区针对一些司法人员职业道德不高的状况，自1989年其开始了道德自兴运动，针对以往不良的道德声誉和职业形象展开了深刻的反省，并由个人觉悟到集体觉悟，制定了具有道德与纪律双重性质的《检察官守则》，构建起了软硬兼备的职业道德规范体系，形成了一种强大的道德氛围，促进检察官职业声誉不断提升。[①] 当前，我国正处于经济社会转型时期，利益格局深刻调整，思想观念深刻变化，检察人员面临的道德考验更加严峻，而社会公众对检察人员的道德品行提出了更高期待，检察职业道德建设的任务比以往历史上任何时候都更加繁重和艰巨。只有把检察伦理建设作为检察文化建设的重要内容，摆在更加重要的位置来抓，才能促进检察文化建设全面开展，确保检察文化建设取得实效。

---

① 谢鹏程：《台湾地区检察官职业道德与公信力建设》，载《人民检察》2010年第17期。

检察伦理建设的途径主要包括教化、自律和他律三个方面。

（一）教育和引导

道德教育是伦理建设的重要方式，指生活于现实各种社会关系中的有道德知识和道德经验的人们（亦可称道德上的先觉者）或有关组织，依据一定的道德准则和要求，对其他人有组织、有计划地施加系统影响的一种活动。它是培育理想道德人格、提高思想道德境界、造就人们内在道德品质、调节社会行为、形成良好社会舆论和社会风气的重要手段。

党的十八大报告明确提出要扎实推进社会主义文化强国建设，强调要坚持依法治国和以德治国相结合，加强社会公德、职业道德、家庭美德、个人品德教育。[①] 检察职业道德教育是职业道德教育的重要方面，是培育检察人员良好职业道德的重要手段，是检察文化建设和社会主义文化强国建设的重要内容。因此，在检察文化建设特别是检察伦理建设中要重视加强检察职业道德教育，提高检察人员的思想道德水平，为正确履行法律监督职责，严格、公正、文明、廉洁执法提供坚强的思想道德保证。

检察职业道德教育的内容，主要包括以下几个方面：（1）职业道德观念教育。职业道德观念是从业者对所从事职业的社会地位和角色特性及职业理想、价值追求的伦理认知。其中，从业者对自己所从事的职业的价值即社会意义的深刻和准确的理解，是其职业意识的基础和灵魂。而职业在社会中存在的价值和作用，是构建职业伦理准则或规范内容的出发点。只有树立正确的职业观念，才能自觉遵守职业道德。因此，教育检察人员正确认识检察职业的社会地位、功能价值和角色定位，树立正确的检察理念和执法理念，形成正确的职业道德观念和职业价值追求，是检察职业道德教育的重要内容。（2）职业荣誉教育。职业荣誉是职业内外对于该职业及其从业人员的认可，是一种肯定性的、褒奖性的社会评价。它是职业人谨守职业道德规范的动力来源之一。德国社会学家马克斯·韦伯在论述近代专业化官僚的产生时说："近代官僚集团出于廉洁正派考虑，发展出一种高度的身份荣誉意识，若是没有这种意识，可怕的腐败和丑陋的市侩习气将给这个团体造成致命的威胁。"[②] 加强职业荣誉教育，能引导检察人员形成争取和维护职业荣誉、仿效职业典范的氛围，促进检察职业道德的内化。（3）职业道德规范教育。职业道德规范是从业人员职业道德活动的重要准则，熟练掌握职业道德规范对于从业人员选择正确的道德行为方式具有职业引导、调节、规范、评判作用。加强检察职业道德规范教育是

---

① 《中国共产党第十八次全国代表大会文件选编》，人民出版社 2012 年版，第 29 页。

② ［德］马克斯·韦伯：《社会学文集》，阎克文译，人民出版社 2010 年版，第 168 页。

检察职业伦理建设的重要途径。通过职业道德规范教育，使检察人员清楚地懂得什么是对的、什么是错的，什么是可以做的、什么是不应该做的，什么是提倡的、什么是坚决反对的。（4）职业道德警示教育。通过开展对违反检察职业道德行为和违纪违法检察人员典型案例的讨论和剖析，给检察人员以启发和警示，从而提高检察人员的法纪意识和道德观念，提高检察人员辨别是非、抵御风险的能力。（5）其他与职业道德相关的教育。包括形势教育、思想教育、廉政教育等。

检察职业道德教育的方式主要有：（1）直接输入式教育，主要是通过课堂教学、讲座、会议交流、个别谈话等方式，将检察职业道德知识、价值观念等内容直接传输给受教育的检察人员。（2）实践教育，就是有目的、有计划地组织检察人员开展职业道德实践活动，引导检察人员用检察职业道德规范指导自己实施道德行为，使检察人员更加深刻理解、牢固掌握检察职业道德规范，并逐步将其转化为行为习惯。如开展的"恪守检察职业道德、促进公正廉洁执法"主题教育实践活动。（3）典型教育，就是选择在践行检察职业道德方面正反两方面的典型人物和事件，确定一个参照系，让受教育的检察人员对照典型来检查、比较、调整自己的道德行为，产生正向的激励力量或反向的警戒作用。

（二）内省和自律

美国心理学家经研究把道德行为产生过程概括为解释道德清境、作出道德判断、进行道德选择和实施道德行为四个环节，并认为个体的道德行为是一种自觉的行为，尽管它受一个人的认识和情感所支配，但主要是由个体的道德意向和道德动机所决定，夯实了个体的道德意向和道德动机，就不可能真正理解个体的道德行为。[1] 因此，道德建设的一切外部手段，包括教育、评价、环境影响、激励等，都必须通过主体道德思维活动，才能对他自身道德品质的形成产生作用，最终起到调适道德行为的效果。道德思想活动从道德认知、道德判断，到产生道德情感，形成道德信念，强化道德意志的途径，概括起来，就是人的内省与自律。内省的实质是自我道德评价；自律与他律对应，是社会成员诉诸理性自觉，将外在的道德规范内化为内心的道德准则，自觉自愿地遵守道德规范和要求。内省是自律的前提和基础，人们通过内省，将社会道德评价转化为自我道德评价，将外在的道德规范转化为内心的道德准则，然后通过道德信念和道德意志的作用，从而做到自律。[2]

---

[1] 参见教育部编：《高等教育心理学》，高等教育出版社1998年版，第292页。
[2] 阳红光：《公安执法伦理研究》，法律出版社2010年版，第158页。

内省和自律的途径主要有：（1）主动学习。学习是产生道德认知的主要途径，是接受道德规范并将其要求转化为内在的心理动机的过程。道德学习不是一般的简单的道德知识的学习，而是通过学习不断把外在道德规范和价值体系内化和上升为道德信念的过程。因此，道德学习重在有意识地学，做到自觉自愿、积极主动。检察职业道德学习的内容十分广泛，既要学习马克思主义基本理论和中国特色社会主义理论体系等内容，掌握科学的立场、观点、方法，把握检察职业道德修养的正确方向；又要学习检察业务知识和法治思想观念，通过增强业务素养和法律信仰提升检察职业道德价值追求；也要学习历史文化等各方面知识，多方面潜移默化从而形成正确道德观念。（2）勤于实践。马克思主义认为，人们只有在改造客观世界的斗争中才能改造主观世界，只有在社会实践活动中才能发现自己不正确的思想意识和错误行为，体会道德行为的意义，从而加强道德修养。人们对于职业道德价值和职业道德规范必要性的评价与自身积累的社会经验密切相关，只有在具体的实践中，主体才能从切身体验中形成对道德规范的内心认同，并在实践—认识—实践的循环过程中形成牢固的职业道德信念和产生更加积极的道德行为。检察人员加强职业道德实践，需要深入群众，通过人民群众的评价、监督，检验校正自己的道德行为；需要紧密结合执法办案来实践，从履行法律监督职能、维护公平正义的过程中增强道德体验和道德观念；需要在日常社会交往活动中严于律己、检点言行，自觉践行检察职业道德和职业礼仪，形成良好的职业道德习惯。（3）加强修养。道德的学习和提高是自我教育、自我约束、自我超越的过程，需要道德主体在日常生活中自重自省、自警自励，不断加强自身道德修养，在日积月累中建成"九层之台"。检察人员加强自身职业道德修养，需要树立正确的世界观、人生观、价值观，纯洁思想，坚定信念，经受得住各种考验；需要有敢于自以为非的精神和勇气，认真开展批评与自我批评，虚心听取批评意见，自觉接受监督，努力克服自身的缺点和错误，对错误思想和行为防患于未然；需要树立崇高的职业理想，自觉对照职业道德规范要求，自我监督、自我纠正，不断超越自我，升华道德境界。

（三）规制和他律

道德作为一种社会行为规范，通常是依靠社会舆论、传统习俗和人们的内心信念维系的。他律就是一定社会通过制定严格的道德原则、道德规范，并依靠社会舆论、风俗习惯等手段，强迫社会成员履行道德义务。与道德自律所具有的内在约束性、延变性特征不同，道德他律具有外在性、既定性、强制性等特征。道德建设是自律与他律的有机统一，他律促成了自律的最终形成，二者相互结合、相互转换、相互作用，互为表里、缺一不可。加强检察职业道德建设，需要统筹抓好自律与他律，在注重检察人员自律同时，要高度重视他律，注重完善外部制度规范、激励约束机制和监督评价体系。

在检察职业道德他律机制建设中，需要重点加强以下几方面的内容：（1）健全检察职业道德行为规范。现代法治国家都十分重视司法人员的职业伦理规范建设，并且对违反职业伦理规范的行为都采取严厉的惩罚措施，甚至禁止继续从事法律职业。健全的职业伦理规范，促使司法人员严格遵从良心处理案件，注重维护职业荣誉。在我国，检察职业道德规范建设是伴随着职业化的检察队伍建设开始的，起步较晚，亟待完善。目前，专门的检察官职业道德基本准则尚在试行阶段，行为规范还比较粗疏。检察官伦理规范是加强检察职业道德建设的"硬约束"，在今后的实践中需要认真总结经验，根据法律的修改完善提出的新要求以及社会公众不断提高的期望，进一步加以完善。（2）完善内外部监督机制。把实践检察职业道德规范的行为纳入检察机关内外部监督工作中，借助于现有的监督资源，强化对道德行为的监督。比如，一些地方在检务督察工作中，将检风检纪情况纳入明察暗访的范围，对于促进检察人员遵守检察职业道德规范起到积极作用；一些地方将检察官职业道德基本准则公布于众，列入检务公开、检风评查的内容，从而把检察人员的道德行为置于人民群众的监督视野中，也取得了良好效果。（3）健全检察职业道德评价体系。职业道德评价就是对从业人员在职业生活中职业道德行为的善恶、是非、正误作出评判，促进发扬光大良好道德行为、纠正违法职业道德规范的行为。开展职业道德评价，是职业道德建设的职业方法之一。建立健全检察职业道德考核评价机制是完善干部选拔任用机制和落实德才兼备、以德为先用人标准的需要，也是通过制度建设实现检察职业道德养成的必然路径。有人建议，检察职业道德评价机制可以从两个方面予以建立，一方面，量化道德考核评价指标，将其纳入年度考核，作为评价其优秀、称职与不称职的重要依据；另一方面，将检察职业道德考核结果运用到干部选拔任用工作，树立正确用人导向。这些建议都具有积极意义。（4）健全检察职业道德激励约束机制。这是指检察机关按照规章制度，对检察人员模范遵守检察职业道德的给予褒奖、违背检察职业道德作出惩罚的一种工作机制。目前，与国外有关国家相比，我国对检察官道德上的不轨行为缺乏专门的惩戒规定（即使有惩戒也体现为党内纪律惩戒），导致实践中虽然最高人民检察院一再颁布道德禁令，但作风恶劣、利用职务要特权、行为不端、举止粗俗等行为仍然大量存在。因此，应当将检察人员道德上的不轨行为纳入惩戒的内容，以更加有力的手段规范检察伦理行为。① 奖励可以采取评为道德模范、发出学习号召等精神奖励方式，也可以采取给予必要物质奖励的方式；惩戒可以采取诫勉谈话、取消评先评优资格甚至口头警告等方式，达到惩恶扬善、形成良好道德风尚的目的。同时，在检察职业道德建设中，领导者的表率作用和良好的职业环境的影响也十分重要。

第三节　检察形象

　　检察形象是社会公众对检察机关和检察人员总体表现与客观效应所作的相对稳定与公认的主观评价和反映，是检察职业规定性的综合性体现。作为一种客观实在的主观反映形式，检察机关的执法公正性是检察形象的客观基础，而检察机关的执法公信力则是其核心。检察形象一般由理念层次、行为层次和视觉层次的形象构成，既有有形、可视的物化要素，又有表现为价值理念的精神要素；既是检察文化的外在表现，也是检察文化的实在内容，与检察观念、检察伦理一起构成完整的检察文化内容体系。②

一、检察形象概述

（一）检察形象的基本内涵

　　"形象"这个词有多种含义，单从字面上看，"形"是事物的外形呈现，"象"是事物的象征意义，"形象"就是事物的"呈现"及其"意义"。从心理学上讲，形象指的是过去感知过的外界刺激物在人们头脑中的再现，以及人们对具体事物形状、特征和性质等的总体印象，是人们的一种主观反映形式。检察形象的"形象"一词属于这种含义。检察形象即检察职业形象，是社会公众对检察机关和检察人员总体表现与客观效应所作的相对稳定与公认的评价

---

① 张智辉、杨诚：《检察官作用于准则比较研究》，中国检察出版社 2002 年版，第 436 页。

② 关于组织形象与组织文化的关系，目前学界尚有很大争议。多数研究者认为，组织形象是组织文化的体现和外化，是组织文化中活跃的有影响的部分，组织形象的各层次与组织文化的各层次是对应的，即理念形象对应文化的精神层、行为形象对应文化的精神层、视觉形象对应文化的物质层；有的认为二者在内容上具有镶嵌性，核心上具有一致性；还有研究者认为组织形象是组织在其全部活动过程中所展现的各种特征和品质，它是企业本身的特征而绝不仅仅是评价，二者的关系是复杂的，并不是谁决定谁、谁反映谁的关系。参见朱建中：《企业形象及其创新探究》，东北大学 2006 年博士学位论文，第 4 页。

和反映，是检察人员思维方式、行为方式和职业能力、检察业绩等客观实在作用于社会公众的思想感情而获得的一种主观认知。检察形象是检察人员、检察机关在社会公众心目中相对稳定的整体印象，从本质意义上看，它是检察机关生存的社会呈现及其意义，是人民群众对检察机关和检察人员的满意度，其核心是检察机关公信力。

检察形象属于组织形象范畴，是客观形象、主体形象和社会形象的有机统一和复合①，其内涵十分广泛。（1）从形象主体上，检察形象是一个集合体，包括检察人员的个体形象、内设部门的集体形象和检察机关的整体形象。整体形象和集体形象是个体形象的集合，个体形象是集体形象和整体形象的组成部分。（2）从评判主体上，检察形象的评判主体具有多元性，包括检察机关之外的其他司法机关、企事业单位、社会组织和个人等。既包括与案件处理有直接关系的犯罪嫌疑人、被告人、被害人、控告人、申诉人、举报人等，也包括辩护人、证人、鉴定人等其他诉讼参与人，还包括参与诉讼的司法机关如公安、法院、监狱等。从更广泛的意义上，社会公众、新闻媒体等都是检察形象的评判主体。（3）从评判内容上，检察形象的内容具有广泛性，既包括检察机关执法活动的各项内容如执法能力、职能发挥、办案效果、执法规范化、工作的公开透明度等，也包括检察队伍的整体素质、职业操守以及检察人员的工作作风、日常行为举止等诸多方面。②

（二）检察形象的特征

检察形象具有以下几个方面的特征：

1. 主观性与客观性相统一

形象是一种观念，是人的主观意识，但观念的反映对象却是客观的。检察形象是实际存在的检察活动各种要素作用于公众而形成的一种反映，这种反映以检察活动客观实在为基础，受到客观实在的制约。检察活动的各种客观实在要素变化了，检察形象也会随之改变。因此，检察形象具有一定的客观性。同时，检察形象的形成是社会公众的主观认识，社会公众从自身经验出发对直接或间接感受到的检察活动作出评价判断，从而形成对政府的印象，这种印象具有主观性。这就要求我们，既要扎实做好各项检察工作，提高执法能力、水平，打牢检察形象的客观实在基础，又要注重加强与社会公众的交流与沟通，引导形成对检察机关有利的价值判断，形成良好印象。

---

① 参见罗长海：《企业形象原理》，清华大学出版社 2003 年版，第 2 页。
② 陈旭：《以看得见的方式实现执法为民：以加强检察形象建设为视角》，载《人民检察》2012年第 5 期。

2. 稳定性与动态性相统一

检察形象是在一段历史时期内公众对检察机关总的看法和评价的积淀，是在与检察机关和检察人员大量的接触中不断地对积累起来的感受加以分析、综合、修正、补充后形成的。因此检察形象一旦形成，就具有一定的稳定性。但是，随着社会环境的变化，检察活动会有调适，同时社会公众本身以及他们对检察机关的看法也会不断发生变化，因此，检察形象也呈现动态发展，是可变的。

3. 整体性与个体性相统一

检察形象是一个有机的整体，是由内部诸多因素共同作用的结果；同时，检察形象是大多数社会公众对检察活动的总体印象和评价，因而它具有整体性。在实践中，每一个公众都可能形成对检察活动的不同印象，而每一个检察人员或每一起案件都可能代表了检察形象。正是这种个别形象的总和，构成了整个检察形象。因此，检察形象是整体性与个体性的有机统一。

（三）检察形象的类型

根据不同的标准和特征，检察形象可以划分为不同的类型：

1. 检察局部形象和检察总体形象

检察局部形象，是检察机关和检察人员在某一个或几个方面留给公众的印象。如办理某起案件留给社会公众的形象，某个检察人员留给公众的印象等。检察总体形象是检察机关和检察队伍总体呈现在公众面前的、全面的形象，是由检察局部形象构成的形象总和。检察局部形象也叫单项形象，是检察机关改善自我形象的突破口，充分利用单项形象可以为构建检察整体形象打下基础。如通过某个模范检察官典型，树立检察队伍良好形象；通过举办全国十佳公诉人评选，树立良好公诉形象。有研究者将检察形象划分为检察机关形象和检察人员形象，具有一定道理。[①] 但我们更倾向于认为检察机关形象就是检察总体形象，检察人员形象只是检察局部形象，因为检察机关作为一个抽象概念，不可能离开具体的检察人员而存在，检察人员形象是检察机关形象的基础和要素。

2. 检察实际形象和检察期望形象

检察实际形象，即检察机关真实展现出来的为社会大众普遍认同的组织形象。它是通过检察人员的努力而达到的实际效果，是一种形象现实。了解检察机关的实际形象就是了解社会公众对检察机关的普遍看法。检察期望形象，是

---

① 徐汉明等：《当代中国检察文化研究》，知识产权出版社 2012 年版，第 263 页。

检察机关期望在社会公众心目中所树立的形象，是检察形象的目标。检察期望形象是检察工作发展和检察队伍建设的内在动力，是检察机关和检察人员自身的形象要求。检察期望形象起着明确努力方向的作用，而检察实际形象是制定新的自我期望形象的重要根据。

3. 有形检察形象和无形检察形象

社会公众通过感觉器官直接感觉到的实在的检察形象就是有形检察形象；人们通过抽象思维和逻辑思维而形成的观念形象就是无形检察形象。一个组织无形形象的核心内容是组织信誉，对检察形象而言，就是检察机关的公信力；同时无形检察形象也包括检察机关的风貌即检察机关的风气以及检察人员的精神面貌、检察队伍的凝聚力等，以及检察机关和检察人员的价值追求、基本理念、行为规范等，都是无形检察形象的表现形式。一个完整的检察形象是有形检察形象和无形检察形象的综合。

4. 检察执法形象、检察队伍形象和检察管理形象

执法形象，就是检察机关和检察人员通过自身的执法办案等活动为社会提供服务，社会公众对检察机关执法办案工作是否满意、对检察人员的执法态度、办案质量等方面的评价和看法。队伍形象，就是社会公众对检察队伍的整体印象和基本评价。检察队伍的精神风貌、职业道德水平、团队意识、学历构成、文化素养、专业水准等队伍形象，都是检察形象的重要方面。管理形象，主要是社会公众对检察机关的机构设置、管理方式、管理水平等方面的总体评价。如组织领导和规范化管理、信息化管理以及检察队伍管理等，都体现了检察机关的管理形象。①

二、检察形象管理

社会公众对检察机关和检察人员的整体印象和主观评价所形成的社会舆论，是检察工作发展的"软环境"，良好的舆论促进检察工作开展，反之则会起阻碍作用。而且，良好的公众评价和社会声誉能增强检察人员的职业荣誉感和自豪感，不仅有利于吸引优秀人才，而且有利于充分调动检察人员齐心协力地去完成检察工作目标。因此，检察形象既是社会公众对检察工作及其效果的基本评价，又是检察活动所依赖或凭借的精神力量，必须高度重视公众舆论，采取可行措施加强检察形象管理。

---

① 参见昌晶：《论我国警察形象建设》，复旦大学 2009 年硕士学位论文，第 7 页。

（一）检察形象管理的含义

所谓形象管理，就是组织等主体对自身形象构成要素进行管理，以影响公众对主体的认知，提升或维护自身形象的活动。检察形象管理，就是检察机关包括检察人员认识到自身的形象资源，根据自身特点对自身形象的构成要素进行管理，提高检察机关在社会公众心目中形象的活动。

检察形象虽然是抽象的，但是它也可以作为管理对象。这是因为检察机关虽然无法直接干预公众的具体心理活动过程，但公众的心理活动以一定事实为基础，并受外界因素的影响，检察机关可以借助各种措施、方法、途径来改变公众心理活动产生的基础——检察活动的客观实在，调整公众感知，从而影响公众对检察机关及其活动的价值判断，形成检察形象。

（二）检察形象管理的内容

检察形象的构成要素是多方面的，各种形象因素相互联系，构成一个完整的检察形象系统。借助组织形象管理的基本理论，检察形象可以划分为三大系统进行管理。

1. 理念层次的检察形象管理

理念层次的检察形象主要是指检察机关和检察人员的价值观念、职能定位、组织哲学、道德观念、职业认同、执法理念等内容在社会公众中的总体反映。理念是对一个组织存在的意义、运行哲学和活动准则的整体概括，反映了组织的基本价值观念，是驱动组织成员的精神力量。因此，理念层次的检察形象是检察形象的灵魂和核心，它不仅决定着检察机关之不同于其他类型组织的特征，而且决定着一个地方检察机关之不同于其他地方检察机关的形象风格和形象个性。理念形象决定着检察形象的层次和风格。在检察形象管理中，应根据自身实际，注重提炼体现自身价值追求、发展思路和执法思想的理念，并加强传播和实践，形成自身检察形象"品牌"。

2. 行为层次的检察形象管理

行为层次的检察形象是检察机关和检察人员不同于其他社会组织及其成员的行为特征，即检察活动的公共性、法律专业性、司法性和公众利益导向性等行为表现及其结果，是检察形象塑造和传播的关键。加强行为层次的检察形象管理，最根本的是以执法办案为中心，依法律按程序行使检察权，严格规范检察行为，做到严格公正规范文明执法，强化法律监督，维护公平正义，为社会公众提供有力的司法保障和优质的法律服务。同时，注重约束检察官职务外的行为，使其自觉检点社会交往行为，树立检察官良好职业形象。

3. 视觉层次的检察形象管理

视觉层次的检察形象主要是指检察机关和检察人员借助特定的名称、标志、图案、文案标识、服饰着装等视觉要素，利用检察机关的建筑物、办公环境、办公用品、人员服饰、规范文件和出版物等作为载体向公众传达的信息，是检察形象的外显标志。如在执行公务的时候穿着特定的统一制服，能够使公众感到公正、公平。加强视觉层次的检察形象管理，不仅要注重统一规范检察机关建筑风格、办公环境等，使之与检察理念层次的期望检察形象相适合，而且要以检察官地位、职责要求和行为准则为依据，注重规范检察人员文明礼仪，从一言一行体现和塑造良好的检察形象。

（三）检察形象管理的途径和策略

检察形象管理属于组织形象管理范畴，借鉴现代政府等公共组织形象管理基本理论，[①] 可选择以下途径和策略：

1. 明确检察形象定位

形象定位，是指组织根据环境变化的要求、公众的期望以及自身职能特性、功能价值、基本理念等，为自己设计出一个理想的独具个性的形象位置。公众对组织的评判在很大程度上指向组织的角色定位问题，常常是将组织的实际表现和自己的实在感受与其对组织的角色期望进行比较，从而形成对组织的主观形象。这就意味着，检察形象管理首先要以人民群众对检察机关的社会角色和职能期望为基础，根据自身的条件来确定形象定位。就现时期而言，在确定检察形象定位中，要突出检察机关作为司法机关和国家法律监督机关的基本职能定位，着力强化以下几个方面：一是严格公正执法，树立公正形象；二是捍卫法律尊严，树立正义形象；三是坚持执法为民，树立亲民形象；四是注意文明执法，树立文明形象；五是保持清风正气，树立清廉形象。这些是检察形象定位中需要重点把握的方面，同时，不同检察院还需要从自身实际出发，在此基础上确定体现本身特色的形象定位，以形成形象管理的"品牌"效应。

2. 提炼检察核心理念

组织形象是以组织理念为内涵而建立的，提炼和创造出最能体现组织精神、组织价值观、组织目标的组织观念，是组织形象管理的重要内容。组织理念不仅是驱动组织成员的精神力量，也是感召社会公众、树立组织形象的有效方式。近年来，检察机关根据自身职能定位和人民群众的期望要求，概括提炼出了"强化法律监督、维护公平正义"的检察工作主题，"立检为公、执法为

---

① 参见曾庆双等：《政府形象力的价值及其构建过程》，载《云南社会科学》2005 年第 5 期。

民"的检察工作根本宗旨，"强化法律监督、强化自身监督、强化队伍建设"的检察工作总体要求，等等。这些都从不同侧面体现了检察机关的内在精神和根本理念。随着这些检察理念的传播，社会公众对检察机关的基本属性、价值追求和功能定位有了更加清晰的认识，也促进了检察形象的树立。因此，加强检察形象管理，应在坚持检察基本理念的基础上，注重结合时代需求，不断提炼出新的理念精华，增强对社会公众的心理影响和感染，增加社会公众对检察机关的价值认同和支持，促进检察机关良好形象的树立和传播。

3. 增强检察社会认同

社会认同是社会成员共同拥有的信仰、价值和行为取向的集中体现，具有不同社会认同的社会成员对同一社会现象会有不同的主观反映和评价。检察形象是社会公众依据对检察机关及其实践活动的感受而做出的价值评判，其形成带有浓厚的主观色彩。在诸多的主观因素中，影响最大的莫过于社会认同体系。长期以来，由于诸多因素影响，我国社会公众对检察机关的认识和评价标准有很大的差异，比如在对检察机关的基本属性和社会角色认识上就形成了所谓公诉机关、专政机关、司法机关、行政机关、法律监督机关等诸多价值判断模式和功能结构体系，导致对检察形象的评判与要求也有很大不同。因此，检察形象管理的一个重要任务和基础工作是要培育和发展社会公众对检察机关及其职业活动的社会认同，形成统一、正确、清晰、完整的检察职业认同体系。增强检察职业的社会认同，重要方式是要围绕检察机关和检察职业的社会角色、价值功能、职业要求、运行模式等深层次的问题，加强理论研究和宣传引导，澄清模糊认识，纠正错误思想，树立正确理念，构建科学的价值体系，形成广泛的社会认同。

4. 策动检察形象传播

积极主动地运用各种媒介进行形象传播，是各类组织进行形象管理的重要手段。通过传播，可以提高检察活动透明度，从而增加公众对检察机关的理解；可以对公众进行价值理念的引导和教育，增加公众对检察活动的价值认同，优化检察形象的价值基础；还能强化公众对检察形象的正面评价，增加公众对检察机关和检察人员的好感。因此，策动检察形象传播是检察机关优化自身形象的有效方式。形象传播包括内部传播和外部传播。检察形象的内部传播，就是要让全体检察人员充分理解和认同检察形象，切实落实到实际行动中，其方式包括会议、学习、讲座、讨论、内刊等；检察形象的外部传播，就是要让社会公众更多地知晓和了解检察机关的职能和角色定位等形象要素，影响和改变公众的内心倾向，从而产生对检察机关和检察人员的好感和认同感。同时，检察机关作为公共组织，检察形象传播要遵循真实性原则，不能为追求美誉度而丧失可信度。另外，在策动检察形象传播中，要注意运用各种先进的理论和技术手段来增加传播的有效性。比如，用检徽等蕴含着检察职业理念的符号把检察机关的整体形象以浓缩的方式再现出来，通过举办检察官宣誓仪式、典礼等活动向社会公众展现检察职业的内在理念和价值追求，加强检察门户网站建设，举办检察开放日活动，推进检务公开、加大信息公开力度等。

5. 实施形象危机控制

俗话说"天有不测风云，人有旦夕祸福"，检察形象同样可能遇到突如其来的危机问题。危机是组织命运"转机与恶化的分水岭"，[①] 是对组织形象乃至生存发展提出的严峻挑战。任何形态的组织在经历危机时，如果处理失当，轻则形象受损，重则完全崩溃。但是，如果处理得好，则不仅能够解决问题，而且可以进一步巩固和提升组织的地位和形象。对于公共组织而言，危机问题引发的后果往往比其他组织要严重得多，如果处理不当，可能会引发社会动荡、政权不稳等一系列严峻问题。所以，在公共组织形象管理过程中，一定要注意进行危机控制，尽早结束危机局面，恢复正常秩序。[②] 在开放、透明和信息化社会条件下，检察机关执法办案工作和检察队伍中的违纪违法等问题的社会关注度、敏感度越来越高，很容易引发网络舆情发酵甚至社会群体性事件，给检察形象造成严重损害。因此，检察形象管理中需要采取正确策略加强危机控制。特别是要坚持以人为本、迅速处置、协调一致、及时沟通等危机管理的原则，[③] 提升危机应对能力，把危机控制与形象管理相结合，善于化"危"为"机"，树立和传播正面检察形象。

三、检察公信力建设

检察公信力是检察形象的重要组成部分。从内涵来看，检察形象的核心是检察机关的公信力，缺乏公信力的检察形象将是虚幻的、空洞的甚至是歪曲的。因此，检察形象管理最根本、最重要的任务是提升检察公信力；同时，检察公信力是检察形象最集中、最客观的表现和反映，只有首先具有良好的检察形象，检察机关才具有公信力，因此，提升检察机关公信力的过程也是树立、传播和更新检察形象的过程。从外延来看，二者既有交叉，又有区别，检察形象与检察公信都涉及检察机关与社会公众的关系问题，但二者的侧重点不同。检察形象管理属于公共关系管理，是利用自身形象资源对社会公众施加影响以

---

① ［美］菲克：《危机管理》，韩应宁译，经济与生活出版公司1987年版，第3页。
② 黎明：《中国政府形象管理构想及其策略选择》，华中师范大学2003年硕士学位论文，第48页。
③ 郑银玲：《公共危机中的政府形象管理研究》，吉林财经大学2010年硕士学位论文，第22页。

获得良好社会声誉和公众评价，其关系处理的重点偏向社会公众，关注影响的过程及结果；而检察公信力建设属于公共制度建构，是从社会公众期望和自身功能价值出发对自身制度要素进行建构以提高影响社会公众的能力，其关系处理的重点偏向检察机关自身，关注自身的影响能力。

研究检察形象必须重视检察公信力问题。特别是党的十八大不仅把司法公信力不断提高确立为全面建成小康社会的重要目标，而且明确提出要加强司法公信建设。这是党的代表大会第一次从党和国家工作全局的战略高度提出司法公信建设问题，是对我们加强检察公信力建设研究提出的更高层次、更加紧迫的现实要求。

（一）检察公信力的概念分析

在现代汉语中，"公"与"私"相对，有属于国家、集体和社会整体或大多数人之意，如公共、公众等词语；"信"有诚实不欺、相信之意，如诚信、信任等词语。[1] 在英文中，公信的语源一般用信用（credit）表述，它源于拉丁语（credere），但又不限于此，概念本身蕴含着信用与信任这两个维度，同时具有公共权力的属性。[2] 因此，从字面上理解，"公信"有社会公众的信任和公共权力的信用两层含义。在习惯用语中，人们常用"公信力"来具体表达"公信"所蕴含的意思。《现代汉语词典》将公信力解释为使公众信任的力量。这种解释并不全面。有研究者认为，"公"指社会公众，"信"指因信任而产生的认同和服从的心理感受，属于主体的心理认知现象。当一定数量的多数人对某一社会现象或事物具有认同感时，我们说这一社会现象或事物取得了公信力；反之，产生认同感的主体数量未达到一定的多数时，该社会现象或事物则不具有公信力。[3] 这种观点有一定道理。因此，公信力应包含社会公众的信任程度和公共权力的信用能力两层含义。

目前，学界关于公信力的概念主要有四种观点。（1）能力说。认为公信力是公共组织赢得社会公众信任的能力。如有学者在研究执政党公信力时认为，执政党公信力就是执政党在执政过程中通过发挥自己的影响力和号召力，塑造民众信心并兑现承诺而赢得民众信任的能力。[4] 有学者认为，司法公信力是"既能够引起普遍服从、又能够引起普遍尊重的公共性力量，它表现为司

① 《现代汉语词典》，商务印书馆1996年版；《新华字典》，商务印书馆2008年版。
② 关玫：《司法公信力研究》，人民法院出版社2008年版，第17页。
③ 刘玉民：《社会主义市场经济体制下的司法公信力》，中央民族大学2009年博士学位论文，第15页。
④ 吴家庆：《论执政党公信力：内涵、功能与实现途径》，载《政治学研究》2009年第5期。

法权所具有的赢得社会公众信任和信赖的能力"。[1] （2）态度说。认为公信力是社会公众对公共机构或组织的信任态度，也就是公共机构或组织获得社会公众信任的程度。如有人认为，司法公信力是社会公众所普遍存在的对于司法权这种特殊的公共权力自发产生的一种信任、信赖和信心之情结。[2] （3）状态说。认为公信力是社会公众对公共组织及其职权活动自觉服从和尊重的一种社会状态和现象。如有人认为，司法公信力就是一个国家的司法机构通过其职权活动在整个社会中建立起来的公共信用，是社会公众普遍地对司法主体、司法行为、司法过程、司法结果、司法制度等所具有的信任和心理认同感，并对该结果自觉服从、尊重的一种状态和社会现象。[3] （4）复合说。认为公信力是公共权力与社会公众互动复合的一种结果。如有人认为，公信力是公共权力的主体在与公众交往活动中获得信任的能力以及公众对于公共权力的心理认同。[4]有专家认为，司法公信力是社会人本主义对司法过程和司法结果的尊重、认同和服从，是法律内在说服力和外在影响力整合后的作用力，是基于权力和威信双重属性而得到民众自愿服从、认同的力量。[5]

基于对公信力概念的不同理解，研究者在定义检察公信力时也形成了不同认识。能力说者认为，检察机关的执法公信力就是检察机关通过公正严格文明执法，全面履行职责，赢得党、国家和人民信任的能力。[6]态度说者认为，检察公信力是指检察机关在社会公众中的信任度、权威性和影响力，反映了社会公众对检察机关、检察工作和检察人员的主观评价、心理反应和价值判断。[7]对于执法行为，群众信不信任，信任的程度如何，就是公信力。[8]复合说者认为，检察机关执法公信力是检察机关与公众之间的信任交往与相互评价过程，是一个双重维度概念，其中最核心的部分就是检察执法的信用和公众对执法的信任，它既是一个理性博弈，又是一个互动结果。[9]

我们认为，公信力应当是社会公众信任和公共权力信用的复合体，社会公众的信任是公信力的存在基础，没有公众信任的所谓"公信"将毫无意义；

---

① 郑成良、张英霞：《论司法公信力》，载《上海交通大学学报》（哲学社会科学版）2007 年第 5 期。

② 毕玉谦：《司法公信力研究》，中国法制出版社 2009 年版，第 4 页。

③ 石时态：《司法公信力建设路径研究》，载《人民法院报》2012 年 6 月 27 日。

④ 关玫：《司法公信力研究》，吉林大学 2005 年博士学位论文，第 21 页。

⑤ 樊崇义：《公信力理论研究的六个前提性问题》，载《人民检察》2009 年第 23 期。

⑥ 谢鹏程：《公正与责任：公信力建设的主题》，载《检察日报》2008 年 9 月 12 日。

⑦ 转引自鲁小慧、戚进松：《检察公信力初探》，载《人民检察》2010 年第 7 期。

⑧ 马克昌：《提升公信力须严格依法办事》，载《人民检察》2009 年第 23 期。

⑨ 李泽明：《检察机关加强执法公信力建设的路径选择》，载《中国检察官》2008 年第 10 期。

而公共权力的信用是公信的应有之义，离开权力信用的"公信"将无从谈起，二者互为补充、缺一不可。因此，公信力既是社会信任程度的量化表现，也是公共权力信用能力的内在要求。正如有研究者所指出的，公信力是以"公"为基础，以"信"为核心，以"力"为保障，以信用为前提，以信任为结果，为公众所接受的一种社会心理状态。[①] 据此我们认为，检察公信力就是检察机关和检察人员通过履行法律监督职责获取社会公众信任的信用和能力以及社会公众对检察机关和检察人员履行法律监督职责的信任程度，它是检察机关与社会公众的互动过程及其结果的体现。

对检察公信力的概念作这样的界定，对检察公信力建设是具有实践意义的。一方面，胡锦涛同志曾强调，政法机关的执法能力集中体现在执法公信力上，因此，检察机关的执法公信力是执法能力的集中体现，我们可以通过加强执法能力建设提升执法公信力，构建检察公信力的生成机制，使检察公信力建设具有实在内容和可靠基础。另一方面，正如有研究者指出的，在检察机关自身的信誉和社会对检察机关的评价这两个方面中最重要、最根本的还是人民群众、社会公众对检察机关执法的认可程度、信奉程度，[②] 从而要求我们始终把人民群众满意作为检察工作的根本出发点和落脚点，使检察公信力建设具有明确目标和评价标准。

正确理解检察公信力的概念，我们认为需把握以下几个方面：

（1）检察公信力的表现形式是检察机关与社会公众的互动关系。公信力是描述主客体之间相互作用关系的一个概念，即公众对于人或组织的信用存在期望，而人或组织根据此期望努力获得公众信任。[③] 检察公信力体现的社会关系，一方面是检察机关基于检察权的来源而对社会公众产生信用，另一方面社会公众因授权而对检察机关产生期待，同时，社会公众对检察机关的信用有一个认知、认同的过程，形成了不同的信任程度，而检察机关为了赢得公众的信任从自身出发作出相应的调整和变革。这一关系是一个动态而非静态、双向而非单向的过程，公众的认知、认同程度与检察机关作出的调整方式都会影响到检察机关公信力的高低。

（2）检察公信力的主体是检察机关和社会公众。公信具有信任和信用两个维度，这就使它也具有两个主体。就检察公信而言，它包括两个互动的主

---

① 参见张芸：《论司法公信力》，西北师范大学 2007 年硕士学位论文。

② 王洪祥：《以执法办案为中心不断推进检察机关公信力建设》，载《人民检察》2009 年第 20 期。

③ 郝玲玲：《政府公信力若干问题研究》，吉林大学 2010 年博士学位论文，第 24 页。

体，一方是信用方即检察机关，另一方是信任方即社会公众。其中，检察权所承载的法律监督职责和义务承诺需要检察机关来履行和"兑付"，因此检察机关是信用主体；而对检察机关履行职责的活动是否满意和信服，最终需要社会公众来评判，因此社会公众是信任主体。

（3）检察公信力的客体是检察工作及其结果。客体是主体认识和实践的对象。在检察公信所形成的社会关系中，社会公众信任评判的对象是检察机关的执法办案及制度运行等实践活动，而检察机关也是通过履行法律监督职责的实践活动"兑付"信用，两个主体所关注的对象都是检察工作。因此，检察公信是以检察工作为中介而建立的社会关系。

（4）检察公信力的内容是检察机关与社会公众之间的信任和信用的统一。信用是"二元或多元主体之间以某种需要为目的，建立在诚实守信基础上的心理承诺与约期实践相结合的意志和能力"。① 而信任意指因相信而托付，是"对他人行为和动机所表现出来的善意的期待和回应"②。在检察公信中，信任就是社会公众将检察权交付检察机关行使后所表现出来的对权力公正行使的期待，信用就是检察机关履行法律监督职责、满足社会公众期待的能力，检察公信就是围绕信任和信用建立起来的关系。

（5）检察公信力的载体是检察机关和检察人员。司法公信"强调的是司法权力公正守信地履行义务和责任"。③ 抽象的法律规则要得到社会的认同，必须借助于检察机关和检察人员这样的具体执法主体，检察官是法律效力由应然到实然的中介和桥梁。检察公信作为检察机关公信力的总和，是通过具体的检察机关和检察人员来呈现的。检察公信力最终要体现到具体个案上，蕴含在具体的检察工作中。

（6）检察公信力在本质上是检察权作为一种公共权力存在的合法性问题。以国家为代表的公共权力的本质就是"一大群人相互订立信约，每人都对它的行为授权，以便使它能按其认为有利于大家的和平与共同防卫的方式运用全体的力量和手段的一个人格"。④ 公共权力就是一种公共责任，是对公众的承诺和信用。主权在民的观念要求公共权力必须信守信用。同时，现代政治理论认为，统治的正当性与统治的认同的总和构成了统治的合法性，⑤ 公共权力行为的合法性来自于人民的认可即公众的信任，因此，公信是公共权力行为合法

① 喻敬明等：《国家信用管理体系》，社会科学文献出版社 2000 年版，第 1 页。
② 关玫：《司法公信力研究》，吉林大学 2005 年博士学位论文，第 17 页。
③ 张光宏：《培育司法公信力提升司法满意度》，载中国法院网 2009 年 2 月 27 日。
④ ［英］霍布斯：《利维坦》，黎思复、黎廷弼译，商务印书馆 1985 年版，第 132 页。
⑤ 张康之：《合法性的思维历程：从韦伯到哈贝马斯》，载《教学与研究》2002 年第 3 期。

性的一种具体体现。检察权是检察公信存在和运行的基础。检察公信体现了检察权行为与人民群众认可之间的匹配程度，是检察机关及检察活动存在和发展的正当性的根本来源和基础。

正确理解检察公信力的概念，还需要厘清检察公信力与法律监督权威之间的关系。法律监督权威是司法权威的一种，其实质上来源于法律权威，是法律权威在司法活动中的体现，是检察机关和检察官以及检察活动的过程和结果都得到广泛尊重和执行的权威状态。二者关系密切，但又有区别。二者在核心内容上基本一致，在表现形式上也大致相同；但是从策略层面来说，提倡公信力建设比提倡法律监督权威建设更符合当前的实际，可以避免一些偏差或者误导。前者的重点在于通过提高自身素质、能力和业绩来赢得社会的信任，突出的是责任，追求的是公众的信任和支持；后者的重点在于用足、用活法律监督权以提高检察机关的影响力和地位，突出的是权力，追求的是公众的信赖和服从。对于检察机关来说，强调公信力比强调权威要好，有利于防止片面追求权威和滥用权威，遏制权力的滥用和腐败。①

（二）检察公信力的结构要素

根据检察公信力所具有的二维结构特点，对其构成要素的分析需要从信任和信用两个维度进行。从信用维度看，检察公信力强调的是检察机关对社会公众的影响能力，对其构成要素要以检察机关为主体、以检察行为即法律监督职能为内容进行分析。从信任维度看，检察公信强调的是社会公众对检察机关的信服程度，对其构成要素的分析要以社会公众为主体，以社会公众的心理反应为内容进行分析。

1. 信用维度的检察公信力构成要素

关于信用维度的检察公信力构成要素，我们认为主要包括以下几个方面：（1）检察影响力，即检察工作在社会政治经济生活中的影响面、覆盖面以及发挥作用的程度。主要包括：检察机关在国家政治架构中的地位和作用；在实施依法治国方略中的地位和作用；在构建社会主义和谐社会中的地位和作用；在服务经济社会发展中的作用。②（2）检察亲和力，即坚持执法为民、关注民生、贴近群众，不断满足人民群众新要求新期待的能力。社会公众对检察机关充分信任和尊重，是检察机关具有公信力的首要标准。随着经济社会发展，人民群众对检察机关的法律监督工作提出了一系列新要求、新期待。检察机关对这些新要求、新期待体察得充不充分，回应得及不及时，采取的措施得力不

---

① 谢鹏程：《公正与责任：公信力建设的主题》，载《检察日报》2008 年 9 月 12 日。

② 参见鲁小慧、戚进松：《检察公信力初探》，载《人民检察》2010 年第 7 期。

得力，直接关系执法公信力的高低。同时要求改进执法方式、方法，理性、平和、文明、规范执法，善于做好新形势下的群众工作，密切联系和服务群众。（3）检察说服力。检察机关的执法办案行为及其决定和结论具有说服力，才能让当事人及社会公众心悦诚服地接受和认同，从而树立检察机关的公信力。这就要求检察机关在履行法律监督职责中，更加注重程序公正，更加注重执法公开，更加注重司法民主，更加注重释法说理，更加注重人文关怀，以人民群众看得见、听得懂、接受得了的方式执法办案，让人民群众对检察工作有更多的理解、认同和支持。（4）检察执法力，即严格公正执法的能力。公众对检察公信力的评判，最直接的信息来源是检察机关办理的具体案件及办理具体案件的执法行为。检察机关要为社会提供良好的信用，并获得社会公众的信任，就必须具备相应的执法能力。这是检察公信力的核心。它要求检察机关和检察人员严格依法规范履行法律监督职责，公平公正处理案件，让人民群众从每一起案件的办理中都能切身感受到检察机关执法的公正。（5）检察约束力，即检察机关依法依职权作出的司法处理决定对相对方都具有约束作用，必须予以遵守和执行。虽然一般都认为检察机关的法律监督权是一种程序性权力，不具有决定执法结果的权力，但是，检察机关作出的不批捕、不起诉、撤案等决定都具有终结诉讼的效果，提出抗诉等意见具有重新启动诉讼程序的效果，作出的逮捕、起诉等决定也对当事人产生法律上的后果，都具有司法效力。只有这些决定都是严格依法作出的，并得到严格遵守和执行，检察机关才有公信力。这就要求检察机关要依法独立公正行使检察权，敢于排除来自正当程序外的不当干扰和非法妨害，忠实于事实和法律、秉持公心和正义，使检察行为及其相关决定得到社会公众的信服和严格执行。（6）检察自律力，即在外部诱惑和压力面前，检察人员具有良好的自律和足够的自我约束能力。"公生明，廉生威。"执法者只有保持公正廉洁，才能树立威信、赢得信任。检察机关和检察人员是法律的守护者，只有保持自身清正廉洁，才能监督别人遵守法律、严格执法。清正廉洁是检察人员的基本素质和道德底线，也是赢得社会信任的基本前提。检察机关和检察人员要刚正不阿、秉公执法、善守其本、独步清流，通过严格公正廉洁执法赢得公众信服、树立检察权威。

2. 信用维度的检察公信构成要素

关于信用维度的检察公信构成要素，因其内容主要是社会公众对检察机关和检察人员及其活动的主观感受和评价问题，所以需要从公信力评价的角度进行分析。（1）执法公正性是检察公信力质的评价标准。公信力是一种评价信任，它有两个基本点：一是这种评价是以公众中普遍存在的公正诉求即他们的道德利益来对公共权力及其行为所作的评价；二是公众基于自身权益保障而对公共权力的行政行为和活动方式所进行的信用评价，这一评价的核心是权力公正。① 公平正义是人类孜孜以求的崇高理想，法律制度是通往这一理想的重要桥梁，作为法律制度重要元素的法律及执法司法活动，都以公正作为内在品质和价值追求。社会公众评价一个司法制度是否合法有效和值得信赖，评判一个执法行为是否正当合理和值得认同，最根本的是看这个制度、这个行为是否公正。所以，公正是公信形成的前提条件，是公信生发的本源基础，没有公正就不可能有公信。公正是司法公信的首要评价标准。检察机关作为法律实施的监督者，也是公平正义的守护者，更要把公平正义作为法律监督工作的灵魂和生命，以公正立公信，以公正赢公信。对公正要作全面的界定，既包括程序公正，也包含实体公正，同时包含效率因素，核心是办案力度、质量、效率、效果的有机统一。总之，公信来源于公正，对检察公信力的评价应始终围绕公正执法这个核心和准星来开展。（2）公众满意度是检察公信力的量化评价标准。公众满意度是指社会公众在对检察工作有一定亲身经历或了解的基础上，对检察机关和检察人员执法办案等工作的满意程度，这是对公众法律心理的量化与统计。公众满意度的提出"可以让司法转变普遍存在的司法权力至上思想，树立司法公信力的观念，让司法者认识到'司法就是服务'"；同时，"将司法的目标从过去的'为人民服务'这种口号式的目标转为'达到公众满意'这一具体、清晰的目标，并相应地提出评价司法的量化方法，量化司法的效果，使之真正地可以测评"。② 有研究者也认为，可以把公信力中一些客观要素定量化，形成包括主观印象、亲身经历、客观评价等指标体系，由外部中立的机构进行综合性考评。③ 但也有学者认为用群众满意来评价司法工作具有负面价值。对公信力的评价渠道是多方面的，如报纸、网络、民意调查、抽样调查、案件当事人的评价等，但最重要的是人民代表大会的评价，这是我国国体、政体决定的。④ 无论方法和途径如何，我们认为，强调公众满意度作为检察公信力的量化的评估标准，把人民满意不满意作为衡量检察工作的"尺子"、"晴雨表"，有利于增进对人民的感情，着力解决好人民群众反映突出的执法、司法问题，对最大限度地满足人民群众的司法需求，是有实际意义的。当然，这并不能取代司法公正的标准及其他司法价值对于检察公信力的评价。

---

① 王翠英：《现代公信力的道德价值》，载《光明日报》2005 年 7 月 26 日。

② 关玫：《司法公信力研究》，吉林大学 2005 年博士学位论文，第 94 页。

③ 谢鹏程：《构建科学测评指标体系扎实推进检察公信力建设》，载《人民检察》2009 年第 23 期。

④ 高铭暄：《从内外两方面加强检察公信力建设》，载《人民检察》2009 年第 23 期。

（三）检察公信力的建设路径

检察公信力建设是一项重要任务，也是一项系统工程。理论界和实务界都从不同角度和纬度分析了影响检察公信力的因素，并提出了相应的建设路径。

1. 影响检察公信力的因素分析

关于影响检察公信力的因素，广泛而复杂。大多数研究者认为，可以从外在和内在两方面分析。[1]

综合梳理目前相关研究文章，我们认为影响检察公信力的自身内在因素主要包括：（1）执法理念有待更新，特别是程序公正的理念还没有得到应有的重视；（2）检察职能履行还有缺位、越位、错位和不到位的地方；（3）执法办案的力度、质量、效率、效果等离人民群众的要求还有差距，执法不规范问题突出，还存在冤错案件；（4）检察队伍能力素质有待提高，如有的公诉人论辩能力与辩护律师相去甚远，不仅损害了检察机关的公诉形象，而且影响了执法公信力；（5）执法不公开、不透明，检民互动不够，社会沟通能力不足；（6）执法机制不健全，制约了法律监督工作效能和检察管理水平，影响了检察机关的社会形象；（7）检察权监督制约机制不完善，容易引起对一些检察行为正当程序性的合理怀疑；（8）少数检察人员为检不廉、贪赃枉法、滥用职权，对执法公信力的伤害不容低估，等等。

外部因素主要包括：（1）社会因素。在现代陌生人社会，维持原来信任结构的社会规范失效，支撑新的信任结构的制度尚未完全建立，造成人们对制度化的司法运作表现出难以把握的焦虑和信心不足。社会转型使得社会治理对司法的依赖加深，司法制度不健全、司法供给不足，使得现实的司法无法满足社会对司法的期望，也导致人们对司法的失望和不满。[2] 同时，受社会大环境影响，法治社会、诚信社会尚未形成，社会信用体系面临道德危机，导致对检察机关在内的公共机关普遍信任不足。[3]（2）国家治理因素。当前的国家管理和社会治理主导方式还不完全是法治的方式，真正体现依法治国本质要求的治理方式和体制尚未建立，这是司法公信力欠缺的基本原因。[4]（3）法治状况因素。社会法治观念和法律意识不强，法律制度还不健全，社会公众对司法期待过高和理解不够，"诉诸司法者一旦发现与自己的预期不符，特别是差距甚

---

① 马克昌：《提升公信力须严格依法办事》，载《人民检察》2009 年第 23 期。
② 秦川：《论司法公信力》，北方工业大学 2011 年硕士学位论文，第 23 页。
③ 李建国：《自身原因与社会环境是影响检察公信力的主要因素》，载《人民检察》2009 年第 20 期。
④ 龙宗智：《在国家整体进步中推进检察公信力建设》，载《人民检察》2009 年第 20 期。

大，他们对司法执法者的信任程度就会降低"①。（4）体制性因素。依法独立行使检察权的相关体制和制度保障还不健全，检察官管理行政化，检察权受地分保护主义、部门保护主义等干扰，检察司法活动屈从于司法之外的权力，是导致检察公信力弱化的主要原因。（5）历史因素。我国国家政权公信力经历了"文革"浩劫，其负面影响至今仍然难以完全消除，检察机关公信力问题是国家政权公信力问题的一部分，自然不能幸免。② （6）传统文化因素。我国历史上有重人治、轻法治和重人情、轻规则等文化传统，延续到现在就演变成权大于法、"信访不信法"、"打官司就是打关系"等不良风气，缺乏对法律的信仰和尊崇。

2. 加强检察公信力建设的路径选择

应当如何加强检察公信力建设，提升执法公信力？研究者们普遍认为，公信力建设是一项系统工程，应当全方位、多角度地采取措施，以求得人民群众对检察工作的最大信任和认可。从近年来的研究看，无论理论界还是实务界都提出了不少路径探索和对策建议。

从加强检察机关自身建设来看，我们认为主要有以下几个路径选择：（1）更新检察理念。检察的价值理念应当向公平正义和保障人权的观念转变。③ 要树立讲大局与讲法治并重、追究犯罪与保障人权并重、维护司法权威与执法为民并重、实体公正与程序公正并重等执法理念。④ 特别是要牢固树立执法为民理念，自觉践行执法为民宗旨。（2）提高能力素质。检察队伍是确保公正执法的主体，是提高检察机关执法公信力的关键。要以提高法律监督能力为核心，努力建设一支思想政治坚定、执法能力过硬、素质作风优良的检察队伍，以"为民、务实、清廉"的形象提升公信力。（3）严格公正执法。公正执法是检察公信力建设的关键之所在，抓好执法办案工作是提高执法公信力的直接手段。要坚持以执法办案为中心，全面履行各项法律监督职责，依法独立公正行使检察权，规范政府行为，确保办案质量，以公正执法的实际行动和效果赢得社会公众信任。（4）提升职业道德。道德评价是社会公众评判检察公信力的重要方面。要以"忠诚、公正、清廉、文明"为核心，加强职业道德建设，提升检察职业形象。（5）强化自身监督。要把公信力建设作为检察改革的一个重点，推进检察权监督制约机制建设。⑤ 要以制权、管人、用钱为

---

① 朱苏力：《从公众期待角度提升执法公信力》，载《人民检察》2009 年第 23 期。
② 韦华生：《浅议影响检察执法公信力的因素》，载《法制与社会》2010 年 6 月（上）。
③ 谢仁章：《强化法律监督职能推进检察公信力提升》，载《法制与社会》2010 年 9 月（下）。
④ 杨武力：《论检察机关执法公信力的提升途径》，载《湖北师范学院学报》2010 年第 1 期。
⑤ 樊崇义：《把公信力建设作为检察改革的一个重点》，载《人民检察》2009 年第 20 期。

重点，建立健全统一、全程、严密、高效的监督制度体系，以廉洁保公信。狠抓廉政建设。（6）破除体制障碍。要立足于促进严格公正文明廉洁执法，切实加强检务保障，有效遏制受利益驱动违法、违规办案，积极探索建立有利于实现公正、提升公信的工作机制。[1]（7）深化检务公开。要提高检察工作透明度，增强法律监督说理性，强化检察活动民主性，推进检察工作社会化，在与社会公众的良性互动中增进信任。要注意克服"庙堂化"倾向，在检察活动中尽量吸收公众参与并体现公序良俗，使之更好地符合公众预期。[2] 同时，要建立和谐公共关系，善于与公众和媒体打交道，善于应对和引导社会舆论。（8）推进科学管理。树立以制度管人、理事的理念，在办案、办公、保障等方面建立科学制度体系，提高检察管理水平，以科学制度促进检察公信力的提升。

在优化检察机关外部环境方面，研究者们主要是以体制机制改革和制度环境建构为重点，提出了不少推进检察公信力建设的建议。我们认为，主要有以下几个方面的路径：（1）全面推进依法治国，创造良好法治环境。坚持把法治作为治国理政的基本方式，更加注重法治在国家管理和社会治理中的作用，全面推进依法治国，推进科学立法、严格执法、公正司法、全面守法，完善并树立法治权威，使依法执政、依法行政、依法办事成为全社会的基础理念，倡导自由、平等、公正、法治，弘扬社会主义法治精神，树立社会主义法治理念，增强全社会学法、尊法、守法、用法意识，为提升公信力创造良好社会法治环境。特别是要提高领导干部运用法治思维和法治方式深化改革、推动发展、化解矛盾、维护稳定的能力，保证有法必依、执法必严、违法必究，共同树立和维护司法机关的尊严和权威。引导公民依法表达诉求、维护权益，对司法功能寄予理性期待，对司法活动予以正确评价。坚持依法治国和以德治国相结合，加强政务诚信、商务诚信、社会诚信建设，培育自尊自信、理性平和、积极向上的社会心态，为提升检察机关公信力营造良好社会心理环境。（2）深入推进体制改革，提供有效的制度保障。坚持立足我国基本国情，积极借鉴人类政治文明有益成果，推进政治体制改革，深化司法体制改革，进一步理顺和完善检察机关与党的领导、人大监督及行政机关之间的关系，坚持和完善中国特色社会司法制度，确保检察机关依法独立公正行使检察权。特别是

[1] 金鑫：《开放、透明、信息化条件下的检察机关执法公信力建设》，载《人民检察》2010 年第 19 期。

[2] 李森红等：《市民社会视野中的检察权：以公信力为核心探索和谐社会对检察权的新要求》，载《河北科技大学学报》（社会科学版）2008 年第 3 期。

要协调好党的领导与检察机关依法行使检察权之间的关系，完善党对检察工作领导的方式和机制，尊重检察权依法独立行使。① 要落实司法机关的宪法地位，真正确立起司法机关在国家机构体系中的重要地位，在司法资源的供给上确立司法经费单列、中央统一拨款的体制，建立司法人员履行职务的保障制度，防止地方势力对司法的干扰和牵制，确保司法权力的独立性和权威性。② 完善检察官制度，推进专业化、职业化检察官队伍建设，改善检察官职业保障，提升检察官社会地位。加大检察官独立司法权，强化检察司法活动的司法属性，使司法者裁决是建立在对案件事实的客观公正的审查上而非权力决断的产物，其司法活动才具有合法性和权威性。③（3）依法规范舆论监督，营造良好舆论氛围。司法是依法调节社会关系的活动，与社会舆论关系密切。特别是在开放、透明、信息化的社会条件下，社会舆论对执法司法的影响更加广泛和深入，运用得好对公信力是极大的提升，运用得不好则是极大的损害。要健全信息传播和新闻法律制度，规范新闻舆论监督和"网上监督"等社会监督，明确新闻媒体报道与司法执法之间的界限，确立新闻媒体报道不得干涉司法的原则及相关制度，营造有利于公正执法的社会舆论环境。要利用现代信息传播手段，满足人民群众对检察工作的知情权、参与权、表达权和监督权，强化舆论监督、社会监督，但不得损害法律监督权威、干预执法办案活动。要完善和规范网络民意表达，妥善处理法意与民意的关系，既要尊重民意，也要遵循法意，保障执法与社情民意相适应，形成良好舆论氛围，提升执法公信力。

---

① 高铭暄：《从内外两方面加强检察公信力建设》，载《人民检察》2009 年第 23 期。

② 董治良：《关于司法公信建设的几点思考》，载《法制日报》2012 年 6 月 20 日。

③ 谢仁章：《强化法律监督职能推进检察公信力提升》，载《法制与社会》2010 年 9 月（下）。

第五章　检察文化的载体

　　我们强调检察文化的精神属性，旨在区分检察文化与其各种载体。同时，我们强调载体对于作为精神成果的检察文化的创造、发展和传承都具有极其重要的意义。离开了载体，大部分检察文化难以存在，既不能为人们所感知、所体悟、所认同，也难以发挥其功能。

　　在以往的检察文化研究中，研究者把检察文化分为检察精神文化、检察行为文化、检察制度文化和检察物质文化等，[①] 这是源于广义文化概念的分类。这样划分的优点是层次清晰，便于人们理解和感知。但是这种划分，没有突出检察文化的精神属性，在逻辑上和实践上带来一些问题。从逻辑上看，一是划分的标准不一。检察精神文化是检察文化的观念形态，也是检察文化的本体，而检察制度文化、检察行为文化和检察物质文化等实际上是检察文化的载体。载体反映的是检察精神文化的内容，就是检察精神文化。二是把检察文化与检察文化载体混淆，就不能厘清检察文化与其各种载体的关系。从实践来看，一是沿用广义的文化概念，容易导致检察文化的泛化。人们把检察文化作为"标签"，什么都可以被贴上"检察文化"。这种泛化，不仅削弱了检察文化的独特性和重要性，而且因为界限不明确，不利于检察文化研究的深入发展。二是单纯从文化的角度谈论文化，不了解和掌握文化载体的相关特性和规律，很难全面把握各种检察文化现象的发展规律，因而也难以推动检察文化建设工作的发展。

　　在狭义的文化概念下，我们认为，检察文化的载体是指能够承载、传递检察文化内涵的客观存在或表现形态。检察文化与其载体既有区别又有联系。检察文化载体本身不是检察文化，检察文化也不等同于检察文化载体，但它又经常依托于载体而存在。检察文化通过其载体而呈现，并决定其载体的发展；检察文化载体的发展又在实践中不断丰富和再现检察文化的内容。让我们看得

---

　　① 参见徐汉明、金鑫、郭清君、周泽春、吴世文：《当代中国检察文化研究》（修订版），知识产权出版社 2013 年版，第 70 页。

到、感受得到检察文化的往往是检察文化载体。

检察文化载体依不同的标准可有不同的分类，如在历时形态下可以分为传统载体、现代载体和未来载体；在共时形态下可以分为简单载体和综合载体，等等。检察文化的主体创造、传承和发展了检察文化，在这个过程中，检察文化主体作用的对象即客观物质，检察文化主体的行为、活动和制定的制度等表现形态均成为了检察文化的载体，积累、承载和传递检察文化。从主客观相统一的角度出发，我们将检察文化载体分为制度载体、行为载体、活动载体和物质载体四种类型。在检察文化实践中，制度载体、行为载体、活动载体和物质载体实际上你中有我、我中有你，共同实现检察文化载体的功能和使命。检察文化通过检察文化载体进行传播扩散，并与其之间相互联系、相互整合、相互融合，不断地发展和完善，构成一个相互连接的有机整体。

文化载体对于人类文化乃至整个人类世界的意义，正如路易斯·梅尔佐所言："思想只有通过'铭刻'于一种媒体或'载体'而公诸于世，其生命由此而超过某一个人的寿命，记忆才能成为思想传播的主要力量。"① 在检察文化建设中，应当充分发挥检察文化载体的功能作用，变"无形"为"有形"，化"软实力"为"硬功夫"。从"甲骨"、"竹简"到"纸张"，再到"数字信息"，现代科技给文化插上了"理想的翅膀"，也让我们清醒地认识到，文化载体的形式在不断变化，由于认知的局限性和经济科技社会的不断发展，检察文化的载体也在不断地创新和发展，检察文化及其各种载体的研究和建设也要始终坚持发展的眼光。

第一节　制度载体

文化与制度的关系十分密切。制度反映文化的内涵，文化通过制度来凝炼和表达；制度是文化的重要载体，以看得见的文字形态，系统地、集中地体现文化的内容。检察文化制度载体，即检察制度，是检察文化的最主要、最直接的表现形式；同时，检察制度的形成和完善推动和体现了检察文化的创造、发展和传承。

---

① 转引自肖三、王德胜：《从传播技术视角解读文化的发展——兼论李约瑟难题》，载《科学技术与辩证法》2005 年第 2 期。

一、检察文化制度载体的概念

检察文化本来就包含着制度文明，检察文化制度载体是检察文化的重要载体之一，任何一项具体的检察文化制度载体都可以直接或者间接地反映检察文化。

（一）概念

制度是约束人们行为的一系列规则，是人类社会发展到一定历史阶段的产物，是文化的一种重要载体。制度以其自身的客观形态承载、传递着文化的内涵，并保障着文化的作用的实现。检察文化制度载体，是指能够承载、传递、体现检察文化内涵的各类规范的总称，即检察制度。

作为检察文化载体的制度，是检察文化主体的设计和创造，一般都采取一定的形式体系，包含着检察文化的价值取向，反映着检察文化的内容，发挥着特定的文化功能作用。虽然作为检察文化载体的制度要靠文字符号记载下来，可以把"功劳"最终归功于语言文字符号，但正如"乐谱"与"音乐"关系——优美的音乐离不开乐谱来表达，但也不能否认乐谱的载体地位，不能否认乐谱只是作者创作音乐的表达途径之一。作为检察文化载体的制度有其独立存在的意义。制度的相对完整性、规范性、体系性、固定性，成为人们了解和把握一个时期检察文化最直接、最便捷乃至最直达检察文化内涵的"乐谱"。

（二）特征

检察文化制度载体作为一种客观存在形态，不仅在内涵上区别于其他文化载体，而且有其自身的明显特征。也就是说，作为检察文化载体的制度，主要是检察制度，但是检察制度存在的规范形式是多种多样的，如宪法、人民检察院组织法、诉讼法等法律，党和国家制度中有关检察机关和检察权的规范，检察机关内部的规章制度等。准确把握检察文化制度载体的特征，才能更好地理解检察文化与检察文化制度载体之间的关系。

1. 客观性

人类社会历史发展到一定阶段，人们根据自己的需要设立了检察机关和制定了检察制度，才有了检察文化的制度载体。制度的制定虽然反映了人们的一些主观愿望和特殊的价值需求，但是，人们并不是也不可能随心所欲地制定或废止检察文化的制度载体，其作为检察文化的载体的产生、发展、消亡有其自身的规律。这个客观基础和规律主要是由当时的社会生产力和文化发展水平所决定的。西方检察文化起源较早，这与古代希腊、罗马发达的契约关系对法治、民主政治等思想的造就密切相关，与西方社会源远流长的个人本位的价值观密切相关，与西方国家及其社会对宗教理性、法律理性、程序正义乃至法治思想的尊崇密切相关。正是在这样的物质生活条件、文化传统和民族习惯的滋养下，西方社会最早产生了以检察制度的形成和确立为标志的显性检察文化。① 这些都是客观的，是不依个别人的意志为转移的。

2. 承载性

检察文化制度载体，以其客观存在承载了检察文化的内涵，检察文化的凝练和升华也随着检察文化制度载体的发展而不断发展。那些承载了检察文化内涵的制度也成为我们研究、把握检察文化的重要对象。如英国皇家检察署主要通过制定行动指南或参考标准以规范检察官的活动，这些内容规定于《检察官守则》。现行第六版《检察官守则》于 2010 年 2 月 22 日由检察署长 Keir Starmer 签署实行，新版本进一步修正了作出起诉或不起诉决定时应当遵循的原则，② 体现出保障人权、公正、客观的英国检察观念。正是检察文化制度载体有了承载性，又为制定、完善检察文化制度载体提供了指导。2009 年，我国最高人民检察院重新修订了《检察官职业道德基本准则（试行）》，将检察职业道德的核心内容概括为"忠诚、公正、清廉、文明"八个字，取代了 2002 年为贯彻落实《公民道德建设实施纲要》，最高人民检察院出台的《检察官职业道德规范》确立的"忠诚、公正、清廉、严明"的八字职业道德标准。检察工作要科学发展，就必须以人为本。这就要求检察机关坚持宽严相济刑事政策，该严则严，当宽则宽；要求检察人员弘扬人文精神，体现人文关怀，做到执法理念文明、执法行为文明、执法作风文明、执法语言文明。以"文明"替代"严明"，既消除了"严明"与"公正"之间部分内容的逻辑交叉，又注入了新时期新形势对文明执法的新要求和新期盼。③

3. 传递性

检察文化的制度载体，本身具有制度的规范性的特点，这种规范性主要表现为语言表述的规范化，或者说具有"法言法语"、检察因素的特点。这些制度载体，体现着检察文化内涵，向检察文化主体和受众传递着检察文化的内涵。这正如我们今天研究大陆法系、英美法系和苏联的检察文化主要是通过它们的制度载体去寻找一样，研究它们的制度及其发展历史并不是目的，而是要从这些制度中寻找检察文化制度载体传递出的检察文化内涵，在比较中鉴别，

---

① 徐汉明、金鑫、郭清君、周泽春、吴世文：《当代中国检察文化研究》（修订版），知识产权出版社 2013 年版，第 150 页。

② 苏琳伟：《英国皇家检察署诉前公益审查的启示》，载《检察日报》2011 年 8 月 15 日。

③ 徐盈雁：《做忠诚公正清廉文明的检察官——李如林谈〈检察官职业道德基本准则（试行）〉》，载《检察日报》2009 年 11 月 25 日。

在鉴别中提供借鉴，促进检察文化发展。一定时期的检察制度传递着一定时期的检察文化。如16世纪，德国颁布的《加洛林纳法典》传递了德国检察文化中国家追诉主义的萌芽。再如我国人民检察制度创立后，在新中国成立前，不同时期、不同地区所建立的检察机构的形式各不相同，[①] 不同阶段的不同制度规定传递出不断丰富和发展的检察文化内涵。

（三）分类

立足于研究检察文化制度载体承载、传递的内涵出发，我们将检察文化制度载体分为检察观念类制度载体、检察伦理类制度载体和检察形象类制度载体。

1. 检察观念类制度载体

检察观念作为检察文化的精神成果，需要一定的制度形式来确认和表现，并以制度的强制力来保证检察观念的实现。一方面，这些观念类制度载体最常见的或者主要的形式就是检察制度中的一些原则的确立；另一方面，观念类制度载体往往直接决定或者体现了检察制度的特色，规定了一些检察观念的内涵。如英美法系检察观念类制度体现关于控辩对抗观念、正当程序观念等核心内容，大陆法系检察观念类制度体现关于职权主义观念、客观义务观念等核心内容，社会主义法系检察观念类制度体现关于法律监督观念的核心内容。

2. 检察伦理类制度载体

检察伦理，即检察职业伦理，包括职业道德、职业精神、职业礼仪等规范性要求，作为一种内化的规范，它是检察文化的中坚和相对稳定的成分。检察职业伦理主要体现为各项具体的、明确的规范。这些规范以检察伦理类制度载体的形态，规范和约束检察人员的职业伦理行为。1990年联合国通过的《关于检察官作用的准则》，以国际公约的制度载体形式，就世界各国已达成共识的检察官职业伦理的内容作了概括和归纳。我国检察伦理的制度载体，主要有检察官法、三大诉讼法中关于检察官回避、保密等规定，以及《检察官职业

---

① 张永恩：《人民检察始于何时：一位老检察官的考证》，载《检察日报》2009年11月25日。该文指出，在第二次国内革命战争时期创建的根据地，主要是在革命法庭内建立国家公诉员制度。1931年中华苏维埃时期，中央在最高法院内设检察长，在地方各级苏维埃设立检察员；在红军中设立高级、初级军事检察所；国家政治保卫局对反革命案件派公诉人提起公诉。红军长征到达陕北后成立中央临时政府西北办事处，在省、县革命法庭也设有检察长、检察员。抗日战争时期，在陕甘宁边区，高等法院检察处设有检察长及检察员，由其独立行使检察权。晋察冀边区则在各级法院设检察官若干人，首席检察官由各地区行政长官兼任，特殊情况下，公安机关可行使检察机关的职权。县司法处设检察官一人，由县长兼任。在山东抗日根据地，各级参议会选举产生检察委员会，再由其推选各级首席检察官和检察官。在解放战争所开辟的东北解放区，各级法院设检察员，但是检察长由公安机关首长或其他负责人兼任。旅大地区革命法庭庭长与首席检察官同时由各界人民代表会议选举产生。

道德基本准则（试行）》等。

3. 检察形象类制度载体

检察形象类制度载体以制度的形式反映检察文化中检察形象的内容，将检察礼仪形象、媒体形象、执法形象等以制度的形式予以具象化、规范化，从而规范检察机关和检察人员的行为，实现提升执法公信力的目标。如我国最高人民检察院于 2010 年 6 月 9 日制定的《检察机关文明用语规则》，对检察人员执法和工作文明语言进行规范，以期塑造检察队伍良好执法形象。

二、检察文化制度载体与检察文化

作为检察文化载体的制度是有形的、看得见的，可以直接或者间接地反映无形的检察文化，无形的检察文化需要通过有形的制度载体承载、传递。同时，有形的制度载体需要检察文化营造良好的遵守和执行的条件和环境，激励检察人员。检察文化制度载体与检察文化相互依存、相互制约，而又相互融合于检察工作，形成合力，推动检察文化不断发展，促进检察工作科学发展。

（一）检察文化是本，检察文化制度载体是枝

检察文化包含着制定科学规范的检察制度的指导思想，检察制度载体在形成的过程中就体现了检察文化的要求，而且在其实施过程中，人们还会按照检察观念和检察伦理等原则和标准，审视现有检察文化制度载体是否符合检察文化的精神。对于检察文化制度载体与检察文化出现冲突的环节和部分，往往要进行修订和完善，除非它创造和发展了检察文化的成分。同时，检察文化应积极进行自我升级更新，根据检察工作发展情况、检察工作需要和检察发展过程中遇到的困难和挑战，及时调整、完善检察观念，营造更加有利于检察工作科学发展的思想氛围和文化环境，凝聚检察机关和检察人员的"精气神"。在必要的条件下，应将检察机关倡导的最新检察观念通过制度的形式推进实施，实现检察制度载体与检察文化二者之间的协调发展，通过制度载体与检察文化调动检察人员的积极性。

（二）检察文化需要制度载体贯彻，检察文化功能的发挥需要制度保障

检察文化对培育检察人员精神、引领检察人员行为、凝聚检察队伍、塑造检察形象具有重要功能。这些功能的发挥，一方面，需要检察文化的传播，并获得检察人员的高度认同，内化于心，转化为检察人员的坚定信仰；另一方面，检察文化又不能仅仅停留在理论、理念和道德准则等静态的层面，需借助于检察文化载体的制度来发挥出制度具有强制力的功能，来强化执行力，外践于行，转化为检察人员的行动。价值观、精神理念的感召固然能够指引人的行

为，但人的行为更需要制度的约束加以保证，正如邓小平同志所言："制度好可以使坏人无法任意横行，制度不好可以使好人无法充分做好事，甚至会走向反面。"① 以制度作为载体，借助于制度化和组织化的力量调动广大检察人员的积极性，将检察人员的凝聚力汇聚成检察发展的强大合力，将会极大地提高检察文化建设效果。

（三）　检察文化制度载体与检察文化相互融合

作为检察文化载体的制度往往具有相对固定、规范、刚性的特点，一旦制定就必须成为检察机关和检察人员共同遵守的行为准则，强调的是一种硬性约束；但是当这种制度一旦被检察机关和检察人员所共同接受，就"内化"为检察文化。没有人，什么也无法实现；没有制度，什么也无法持续。检察文化的制度载体承担的正是使检察文化持续的使命。要把检察文化渗透到检察工作中去，变成检察文化主体的自觉行动，那么制度就是很好的载体。通过制度的作用能够增强检察人员对检察理念、职业伦理和检察形象的认同与遵守，又通过这种认同与遵守催生更加合理与有效的制度。制度载体与检察文化共同处于检察工作科学发展的进程中，二者之间的作用与地位处于不同的层面，所发挥的作用也不尽相同，二者之间的作用与地位也不可能实现互换，但是如果没有规范与严谨的检察制度载体，再好的检察文化也将失去发挥作用的基础和保障，检察人员的价值取向以及对检察事业的忠诚度、奉献度必将会受到负能量的影响，就不可能形成整齐划一的步调，检察工作科学发展也就无从谈起。检察文化制度载体从制定到成为检察人员共同认同和遵守的规范，再到产生出新的制度、倡导新的检察文化，其与检察文化二者之间始终相互交织、融合，并不断上升，共同推进检察工作科学发展和检察队伍素质提升。

三、以制度为载体的检察文化建设

研究检察文化制度载体的目的不仅在于把检察文化与其各种载体区分开来，更重要的是在检察文化建设中，尊重检察文化制度载体发展规律，加强各类检察文化制度载体建设，发挥制度载体的作用，在实践中依靠检察文化制度的体系建设，为检察文化发展奠定扎实的基础。

（一）　检察工作是检验检察文化制度载体的标准

实践是检验真理的唯一标准，检察工作是检验检察文化的标准，是不是先进的、科学的、优秀的检察文化都要接受实践的检验。作为检察文化载体的制

---

① 《邓小平文选》（第 2 卷），人民出版社 1994 年版，第 293 页。

度载体当然应同其承载、传递的检察文化一起接受检察工作的检验。

从检察工作与检察文化制度载体的关系出发，在检察文化建设中，要注重用检察工作检验检察文化制度载体，增强检察人员的认同度，促进检察文化的传播，防止制度载体与检察文化两张皮的现象。比如，有的检察院为塑造"以人为本"、充满人情关怀的检察文化，采取了为干警过生日的做法。① 在检察工作中，也要注意检察文化制度载体本身具有的滞后性、文字语言表达的局限性等缺点，对检察文化制度载体进行经常性的反思与检验，审看作为检察文化载体的制度是否在提升与促进检察文化方面起到积极推动作用，是否能够发挥制度载体的作用实现检察文化建设的目标，依靠切实有效的评价反馈，防止软性的检察文化受到刚性制度的伤害，保护和激发检察文化主体的积极性和创造性，更好地实现检察文化与检察文化制度载体的一致性，凝聚检察人员的"精气神"，让检察文化产生正能量，形成推进检察工作科学发展的合力。

（二）不断推进检察文化制度载体的创新

检察文化创新是检察事业兴旺发达的不竭动力和永葆生机的重要源泉，只有不断创新，才能保持文化自信。检察文化是发展着的，检察文化制度载体也要适应检察工作的需要，不断发展。在检察工作中，检察制度的不断完善和创新是检察文化发展的重要载体和主要表现形式，因此，检察制度改革是推进检察文化创新的重要途径。在这里，我们着重讨论作为检察文化建设保障机制的制度创新，虽然它们只是检察制度中很小的一部分，但对检察文化建设具有直接的影响。

1. 建立检察文化融汇机制

在文化的百花园中，检察文化只是其中一枝。检察文化绝不是检察文化主体关起门来的自娱自乐，检察文化本身乃是法治文化、一国文化、一历史阶段文化的组成部分。检察机关内部与相关联的法治职能部门、文化职能部门以及社会整体，要在文化建设上相互贯通。检察文化既要着力提升检察工作人员的精神品质和检察机关的执法公信力，又要着力促进全社会对于检察工作的了解和认同。检察文化的成效，最终要由受众和社会来评价。要通过文化的影响力来引导社会公众对检察工作的评价，消除误解，取得尽可能充分的认同。特别是要用检察文化的力量正面地影响社会思潮，培育普遍的自尊自信、理性平和、积极向上的社会心态，提高全社会的法治认识水平。

---

① 孔繁平、卢金增、金丽娟、解培林：《潍坊潍城生日网页祝福检察干警》，载《检察日报》2008 年 3 月 4 日；汤维骏、李菊兰：《湖南嘉禾：院党组为干警生日祝福》，载《检察日报》2006 年 8月 17 日等。

把检察文化建设融入文化建设的工作大局之中。"在现在世界上，一切文化或文学艺术都是属于一定的阶级，属于一定的政治路线的。为艺术的艺术、超阶级的艺术和政治并行或互相独立的艺术，实际上是不存在的。无产阶级的文学艺术是无产阶级整个革命事业的一部分，如同列宁所说，是整个革命机器中的'齿轮和螺丝钉'。"① 文化是人的生活和人的世界最深层、最本质的东西，它是人类在不断地实践中自发或自觉地创造、积累和传承的结果，人离不开一定社会的文化，受一定文化的制约，文化的变迁或转型总是人的世界的最深刻的变革，它影响着人的根本生存方式的转变。我们所研究的观念形态的检察文化不仅要得到检察人员的认同，还要寻求检察人员之外的社会人员的认同，这也就必然要引导着检察文化建设必须上下内外的文化领域相互贯通，注重检察文化融汇机制制度体系的建设。当然，这并不是表示检察文化或者法治文化的东西才是值得重视的，只要表达了检察文化核心价值意义的东西都是检察文化建设者们应该重视的。因为"司法文化表达的就是以公平正义为核心价值的多元法律价值有机融合的综合价值体系的共同意义"。②

这种检察文化的融汇机制就需要通过检察文化制度载体为手段，把融汇机制固定、规范下来，用制度载体的形式保障检察文化的融汇，真正在检察文化建设中，做到立足检察文化、面向法治文化、传承中华文化、放眼世界文化，实现古为今用、他为我用。

2. 建立检察新闻发言人制度

法治建设领域历来是新闻的富矿，检察工作中的每一起案件、事件都有可能成为舆论焦点，社会大众通过检察机关和检察人员对这些案件、事件所作出的反应来了解、判断检察文化。正义网络传媒研究院《政法类微博影响力报告》3.0 版显示，截至 2012 年 11 月 20 日，我国公安、检察、法院、司法行政四类政法机关和官员在腾讯、新浪平台开通官方微博的总数为 18038 个，共发布微博 13986329 条，共拥有粉丝（未作排重处理）338332395 个。③ 现代科技的发展，使人人成为了可能的"新闻发布者"，这也对检察文化建设提出更加直接的挑战。2003 年，我国"非典"疫情催生了我国各行业和部门新闻发言人制度的建立和完善。积极回应民众对社会热点的关注，新闻发言人制度受到了空前的重视。2005 年，最高人民检察院在北京举办了全国检察机关首期

---

① 毛泽东：《在延安文艺座谈会上的讲话》（一九四二年五月），载《毛泽东选集》（第 3 卷），人民出版社 1991 年版，第 867 页。

② 姚建宗：《司法文化的皮囊与神髓》，载《中国社会科学报》2012 年 7 月 4 日 A7 版。

③ 钱贤良、仝玉娟：《定向追踪观察研究，专家评估综合影响力，正义网络传媒研究院第三度发布〈政法类微博影响力报告〉》，载《检察日报》2012 年 12 月 12 日。

新闻发言人培训班。① 随后，各地检察机关也相继建立和完善检察机关新闻发言人制度，一批检察新闻发言人走向台前，回应媒体和社会民众的关注，展示检察人员的形象，彰显检察文化的底蕴。由于新闻发言人的重要地位和作用，民众对新闻发言人的信任和期待，需要我们在检察文化建设中，注重新闻发言人制度建设，以期能够在第一时间回应社会公众期待、传递检察精神。

新闻发言人是一个机构。建立和完善检察机关新闻发言人制度，必须坚持以检察观念为指导，立足把握舆论主动权，坚持客观公正，提高舆论引导的及时性、权威性，树立检察机关的公信力和影响力，注重弘扬检察精神，弘扬社会正气，引导社会热点，疏导公众情绪，积极保障公众的知情权、参与权、表达权、监督权。

3. 建立检察文化艺术作品创作机制

检察文化艺术作品是检察文化繁荣发展的重要标识，是检察文化的重要载体和表现形式。检察文化艺术作品创作和精品力作的产生，不仅需要检察文化的不断进步，更需要体现检察文化内涵的制度载体发挥作用。检察文化建设中，通过制定检察文化艺术作品的创作支持、作品奖励等制度，以检察文化制度载体的规范运行，激发检察人员和社会各界人士创作富含检察文化内涵的检察文化艺术作品的积极性和主动性，用制度为他们创造适宜的创作条件。在创作的形式上，也可以制度的形式给予规划和保障，如可以制度的形式鼓励筹划建立较为专业的创作机构，设立检察文化创作室，创作室人员可以专兼职结合，聘任与项目（课题）制结合，内聘与外聘结合，做好创作规划，既有短期安排，又有长期打算，力争创作出有影响力的作品。

4. 建立检察文化交流机制

文化的影响力往往会超越一个国家的界限，检察文化也是如此。检察文化的互相交流，让不同地域间的检察文化"你来我往"，不仅实现了检察文化"走出去"，更能实现"取长补短"的目的。在检察文化建设中，建立健全检察文化交流机制，可以实现不同国家、不同区域、不同民族的检察文化充分交流，充分展示各自的检察文化建设成果，增强良好的沟通，增进互信与合作；也可以让全国不同区域、不同民族、不同特色的检察文化交流、融合，丰富检察文化的内容。建立检察文化交流机制，通过检察文化交流的制度体系制定，保证检察文化交流的有常性。

（三）注重协同发挥检察文化制度载体与检察文化其他载体的作用

检察文化制度载体作为检察文化载体之一，与检察文化的其他各种载体以

---

① 郭洪平：《检察机关首期新闻发言人培训班开班》，载《检察日报》2005 年 12 月 16 日。

不同的存在形态担负着相同的使命。检察文化各种载体相互协同，在检察文化建设的不同层面和方面发挥积极作用，使检察文化受到检察人员的认同，得到社会公众的认同。

检察事业的发展需要检察人员与检察机关价值目标的高度协调一致。检察人员通过检察文化制度载体充分了解自己在检察制度、检察文化中所处的角色和地位。通过检察文化制度载体引导检察人员构建与检察文化相一致的行为方式，实现自身价值。通过检察文化制度载体、行为载体、活动载体和物质载体等，多渠道让检察人员与检察文化之间相互渗透、相互影响，自觉遵守检察文化制度的规定，约束和规范自己的行为，让检察人员积极主动拥护和执行适应检察文化产生的新制度载体，承担起执行检察文化制度的责任。检察文化主体要创建一种有利的、和谐的检察文化氛围，比如通过检察文化活动载体来了解和掌握检察人员有什么样的现实需求和现实困难，在掌握检察人员思想动态和现实需求的基础上，及时调整检察制度，坚持以人为本的原则，统筹发挥检察文化各种载体的作用，让检察人员了解到检察文化制度载体的制度变化的系统性，使检察人员自觉接受新的检察文化变革、创新，更加自觉地拥护新的检察文化制度，更好地投入检察文化建设、投身检察工作科学发展。

第二节 行为载体

行为，以让人看得见、感受得到的直观形态体现出检察文化内涵、体现出检察核心价值观。检察机关和检察人员主要是通过行为履行检察职责，践行检察理念和检察伦理，树立检察形象。因此，行为是检察文化的重要载体。检察机关和检察人员运用各种行为形态使检察文化得以外化；检察文化行为载体的不断改进和规范，丰富着检察文化内涵，同时，也增强了检察机关和检察人员以及社会群体对检察行为的可预测性和可预见性，体现出检察人员的执法水平、综合素质和精神面貌，树立起良好的检察形象。

一、检察文化行为载体的概念

检察文化行为载体以客观、外化的行为形态承载、传递着检察文化的内涵，以最直接、最形象的方式呈现在检察文化受众面前。准确分析检察文化行为载体的概念、特征和分类，成为我们正确认识和运用检察文化行为载体的重要前提。

（一）概念

行为，是一个多义词，社会学、哲学、法律等不同研究领域，为了各自学科的研究都有各自不同的界定。《现代汉语词典》（修订本）对行为的解释是"受思想支配而表现在外面的活动"。黑格尔认为，意志作为主观的或道德的意志表现于外时，就是行为。种种解释虽然说法不相同，但实质上都包括了"意识"、"动作"两个要素，强调行为是受思想支配而表现于外部的活动。所以，行为是受意识支配的活动，人的非基于意识的、单纯的肢体举动不是行为，这就区别于人的本能活动等。同时，人是社会关系的产物，人的行为都具有社会属性，即具有一定世界观、价值观的人们有意识、有目的的活动，都体现着一定的社会价值观念、社会理念。从"狭义文化"角度分析，行为自然成为"狭义文化"的载体之一。我们认为，检察文化行为载体，是指受检察机关和检察人员支配，能够传递、体现检察文化内涵的各类行为方式的总称。

作为检察文化载体的行为主要是指检察文化主体做了什么。检察文化主体在检察核心价值观的指引下实行的检察文化行为，传递和体现的是检察文化的内涵。检察文化主体的行为形式是丰富多彩的，但是离开了检察文化内涵，有些行为就不是检察文化的行为载体。例如，检察人员感冒打喷嚏的行为就不是检察文化的行为载体，检察人员在日常生活中的本能行为也不是检察文化的行为载体。行为形式的多样性也决定了作为检察文化载体的行为，在形式上可以千变万化，以期更好地体现检察文化内涵。可以进一步说，检察工作中的个案执法，本身就是一件"文化作品"。这件文化作品具体而生动地进行着检察文化的传承，影响着每一个关心和了解这个案件结果的社会公众。

（二）特征

作为检察文化载体的行为，除具有检察文化载体的一般属性之外，还具有自己的特质，体现为其与其他载体相比较而具有的一些特征。当然，这些特征主要体现在检察文化主体行为的特性方面。

1. 法律性

作为检察文化载体的行为，尤其是作为检察文化主体的执法行为属于法律实践的范畴，具有浓重的法律属性。这是因为检察文化主体性执法行为是一种法律行为，体现的是检察机关和检察人员秉持的执法理念，更深层次的原因在于检察权的公权力属性。即主体性检察执法行为是一种公权力的运用，与私权利"法无禁止即自由"不同，它是"法无授权不得为"，从行为主体到行为种类、行为条件、行为方式、行为期限等都有法律的规定，检察机关和检察人员必须"循规蹈矩"，否则就是违法。这也是法治的应有之义，因为法治的根本在于治权（·力），在于限权力运行于法律的轨道之中。如我国人民检察院组织法、检察官法、《检察官职业道德规范》等都规定，检察机关和检察人员必须忠实执行宪法和法律，依法履行检察职责。法律属性是作为检察文化载体的行为区别于其他检察文化载体的一个显著特征。

2. 个体性

作为检察文化载体的行为，最直接、最原始的表现是检察文化主体的个体行为。虽然检察形象要靠全国各级检察机关和全体检察人员共同来塑造，但更要靠每一位检察官来塑造，也正是这些个体的行为最终树立了检察形象。检察文化主体的行为折射出检察文化。检察人员的举手投足、一言一行，体现着检察人员的水平、素质和文化，一个个检察人员的精神风貌反映出一个检察院的精神风貌。"打铁还需自身硬"，检察人员的言谈举止要让人可信、可敬，检察官要严格自律，堂堂正正做事、干干净净做人。作为个体的检察人员应有一种个人尊严感，在检察工作中，检察官代表的是人民检察院，尤其是在侦查、公诉工作中，检察官的仪表形象、待人接物、言谈举止，代表着国家的形象，体现着法律的尊严。检察官应有一种权利敬畏感，这种敬畏既包括对公民权利的敬畏，也包括对国家利益的敬畏，检察官在行使检察权的过程中保持对客体权利的敬畏可以保证检察权的正当行使，不被异化。一批批品行高尚、刚正不阿、公正执法的执法者以其自身的执法行为树立了典型形象，成为我国检察文化一笔宝贵的历史遗产。如时代先锋人物中检察官代表白云、王书田等。

3. 客观性

作为检察文化载体的行为，一旦完成就会对检察文化的对象产生客观的作用，以客观现实的存在为表现形态，呈现出检察文化的存在。客观性还表现在检察文化主体的行为真实地呈现在检察文化的受众面前。正是源于此，对检察文化主体的要求才更为严格，要不断更新执法理念，对检察人员和检察机关的行为要求更加地审慎。如我国最高人民检察院在贯彻十一届全国人大五次会议通过的修改后的刑事诉讼法的部署中要求，要牢固树立人权意识、程序意识、证据意识、时效意识、监督意识"五个意识"着力改变和更新执法理念，努力做到"六个并重"（要始终坚持惩治犯罪与保障人权并重；要始终坚持程序公正与实体公正并重；要始终坚持全面客观收集审查证据与坚决依法排除非法证据并重；要始终坚持司法公正与司法效率并重；要始终坚持强化法律监督与强化自身监督并重；要始终坚持严格公正廉洁执法与理性平和文明规范执法并重），确保刑诉法全面正确实施。①

4. 选择性

从检察文化历史性的角度分析，检察文化的产生是检察文化主体行为的结果，但却并非每一个个体行为之结果或简单的相加之和，对于某一具体的检察文化主体而言，检察文化具有一种不受其主观因素任意左右的客观性。而作为检察文化载体的行为，不可否认是具有单个行为主体的主观能动选择性的特征，检察文化主体可以基于同样的检察文化作出不同的具体检察文化行为，也可以在不同的地域、民族文化条件下选择而决定自己的行为，亦可在检察文化和其他影响力作用下权衡其行为。可以说，作为检察文化载体的行为是一种实践性的"活"文化，检察文化主体选择检察文化行为不断地丰富着检察文化与其载体的内涵。稍加留意，就不难发现，由某个检察院的做法推广至全国成为工作机制乃至法定检察制度，这样的现象比比皆是。

（三）分类

作为检察文化载体的行为，也可直接称为检察文化行为载体。依据行为的不同形态，我们可以将检察文化行为载体分为检察言语类行为载体、检察执法类行为载体、检察管理类行为载体和检察人员日常行为类行为载体。

1. 检察言语类行为载体

言语与语言是两个不同的概念。在语言学中，言语是个人说的行为（说话）和结果（所说的话），语言是从言语中概括出来的，为社会所公认的词语和规则的总和。使用同一种语言的人未必会有同样的言语。"从文化语用学的狭义上理解，文化行为是一种受文化设定的、承担着具体文化功能的情景化日常言语行为，离开了言语（具体说是'话语'），文化行为的情景力和语用价值笼很难想象的。"② 在检察工作中，检察言语类行为载体直接反映出检察文化内涵。检察文化主体的言语行为体现的是检察人员履行职责的质量和水平，体现的是检察人员的综合素养，关乎检察机关的形象，关系到法律秩序和权威。如"微笑局长"和政府官员"代表政府还是百姓"的发问等，细小的言语行为引起的后果是严重。

2. 检察执法类行为载体

执法行为是检察机关和检察人员履行职责的行为，在检察工作中，检察执法行为折射出检察文化中的检察执法理念，反映检察机关或者检察人员在检察

---

① 曹建明：《牢固树立"五个意识"着力改变和更新执法理念，努力做到"六个并重"确保刑诉法全面正确实施》，载《检察日报》2012 年 7 月 23 日。

② 何刚：《论言语文化行为》，载《修辞学习》2007 年第 6 期。

文化指导下的独特的执法、处事方式和检察行为习惯。比如，检察人员提讯犯罪嫌疑人时，需要由两名以上检察人员带着提押证到看守所进行，这可以是一种行为模式，因为它是由相关强制规范规定的行为方式；但提讯时如何根据被告人的不同情况和具体案情来讯问，并没有一个强行性的规定，在某种程度上说依赖于检察人员的习惯性做法。

3. 检察管理类行为载体

检察机关自产生、发展至今，不论英美法系、大陆法系，还是苏联社会主义法系国家，在检察机关体系内、机构内部都需有一定的管理行为。检察管理类行为在检察机关管理的过程中体现检察文化内涵、展现检察文化的力量。检察管理类行为主要包括检察队伍建设行为、检察管理行为、检察自我监督行为、检察宣传行为等。

4. 检察人员日常行为类行为载体

检察人员在日常生活中展现出的检察文化内涵行为，这是检察人员在普通公民角色中传播检察文化形象的行为，包括检察人员的教育行为、交往行为、守法行为，等等。

二、检察文化行为载体与检察文化

检察文化是抽象的精神属性，而检察文化行为是具体的社会行为；作为抽象的精神成果，是历史传承下来的、现实的、客观的，而作为检察文化载体的行为则具有检察文化主体的主观意义诠释性。检察文化体现于检察行为并决定或者影响着检察文化主体的行为模式；同时，检察文化主体在一定规模上重复着的文化行为模式，不仅体现检察文化的内容，而且影响检察文化的走向。检察文化是作为检察文化载体的检察行为的内在逻辑，但检察行为的逻辑不限于检察文化，因而在检察文化决定检察行为的同时，检察行为也影响着检察文化。

（一）检察文化行为载体反映和传递检察文化

一定的检察文化行为载体反映一定检察文化内涵，承载、传递着一定的检察文化。不同的文化影响和造就了不同的行为载体。正如我们可以通过人们不同的行为来判断其所属不同地域的民族一样，"不同的民族，人们的行为方式，包括思维方式、生活方式、风俗习惯、价值观、信仰，都有很大的差异。譬如同是穿衣，传统的中国人多穿长袍马褂，欧美却是西装领带；同是进食，中国人用筷子，西方人用刀叉；同是住房，传统的中国住房是四合院，讲究在平面上的扩展，欧美的房子却是高楼，讲究在空间上向上延伸。其他如婚丧嫁娶、礼仪式样等，每个民族都有一套自己的模式"。① 这个行为的模式，实际上就是文化行为的载体。检察文化行为载体以其蕴含传递着丰富的检察内涵，是检察事业发展的重要支撑和最真实的表现。一个检察文化主体检察文化的优劣、检察工作开展的成效如何，通过观察检察主体的精神面貌、工作业绩以及在社交场合表现的行为表现等，就可以做出大致的判断。由表及里，通过检察文化行为载体的现象可以看到检察文化主体的本质。

（二）检察文化行为载体与检察文化相互融合

相对于检察文化制度载体而言，制度是硬性的，而检察行为是软性的，文字规范的制度约束，需要慢慢变成检察文化主体的习惯，不符合检察观念的行为会被检察文化无形的力量纠正，不认可检察文化制度载体的人会被检察文化主体排除。当检察文化主体已经完全接受了检察观念时，检察文化主体的行为会超越制度的要求。所以，当检察文化主体的个人观念与检察观念契合后，检察文化制度载体就退后，受制约和约束的检察行为就变成了检察文化主体的自觉行为。这个时候，检察文化真正融进了检察文化主体，检察文化行为真正实现了与检察文化的表里合一，检察文化主体甚至会修正和完善检察文化，检察文化的软实力真正变成了硬功夫，产生了检察文化的"生产力"。

（三）检察文化行为载体与检察文化统一于检察工作

检察文化不是天赋而成，是检察机关和检察人员在检察工作中的集体创造。检察文化主体文化行为的发生，既带有地域情境性的特点，又带有检察人员个人对检察文化的领悟。检察文化行为发生的最高形式是文化自觉。检察文化行为载体是检察文化落地的关键环节。没有检察文化行为载体，理念和制度都是空谈。在检察文化建设中，检察理念、检察制度等都要通过检察行为载体表现出来。检察行为是检察核心价值观和检察文化制度共同作用的结果，如果检察行为与检察精神、价值观和制度不一致，检察理念就会成为空中楼阁，检察制度也只能是被束之高阁。检察文化主体只有具有良好检察行为，并顺利落地到实际，才能真正发挥检察文化的最大价值。

三、以行为为载体的检察文化建设

作为检察文化载体的行为，即检察行为，构成了检察工作的主要内容，体现了检察文化主体文化建设的主体地位，强调了检察文化的实践性，检察文化行为载体的建设，既是发挥检察文化对检察行为的引导作用，也是通过检察行

---

① 汤泽林：《文化与人类行为》，载《成人高等教学刊》2001 年第 1 期。

为创新、发展和传承检察文化。

（一）检察文化行为载体建设应坚持的原则

检察文化行为载体建设是一个长期的过程，在这个过程中需要坚持一定的基本原则，以保证检察文化行为载体建设的正确方向，保证检察文化行为建设的良好效果。

1. 法治原则

检察机关和检察人员必须牢固树立法治意识，严格依照法律办案。作为中国特色社会主义建设者和捍卫者，要自觉把依法治国、执法为民、公平正义、服务大局、党的领导这些理念融入作为检察行为建设的全过程，用中国特色社会主义共同理想凝聚力量，用民族精神和时代精神鼓舞斗志，强化检察人员"立检为公、执法为民"的宗旨观念和"忠诚、公正、清廉、文明"的职业道德观念，从而把"强化法律监督，维护公平正义"转化为检察人员的自觉追求，建设高度文明的检察文化载体的检察行为。

2. 系统性原则

传统文化向现代文化转化的路径表明，建立一个科学的体系是文化持续健康发展的主体性支撑；同时作为检察文化载体的检察行为作为检察文化系统中的一个子系统，也要求作为检察文化载体的检察行为建设必须坚持系统性原则。要考虑检察人员和广大群众的文化需求相一致，要充分运用各种载体、平台，调动一切积极因素，形成多途径、多渠道、多层次、多方位的作为检察文化载体的检察行为建设新格局。要注重检察文化系统中各文化元素的协调发展。

3. 突出重点原则

目前，有的地方对检察行为的认识还停留在表层化的局限和误区上，对检察行为的内涵和外延的理解不够清晰，有的甚至将检察行为理解为就是检察系统内部开展的文艺、体育、娱乐等活动。没有认识到这只是检察文化的一个侧面。这种做法把检察文化建设的具体手段作为目的了。根据检察文化关于主要矛盾、次要矛盾的唯物辩证法思想，在实际工作中应当首先抓好、解决好主要矛盾。具体到检察行为的建设，就是重点加强执法性检察行为的建设。这是检察机关发挥法律监督职能的直接表现，是检察机关的立身之本。执法性作为检察文化载体的检察行为的建设要求，检察人员具有先进的检察理念，有着良好的职业操守，在崇高的法治信仰下严格、公正、文明执法。只有着力于执法性作为检察文化载体的检察行为的建设，才算抓住了作为检察文化载体的检察行为建设的根本，才能使公平正义等理念深入检察人员的内心，才能使严格、公正、文明执法成为每一位检察人员的自觉行为，才能发挥其促进检察事业发展和社会进步的作用。在抓好执法性检察文化建设的同时，要抓好管理性检察行为建设。管理性检察文化涉及检察行为的方向、效率和效果，能够有效地推动执法性行为的建设和发展，是执法性行为建设的保证。比如队伍建设、检察改革乃至检察宣传等对检察行为建设都有着至关重要的影响。

4. 博采众长原则

继承传统，博采众长，这是人类文化发展的客观规律，也是建设和繁荣先进作为检察文化载体的检察行为的必由之路。增强中国特色社会主义检察文化的吸引力和感召力，创造出更具时代精神、更具中国特色的先进的检察文化，必须正确认识和处理当代的检察行为与传统的检察行为、本国的检察行为与外来检察行为的关系，既继承传统，认真发掘和汲取传统各种丰富营养，又博采众长，虚心学习和借鉴外来的检察行为。在坚持中国特色的基础上，大胆汲取反映人类文明共同性因素的优秀文明成果，汲取各种文化建设的精华，在竞争、融合中创新发展检察行为，促进检察文化建设，使检察文化与地域文化、民族文化、人文环境交相辉映。

5. 创新发展原则

作为检察文化载体的检察行为建设要以改革创新为动力，通过改革，一方面逐渐摒弃不适应社会发展的旧的检察行为模式、行为习惯和行为理念；另一方面逐渐形成新的检察行为模式、行为习惯和行为理念。充分发挥各级检察机关和广大检察人员的创造性，在新的历史背景下，不断为作为检察文化载体的检察行为充实新的内容、拓展新的内涵，创造具有独特的时代风格，体现时代风貌的新观念、新道德、新风尚的作为检察文化载体的检察行为，为作为检察文化建设增添与时俱进的时代内涵和时代特色。

6. 循序渐进的原则

作为检察文化载体的检察行为建设是一项长期的任务，需要统筹规划，分步实施。要制定总体目标，长远规划和近期工作安排。根据各单位、各部门的特点，既要注意检察文化全面发展，又要注意结合实际，一个时期在一个或几个方面重点突破，打造在全国检察文化建设方面出彩的特色项目和亮点工程。

（二）检察行为载体建设应注重发挥模范典型的作用

价值观念支配人的行为，决定着人的思维和行为方式。建设检察文化行为载体，首要任务是从观念层面解决问题，形成正确的导向，并得到全体检察人员的认同。用检察观念引导检察人员的行为，用检察人员的行为诠释检察观念。检察模范人物是检察事业的中坚力量，他们来自于检察人员之中，比一般检察人员取得了更优秀、更多的业绩，是检察核心价值观的"人格化"显现，是检察文化行为载体的范本。其他检察人员对模范典型感觉很亲切、不遥远、不陌生，模范典型人物对其他检察人员有着很强的亲和力、感染力和说服力。"榜样的力量是无穷的"，检察模范人物是全体检察人员学习的榜样，他们的行为常常被全体检察人员作为仿效的行为规范。各级检察机关应该努力发掘各个岗位上的模范人物，大力弘扬和表彰他们的先进事迹，将他们的行为"规范化"，将他们的故事"理念化"，使检察核心价值观过和检察精神得以"形象化"，从而在培养起积极健康的文化氛围，激励全体检察人员以典型模范为榜样，积极作为，完成检察文化从"心的一致"到"行的一致"的转变。

（三） 检察文化行为载体建设应注重行为的规范化

检察文化主体的行为承载着检察文化，检察文化主体通过检察文化行为载体使抽象的检察文化得以外显和具体化。检察文化主体的行为在检察文化受众来看，是代表着检察形象，彰显着检察文化的内涵。一般来说，检察人员对检察文化、检察文化行为载体的认识，有一个由认知到认同再到自觉实践、由不自觉到自觉、由不习惯到习惯的过程。所以，在检察文化行为载体建设过程中，须建立一整套规范来约束和规范检察文化主体的行为，使检察文化主体明确知道自己该做什么、不该做什么，使他们的文化行为活动自觉符合检察核心价值观，把检察文化行为准则变为有形的、具体的、可操作的行为规范，构建起完整的行为规范体系。另外，在构建起检察文化行为规范体系的基础上，还要通过教育引导使检察文化行为规范深入人心，使检察人员的一举一动、一言一行自觉维护检察形象，符合法治进步的要求和彰显时代特征；要通过加强监督检查，使检察文化主体的行为强制入轨，高标准、严要求。比如在推进检察机关执法规范化建设的过程中，要提高检察人员的执法能力与执法水平，注重培育检察人员执法行为的规范化。从检察文化行为的提升来看，探索和建立检察人员执法行为艺术，也是一个可取的途径和措施。通过对检察文化主体执法行为运行规律的认识，总结和提炼执法实践成果，运用规范性技巧和科学方法理性地处置执法办案中的问题，以求达到最佳的执法办案效果，实现政治效果、法律效果和社会效果的有机统一。近年来我国基层检察人员开始了检察行为艺术的探索。如 2010 年 2 月、2011 年 5 月，辽宁省鞍山市铁东区检察院干警在春节和青年节期间用"行为艺术"宣传反腐倡廉，形式新颖，喜闻乐见，成为职务犯罪预防教育的"隐形翅膀"；[①] 2013 年 5 月 20 日，湖南省长沙市雨

---

① 参见姚晓滨、洪伟：《廉政行为艺术闯进百姓视野》，载《检察日报》2010 年 2 月 23 日；刘键、姚晓滨：《"行为艺术"造型说廉政》，载《检察日报》2011 年 5 月 8 日。

花区人民检察院举办了"知与行"检察行为艺术活动周。①

（四） 以制度强化为保障，塑造检察文化行为载体建设的文化环境

检察文化主体良好行为模式的形成，有多种形式、途径与方法，但检察文化制度载体的强化能起到立竿见影的效果。在检察文化行为载体的建设中，综合运用检察文化制度载体与检察文化行为载体，发挥检察文化制度的强制约束性规定，是一种形式或程序，具有根本性、长期性和稳定性。检察文化制度作为文化建设和传播的重要工具，最根本的依据是制度具有刚性特征，文化本身则是软性的，是没有强制力的。从心理学上讲，对一种新文化的接受和认同，对一种理念的贯彻需要改变很多既有的习惯，需要遭遇到内外强大的阻力。如果检察文化主体不能为新理念与行为的推行提供一种可靠的、持久的、刚性的推动力，而只能寄希望于检察人员的自律，其效果一定是难以保证的。检察文化行为载体的的建设恰恰就需要在外部为检察文化主体提供一种刚性的推动力量、约束力量，一种阻止检察人员沉迷于原有习惯的力量，一种鼓励检察人员尝试新的行为方式和养成新的行为习惯的力量。因此，检察文化主体需要通过建立、健全和完善教育培训、岗位责任、考核评价、人事管理等相关制度，不断推进检察文化行为载体的建设。

第三节　活动载体

检察文化产生于检察工作，检察文化的大众化又需要检察文化主体、检察文化受众积极参与检察文化活动，在检察文化活动中感知、传承检察文化。检察文化活动载体承载着丰富的检察文化信息和内容，以其参与的广泛性、形式的多样性、交流的便捷性等，融政治性、思想性、科学性、艺术性和娱乐性于一体，把检察文化各要素有机联系起来，在潜移默化中传播检察文化，发挥检察文化的基本功能。

一、检察文化活动载体的概念

检察文化活动载体作为检察文化载体的重要组成部分之一，准确把握其内涵与特征，理解其与检察文化其他载体的区别，才能更好地开展检察文化活动。

---

① 汤维骏、李勇、余颖：《发现检察行为之美》，载《检察日报》2013 年 5 月 25 日。

（一）概念

"活动"与"行为"本来是近义词，但是检察文化活动载体中的"活动"不同于检察文化行为载体中的"行为"。检察文化行为载体中的"行为"强调的是个体性；而作为检察文化活动载体的"活动"强调的是行为主体的集体性和行为结构的系统性，更强调不同个体的动作的有机组合，由共同目的将一个群体联合起来并完成一定社会职能，主要由活动的目的、群体和群体动作构成。

检察文化活动载体的理解，最直接的理解可以是"以活动为载体"、"以活动为平台"，为了实现检察文化的大众化、发挥检察文化功能，而组织开展的各种有意识的富有检察文化内涵的活动，寓检察文化"无形"的观念、伦理和形象于各类"有形"的活动之中，把检察文化相关内涵通俗化、形象化、大众化，使检察文化受众在活动中感知、接受检察文化的同时，直接践行检察文化要求，实现检察文化的传播与检察文化受众的接受的统一，实现检察文化无形渗透与有形实践的有机统一。综上所述，我们所说的检察文化活动载体，是指检察文化主体为达到一定的目的，有意识地开展的，寓检察文化内涵于活动之中，使检察文化受众在活动中感知、践行、认同检察文化，提高检察职业素养等各类行动方式的总和。

活动可以成为检察文化载体。活动是检察人员集体属性的体现，承载着丰富的检察文化元素，提供了众多的沟通渠道和交流方式。这是活动特点与载体特点的契合，也为活动成为检察文化载体提供了可能。检察文化载体需要活动以丰富载体形式，随着经济、社会的发展，检察文化的载体也在不断更新、与时俱进，活动载体等新兴载体顺应检察文化发展形势的需要，成为检察文化的重要载体。当然，活动也不必然成为检察文化载体，检察文化载体也不必然采取活动的形式。检察文化的活动载体不仅在形式上要求灵活，更在内容上要求严格。作为检察文化载体的活动必须承载、传递检察文化，具有检察文化元素，更需要检察文化主体对活动的认同和选择。

（二）特征

检察文化活动载体的形式多种多样，每一类甚至每一具体形式都各自有一些不同的特点，但综合来看，它们都有以下一些共同的特征。

1. 明确的目的性

人类的任何活动都是围绕着一定的目的展开的，具有明确的目的性是人类活动的明显特征。正如恩格斯曾经指出的："在社会历史领域内进行的活动中，是具有意识的、经过思虑或凭激情行动的、追求某种目的的人；任何事情的发生都不是没有自觉的意图，没有预期的目的的。"① 作为检察文化载体的活动当然也不例外，同样具有明确的目的性、引导性、规范的组织性和鲜明的教育性等特点。如为增强检察职业使命感，各地检察机关广泛举行的检察官集体宣誓活动。检察文化重在以文化人、以文育人，明确的目的性是将作为检察文化载体的活动和一般的活动区别开来的重要标志，也是我们判定某一活动是否是检察文化活动载体的标准。

2. 参与的广泛性

检察文化不仅仅属于检察机关和检察人员，也是法治文化、中华传统文化和世界文化的一部分，检察文化的开放和包容性就决定了检察文化的受众不仅仅是检察人员，还有社会大众。检察文化的主体是检察机关和检察人员，作为检察文化活动载体的各类活动的主体与检察文化的主体是一致的，开展具有广泛参与性的活动，是满足广大检察人员和社会大众日益增长的检察文化需求，并借机对检察人员和社会大众进行渗透教育的方式之一，也是将检察文化内容顺利落地的标志之一。作为检察文化载体的活动，以不同的活动形式、丰富的活动内容，可以满足不同受众的多元需求，可以调动检察文化主体和社会大众参与的积极性。在满足不同受众参与活动需求的同时，扩大了活动的影响，实现了从组织参加活动的"要我做"，到自发参加活动"我要做"的转变，发挥出检察文化的功能，激发出检察人员和社会大众践行检察文化的积极性和主动性。

3. 突出的实践性

活动本身就是一种社会实践形式。检察文化活动载体的产生与发展是检察文化实践的产物。进一步说，各种形式的检察文化活动载体都是在长期的检察文化实践中产生、发展和完善的，应当说实践性是检察文化活动载体的本质特性。检察文化活动载体实际作用的发挥需要检察文化主体与检察文化受众双方的实际践行。检察文化活动载体作为检察文化主体与受众联系的中介，能有效地促进二者良性互动。在这个过程中，检察文化主体并不是消极被动的参与活动，他们也需要根据自身实际确定参与活动的时机、方式和程度，甚至通过实践根据自己的需求寻求暂时退出活动的良机。活动载体突出的实践性也是其区别于制度载体、行为载体和物质载体的优势，活动能够减弱检察文化建设的强制性，强化检察文化的亲和力，有效地激发检察文化受众的参与积极性，不仅使检察文化受众重视改造主观世界，更能有效地提高他们改造客观世界的实际操作能力。

---

① 《马克思恩格斯选集》（第 4 卷），人民出版社 1995 年版，第 247 页。

4. 交流的便捷性

检察文化活动载体使检察文化主体与检察文化受众在活动中改变了"背对背"、"文对文"的方式。检察文化活动载体承载、传递着检察文化内涵，"承载"不是检察文化活动载体的最终目的，"承载"只是为"传承"提供前提和条件，向检察文化受众传递检察文化才是检察文化活动载体的最终目的。检察文化活动载体能为检察文化主体所运用，并且可以与检察文化受众相互作用，在主体和受众之间实现传递、交流和沟通，从而提高检察文化大众化的成效。

（三）分类

人类的活动具有复杂性、多样性等特点，既包括经济、文化、教育等职业活动，又包括参观访问、社会调查等活动以及围绕经济、社会、文化等工作开展的各种有益的社会活动等。依据活动的具体内容进行分类，检察文化活动载体可以分为政治教育类活动、业务联合类活动、文化艺术活动、参观访问活动、社会公益类活动五类。

1. 政治教育类活动载体

这类载体无论是外在形式还是内在内容都具有鲜明的政治导向性。检察核心价值观、检察文化内涵的传播以及实践大都通过这一类活动开展，它可以看作是检察文化大众化的直接体现。这类活动载体主要由上级检察机关或者检察院的政治部门直接倡导实施，活动的目的也直接为政治教育服务。如我国检察机关开展过的科学发展观学习实践活动、社会主义法治理念教育实践活动、政法干警核心价值观教育实践活动、以"为民、务实、清廉"为主题的党的群众路线教育活动、纪念检察机关恢复重建30周年活动、庆祝中国共产党建党90周年活动、纪念人民检察制度创立80周年活动等，此类活动往往宣传发动比较充分，活动组织规模较大。

2. 业务联合类活动载体

此类活动载体最大的特点是将检察文化相关内容与检察业务工作结合起来，往往通过比赛竞争的形式，立足于检察业务实际，调动广大检察人员参与的积极性。在评先树优的过程中，提高检察人员基本的业务能力和业务素质，从而更好地推动检察工作科学发展；使检察文化主体和检察文化受众在各项活动中提高法律监督能力、自身监督能力和为人民服务能力；始终保持正确的政治方向，正确处理好国家、社会、集体和个人的关系，各尽所能、群策群力，共同为法治国家建设奉献自己的智慧和力量。活动内容本身虽然不直接隶属于检察业务范畴内容，但它直接服务于检察业务的实际需要。如检察机关开展的各类比武竞赛活动、先进工作者争创活动等，由最高人民检察院政治部和公诉厅、司法部律师公证工作指导司和中华全国律师协会以及中央电视台社会与法频道联合举办的全国公诉人与律师电视论辩大赛等活动①。

3. 文化艺术类活动载体

这一类活动载体是"寓教于乐"的生动体现，这类活动载体把检察文化相关内容渗透在其中健康有益的活动中，让人们在活动中学习、在活动中收获、在活动中快乐。文化艺术类活动载体不同于专门和专业的书法、美术、摄影、体育竞技比赛，它不要求非常专业的艺术水平、针尖麦芒间的你争我夺，其需要的是浓厚的文化氛围和娱乐气息，形式上更丰富，内容上也更鲜活，丰富人们的业余文体生活、陶冶人们的情操，把人们带入一种有丰富的知识、积极的氛围的动态境界之中。如书法绘画比赛、演讲比赛、戏曲票友会、音乐大家唱、集体运动健身活动等，参与者以较为放松的心态积极响应，发展和维持自我的兴趣、特长和爱好，提高自身的检察文化素养。如中国检察官文联先后组织的"以梅喻检"文化活动、"以荷喻检"文化活动，以物喻检，托物言志。②

4. 参观访问类活动载体

此类活动载体通过"走出去"和"请进来"的方式，实现检察文化主体与受众的交流，互相学习，取长补短。参观的内容是很丰富的，如参观革命纪念馆、博物馆、革命遗址，瞻仰烈士陵园，聆听英雄模范的先进事迹，游览祖国的壮丽山河、名胜古迹等。访问则主要是指对不同地域、不同检察文化或其他行业文化的学习、了解。通过参观访问，可以使检察人员更直观地了解革命的历史和现状，更形象地认识检察历史和检察模范人物的光辉事迹，进而坚定检察观念。

5. 社会公益类活动载体

这类活动载体的重要特征是满足社会公益需求。参加社会公益活动，无论是对社会公益活动的直接参与者还是受益者，或是对活动有所接触、认识和了解的普通大众，都是一个很好的修养人格和提升道德水平的渠道。在此类活动载体的运用中，检察文化主体立足于服务社会公共事业，面向特殊时期的特殊地区、特殊群体开展公益活动，以达到增进社会和谐和维护社会公平的目的。如检察机关开展的青年志愿者活动、法制宣传下乡活动等。此类活动在人民群众中声誉较高，往往受到偏远和欠发达地区弱势群体的极大欢迎。

---

① 徐日丹：《首届全国公诉人与律师电视论辩大赛启动》，载《检察日报》2011 年 7 月 26 日。

② 卢志坚、朱明飞：《检察文联："以梅喻检"凝聚力量》，载《检察日报》2012 年 3 月 2 日；贾娜、贾富彬、郭存星：《"以荷喻检"打造文化品牌》，载《检察日报》2012 年 8 月 7 日。

二、检察文化活动载体与检察文化

检察文化活动载体承载、传递检察文化内涵，并将检察文化内容渗透到各种活动中，在潜移默化中使检察文化受众受到教育，感知、认同、接受检察文化。检察文化活动载体的内容并非随心所欲，而是受制于检察文化内涵，服务于检察文化的使命和目标。检察文化活动载体通过开展丰富的活动，调动检察文化受众参与的积极性，并引导其形成与检察事业发展需求一致的价值观，激发检察文化主体和检察文化受众的激情，增强民族凝聚力，并在活动中产生影响力，扩大检察文化的影响，形成与活动主导一致的价值观，形成强大的凝聚力，推动检察工作不断发展。

（一）检察文化活动载体以生动活泼的形式再现和传播检察文化

检察文化如果是骨骼，那么检察文化活动就是血肉，两者紧密相连。检察文化活动往往是以生动活泼和人们喜闻乐见的形式承载和传播着抽象的检察文化。同时，正是因为检察文化的内容融入了活动，这种活动才具有了检察文化载体的意义。检察文化通过活动转变成鲜明、生动的艺术形象，使检察文化受众在活动中产生与自己实际生活密切相关的感受和体会，并逐渐将检察文化内容内化为自觉的理性认识和行为规范。当然，检察文化活动载体也为检察文化受众参与活动提供了实践的平台和阵地，在这个平台和阵地上，检察文化受众不断地吸收检察文化活动所倡导和传播的检察文化新信息，并内化于心去指导新的实践活动。参与活动的主体（如表演者）与其受众在活动的过程中发生着相互的影响，活动参与者首先要吸取检察文化，然后要表达检察文化，这种再现检察文化的过程既是活动参考者接受、内化检察文化的过程，也是传播和影响受众的过程，受众的反响又反过来影响活动参与者。活动参与者需要不断地更新认知系统，提升认识水平，保持思维的敏捷性和开放性，无论是认识上还是行动上都要保持创造、发展和传承检察文化的活力。

（二）检察文化是检察文化活动载体的灵魂

作为检察文化载体的活动，要以检察文化为灵魂，体现检察观念、检察伦理和检察形象的要求。在检察文化活动中，检察文化主体与检察文化受众互相交流、相互作用。检察文化大众化目的的实现、任务的完成总是需要检察文化主体发挥主导、主体作用，检察文化主体与受众相互作用、有机统一，在检察文化活动中不断推进检察文化的提升，实现检察文化转化和渗透作用。检察文化主体只有能够通过活动的体验，最终按照检察文化的要求实现文化的自觉，并能积极践行检察文化时，检察文化才真正是顺利"落地"，检察文化大众化的目的才能实现。

（三）检察文化活动载体是检察文化的具体化

作为精神成果的检察文化本身具有抽象、无形的特点，而各种各样的检察文化活动载体使检察文化内容得以生动、形象、具体地呈现，化检察文化"无形"为"有形"，使检察文化主体和检察文化受众在检察文化活动的参与中能够直接感知检察文化、认知检察文化，将检察文化的感性认识与理性认识结合起来。检察文化内容通过检察文化活动中的人物、故事、情景等加以"活化"，变成了活生生的现实呈现在检察文化受众面前，感染受众的心灵、影响受众的认识，使检察文化受众在潜移默化中感知检察文化、内化检察文化、认同检察文化。

三、以活动为载体的检察文化建设

随着检察文化的不断发展，检察文化和法治文化的影响力也在逐步提升，人们对检察文化和法治文化的需求也不断增长，检察文化受众对检察文化载体的要求也越来越高，这就需要更好地发挥检察文化活动载体的优势活化检察文化，以实践来赢得认知、认同；这就需要我们更加扎实地做好检察文化活动载体的建设。

（一）以活动为载体的检察文化建设应坚持的原则

检察文化活动载体建设过程中，需要牢牢把握应当坚持的原则，以使检察文化活动能够取得最佳的效果。

1. 坚持正确的方向

检察文化活动载体建设中，要始终坚持正确的方向，正确的方向就是要坚持"二为"方向、"双百"方针和"三贴近"原则。检察文化活动要坚持为社会主义服务、为社会大众服务；要坚持百花齐放、百家争鸣；要坚持贴近检察工作实际、贴近检察生活、贴近检察人员。

2. 坚持以人为本的原则

检察文化活动载体归根结底，活动需要有人的参加，在活动中需要互动，才能激发检察文化主体与检察文化受众的积极性和热情，在潜移默化中接受检察文化。坚持以人为本，就是检察文化活动的设计、开展要坚持以检察人员为主体，主要由检察人员参与活动，以满足检察人员和广大群众日益增长的检察文化和法治文化需要。

3. 坚持文化艺术性原则

检察文化不是简单的蹦蹦跳跳、说说唱唱，而具有丰富的文化内涵。"文艺是民族精神的火炬"①，它可以点燃民族的激情、凝聚民族的力量。检察文艺可以说是检察精神的火炬，检察文化活动载体的灵活性需要增强活动的文化艺术性。

（二）　注重检察文化活动载体的策划设计

检察文化活动载体建设中要注重活动的策划设计，要围绕检察文化内容进行不同形式的创新、不同内容的创新。

1. 在文化的融合中体现检察文化特点，展示检察文化的特性

检察文化产生和发展于检察工作，不同地域、不同民族、不同时代文化的差异性带来检察文化的差异性。所以，在以活动为载体的检察文化建设中，要结合不同地域文化、民族文化、传统文化设计检察文化活动；在文化的融合中，要借助当地的文化特色来展示检察文化特色。如中国检察官文联主办的首届中国检察官文化论坛，依托的是纪念毛泽东同志在延安文艺座谈会上的讲话发表 70 周年的时代背景，依托的是延安红色文化传统文化背景，依托的是延安文艺座谈会的旧址的渗透力和影响力，体现的是对检察文化的理论探索与思考的特性，活动的名称体现出检察官主体、论坛的内容与时俱进，紧贴检察工作主题，不是过于共性、空泛口号呐喊，而是能够标识检察机关特色，使检察文化主体能够切身感受红色文化、感受文化艺术的力量。

2. 以创新性展现检察文化个性形象和吸引力

有创意、有个性的文化活动设计能给人以耳目一新的感觉，增加活动的吸引力、凝聚力，激发检察文化主体和受众产生理性思考。创新文化活动载体就要寓教于乐，文化活动既要丰富多彩又为检察文化受众喜闻乐见；既有检察文化内容的教育，又有检察核心价值观引导。如中国检察官 2012 年 3 月举办的"以梅喻检"文化活动、8 月举办的"以荷喻检"文化活动和 2013 年年初举办的"以竹喻检"征文活动，活动的形式和内容实现创新，以梅、兰、竹、菊等植物的特性来比喻检察精神，借物言志。活动的个性化形象，不仅在活动的举办中受到检察文化活动主体和受众的关注和欢迎，各地检察机关也积极学习、借鉴这一活动创业，紧密结合各地实际开展各类"以物喻检"活动。

3. 尊重检察文化活动的规律，兼顾客观性和可操作性

作为检察文化载体的活动设计要从实际出发、实事求是。脱离检察现实状态（如队伍整体结构、地域特点等）以及人员素质，不切实际地提出超越发展阶段的目标与口号，虽然动机在于激励人、鼓舞人，但由于无法实现，将最

---

① 2001 年 12 月 18 日，江泽民同志在中国文学艺术界联合会第七次全国代表大会、中国作家协会第六次全国代表大会上的讲话。

终导致丧失信心和凝聚力。即使是着眼于服务发展，也必须考虑客观的承受能力。若检察文化主体的承诺受主客观条件制约而不能长期兑现，最终将会丢失检察文化的号召力。检察文化不是任意营造的，它实际上是检察机关现实发展潜力的精神反映。检察文化活动的设计必须遵循客观规律。

4. 增强检察文化活动的亲和力、感染力和导向性

检察文化之所以产生推动检察事业发展的动力，就在于能够以文育人、以文化人，影响和感染检察人员，产生亲和力、凝聚力和创造力，使检察文化与受众之间产生互动，使检察观念得到践行，激发更多的检察文化主体和受众能够主动参与进来，真正地推进检察文化建设。要创设生动活泼、丰富多彩的为检察人员和社会大众所喜闻乐见的文化活动载体，使其承担有检察文化知识的普及与检察核心价值观的导向责任。在潜移默化中实现检察文化教育与检察文化主体与受众自我教育的统一。比如，在上海世博会期间，美国馆的文化体验活动就充分运用了活动体验的范式展示美国文化的互动。其利用一切可以利用的机会传播美国文化，而不是冷冰冰的、拒人千里之外的、缺乏互动的文化传播。再如，针对儿童来传播文化理念的迪斯尼乐园、比如世界体验场所、德国幼儿园组织儿童参观警察局、法院、消防等场所都是运用了活动的设计，增强互动，将文化活动载体运用到日常的国民公民教育、道德教育中，发挥了活动载体的作用。

（三）增强活动的政治性、参与性和普及性

文化的开放性、包容性，增加了文化的复杂性。检察文化同样要面对多元文化的诱惑和考验。多元文化交流使诸多因素杂糅，良莠难分，加大了选取检察文化切入点的难度，多向的文化传输使诸多渠道衔接，不良文化信息筛选难度加大。活动载体承载的信息又是丰富的、细微的，它既可以承载着社会延续发展的风俗习惯、道德要求和法制规范等，又可以承载着个人发展的品性修养。所以，检察文化活动的设计策划中，要注重检察文化活动的政治性，以社会主义核心价值体系为指导，贯彻检察核心价值观，活动不仅要鼓舞参与者的积极参与激情，也要鼓舞组织者的组织优化热情，增强活动参与者的凝聚力，形成检察文化主体与受众与活动主导相一致的价值观。检察文化本身就具有民族的、科学的、大众化的文化特点，要增强检察文化的普及性。列宁曾说"在一个文盲的国家里是不能建成共产主义社会的"，毛泽东也说"没有文化的军队是愚蠢的军队，而愚蠢的军队是不能战胜敌人的"。在检察文化大众化过程中，检察文化内容是前提，只有通过检察文化的普及并以此为基础开展价值导向，才能最终使检察人员牢固树立检察理念。如开展的践行科学发展观活动、政法干警核心价值观教育实践活动，最高人民检察院采取层层部署、阶段

推动的方式，在活动开展中将建设法治中国、平安中国、和谐社会的共同理想，民族精神和时代精神转化为鼓舞检察人员和广大群众积极参与社会主义法治国家建设的巨大动力，形成了强大的凝聚力，推动检察工作向前发展。

（四）充分发挥社会团体等多方积极力量

生动活泼的检察文化活动，如各种类型的学术讲座、知识竞赛、演讲比赛、社团活动以及丰富多彩的文化娱乐活动，对所有参与者尤其是检察人员的专业素养、职业技能、情趣爱好等身心发展都具有潜移默化的熏陶和作用。把检察文化的内容渗透到这些活动中，努力组织好这些活动，就能使检察文化的作用得到更好的实现，同时也能增强检察文化的吸引力。就检察文化活动的组织而言，检察机关要形成党组领导、政治部门指导、多方参与的形式和架构。党组领导，就是要认真落实全国检察机关文化建设会议精神和最高人民检察院《关于深入贯彻落实党的十八大精神进一步加强检察文化的决定》的要求，把检察文化建设摆上重要位置、作为重要议程，构建科学、完整的检察工作科学发展体系；政治部门指导，就是要充分发挥政治部门的指导作用，把握好活动的政治性和方向性，加强检察文化理论研究，加强对检察文化活动组织开展者的指导；多方参与，就是要以开放的眼光、开放的格局，正视检察文化面临的内部和外部环境，充分借助内部和外部的力量开展好各类活动，通过活动促进交流、增进了解、加强友谊，通过活动扩大检察机关的影响，提升检察机关形象，检察机关的党团部门、社会团体等各方力量都可以充分地为我所用，弘扬检察精神。在活动的组织中，特别要注重发挥检察官文联的作用。在最高人民检察院党组的领导下，中国检察官文联于2011年6月22日应运而生，检察人员（含离退休人员）中的检察文化艺术爱好者、检察文化建设支持者有了自己的组织，检察人员有自己的精神家园。中国检察官文联成立以后，在检察文化理论研究、检察文化艺术创作、检察文化艺术活动和检察官文联组织建设上不断取得新成效、新成果，开创了检察官文联的新局面。[①] 截至2013年10月，中国检察官文联已拥有省级检察官文联团体会员29个，并将成立文学、书画、摄影、音乐舞蹈、影视五个直属专业协会。中国检察官文联作为检察文化艺术活动的一支重要力量和专业团体，明确了"走好一条路"、"坚持四服务"、"突出一主体"的工作主线和检察文化理论研究、检察文化艺术创作、检察文化活动"三位一体"的工作思路，保证了检察官文联的正确方向。

---

① 参见王新友、朱明飞：《潮平岸阔催人进风正扬帆正远航——写在中国检察官文联成立两周年之际》，载《检察日报》2013年6月28日。

第四节　物质载体

作为精神成果的文化往往体现于一定的物质形态之中，正如音乐演奏离不开乐器，美术创作离不开颜料、文房四宝之类一样，作为精神成果的检察文化往往要依托于物质形态，通过物质载体来承载、传递检察文化。作为检察文化的物质载体不仅能满足检察人员的工作需求，更重要的是它们记载、传承着检察文化信息，在服务检察的工作中不断创造和发展，推动着检察事业的不断前进。检察文化的成果主要是以物质实体（如书、艺术品等）为载体并得以流传。

一、检察文化物质载体的概念

（一）概念

检察文化物质载体必然满足检察文化载体的要求，具有一般文化载体的基本特征，同时，检察文化物质载体又须具有自身的客观性、含有检察元素，能够承载检察文化的内容，实现检察文化的"普遍性"与检察文化物质载体"特殊性"的统一。

检察文化物质载体应与观念形态检察文化具有一一对应的关系。所谓检察文化物质载体，就是指能够承载、传递检察文化的观念内涵，并能够被人们感知的客观存在，是检察文化赖以依附的物质形态。

检察文化物质载体，主要是以某种方式对检察文化的承载和记录。我们日常工作、生活中接触的各类物质存在虽说也承载了某种文化，但并不都是承载检察文化的，所以不能视为检察文化物质载体。比如，我们日常生活中的一件衣服，我们创造它的目的是满足我们避寒遮体的，不是为了作为一种文化的载体而存在。许多人造物质形态大都属于此类，如饭碗是满足我们吃饭的，自行车是便于我们行路的，手机电话是便于我们沟通的，等等。我们所研究的检察文化载体是以某种方式承载、传承抽象的检察文化，形成检察事业发展的标识。因为对于检察机关和检察人员而言，检察文化物质载体不像满足我们第一需要的物质条件那样紧迫，而是在满足我们基本的生存需要之后的创造物，是检察人员单纯的物质需求解决之后创造的一种满足物质和精神需求的物品。检察文化物质载体具有物质性和精神性的双重性，它不仅以物质形态的客观存在形式来满足检察文化主体的工作需要，而且还在一定程度上满足检察文化主体的精神需要。

（二）特征

判断检察文化物质载体，需要把握三个标准：一是物质性；二是对应性；三是认可性。

1. 物质性

作为检察文化载体的一种形式，物质性是检察文化物质载体区别于其他载体的第一属性，即以客观存在的形式使检察文化受众感受到检察文化。同时，还要注意非物质文化中检察文化物质载体的物质性。非物质文化遗产是相对于物质文化遗产如古建筑、遗址、文物等遗产而言，但是非物质文化遗产的"非"所"否定的不是哲学意义上的物质，而是实物、实体的物质。在哲学意义上，非物质文化遗产同样遵循一般的哲学原则，是不可能超越物质、也不可能离开物质的"。[①] 比如老检察官口述故事的口头文学是以语言为其物质形式，检察官集体创作并广泛传唱的《人民检察官之歌》是以乐器、人的声腔系统等为其物质形式，这些都是最典型的非物质文化，也是最有代表性的无形文化。口头文学没有口头讲述的呈现，我们就不能感知它的存在；在检察官间广泛传唱的歌曲的声音是不可捉摸、不可触及、不可见形、不可具象的，随着科学技术的发展，人们现在可以用技术手段把纯粹的非物质文化有形化、视听化、文字化，使其能够反复再现，可以远距离传播，可以长期保留，可以流传后世。

2. 对应性

检察文化物质载体的客观存在与其所承载、表现的检察文化的内容之间存在一定的对应性，人们只有通过这种对应的指代关系，才能判定客观存在所承载、传递、反映的是否是检察文化的内涵、信息。此时，作为精神成果的检察文化依托于一定的物质，表现的是一对多的、非排他性的对应关系，一个特定的检察文化物质载体至少承载、传递、反映一个特定的检察元素，同一个特定的检察元素可以有多个不同的物质载体承载。

3. 认可性

检察文化物质载体本身并不是文化，检察文化不能等同于载体，但检察文化又离不开载体而存在。检察文化通过各种载体来传递、被感知，这就需要受众的认可，并且检察文化物质载体所承载、传递的检察文化能够被检察人员和一般的社会公众准确认知、认可，这也是检察文化应有的要求。

---

① 白云驹：《论非物质文化遗产的非物质性——关于非物质文化遗产的若干哲学问题之一》，载《文化遗产》2009 年第 3 期。

（三）分类

随着社会生产力的不断发展和各种物质的不断丰富，检察文化物质载体不断得到创新和增加，检察文化的渗透力和认同度不断得到提升。对于检察文化物质载体，依照不同的标准或从不同的角度可以进行不同的分类。为便于研究，以不同的客观存在形式为标准，我们认为检察文化物质载体可以分为标识类、语言文字符号类、器物类、场所类等。标识类检察文化物质载体，主要包括具有检察标识作用的检徽、检察车辆标识、检察制服等。语言文字符号类检察文化物质载体，主要包括图书报刊、数字网络技术、文学艺术作品、检察机关法律文书等。器物类检察文化物质载体，主要包括检察装备、检察用品等。场所类检察文化物质载体，主要包括检察办公环境、检察博物馆、检察展室等。

1. 标识类检察文化物质载体

标识是指被专门设计成的特殊标志图案、服饰等。标识类检察文化物质载体含有检察元素，并以其客观存在的外部表现特征易于受众区别、辨认，传递检察文化信息。

（1）检徽。检徽，是检察机关徽章的简称，是证明检察人员身份的专用标识。在检察机关发展进程中，检徽以其独具的图案形式展示检察机关的法律职业文化信息。我国的检徽曾被设计为两把交叉的利剑。2000 年，检察机关统一更换检察服装后，启用了现行检徽。现行检徽的设计基本图案由盾牌、五颗五角星、长城和橄榄枝图形构成。盾牌和

五角星象征着司法机关在国家法治建设中担负着法律保障等重要职责；长城象征着中国，充分体现了司法机关的国家属性，也象征着国家对司法工作顺利开展的坚强保障力；橄榄枝代表着和谐，象征司法在维护社会稳定、促进社会和谐发展中的重要作用。① 现行检徽的设计，传递出了我国宪法规定的检察机关法律监督机关的属性，传递了检察官的法律职业特色文化信息。

（2）警车标识。根据公安部有关规定，人民检察院用于侦查刑事犯罪案件的现场勘查车和押解犯罪嫌疑人的囚车属于警车。警车采用全国统一的外观制式标识。警车外观制式采用白底，由专用的图形、车徽、编号、汉字"警察"和部门的汉字简称以及英文"POLICE"等要素构成。人民检察院的部门

---

① 参见《检徽的由来》，载《检察日报》2008 年 7 月 8 日。

汉字简称为"检察"。检察机关使用警车标识以"检察"部门标识和车牌编号使受众易于区别、辨认。[①]

（3）检察制服。检察制服是检察人员在执行法律监督职务时统一穿着的制式服装，是检察人员代表国家行使检察权的标志。从 1949 年至 1984 年，我国检察机关并没有统一的检察制服。1984 年 5 月 1 日，检察人员第一次统一着装，夏装为米黄色，春秋冬装为豆绿色，佩以领花、肩章和戴有国徽的大檐帽。1990 年，夏装也改为豆绿色。此时的检察制服具有军事化服装特点和色彩，强调了检察机关代表国家强制力的属性和公权力的职业形象。2000 年，新式检察制服正式启用，取消了过去的大沿帽、肩章、领花等具色彩的装饰，换之以西服式制服，颜色也变为国际司法领域通用的藏蓝色。[②] 2009、2010 年又稍做改动，使设计更人性化、更合理化，细小之处的设计（比如纽扣、下摆、徽标）更彰显检察人员的职业特点。检察制服从无到有，以及样式的变迁，体现着检察工作理念的变更，彰显出检察文化内涵的丰富和发展。新式检察制服淡化了权力本位色彩，融入亲和力与理性，准确地反映了法律监督工作的特性，喻意检察工作职业化、专业化的发展方向，强调司法公正和理性文明执法。

2. 语言文字符号类检察文化物质载体

语言文字符号凭借自身的客观存在，传递承载的文化信息内容，成为人们相互交往和交流思想的载体。语言文字符号类检察文化物质载体以其承载的检察文化信息，向受众传播检察文化，成为受众了解、认知检察文化的媒介。

（1）图书报刊。图书作为人类社会实践的产物，在知识传播中发挥着重要的载体作用。作为检察文化物质载体的图书，用文字或其他信息符号记录、承载检察文化。在内容上，一方面取决于检察文化实践的发展，另一方面又全面客观地反映了检察文化工作实践，反映了一定时期的检察文化特征，并对检察文化实践产生一定的借鉴和指导作用，成为检察文化交流、传承的重要媒介，成为受众了解、掌握检察文化的重要工具。正如程焕文教授所言，从物质进化的角度来看，能够负载一定的文化、代表一定的文化，甚至反映一定文化的发展水平的文化事物（指文化实物）是多种多样的，如各种文物、文化遗迹等，但是，最能够负载一定的文化、最能代表一定的文化、最能够反映一定的文化的发展水平的乃是图书。[③] 特别是 1989 年，我国

---

① 《警车管理规定》，2006 年印行。

② 参见《检察制服的变化》，载《检察日报》2008 年 7 月 9 日。

③ 程焕文：《中国图书文化导论》，中山大学出版社 1995 年版，第 32 页。

检察机关唯——家出版社——中国检察出版社成立，检察图书数量逐年增长，使承载检察文化的图书不断丰富。

报刊是指"以刊登新闻和时事评论为主的、向公众发行的散页连续出版物，通常有固定的名称和刊期"。① 作为检察文化物质载体的报刊，不仅包括向公众发行的报刊，也包括经相应出版部门批准，向特定人员赠阅的内部报刊，其通过印刷在纸张上的文字、图片、色彩以及版式等符号向大众传递检察文化信息，传播检察文化。尽管报刊现在不断受到广播、电视、互联网络、手机阅读等新媒体的冲击，但"千百年来形成的阅读习惯，使人们对纸质媒体形成了一种依恋感和信赖感"。② 报刊仍以其便于携带、便于阅读、客观准确地报道、深度地分析等优势在大众媒体传播中占有重要的地位。《检察日报》、《人民检察》、《方圆》、《中国检察官》、《清风苑》等公开发行的检察机关报刊，以及各级检察机关推进检务公开、展示检察文化建设成果的内部报刊的受众群体已成规模，在检察文化的传播中承载了重要内容，发挥了重要作用。即使是在网络载体日益普及并深入人们生活的今天，纸质载体依然顽强地生存了下来，并在与其他媒体的竞争中显示了其不可替代性。人们有理由相信："没有它们，没有图书以及没有作者和读者，就没有完整的文化。文化是需要传统的，而传统需要能够流传的工具，其中最重要的工具是文字和图书。"③

（2）数字网络技术。这里所谓的数字网络技术，既包括有限的互联网络，也包括无线通信以及移动互联网。④ 伴随着 20 世纪后半期信息技术的飞速发展，文字、声音、图像、动画等文化信息被以数字代码的形式转化成二进制的数字语言进行传播，数字网络技术成为文化传播的新载体和新手段。作为检察文化物质载体的数字网络技术，发挥着检察文化信息传递、检察文化交流、检察文化展示等功能，同时它在技术上又超越了传统媒体，电子邮件、即时通信、网站、电子杂志、博客、微博、网络电视等新形式的出现，凭借其创新性、公开性、交互性、便捷性、虚拟性等特点，在检察文化传播中正发挥着越来越重要的作用。2012 年 1 月 10 日，最高人民检察院开通的"检察文化建设网"、2012 年 6 月 21 日中国检察官文联开通中国检察文艺网成为传播检察文化的重要网站，与最高人民检察院门户网站、正义网、中国检察文艺网、各省

---

① 王宇：《大众媒介导论》，中国国际广播出版社 2003 年版，第 35 页。

② 张晓峰、赵鸿燕：《政治传播研究理论、载体、形态、符号》，中国传媒大学出版社 2011 年版，第 47 页。

③ 埃尔哈德·海诺德：《书和书籍出版》，何云峰、王晓明编译，同济大学出版社 1991 年版，第 122 页。

④ 孙有中等：《美国文化产业》，外语教学与研究出版社 2007 年版，第 160 页。

级检察院门户网站等构成网络群，成为检察文化传播的新载体，成为受众快捷学习、了解检察文化、促进检察文化交流互动的快捷载体。2009 年，全国检察机关局域网建成率达 95.7%，专线网覆盖率达 93.3%，联入检察专线网的终端近 20 万台，[①] 有的检察院建立了局域网数字图书馆、电子报刊、文化论坛等。局域网的快速发展，提升了检察机关内部检察文化信息交流的速度和质量。不过，检察机关在现阶段面对数字网络技术的便捷及其带来的过于开放，与当前使用群体阶层的代表性的局限，以及传统传播观念的束缚，在检察文化的传播上，还制约着其作为新兴便捷载体和沟通渠道潜力的发挥。

（3）文学艺术作品。文学艺术作品，是对社会生活进行形象的概括而创作的文学和艺术产品。作为检察文化物质载体的文学艺术作品，通过文学语言或艺术语言，记录、表现和承载检察文化思想、检察文化现象，成为反映检察文化的符号，成为检察精神的火炬。其产生和创作的过程即是创作者对检察文化反映的物质外化过程，因而必然带有检察文化创作的主观色彩，但其并非可以同检察文化实践分离而独立存在，其承载着检察机关的历史和文化。参照《伯尔尼文学艺术作品保护公约》，结合艺术系统分析法[②]，作为检察文化物质载体的文学艺术作品的主要艺术形式由文字形态（文学作品，包括诗歌、散文、小说、剧本等）、非文字形态（音乐、绘画、舞蹈、建筑、雕塑、照片等）、综合形态（戏剧、电影、电视等）三类组成。2011 年 6 月 22 日，中国检察官文联成立，以及随后各级检察官文联的成立，成为以文学艺术形式推进检察文化繁荣发展的重要力量，尤其为检察文学艺术作品的丰富发挥积极作用。

（4）检察机关法律文书。检察机关法律文书是检察机关在从事检察活动过程中，为实现检察机关职能，所依法制作的具有法律效力或法律意义的文书总称。作为检察文化载体的检察机关法律文书，以其记录和反映的内容，展示检察机关在检察活动过程中执法行为、执法理念等所反映的检察文化。2001年，最高人民检察院根据检察业务的需要，综合多年来的司法实践结果，重新制定了《人民检察院法律文书格式（样本）》，共规定检察机关法律文书 139种，这些代表国家行使检察权具有法律效力的国家公文，不仅展现了检察机关规范执法的水平，更承载了"公正"执法的检察文化，对提升法律监督的效果和检察机关的执法公信力有积极的促进作用。

---

① 张立：《科技磨砺法律监督之剑——全国检察机关技术信息工作会议综述》，载《检察日报》2009 年 11 月 4 日。

② 参见胡智锋：《影视文化论稿》，北京广播学院出版社 2001 年版，第 98 页。

3. 器物类检察文化物质载体

作为文化形态的器物,是人们利用对自然物属性及运动规律的认识成果从天然自然中创造出来人工自然。因此,器物是检察文化的物化。[1] 器物类检察文化载体,以其被制造出的独特的形态、功能、富有的独特内涵等来反映所承载的检察文化。

(1)检察装备。检察装备是根据检察办案工作需要,配备的检察办案设备、检察技术设备等,如职务犯罪侦查需用的办案车辆、技侦设备、武器弹药、移动办公设备等,公诉人出庭需用的多媒体示证设备,检察技术检验部门需用的检验设备等。检察装备一方面是科技不断进步的成果在检察领域的应用,一方面检察装备的不断高级化、现代化、精致化,展示了检察机关执法办案效率的提升,承载了检察机关履行法律监督职责过程中的检察文化,并成为检察工作发展的重要支撑。

(2)检察用品。检察用品是根据检察办公工作需要,配备、采购或设计制作的具有检察特色的物品。如检察机关办公使用的电脑、纸张、对外交流的检察礼品、检察机关保密工作使用的特种办公设备等。检察用品被赋予检察工作的内涵之后,成为承载检察文化内容的物品,一方面其作为办公用品而存在;另一方面又承载了检察文化内涵,展示了检察机关工作形象。

4. 场所类检察文化物质载体

文化设施场所,是检察文化发展的基础和载体。近年来,随着全国检察机关"两房"建设的深入推进,检察文化设施建设得到改善的同时,场所类检察文化物质载体也得到提升,并呈现出崭新的格局,基本上形成了以办案办公场所为重点、走廊文化为补充、检察文化展室为基础的文化场所设施网络,逐步满足了检察人员日益增长的文化需求。

(1)检察办案办公场所。办案办公场所不仅仅是一个物质的层面,其本身体现出文化的内涵、文化的精神。按照最高人民检察院《关于深入贯彻党的十八大精神进一步加强检察文化建设的决定》中"规模适当、庄重实用、布局规范、功能齐全的总体要求",各级检察机关在"两房"建设中加强了对检察机关公用区域的文化建设,检察办案办公场所的设计建设也突出了"以人为本"等检察观念。如办案工作区的"圆形"或"三角形"询问桌,彰显了检察机关平和、文明执法的检察文化;带有温湿度显示的同步录音录像讯问设备的配备,彰显了检察机关注重执法过程的公正的检察文化;控申接待大厅前移,方便群众控告申诉,彰显出检察机关便民、为民的检察文化;办公区域

---

[1] 转引自王桂兰等:《文化软实力的维度》,河南人民出版社 2010 年版,第 131 页。

富含法治精神的文化墙、文化长廊，充满人性化关怀的电子显示屏等，彰显了检察机关实行现代化管理的检察文化。

（2）检察博物馆。博物馆是征集、典藏、陈列和研究代表自然和人类文化遗产的实物的场所，并对那些有科学性、历史性或者艺术价值的物品进行分类，为公众提供知识、教育和欣赏的文化教育的机构、建筑物、地点或者社会公共机构。2007年9月12日，位于江西省井冈山市茨坪镇长坑中路10号的人民检察博物馆正式落成。人民检察博物馆的建立，为全面、真实地展示人民检察制度诞生、发展、完善的曲折经历提供了新的载体。2011年4月20日，全国首个省级检察博物馆——河南人民检察博物馆正式向社会开放，该馆成为集收藏、研究、展示、交流和服务等功能于一体的省级人民检察历史博物馆。检察博物馆的建立，为检察文化的承载提供了一个专门的、固定的载体。

（3）检察展室。在检察文化场所设施建设过程中，各地检察机关因地制宜，加强检察历史资料的收集、整理、积累、研究和利用，建立检察荣誉、院史、职务犯罪预防教育等检察展室，全面展示各地检察机关发展的历史变迁和取得的成绩，如在检察展室中陈列了历次更换的检察服装、检察理念的更新、检察岗位工作人员的照片等，在职务犯罪预防展室中展示了所查办的重特大职务犯罪案件案例等，展示了检察文化的深厚底蕴和文化传承，有助于激发检察人员的职业使命感、职业荣誉感和归属感。检察展室成了在检察人员身边的检察文化，成了检察文化看得见、摸得着的载体。

二、检察文化物质载体与检察文化

检察文化物质载体以自身存在的客观形态，给检察文化受众对检察文化以直接、最现实的感受，准确把握检察文化物质载体与检察文化的关系，不仅是我们准确掌握检察文化的需要，也是我们进行检察文化建设的需要。

（一）检察文化物质载体与检察文化是"体"与"魂"的关系

从检察文化特有属性和内在规律来看，检察文化是精神成果与承载这些精神成果的物质基础和传播形态之间的有机统一。检察文化是检察文化物质载体的"魂"，承载检察文化的物质载体是检察文化的"体"，"魂"与"体"两者统一于检察工作。正是检察文化物质载体的有形化，使无形的检察文化得以"现身"，能够使检察文化受众接触、感觉到检察文化。检察文化载体正是因为有了检察文化之"魂"，才可以成为检察文化的物质载体，否则即使矗立千年的石头也不能成为检察文化物质载体。

（二） 检察文化物质载体是检察文化的固化、物化

检察文化物质载体本身具有的客观存在性和有形性，能够起到固化、物化检察文化的作用。这样促使检察文化主体在检察文化建设中、在检察工作中，注意以检察观念来自觉反省自己行为创造的检察文化物质载体，同时展现出检察文化主体的精神风貌。如检察人员对自己所制作的法律文书精益求精，力求经得起法律的检验、事实的检验和时间的检验。再如，在"以梅喻检"文化活动中，梅花成为检察文化活动的客观对象，梅花具有忠贞、奉献、刚毅、执着、知恩、廉洁等高尚品格，与"忠诚、为民、公正、廉洁"的核心价值观具有相通之处，梅花固化、物化了检察文化，有利于激发检察文化主体以梅花为对象来思考和促进检察品格的养成，学习和借鉴梅花精神。

（三） 检察文化对物质载体的升华作用

检察文化在赋予物质载体以文化内涵的同时，也升华了物质载体，使其具有了许多特殊的意义。正如"作为华人国防观念鲜明象征的万里长城，无论可以赋予多少含义，但它毕竟是一座毫不含糊的防御性军事建筑，在作为农耕民族的华夏——汉人历来求统一、求和平、固本自守的心理的物质表征"①。由于检察文化对检察文化物质载体的文化升华，也不断丰富了检察文化内容，积累和传承了检察文化。

三、以物质为载体的检察文化建设

检察文化物质载体以自身的客观存在，不仅承载、传承着检察文化，更以多姿多彩的物质世界形态展示着日益丰富的检察文化。检察文化物质载体的繁荣发展，检察文化繁荣发展的重要标志。正如基特尔（Friedrich A. Kittler）所说："文明储存和传输的可能性有多大，精神世界就有多大。"② 正所谓"千仓万箱，非一耕所得；千尺之木，非旬日所长"，今天所拥有的检察文化，不是骤然降临的，而是一代代检察人员在过去交互关系与检察工作中所产生的、积累的结果。所以，随着检察文化建设的发展，我们必须逐步加大检察文化物质载体的建设力度。

（一） 在基层设施环境建设中融入检察文化

面对文化多元化的影响，在检察文化物质载体建设中要坚持以人为本的理

---

① 冯天瑜、何晓明、周积明：《中华文化史》，上海人民出版社 1990 年版，第 120—121 页。

② ［美］彼得斯（John Durham Peters）：《交流的无奈——传播思想史》，华夏出版社 2003 年版，第 130 页。

念，注重立足检察文化、面向法治文化、传承中华文化、放眼世界文化，加强检察文化物质载体建设，实现检察文化物质载体硬件软化和软件硬化相交融的局面，为检察文化繁荣发展提供硬件保证。要加强检察文化环境建设的规划，融入检察文化因素，增加检察文化氛围，检察文化环境设计必须做到实用性、思想性、艺术性和教育性相结合。检察文化环境建设应优美怡人，在检察机关的基础设置建设中，注重包含检察文化底蕴和时代特征，用物化的检察文化凝聚艺术，达到陶冶检察文化受众情操的目的。检察机关办公场所应当有体现检察精神和法治精神的励志名言，既让人享受艺术之美，又可以赋予人理想，使工作在其中的检察人员获得检察文化教育，启迪思想，规范行为，激发检察人员的责任感、使命感。检察文化物质载体建设还要实现向健康、环保发展，检察工作环境中的花草树木既能绿化环境，又能改善工作氛围，调节情绪。特别是能够给检察文化受众一个可以调整身心，激发他们工作、学习的积极性。同时，尽可能让检察人员主动地美化、净化自己的工作环境，让他们感到自己是检察文化环境的主人，在整洁幽雅的环境中养成文明有序的工作习惯。

（二）提高检察文化艺术作品创作质量，繁荣和发展检察文化产业

创作更多优秀检察文化艺术作品、不断满足检察文化主体和受众的精神文化需求是检察文化建设的重要任务之一。优秀的检察文艺作品刻写着检察理想和法治的梦想，昭示着检察事业的未来，深深影响着检察人员的精神和一个时代法治的风尚。创作优秀的检察文艺作品，是时代和历史给予检察文化艺术爱好者、工作者的殷切期望，也是检察文化艺术爱好者、工作者真正能够施展才华、作出无愧于时代的业绩的必然要求。中国检察官文联作为检察文化艺术的专门力量更要充分发挥职能作用，组织好、发挥好检察文艺人才的作用，创造条件，激励检察文艺爱好者、工作者牢牢把握检察事业发展的正确方向，紧握时代脉搏，把个人的艺术追求融入检察事业发展的大局之中，以充沛的激情、生动的笔触、优美的旋律、感人的形象，创作出更多更优秀的检察文艺作品。在加强检察文艺作品创作的同时，要努力提高检察文艺作品的内在质量。检察文化受众生活的新时代，对工作、生活的新追求，对检察文艺创新提出了更高要求。只有坚持解放思想、实事求是、与时俱进，大力推进检察文艺观念、内容、风格、流派的积极创新，推进检察文艺体裁、题材、形式、手段的充分发展，才能创作出更多具有检察特色、检察风格、检察气派的优秀文艺作品，实现检察文化物质"以正确的舆论引导人"、"以优秀的作品鼓舞人"的作用。要推进检察文化和法治文化作品变"产品"进入市场，进入社会的竞争，提高质量、赢得市场。通过检察文化产业的发展，激发检察文艺作品的创作活力，接受市场和受众的考验，不断提高检察文艺作品的质量，使人们在潜移默

化中受到检察文化熏染。

（三）依靠科技力量，为检察文化发展插上理想的翅膀

科技改变着世界。回顾人类漫漫的进化史，反思这个全面互联的时代，无论是中国的甲骨载体还是埃及的莎草纸——对于人类文化的继承、传播、发展，科技创新无疑起到了至关重要的物质基础的作用。在多元文化的冲击碰撞中，需要我们用开阔的眼界和开放的胸襟包容和理解科技所带来的多元文化。当代科技的发展，困难的不再是物质载体选择，而是对物质载体的运用、对检察文化内容的创新。如何依靠科技力量，为检察文化发展插上理想的翅膀，这是检察文化物质载体建设要思考的问题。在当前，尤其要注重对互联网络的建设，首先要加强网络的通信设施建设，为检察文化便捷、高效传播提供必要条件；其次要加强网络阵地建设，提升网络文化的品质，检察文化主体要建立融思想性、服务性、知识性、娱乐性为一体的网站，争取积极主动地抢先占领网络新阵地；最后要加强网络文化的监管，利用网络唱响主旋律，把握网上舆论主导权，传播检察文化，弘扬检察精神，建设好检察人员的"网上精神家园"。

第六章　检察文化的基本功能

随着检察文化建设的开展，人们对检察文化内在规定性的认识不断深入，对检察文化功能的认识也日益全面和准确。检察文化的功能，一方面揭示了检察文化在检察工作中的地位及相互作用；另一方面则揭示了检察文化与检察工作，尤其是与检察工作主体的关系和相互作用。认识检察文化的功能，首先，要认识由检察职业的内在规定性所决定的检察文化的各种属性，如规范性、主导性、评价性、调整性等。在一定意义上，检察文化的功能是检察文化内在规定性的外在表现。其次，要认识并研究检察文化与检察制度、检察工作、检察机关、检察人员之间的关系。检察文化的功能只是这些关系中的某些方面。检察文化属性的多样性决定了检察文化功能的多样性，概括而言，检察文化的基本功能是培育检察精神、引领检察行为、凝聚检察队伍、塑造检察形象。

第一节　精神培育

检察文化与检察人员紧密相关。追本溯源，检察文化与检察工作相生相随，而检察工作是以检察人员为主体的社会活动，其中，检察文化滋生于检察工作，并蕴含着指引检察工作主体的思想、价值观念与职业精神。概括而言，检察文化的根本功能在于实现检察人员的全面发展。检察文化就是一种精神文化。检察文化这一内在规定性决定了检察文化具有深层次地作用于检察人员精神的积极功能。

检察文化之于检察人员首要而深层次的功能，体现为对检察人员的精神培育。精神是"同物质相对应，和意识相一致的哲学范畴，由社会存在决定的人的意识活动及其内容和成果的总称"①。从哲学角度而言，精神是相对于客

---

① 参见《中国大百科全书·哲学卷》，中国大百科全书出版社1987年版，第37页。

观世界、客观存在的主观反映和主观心理，它包含着心理、思维、观念、学说等意识现象。就检察文化的基本功能而言的精神培育，其"精神"是狭义角度的，是指意识中最深层次的而又比较稳定的部分，它在意识中处于支配地位、起主导作用，是最根本的精神，是知、情、意的精华和灵魂。[①] 检察人员的精神是指与检察制度相适应并贯穿于检察工作的信仰、思想、观念和心理，主要表现为检察观念和检察伦理，具体包括检察人员的职业信仰、执法理念、职业道德等。发挥检察文化精神培育功能，对检察人员和检察工作都具有重要的意义。

一、树立基本信仰

信仰是指特定社会文化群体和生活于该社群文化条件下的个体，基于一种共同价值目标期待基础上，所共同分享或选择的价值思想或价值承诺。[②] 信仰一旦形成便将成为人们选择并一以贯之的价值理想和目标，其体现着人们对人生、社会价值理想的建构，承载着人们对精神世界的寻觅。信仰，不仅能够聚合人们的精神、价值观、世界观、人生观，而且能够通过影响人的精神生活，进而影响、促进社会活动。正如马克斯·韦伯曾指出的："透过任何一项事业的表象，可以在其背后发现有一种无形的、支撑这一事业的时代精神力量；这种以社会精神气质为表现的时代精神，与特定社会文化背景有着某种内在的渊源关系；在一定条件下，这种精神力量决定着这项事业的成败。"[③] 与法律职业形成过程相伴随的是法律职业信仰的形成，并成为法律职业人群共同的精神追求。其核心是一种对法治的精神追求。[④]

崇尚法治的精神与信仰，是法治社会不可或缺的精髓和要义，也是检察文化蕴含的职业精神的重要内容。对于法律职业人而言，对法治精神的尊崇与信仰是重要的信念伦理。同样，崇尚法治的信念是检察职业人员的共同精神支撑。检察职业人员是以共同的目标和价值联系起来的职业共同体，其通过坚守共同的信念，共同追求法治目标实现，借此而成为法治社会中法治精神的承载者、弘扬者这一中坚力量。首先，追求公平正义的实现，是法治社会中检察职业人员自始至终应追求、信守并不断付诸实践的核心价值。实现公平正义是检

---

① 吕庆建：《民族精神的基本内涵》，载《今日中国论坛》2009 年第 5—6 期。

② 参见万俊人：《信仰危机的"现代性"根源及其文化解释》，载《清华大学学报》（哲学社会科学版）2001 年第 1 期。

③ 参见张文显、卢学英：《法律职业共同体引论》，载《法制与社会发展》2002 年第 6 期。

④ 参见张文显主编：《法理学》，高等教育出版社、北京大学出版社 2006 年版，第 309 页。

察职业人员共同的皈依与目标，作为检察职业人员应秉守这一基本信念、履行这一责任，不得有须臾背离。其次，树立司法公信是检察职业人员应担当的共同职责，也是其应恪守的责任伦理。树立司法公信，如同兴建摩天大楼，必须奠定于稳固磐基之上，司法公信力必须借由每个法律人全心全力投入，加以树立与维护。① 最后，关注人性尊严并竭力维护是检察职业人员应遵行的基本责任。检察人员一如法律职业人，其直接关乎当事人与社会群体，并与其利益密切相关，只有将对人的尊严、价值的维护、追求与关切贯彻到检察工作中，才能真正做到尊重当事人的合法权利，公允地履行法律职责，树立法律的权威，实现社会正义及促进民主法治的神圣使命。

二、构建价值体系

价值观是人生观、世界观的核心内容，价值观对社会实践、人们的言行具有导向和支配作用。社会主义价值观是精神文明建设的根本，也是社会文化建设的重要环节。文化是共有的，它是由一系列共有的概念、价值观构成的。检察文化蕴含着检察人员共同的价值取向和价值目标，共同的价值观构筑了全体检察人员在从事具有共同目标和相同性质的工作中应建立的价值坐标、应铸就的共同的思想基础、应坚持并贯彻的行为立场。检察文化在构建价值体系，对检察人员进行精神培育方面具有重要意义。

文化，既是统一的，又是多元的；既存在多样性的差异和矛盾，又需要在主导思想的一元引领之下有效解决矛盾的文化结构、机制、运行方式及效果。任何一个时期、一个区域的文化，总有一种占主导地位、起支配作用，它为一个社会群体全体成员共同理解、接受和遵循。文化建设要"弘扬主旋律、提倡多样化"，弘扬主旋律是社会主义制度对文化建设提出的本质要求。在任何组织中，只有确立和培育统一的价值目标和价值标准，才能使人们在行动上保持一致，也才能使组织和谐发展。② 构建共同的价值体系，既是文化建设的目的，也是文化的重要功能之一。

党的十七届六中全会将文化的地位和作用提到了前所未有的高度——"文化是民族的血脉，是人民的精神家园，是政党的思想和精神的旗帜"，这为我国的社会发展提供了政策环境和发展语境，使文化的价值体系构建、价值引领和发展导向作用得以彰显。当前，我们正身处空前复杂而多变的时空境遇，科技革命更加急速地改变着人类社会的面貌，国力竞争更加凸显出综合性

---

① 参见东吴大学法学院主编：《法律伦理学》，新学林出版股份有限公司 2009 年版，第 65 页。

② 孙光骏：《检察文化概论》，法律出版社 2012 年版，第 118 页。

与激烈性，不同社会制度和意识形态的较量更加复杂地展开，各种思想文化交融交织、相互激荡。我们正历经空前复杂而多变的发展进程，经济体制深刻变革，社会结构深刻变动，利益格局深刻调整，思想观念深刻变化。与此同时，我们的发展也正面临着空前复杂而多变的机遇和挑战。社会生活的多样化和价值取向的多样性使得人们的思想观念日益独立和多变，而随着网络的普及和信息化时代的到来，传统的信息引导和管理方式难以为继。若不及时采取有效措施，主流意识形态的影响力就会大大削弱，社会主义建设事业的思想政治基础就会受到冲击。

我们应该清醒地看到，随着我国综合国力不断增强、国际影响力不断上升，我国在国际上碰到的矛盾和问题越来越复杂，外部压力明显增大。国际敌对势力对我国实施西化、分化战略，进行渗透颠覆分裂破坏活动。国内影响社会和谐稳定的因素明显增多，既有矛盾和新的矛盾相互交织，现实社会与虚拟社会相互影响。检察机关维护国家安全和社会稳定的斗争更加尖锐复杂，服务经济社会发展大局的任务更加艰巨繁重。当前形势下，检察队伍经受的风险考验与利益诱惑也前所未有。"两法"修改后，检察机关被赋予了更大的权力，党和人民的期待和要求越来越高，检察队伍也面临了更大的考验。应当看到，检察队伍还存在一些问题，主要表现在：有的政治敏感性不强；有的宗旨意识不牢、特权思想严重；有的执法司法不公、侵犯群众利益；有的执法司法不廉、徇私枉法。这些问题的存在，与一些检察干警的价值观扭曲直接相关。没有正确的价值观就很容易感染"精神病毒"，发生行为偏差。加强检察人员价值观教育与引领，对确保检察队伍政治上、思想上、组织上保持纯洁，具有必要性和紧迫性。广大检察人员不是生活在"真空"中，也难免受到各种社会思潮的影响甚至冲击。面对新形势新挑战，必须加强以政法干警核心价值观教育为核心的检察文化建设，使广大检察人员坚持正确的价值观、反对错误的价值观，坚持先进的价值观、摒弃落后的价值观，始终保持忠诚的政治本色、牢记为民的宗旨理念、坚持公正的价值追求、坚守廉洁的职业操守。

概括而言，现阶段检察人员的价值体系构建主要包括以下两个方面：

一是要构建社会主义核心价值体系。社会主义核心价值体系是社会主义意识形态的本质体现，是全党全国人民团结奋斗的共同思想基础。包括了指导思想、理想、精神动力和道德规范四大方面内容的社会主义核心价值体系与人们的思想道德和价值观念密切相关，是针对我国经济、社会、文化等新变化，针对信息社会文化交流、观念交融碰撞，人们的独立性、选择性日益增强，以及人们思想观念上的现实情况而提出的，是主流意识形态的本质体现。① 构建社会主义价值体系，以社会主义核心价值体系引领社会思潮，能增强主流意识形态的影响力，促进其作用的发挥，有助于形成全民族奋发向上的精神力量和团结和谐的精神纽带。可以说，多样化与急速展开、永不停息的变化变革正成为我们阶段性发展特征的一种写照。多样化与急速展开、永不停息的变化变革并不否定整个社会的根本价值遵循，而是更加强烈地呼唤、更加强劲地历练着整个社会的根本价值遵循；我们的社会也只有在对"一"与"多"辩证关系的深刻把握中，尊重多样而又凝魂聚气，包容差异而又强基固本，才能审一定和、科学发展。② 建设和弘扬社会主义核心价值体系，就是应坚持以文化统一意志、团结力量。用马克思主义中国化的最新成果武装检察人员的思想；用中国特色社会主义的共同理想统一思想、凝聚力量；大力弘扬以爱国主义为核心的民族精神和改革创新为核心的时代精神；广泛开展社会主义荣辱观的教育实践活动，使检察人员在本职岗位上当好人民的公仆，在生活中严于律己、以身作则、率先垂范。检察文化建设应当着力构建检察人员共同的核心价值体系，真正唱响主旋律、形成导向性，以此确保检察人员价值坐标的正确方向。

二是要倡导"忠诚、为民、公正、廉洁"的政法干警核心价值观。在全部政法工作中，队伍建设是根本，也是保证；在队伍建设中，核心价值观教育具有基础性、关键性作用。③ 以"忠诚、为民、公正、廉洁"为主要内容的政法干警核心价值观，鲜明地回答了什么是政法干警的政治本色、宗旨理念、价值追求、基本操守等基本问题。政法干警核心价值观是体现政法职业特点的价值准则，是社会主义核心价值体系的重要组成部分，与社会主义法治理念一脉相承又各有侧重，是政法文化之魂，集中体现了党和人民对政法队伍的基本要求，是政法干警必须自觉坚持的共同价值取向。政法干警核心价值观作为中国特色政法文化的浓缩，是政法文化的精神内核，更是推进政法文化建设、提升政法文化软实力的重要精神支撑。政法干警核心价值观对检察人员的价值观的形成具有重要的导向功能，在引领检察文化建设的正确方向的同时，对促使检察干警养成正确的执法司法意识具有重要的基础性作用。以政法干警核心价值观，引导检察人员树立"六观"、"六个统一"，做到理性、平和、文明、规范执法，将公正履行法律监督职责自觉作为自身的价值追求，通过价值整合与引

---

① 国防大学邓小平理论和"三个代表"重要思想研究中心：《坚持以社会主义核心价值体系引领社会思潮》，载《光明日报》2006年12月16日。

② 沈壮海：《价值引领与"中国信念"》，载《光明日报》2009年6月24日。

③ 中共中央政法委员会：《政法干警核心价值观教育读本》，中国长安出版社2012年版，第19页。

领，使检察人员切实端正执法理念、提高执法水平、维护执法形象、提升司法公信，坚定不移地做中国特色社会主义事业的建设者和捍卫者。

一个人没有精神支柱，就会软弱无力；一支队伍缺乏共同价值追求，就会是一盘散沙。开展政法干警核心价值观教育是提高检察队伍凝聚力和战斗力的有效举措，加强检察文化建设，构建和弘扬检察人员共同的核心价值体系，就必须把政法干警核心价值观教育作为检察文化建设的一项重要任务，与中国特色社会主义理论体系教育和政法机关主题教育实践活动紧密结合起来，与社会主义核心价值体系教育、社会主义法治理念教育和检察职业道德教育、纪律作风教育、廉洁从检教育紧密结合起来，认真组织开展政法干警核心价值观宣传教育实践活动。要通过各种形式，在全检察系统大力宣传、广为传播，认真学习、讨论、实践，真正把这八个字内化于心、外化于行，指引广大检察人员牢固树立和践行忠诚的价值观念，自觉坚持中国特色社会主义的政治方向，坚决抵御西方错误的、有害的政治观点和法学观点的影响，主动同各种错误思潮作斗争，进一步增强政治敏感性、政治责任感、政治鉴别力；牢固树立和践行为民的价值观念，思想上尊重群众、感情上贴近群众、工作上依靠群众，不断改进服务水平和工作作风，促进警民关系更加和谐；牢固树立和践行公正的价值观念，严格公正执法司法，维护社会公平正义，促进社会和谐稳定；牢固树立和践行廉洁的价值观念，树立马克思主义的世界观、人生观、价值观和正确的权力观、地位观、利益观，廉洁奉公、严于律己，始终保持先进性和纯洁性。①

三、确立执法理念

理念是一种价值观念、认识和信念或价值观，属于意识形态范畴。执法理念是执法人员对法律的功能、作用和法律的实施所持有的态度和观念，其具有稳定性，对执法活动及执法效果具有决定性的影响作用。任何法律都包含理念和制度两个层面，两者相辅相成。制度的构建必须以先进、科学的理念为指导，制度的实施也需要正确的理念相匹配，没有正确的理念指引，再好的制度也形同虚设。执法理念是根植于法治实践，指导、推动法治实践的思想载体，执法理念的偏差将直接影响执法活动的效果。

理念是推动法治社会进步的内在的、隐性的、巨大的动力。法治社会在一定意义上首先是一个观念共同体，其依赖于某些共同观念的维系、滋养和支

---

① 中共中央政法委员会：《政法干警核心价值观教育读本》，中国长安出版社 2012 年版，第 20 页。

撑。理念是构成一个国家法律文化的精髓，它贯穿于整个法律实践过程中，潜移默化地影响、传承于后人，并培育着一个国家的法治传统和法律精神。

在法治国家建设进程中，法治理念是法治发展的内在动力。社会主义法治理念是我国社会主义法治文化的核心和精髓，为社会主义法治文化的培植提供了重要的价值指引。社会主义法治理念是中国特色社会主义的法治理念，是马克思主义法律学说与当代中国社会主义法治实践有机结合的产物；是我国法治建设经验与时代精神相互融合的结晶；是确保司法机关坚持坚定的政治方向、实现司法公正的思想基础和思想保障；是建设社会主义法治文化、增强社会法律意识的价值指引。检察人员作为中国特色社会主义的建设者、捍卫者，作为社会主义法治国家的中坚力量，必须坚持以社会主义法治理念为指导，统一执法思想，端正执法观念，牢固树立推动科学发展、促进社会和谐的大局观；忠诚、公正、清廉、为民的核心价值观；理性、平和、文明、规范的执法观；办案数量、质量、效率、效果、安全相统一的业绩观；监督者更要接受监督的权力观；统筹兼顾、全面协调可持续发展的发展观，以正确的执法理念统领检察工作。

一般而言，人的精神的培育主要通过两种途径。一是认知，通过学习、环境熏陶、榜样示范、宣传灌输等方式获得对某种精神的认同与了解。二是实践，通过在学习、工作、生活中逐渐扩展认知，深化认知，并使其内化、升华为精神品质。检察人员的精神培育同样有赖于认知和实践的途径予以实现，而这一认知和实践过程离不开检察文化建设。检察文化建设担负着双重使命，首先，在梳理和探究检察文化的根源与脉络的基础上，进一步推进检察文化的自身发展；其次，借由检察文化建设实现并弘扬检察文化的自身价值和功能，其中，化育检察人员的精神与内心世界，塑造检察人员的法治精神、人文素养，使检察人员深谙自身职责所在，做一代又一代检察文化的脊梁，是检察文化得以传承和发展的精神契机。

检察文化与检察制度、检察活动、检察人员密切相关。检察人员是检察文化的实践者、建设者，是检察文化的主体，也是检察文化的建设的对象。因此，发挥检察文化的精神培育功能，首先要坚持以人为本，提高检察人员的思想境界。坚持以人为本，就是强调检察文化建设以检察人员为根本，充分发挥检察人员的主体性。检察文化的精髓是重视人的价值、发挥人的作用，因此，应当力求把实现检察机关的整体价值和实现检察官的个人价值统一起来。既要重视检察官个人因素在检察工作中的决定性作用，充分调动检察官群体的积极性、创造性，又要从理解、尊重、培养人的角度出发，关心检察官的个人生活，支持检察官的进取精神，满足他们的物质和精神需求。① 坚持以人为本，就是要体现人文精神，以检察人员的全面发展为终极目的，表现对检察人员的尊严、价值、命运的维护、追求和关切，对检察人员全面发展的理想人格的肯定和塑造。要着力提高检察人员的思想境界，激发检察人员内心的职业认同感和自豪感，激发检察人员的工作积极性、主动性和创造性，实现检察人员主体性的发挥，促进检察人员的全面发展，促进检察队伍整体素质的提升。坚持以人为本，一方面要加强检察文化阵地建设，开展多种多样的检察文化活动，发挥检察文化精神培育功能，构建并营造尊重、关心、理解检察人员的人文环境；另一方面，要逐步提升检察人员精神境界的育人传统。如何修身，如何通过自身完善使自身的精神、道德与人格趋于完美，既是我国传统文化的基本命题，也是检察文化建设的基本任务。在当前检察文化建设中，应树立理想人格的典范，激励检察人员加强精神修养，完善、提升精神境界，在工作岗位中实现自身的价值和尊严。坚持以人为本，要求在检察文化建设中应注重借鉴和吸收传统文化的精髓，将传统文化中的"民为贵，君为轻"的民本思想与现代法治的"人权保障"思想有机结合起来。检察文化与检察工作是相辅相成、相互促进的关系，检察文化为检察工作提供强大的精神支撑和精神动力，应倡导融法治精神的检察文化建设贯彻于司法实践中。检察工作应强调并贯彻以人为本，检察人员负有尊重和保障人权的法律义务。检察人员在检察活动中应自觉维护人民群众合法权益，关注民生。服务群众既是检察工作的出发点和落脚点，也是加强检察文化建设应弘扬的精神内涵。此外，加强检察文化建设，就要广泛开展时代精神教育，引导广大检察人员始终保持与时俱进、开拓创新的精神状态，永不自满、永不僵化、永不停滞，以思想不断解放推动检察文化创新发展，推动检察事业科学发展。

第二节 行为引领

文化是共有的，它不仅是一系列共有的概念、价值观的总和，其更高层面表现为行为准则，成为个人行为能为集体接受所提供的共同性标准。就一般意义上的文化功能而言，文化为人们的行为提供方向和可供选择的模式。通过共享文化，文化主体可以了解自己的何种行为是适宜的，进而积极地回应并选择

---

① 乔汉荣：《对进一步推进检察文化建设的思考》，载《检察日报》2011 年 9 月 19 日。

有效的行动。文化的内在规定性决定了文化具有重要的行为导向功能，文化的构造层面也决定了文化的精神层面对行为的重要作用。没有转化为行为层面的精神是空洞的、不具有生命力的。就检察文化而言，检察行为是检察文化的重要体现，其既是对检察制度的践行，也是检察精神的外在彰显。检察文化发挥精神培育功能的最终目标是借由检察人员行为来体现并予以实现的。

检察文化对检察人员行为引领主要通过对检察人员行为的规约予以实现的，其目的在于引导并保证检察人员的主体活动或行为符合检察制度的要求。检察文化实现行为引领的功能的过程，也是检察活动的主体实践检察文化精神的过程。一般而言，检察人员职业行为主要包括执法行为、职业道德行为和职业纪律行为。检察文化对检察人员行为引领功能的发挥，对检察人员严格规范地履行职业行为、提升职业道德和保障职业纪律具有重要的意义。

一、规范执法行为

检察文化对检察人员行为的影响与功能的发挥主要体现在两个方面：一方面，通过精神培育功能的发挥，对检察人员进行内在引导，借由内化检察人员的心灵，外化检察人员的行为。另一方面，通过制度建设，依据相关的制度将法治目标、行为要求等定型化、具体化，进而规范检察人员的执法行为。应该说，规范的执法行为是检察人员履行检察职责的核心。

检察文化是以检察制度和检察权为基础的，对检察人员而言，检察文化不仅为检察职业群体提供一种公认的价值取向，而且为检察人员的行为提供了重要的行为模式。检察文化对社会实践的规范功能主要表现在两个方面：其一，检察文化对社会实践主体的规范。这种规范通过检察制度和检察执法行为来实现。其二，检察文化对实践客体的规范。在检察文化的影响下，主体的实践活动会形成各自相应、相对固定的行为模式，这种行为模式中的一个重要内容就是实践主体对实践客体的选择，这样就便于实践客体更合理、更合法地进入实践领域，促进规范实践的客观环境。①

检察工作是检察人员实施的、有目的的、有意识的、合乎法律规范的能动行为。简而言之，检察工作主要表现为检察人员的规范执法行为，检察文化的主要功能也表现为规范检察人员的实践活动、规范执法行为。规范执法要求检察人员严格依照法律规定和执法办案制度、规范、标准开展执法办案工作。规范执法是检察机关法律活动得以正常开展、法律职权得以正确履行的基础，因

---

① 参见孙光骏编著：《检察文化概论》，法律出版社 2012 年版，第 49 页。

此，检察人员规范的执法行为是检察制度和检察权能否正确运行的核心和关键。基于检察文化对检察制度与检察权的作用，对检察人员规范执法行为的引领便成为检察文化功能发挥的主要着力点。当前，强化检察文化对检察人员的行为引领，规范执法行为，要抓好《检察官职业行为基本规范（试行）》、《检察机关文明用语规则》和《检察机关执法工作规范》的贯彻实施，注重规范检察执法行为，突出重点岗位和关键环节，将各种规范要求融入执法办案流程、岗位职责和办案质量标准中。要不断完善制度，建立集立案、办案、审批、查询、监督于一体的执法办案管理监督系统，使每个检察人员从立案、办案、结案、归档各环节，做到严格依法履职，遵守工作礼仪，接待当事人态度端正、坚持文明礼貌用语，开庭时着装规范、纪律严肃。同时，要抓好法律文书制作文化和卷宗文化，使每一起案件都能体现检察文化内涵，成为经得起检验的"精品"，力求通过每一个案件的公正办理彰显和弘扬法治精神。

二、提升职业道德

如果说一般道德是人作为个体角色时应遵守的行为规则，那么，职业伦理则规定着每一个专业从业者应有的行为要求。专业是社会分工的产物，也是个人选择的结果，个人基于生涯、工资及其他考虑选择某一个专业，这个专业角色满足个人的生存期望，所以任何一种专业都是社会分工，专业伦理就是个人适当扮演其分工角色的行为指引。[①] 法律职业的形成、维系与职业道德密不可分。首先，法律职业道德为其专业从业者构建了行为规则，职业是职业道德产生的基础。其次，法律职业道德为职业的存在及延续提供了保障。法律职业道德约束职业人员并彰显着职业特质，既是法律职业形成的重要标志，也是法律职业得以延续与发展的基本条件。法律职业道德在规范职业行为，促进个体之间的交流并激发个体对职业群体的认同感方面具有重要的作用。

检察职业道德反映了检察职业特点和要求、体现了检察官职业品质和荣誉的理想信念、价值追求和道德情操，是对检察人员思想和行为的基本要求。检察官职业道德是职业的构成要素之一，是社会主义道德体系的重要组成部分。检察人员职业道德建设，同样是社会主义文化建设和精神文明建设的重要组成部分。恪守检察职业道德是检察人员铸造"忠诚"品格，坚定理想信念，树立和弘扬法治精神的思想基础，也是保障检察人员正确履行职责的前提和基础。

---

① 参见东吴大学法学院主编：《法律伦理学》，新学林出版股份有限公司 2009 年版，第 32 页。

强化检察文化提升检察职业道德的功能，要准确把握检察文化的精神实质，大力弘扬以忠诚、公正、清廉、文明为核心的检察职业道德。要始终保持"忠诚"的政治品格。始终坚持用中国特色社会主义理论体系武装头脑，牢固树立社会主义法治理念，始终保持忠于党、忠于国家、忠于人民、忠于宪法和法律、忠于人民检察事业的政治本色；坚持检察机关政治属性、人民属性、法律监督属性的统一，牢记党的事业至上、人民利益至上、宪法法律至上，努力实现执法办案政治效果、法律效果和社会效果的统一；坚持以人为本、执法为民的执法观，把维护最广大人民的根本利益作为各项检察工作的出发点和落脚点。恪尽职守，爱岗敬业，乐于奉献，保持奋发向上的精神状态，忠实履行宪法法律赋予的职责，坚定不移地做中国特色社会主义事业的建设者、捍卫者。要始终保持"公正"的价值追求。坚持法律面前人人平等，重视维护弱势群体合法权益，使人民群众享受法律的公正；崇尚法治，客观求实，坚持以事实为依据，以法律为准绳，坚守检察官的客观义务，严把事实关、证据关、程序关、法律适用关，维护程序公正和实体公正；深入推进检务公开，让检察权在阳光下运行，以公开促公正，以公正赢得公信；秉公办案、公正执法，做社会公平正义的守护者。要始终保持"清廉"的职业操守。严格遵守法纪，模范执行有关廉政规定，不利用职务便利或检察官的声誉及影响，为自己、家人或他人谋取不正当利益。要淡泊名利，克己奉公，坚守正确的职业价值取向，不以权谋私、以案谋利，一身正气，严格自律，自尊自重；约束职业外活动，切实维护检察队伍的荣誉和尊严，赢得人民群众的信任和支持，进一步提高检察机关的公信力。要牢固树立"文明"的执法形象。切实担负起宪法法律赋予的神圣职责，依法严格履行职责，敢于监督，敢于碰硬；具有刚正不阿、不畏权势、严格执法的品质，坚决捍卫宪法和法律尊严。要弘扬优良执法作风，坚决克服特权思想和霸道作风，坚持热情服务，文明办案，注重人文关怀，树立检察人员可亲、可信、可敬的良好形象。

三、保障职业纪律

职业纪律是从事某种职业的群体在特定的职业活动中必须共同遵守的行为准则。职业纪律与职业道德相互联系，又有所区别。不同于职业道德属于思想意识范畴，职业纪律属于法律关系的范畴。职业纪律的根本目的是保证职业者群体能够履行职业义务。检察人员应遵守的职业纪律主要包括政治纪律、组织纪律、人事纪律、财经纪律、检务纪律、群众纪律、保密纪律、宣传纪律、外事纪律九个方面。职业纪律具有明确的规定性和一定的强制性。一般而言，职业纪律以惩罚和激励相结合为实现手段。

严明的纪律是我们党的光荣传统和政治优势。职业纪律对检察官职业群体是根本性约束和执业保障。当前,社会结构深刻变动、利益格局深刻调整、价值观念深刻变化,检察机关和检察人员要从维护党的团结统一的高度,深刻认识在当前形势下加强纪律建设、严格执行职业纪律的重要性,真正做到统一思想、统一行动、步调一致。一要严明政治纪律。政治纪律是检察机关和检察人员在政治方向、政治立场、政治言论、政治行为方面必须遵守的规矩。应清醒地看到,有的检察人员对中国特色社会主义道路、理论和制度缺乏自信,有的甚至内心并不认同;有的政治纪律松懈,在公开场合和网络媒体上发牢骚、讲怪话,随意发表与党员和检察官身份不相符的言论;有的在重大原则和大是大非问题上随意发表与党和国家重大方针政策、重大制度不同的意见,不负责任地评论重大敏感案件和热点问题。当前,应严肃政治纪律教育,引导广大检察人员认真学习党章、严格遵守党章,坚持道路自信、理论自信、制度自信,在思想上、政治上、行动上同党中央保持高度一致。二要确保检令畅通。最高人民检察院领导地方各级人民检察院和专门人民检察院的工作,上级人民检察院领导下级人民检察院的工作,这是我国宪法确立的检察机关领导体制,也是中国特色社会主义检察制度的鲜明特色。但在实践中,有些同志在自觉接受上级人民检察院领导,特别是确保检令畅通的认识上存在问题,有的对上级重大部署和要求贯彻执行不力、敷衍应付,甚至自行其是;有的对从严治检的一系列重要决定和禁令说三道四、阳奉阴违;有的对发生的重要情况,特别是发生的严重问题能拖就拖、能不报告就不报告,导致一些重大工作部署和重要工作要求在贯彻落实上变了味、走了样,个别地方还因此在全国检察机关乃至在社会上产生不好的负面影响。近几年,中央出台了许多廉洁从政的纪律规定,最高人民检察院也制定了禁酒令和规范检察人员与律师交往行为、严禁在内部公务活动和交往中用公款请客送礼等一系列纪律规定。各级检察机关要把落实纪律规定作为一项重要工作来抓,对随意变通、恶意规避等违反纪律的行为,坚决严肃批评和纠正。①

检察文化行为引领功能的发挥,在规范检察人员的执法行为的同时,也需要约束检察人员的职业行为,职业纪律在实现对检察人员行为的约束方面具有重要的作用。职业纪律反映了检察职业的特点和职业要求,是对检察人员职业行为的约束,是对检察职业的基本要求。检察人员必须严格遵守中政委四条禁令、检察人员"八要八不准"、最高人民检察院九条硬性规定、最高人民检察院廉洁从检"十条纪律"、检察机关办理案件必须严格执行的六条规定、检察

① 参见 2013 年 2 月 21 日曹建明检察长在全国检察机关反腐倡廉建设工作会议上的讲话。

机关领导干部必须遵守的"六个严禁"规定、最高人民检察院关于严禁检察人员违规驾车的四项规定、检察人员纪律处分条例等规定的各项纪律，从而保障正确地履行法律职责。

强化检察文化对检察人员行为的引领功能，就是强化检察文化驱动、选择和控制制度的运作，引导检察人员作出符合制度和规范的行为。首先，要强化检察文化对法律规范、制度、活动、作用的价值评价和选择的引领作用，强化检察人员规范执法意识。检察人员应成为规范执法的典范，只有自身正、自身净、自身硬，法律监督才具有权威。其次，要加强廉政文化建设，构建检察廉政文化氛围。检察廉政文化是检察文化建设的重要组成部分，廉政文化在廉政建设中发挥着基础性重要作用。党的十七大以来，全国检察机关始终把自身反腐倡廉建设作为重要任务来抓，特别是普遍持续开展主题教育实践活动，加强廉政文化建设。党的十八大对当前和今后一个时期党风廉政建设和反腐败工作作出新的部署，突出强调反对腐败、建设廉洁政治。当前，检察机关廉政建设面临很多新情况新挑战：一是党和人民的要求与期望越来越高。党的十八大将司法公信力不断提高确立为全面建成小康社会的一个重要目标，突出强调加强司法公信建设，对检察机关公正廉洁执法提出更高要求。二是在改革开放和市场经济条件下，检察人员与其他党员干部、司法人员一样，同样面临"四大考验"和"四种危险"。如何在新形势下不断提高拒腐防变和抵御风险能力，是我们必须始终高度重视的一个重大课题。① 应该看到，廉政文化建设是系统性文化工程。检察廉政文化作为检察文化体系的重要组成部分，其包含了检察廉政的精神观念，如廉洁的司法理念、价值取向；检察廉政的制度和规范要求，如制裁行为规范、生活行为规范、职业行为规范等。检察廉政文化建设是围绕"廉政"这一主题开展的系列文化教育活动，其目的是促使检察人员树立正确的价值观、权力观，营造廉洁为荣、贪欲为耻的执法氛围，进而引领检察人员廉洁公正执法。加强廉政文化建设，通过廉政文化潜移默化地渗透作用，使检察人员将廉洁公正执法理念内化于心、外见于行。

加强检察廉政文化建设，首先，要不断强化检察人员廉洁自律的自觉性，不断提升检察人员廉洁意识。通过开展多种形式的宣传、思想教育活动，使检察人员树立廉洁、为民的职业信仰。其次，要不断完善检察廉政制度建设。要不断完善检察职业保障，建立健全相关的保障机制、监督机制、预防机制及奖惩机制。同时，要制定完善的检察廉政制度，对检察人员恪守职业道德、遵守工作纪律等情况加强督察。通过实施廉政文化建设系统工程，整合人民监督

---

① 参见 2013 年 2 月 21 日曹建明检察长在全国检察机关反腐倡廉建设工作会议上的讲话。

员、党风廉政建设监督员、人大代表、政协委员的监督力量，构建全方位、多渠道、社会化的监督机制和体系。最后，要不断完善检察文化建设，营造良好的廉政文化环境。通过检察机关的门户网站等互联网传播媒体，加大检察廉政文化宣传的力度，利用廉政先进人物的教育和宣传，引领检察人员恪尽职守，客观公正地履行法律职责。

第三节　队伍凝聚

凝聚是指当一种价值观被群体共同认可后，就会成为一种黏合剂，使人们的认识、期望、信念等各个方面得以整合、协调，将群体成员团结在一起，从而产生巨大的向心力和凝聚力，产生深刻的认同感，使群体成员乐于参与群体事务，发挥各自潜能，为共同的目标作出贡献。

文化淬炼时代精神，文化凝聚奋斗力量。有凝聚力的队伍才有战斗力。队伍的凝聚力有多个方面的来源，文化是其中不可或缺的重要方面。检察文化是中国特色社会主义法律文化的重要组成部分，是推动检察事业发展进步的重要力量源泉，是全体检察人员共同的精神家园。具有中国特色和时代特征的检察文化，是检察工作和检察队伍建设的坚强思想保证。检察文化的队伍凝聚功能体现在所有检察人员因同一文化渊源、在同一文化氛围的背景下，形成相同的价值观念、思维模式、精神理念、道德准则、共同情感等，从而产生强大的凝聚力量，彼此帮助、支持、提醒和监督，为共同理想、共同目标的实现而保持思想上、组织上、行动上的一致性。

概括而言，检察文化对检察队伍的凝聚作用主要是通过统一的价值观念、思维模式、精神理念、道德准则来实现的，其目的在于引导并保障检察人员的主体活动或行为符合检察事业发展的目标要求。检察文化实现队伍凝聚的功能的过程，既是引领检察文化的价值取向，增加检察文化的精神感召力、队伍凝聚力、思想影响力和心理驱动力，建构检察文化的核心价值体系、心理认同机制、精神信仰，形成普遍文化共识的过程，也是检察活动的主体实践检察文化精神的过程。

一、统一执法思想

思想导向是精神文化最基本的功能。任何社会、任何一个群体，都需要统一思想和统一意志，这是社会和谐稳定、群体团结协作的前提和基础。精神文化发挥其思想导向功能，是通过思想导向机制实现的。思想导向机制以树立正确的利益观，最优化的思想和行为导向为目的，对主体的需要加以调节和引导，培育人们正确的价值观，引导合理的利益追求的方向，调节种种利益矛盾，使各种正确的利益需求都能适当兼顾。① 人们由于出身历史、社会地位、所处环境和所受教育等的不同，思想状况纷繁复杂，存在各种各样的矛盾。进行文化建设，就是要引导人们接受和发扬革命的科学的健康的高尚的思想，不断克服和战胜错误的消极的腐朽的反动的思想，推动每个检察人员的思想进步和检察事业的科学发展。正确统一的思想导向，是社会主义检察文化建设的内在要求和显著特征，它对于社会主义精神文明建设有着极其重要的意义。可以说，没有正确的思想导向，就没有思想上的和谐统一，就难以形成凝聚力，就无法达到团结一致，也就无法形成整体和谐。能否坚持正确统一的思想导向，直接关系到社会主义检察文化建设的性质和发展方向，关系到社会主义检察文化甚至整个检察事业的前途命运，必须引起我们的高度重视。

检察文化的思想导向作用是由检察文化的性质决定的。检察文化是中国特色社会主义文化的重要组成部分，体现和反映了中国特色社会主义文化的基本要求，发挥检察文化的思想导向作用，就是要通过检察文化建设，坚持马克思主义在意识形态领域的指导地位，坚定中国特色社会主义共同理想，抵制和消除腐朽、落后思想的影响，培育共同理想，形成强大的向心力，为检察事业的发展提供强大的思想保证。随着世情、国情、党情的深刻变化，面对复杂多变的形势和艰巨繁重的任务，正确回答和解决为谁执法，确立正确统一的执法思想是检察机关更好地服务经济社会发展、更好地实现自身科学发展的前提和基础。

检察机关作为国家的法律监督机关，检察工作的核心就在于维护和保障人民群众的根本利益，实现执法为民。检察机关的人民性是党的根本宗旨和"立党为公，执政为民"执政理念在检察工作中的具体体现，"为民"是全部检察工作的出发点与落脚点，是检察文化主导的执法宗旨和执法思想。坚持执法为民的执法思想要求检察机关坚持从群众中来到群众中去的工作路线，牢固树立全心全意为人民服务的宗旨观念，一切为了人民、一切依靠人民。坚持执法为民要求检察机关公正执法，让手中掌握的权力为人民服务，以实现最广大人民的根本利益为目标，以人民群众的支持和拥护作为执法工作最根本的衡量标准。要强化检察人员的公仆意识，确立人民的主体地位，把人民满意的标准与执法标准统一起来，把人民赋予的权力始终服务人民。

---

① 　吴凤庭：《思想导向机制在社会管理中的作用》，载《学习月刊》2011 年第 6 期下半月。

二、增进职业认同

职业认同是形成检察队伍战斗力的前提。人是一种文化的存在，归属感是人感受到的对生命价值的终极关怀与追问。一种职业必然产生对应的职业群体，形成相应的、稳定的职业文化。职业文化一经形成，对职业中人的影响甚至会超出职业的范围。人在职业之中，职业由人表现，职业中的人在体验人的价值时，不能回避职业群体、职业性质、职业道德等所形成的职业文化。职业认同就是对职业文化的理解和辨识，使一个职业人通过职业文化认识职业特性、理解职业道德、领会职业使命。①

文化是一个多层次的概念，它不但是一个民族的灵魂，也是一个职业的灵魂。优秀的文化有助于从事某一职业的个体培养真、善、美的职业品格，检察文化在培育检察人员的职业品格和增进职业认同方面具有重要功能。大力实施文化育检战略，建构符合现代司法理念的检察职业文化，通过检察职业文化的熏陶，培植检察官对于法律价值的信仰、对检察职业认同和对检察事业的忠诚，将公平公正、程序正义、清廉文明等现代法治价值深植于每位检察官的内心。

检察文化的重要价值在于能够使全体检察人员产生强烈的归属感、自豪感，这种归属感就是检察人员对检察事业和检察官职业的高度认同。有了这种职业归属感和自豪感，检察人员就能自觉遵守职业纪律和职业道德，服从组织指挥，增强集体意识，紧密团结起来，发挥自己的聪明才干，勇于献身职责使命。总之，检察文化在巩固检察体制，加强内部凝聚力方面发挥着难以替代的作用。情感激励是以个人与个人或组织与个人之间的感情联系作为手段的一种激励方式，主要是通过调节人的情绪系统，实现激励的目的。检察文化的目标是通过精神力量的作用，把检察官组织成一个有机的整体，显示共同的目标和追求，使个人对团体产生信赖感、安全感，乃至依赖感和归宿感，使检察官认识检察机关的共同目标，齐心协力，尽可能地减少内耗，起到调整其行为的作用。

社会转型时期，检察人员在承担职业压力的同时，不可避免地受到多元的思想冲击。检察队伍建设面临新的诸多考验，组织系统的凝聚力、向心力、亲和力受到挑战，原有团队建设模型和套路出现局部失灵，功效弱化。上述问题的产生有多方面的原因，其中检察队伍的职业归属感滑坡是重要原因之一。强

---

① 缪军：《文化认同驱动职业认同》，载《公安研究》2011年第10期。

化检察队伍的职业归属感、自豪感，是化解队伍建设基础性、源头性问题的当务之急。检察官是国家的法律工作者，是代表国家追诉犯罪，监督违法，维护国家、公共利益和公民的合法权益，追求和实现社会公平和正义为法定职责的法律职业群体。其职权的行使代表着善和正义力量的运用，检察官对待自己的职业时，要超乎安身立命、养家糊口的庸常思维。同时，要杜绝将自身职业视为一种权力、地位、身份象征的"官本位"思想。要深刻认识职业所承载的重要责任和崇高使命，其关乎公民福祉、社会的安宁和国家的发展。要以高尚的职业理想实现精神的满足与高贵，从而坚定职业的归属与认同。

三、强化职业自信

自信是来自心灵深处的自我认可，自信是行动最好的支持者。职业自信则是基于职业而产生的内心满足，其源于职业文化，也包含了对职业文化的肯定与认可。自信不是财富，却胜似财富，自信能产生强大的精神动力和进取力。自信在职业生涯中发挥着重要的作用，职业自信对推动职业的发展具有重要的意义。

检察文化在强化检察人员职业自信方面具有重要价值。首先，强化检察职业自信是实现检察职业人员自我发展的需要。按照马斯洛的人的需求层次理论，尊重需求与自我实现需求是人高层次的精神需求。检察人员需要通过检察官这一职业获得他人的尊重、赞誉和自我价值的实现，即获得职业自信，这是检察官作为"人"的自我发展的根本需要。而职业自信的获得又会促使检察官更加努力地通过自己的职业行为为社会和他人作出贡献，强化这一积极的心理体验，形成职业活动中的良性循环。其次，强化检察职业自信是提升检察队伍凝聚力战斗力的需要。队伍凝聚力强的突出表现是目标一致、步调统一、协作紧密、执行力强、工作效率高。而产生凝聚力的核心要素就是检察人员具有共同的职业自信，一旦拥有了共同的职业自信，就会对检察职业产生强烈的主人翁意识、归属感和责任感，从而促使检察人员通过自身努力为职业增光。最后，强化检察职业自信是解决检察队伍现实问题的需要。检察队伍中存在的职业荣誉感弱化和职业倦怠感泛化等问题，究其根源，丧失了职业自信是重要因素之一。只有坚定职业自信，剔除妨碍职业自信形成的情感、观念，才能充分体现自我存在价值，才能自觉维护职业尊严，才能真正实现自我价值与社会价值的统一。

一定意义而言，检察人员的职业自信源于检察文化的先进性，与检察制度的科学、检察理论的繁荣和检察事业的兴衰休戚相关。中国特色社会主义检察道路在邓小平理论、"三个代表"重要思想、科学发展观在内的中国特色社会主义理论体系的正确理论指引下，坚持和发展了马克思列宁主义、毛泽东思想，实现了党的指导思想的与时俱进，开辟了马克思主义中国化的新境界。可以说，中国特色社会主义理论体系是现阶段检察制度宝贵的政治和精神财富，是检察事业科学正确的行动指南，也是检察人员奋斗的共同思想基础。

具有中国特色的检察制度是检察工作中具有根本性、全局性、稳定性、长期性基础。检察事业的发展道路和检察理论两个层面的探索成果，要靠制度来落实和保障。中国特色社会主义检察制度是由一整套不同层面、相互衔接和联系的制度构成，具有鲜明的中国特色。中国特色社会主义检察制度集中体现了中国特色社会主义政治制度的特点和优势，制度优势的根本在于为我国社会主义民主政治和法治建设发挥了巨大作用。毋庸讳言，中国特色社会主义检察制度的实践毕竟仅有几十年时间，还不够成熟不够完备，随着制度建设不断推进，各方面制度将日趋成熟和定型，中国特色社会主义检察制度的优势必将得到更多释放和发挥。检察职业的自信源于对中国特色社会主义检察制度的坚定信念，坚信中国特色社会主义检察制度是当代中国检察事业发展进步的根本方向，要将心理上的自信、思想上的坚定转化为行动上的自觉，始终不渝地坚持和发展中国特色社会主义检察制度。

先进的检察文化能够唤起和激励检察人员的职业自豪感、荣誉感和责任感，激发其进取心、参与意识和主人翁意识，自觉地爱护检察、关心检察、献身检察，把自己的命运与事业的发展紧密联系在一起，不断释放自己的潜能，竭尽全力为检察事业发展做贡献。

诚然，制度需要文化作为支撑，文化离不开制度的保证，制度是文化的根基所在。正如加强检察文化建设，要从制度建设入手，注重从制度和规范层面加强检察文化建设，真正使其内化于心、外化于行，使各种无形的制度产生有形的力量，成为推动工作的强大动力。要健全制度，营造格局，将制度建设作为保障检察文化健康发展的重要工作来抓，建立促进检察文化建设的长效机制。要尽可能地用制度将一个院的发展目标、集体道德、行为要求等进行定型化、具体化，逐渐形成先进检察文化的养成机制。要着力于总体规范的制定和工作部署，着力于部门之间的组织协调与具体活动的督导检查，着力于在文化实践中调查问题和总结、升华经验，不断巩固和提升检察文化成果。为保障检察文化建设的顺利进行，要建立健全符合本院实际的，以目标管理、绩效管理、基础管理、流程管理等为主要内容的规范化管理体系，做到职责明确化、工作流程化、质量标准化，使工作有导向、衡量有标尺、考核有标准、奖惩有依据。制定制度时要坚持以人为本，真正从促进工作、促进人的发展的角度去制定和完善制度，使各项制度真正为干警所接受并执行。在制度建设上要注重系统性，体现和谐性，使各项制度之间互相配合，互相补充，从而形成完整的制度体系，促进检察文化的养成。[①]

具体而言，一是要以先进的检察文化指引方向，引导广大检察人员进一步加深对中国特色社会主义检察制度的理论认同、政治认同和感情认同，坚定理想信念，树立正确的世界观、人生观、价值观，自觉增强党的意识、宗旨意识、大局意识、责任意识，增强为党的事业、人民事业、检察事业不懈奋斗的自觉性和坚定性。二是要以先进的检察文化约束行为，通过先进检察文化的影响和熏陶，提高检察人员的职业素养和自律能力，使每位干警加强自我修养、强化自我约束，时刻做到自重、自省、自警、自励，自觉自愿地遵从法律法规、工作纪律等制度要求，并推动形成检察职业自律机制。三是要以先进检察文化凝聚人心，积极借助文化蕴含的价值标准和目标追求统一思想，加强干警对检察事业的认同感、自豪感和归属感，增强凝聚力和向心力，促进结成全体检察人员荣辱与共的命运共同体，努力形成团结一致、心齐劲足的良好氛围。四是要以先进检察文化激励斗志，充分运用文化的精神力量鼓舞干警，使每位检察人员在检察文化的感召下，树立强烈的主人翁意识，始终保持饱满的工作热情和昂扬的进取斗志，积极主动地为检察事业贡献自己的智慧和力量。要把检察文化建设作为强化执法管理的重要手段，以检察文化的无形力量推动执法办案、检察队伍、检务保障等检察工作管理水平再上新台阶、取得新成效。[②]

第四节　形象塑造

组织形象，是社会公众对一个组织的全部看法、评价和要求、标准，也就是社会个人或群体对一个组织所具有的整个信念。一个组织具有一个美好的社会形象，就具有了一笔无形的财富，获得更加旺盛的生命力。[③] 组织形象是组织在其全部活动中所展现的各种特征和品质，是组织文化总体状态的显现，是对组织这个有生命的活着的机体的独特性的表达，也是对组织如何生存、如何创造价值的体现和说明。[④] 检察机关的形象特指检察机关展现给外界的精神面

---

① 乔汉荣：《对进一步推进检察文化建设的思考》，载《检察日报》2011 年 3 月 15 日。
② 参见湖北省人民检察院检察长敬大力同志在全国检察文化暨法治文化理论研讨会上的发言。
③ 瞿晖：《形象——组织的生命线》，载《苏州教育学院学报》（社会科学版）1993 年第 12 期。
④ 张浩：《试论中国共产党的组织形象》，载《党政论坛》2007 年第 7 期。

貌、思想作风、管理水平和工作效率等印象。简而言之，就是指检察机关的公信力。① 检察形象是检察文化作用于社会的外观表现，检察机关形象的塑造在很大程度上取决于检察文化的塑造。检察形象是检察文化外在的综合表现。

检察人员在执法等各种活动中展示的理想信念、价值标准、执法理念、职业修养、精神风貌，是检察文化的本质与核心，它体现着检察事业最深层次的精神积淀，反映着检察人员的理想追求，是决定检察事业发展方向的推动力量。检察文化建设不光要注重外在的形式与符号，更要注重内在的本质与核心。只有紧紧抓住检察文化建设这一本质与核心，在检察机关大力倡导并树立合乎时代发展趋势的一种精神、一种风气、一种价值追求和行为准则，并以此引领检察人员的思想和行动，才能真正实现文化既要"化物"，更要"化人"的价值功能，才能充分发挥检察文化"软实力"的巨大力量，更有效地促进检察事业发展进步。② 而检察形象则是体现检察人员思想、精神和价值追求的外现、行为的具象。

塑造良好的检察形象，扩大检察机关的社会知名度，是检察文化建设的主要目标之一。检察文化一旦形成比较固定的模式，不仅会在检察机关内部发挥作用，对检察官产生影响，而且也会通过各种渠道对社会产生影响，从而在社会上树立起公正、高效、廉洁、文明的良好检察形象。检察文化的形象塑造功能主要是通过提升检察机关的公信力和扩大检察机关的影响力来体现：一方面，推动检察机关及其检察人员在检察工作中不懈追求"公平、正义、秩序"的价值理念，追求社会主义法制的统一尊严和权威，并在这一过程中树立检察机关和检察人员的良好形象。另一方面，提高检察机关公信力的过程，也是先进检察文化的价值理念、思维方式、行为作风等传达给周围其他社会成员的过程，从而不断地扩大检察机关的社会知名度和影响力。③

先进文化所具有的独特功能和巨大魅力在于，能潜移默化地发挥引导、约束、凝聚、激励等作用。从管理的角度讲，这些作用有助于弥补制度管理及管理方式的缺陷，降低管理成本，提升管理效能。因此，文化是一种更高层次的管理，是实现有效管理的重要途径。要推动高层次、现代化的检察管理，必须重视检察文化建设。检察文化在检察形象塑造方面的功能主要通过增强职业素质、遵行司法礼仪、约束职务外行为和提高社会认同方面产生影响。

---

① 徐汉明：《检察文化建设：理念更新与实践创新》，载《法学评论》2011 年第 3 期。
② 参见湖北省人民检察院检察长敬大力同志在全国检察文化暨法治文化理论研讨会上的发言。
③ 徐汉明：《检察文化建设：理念更新与实践创新》，载《法学评论》2011 年第 3 期。

一、增强职业素质

加强检察文化建设，充分发挥检察文化的形象塑造功能，应当坚持把提高检察人员职业素质作为检察文化建设的重要内容和关键环节，塑造良好职业形象、提升执法公信力素质是形象之本。检察文化建设要以增强检察队伍素质建设为根本，这是检察建设文化的关键和使命之所在。

首先，要加强检察人员的政治素质、做人基本准则的教育、树立正确的人生观和价值观。通过开展主题教育实践活动，加强检察文化的精神滋养作用。思想政治教育活动为检察人员的精神滋养提供了重要载体。在不同阶段，根据检察工作面临的新形势、新任务和国家与社会对检察工作的新要求，检察机关要明确主题，进行主题教育。开展主题实践活动对检察人员统一思想，提高认识，强化政治素质具有重要的意义。近年来，中央政法委相继部署了社会主义法治理念教育、"大学习、大讨论"、"发扬传统、坚定信念、执法为民"主题教育实践活动。最高人民检察院深入开展了"恪守职业道德、促进公正廉洁执法"主题实践活动与检察工作"大局观、核心价值观、执法观、业绩观、权力观和发展观"宣传教育实践活动以及以为民务实为内容的群众路线教育实践活动。应该说，每一次教育活动，都是对检察人员精神的全面提升，是对检察人员政治素质的强化。这些活动对检察人员进一步铸造"忠诚"品格，坚定理想信念、强化"公正"理念、树立"清廉"意识、倡导"文明"观念，为廉洁从检，文明执法和司法公正提供了强大的精神动力，奠定了坚实的思想基础和政治素质。对促进检察人员坚定政治方向、端正执法理念、提高执法能力、强化自身素质，推动检察工作科学发展发挥了重要作用。

其次，要抓好检察人员业务素质和心理素质以及检务技能的提高以及文化素质，通过多种形式进行培训，不断提高检察人员的综合能力和素质。党的十八大明确要求，加强司法公信建设。习近平总书记对"进一步提高执法能力，进一步增强人民群众的安全度和满意度，进一步提高政法工作亲和力和公信力"作出重要指示。

当前，强化检察人员的职业素质要着力提升"五个能力"：

一是要提升新形势下群众工作能力。要始终把人民放在心中最高位置，坚持在感情上贴近群众、在作风上深入群众、在工作上依靠群众，在拓宽联系群众渠道、确立民意导向、创新群众工作方法上下功夫。要深入开展以为民务实为内容的群众路线教育实践活动，坚持不懈地解决特权思想、霸道作风，着力整治庸懒散奢、冷硬横推等执法陋习。要着力推进思想政治建设。要认真贯彻执行中央关于改进工作作风，密切联系群众的八项规定，切实转变作风。要深入开展群众观点再教育，坚决解决群众反映强烈的突出问题，建立健全联系群众、服务群众和接受群众监督的长效机制，听民声、察民情、解民意，始终保持与人民群众的血肉联系。

二是要提升维护社会公平正义能力。要坚持严格执法、公正司法，从实体、程序和时效上充分体现维护社会公平正义的要求，努力使每一起案件的办理、每一件事情的处理都成为维护社会公平正义的具体实践。要积极适应人民群众对社会公平正义的新期待，坚持把严格执法、公正司法作为基本前提，坚持把公平正义、群众满意作为价值追求，全面推进法治建设，着力提升执法、司法公信力，让人民群众从每一件案件的办理、每一件事情的处理中感受到公平正义就在身边。要更加注重发挥法治在社会管理中的作用，更加注重完善保障社会公平正义的执法司法制度，更加注重实现法律效果和社会效果的统一。要加强对修改后的刑事诉论法、民事诉论法的深入学习，坚持严格公正廉洁执法与理性平和文明规范执法并重，规范自由裁量权的行使，完善办案责任制和案件评查机制。要以执法信息化推动执法规范化，依托网上办案，加强对执法办案活动的全程、统一、实时、动态监管，有效防止、及时纠正执法不规范问题。

三是要提升新媒体时代舆论引导能力。要牢固树立舆情就是检情，既要切实加强对新形势下检察工作规律特点的研究，又要着力加强对现代新闻传播规律的把握。要完善舆情监测研判处置机制，统筹网上网下两个战场理念，既高度重视做好案件本身的依法处理工作，又切实做好舆论引导工作。要善待媒体，善用媒体，努力提升新媒体时代社会沟通能力，争取新闻单位的支持，善于运用群众喜闻乐见的方式，把法律政策及时传送到微博、社区网等互联网。要加强对检察工作的正面宣传，大力宣传检察机关在维护稳定、社会管理、执法办案、服务群众等方面的重大贡献，最大限度地增加舆论的"正能量"。

四是要提升科技信息应用能力。要加快科技强检步伐，加强检察人员科技素能培养。要坚持把"深度建设"与"深度应用"有机结合起来，加快政法信息共享共用步伐。要牢固树立向科技要检力、向信息化要战斗力的理念。要增强信息化应用实效，大力推进检察工作信息化建设，以信息化促进执法规范化，努力以信息化引领检察工作现代化。

五是要提升拒腐防变能力。要深刻认识拒腐防变的重要性、紧迫性，坚持从严治检。制度是建设具有根本性、稳定性和长期性地规范权力运行、防止腐败行为的根本性措施，坚持用制度管权管案管人，严格规范权力行使，确保按照法定权限和程序行使权力。要加强廉政宣传教育和廉政文化建设，建立健全反腐倡廉教育长效机制，加强示范教育、警示教育和岗位廉政教育。要加强对领导干部行使权力的监督，加强领导干部日常教育、管理和监督。要加强学习，增强廉洁自律意识，从思想深处筑牢党纪国法和道德意识防线，不断增强自律意识和拒腐防变能力，不断提高反腐倡廉的自觉性。

二、遵行司法礼仪

司法礼仪是指司法活动主体在司法活动中所应当遵守的礼节、仪式。司法礼仪包含了在司法活动中对司法人员语言、服饰、仪容、举止等方面的仪式化要求，是法律精神对司法人员内在要求的外在表现形象，是在司法发展过程中逐渐形成并积淀下来的一种司法文化。一个国家的司法礼仪程度直接反映了该国家法治发展和司法文明的进步程度，也体现了整个社会文明的状况。

司法礼仪的主体是司法礼仪的操作者和实施者，主要包括法官、检察官、律师、当事人和其他诉讼参与人以及其他参与司法活动的人员等。司法礼仪作为一种应当遵守的职业操守，对塑造司法形象、树立司法权威、维护司法尊严具有特殊的重要的意义。

检察礼仪是检察官主体在检察活动中应遵守的礼节、仪式，是司法礼仪的重要组成部分，也是检察文化的一项重要内容。检察礼仪主要包括工作礼仪、着装礼仪、语言礼仪、接待礼仪和外事礼仪。检察礼仪是检察人员内在素质的外化表现，规范检察礼仪能够敦促检察人员自觉约束言行举止，强化其自身的角色意识及司法品行，促使检察人员形成规范、文明的执法行为。检察机关是行使法律监督权力的国家机关，检察人员是直接行使法律监督权的国家工作人员。检察人员的一举一动不仅事关个人形象，还关系到检察整体形象。因此，首先，要注重规范检察人员个人的仪表、言谈、举止、交往，从衣着和配饰规范整洁到热心助人、客气待人等点滴小事做起，养成符合检察机关职业特点的行为习惯。其次，要加强对检察人员的职业规范，注重执法形象，严格按照检察机关规章制度及行为规范的要求去做，做到服从命令、听从指挥、令行禁止。最后，检察人员在工作中要尊重领导，团结同事，关心他人，爱护工作环境，营造干事创业、宽松和谐、风清气正的工作氛围。在执行公务或参加政务活动时，按规定着检察服，佩戴检察徽标。坚持文明礼貌用语，表达准确，用语规范，对人热情周到，亲切和蔼，耐心细致，平等相待，一视同仁，举止庄重得体，精神振作，理解规范。

检察礼仪契合了检察人员的职业特点和职业要求，其不仅体现着检察人员的个人素养，也在一定程度上体现了检察机关的整体素质。检察官的身份象征着专业、公正的形象，基于检察官的身份，影响着社会一般民众的价值判断，对于社会公众而言，感受法律的威严，形成对检察工作的认知，很大程度上来自于检察人员的言行仪表。规范检察人员的职业礼仪，既是树立检察职业形象的需要，也是当前检察文化建设的一项重要任务。

三、约束职务外行为

检察人员作为特定的法律人群，其职业工作之外的个人生活同样被社会公众关注并寄予较高的希冀，如人际交往、婚姻家庭、出入的场所以及工作之余的活动，会被新闻媒体等关注或曝光，并据此作为评判检察人员及其执法行为是否值得民众信赖的重要指标。因此，借由检察文化建设引领、规约检察人员的职务外行为尤为重要。

应该说，检察人员职务外的行为虽然是个人的事情，但也是和检察工作、司法行为联系在一起的。一个经常出入高档豪华娱乐场所、与律师或当事人称兄道弟的检察官，人们有理由对其能否做到公正司法和清正廉洁产生质疑。事实上，检察人员职务外活动都在一定程度上直接或间接地反映了检察官的道德水准、司法良知和职业素养，如不加以正确引导和约束，必然会产生不良后果，引起人们对检察官及检察机关社会形象的质疑和不满。而检察人员职务外行为引起了社会的普遍关注和非议，已必然影响检察职业或司法的公信力。

对检察人员职务外活动的约束，涉及较为宽泛。具体而言，主要包括以下四方面的内容：一是对社会交往活动的约束。检察人员应慎重社会交往，约束自身行为，不参加与检察官身份不符的活动。检察人员要交友有度，做到慎独、慎微、慎初，保持健康向上的生活方式，应杜绝参加不当社交活动，不得参加不正当的宴请及应酬活动，不应涉足不正当场所，不得从事影响职业形象的事务或活动。检察官在社会交往过程中，应当多与有利于提高职业形象的人群交往，应与复杂人群保持适当的距离。二是对检察人员进行与法律有关的社会活动方面的约束。检察官可以参加符合法律规定的不妨碍公正和维护司法权威、不影响检察工作为前提的学术研究和其他社会活动。检察人员可以写作法律和其他方面的作品，著书、授课并获取正当的报酬，但写作的主题要体现社会公平、正义。检察人员进行上述活动时不能影响正常的工作，应经单位同意，并如实申报收入，依法纳税。三是对检察人员爱好和生活方面的约束。检察人员不得从事与公共利益、公共秩序、社会公德和良好习惯相违背，可能影响检察官形象和公正履行职责的不良嗜好和行为。由于检察官职业群体特殊性，必须对检察人员的个人的爱好和生活习惯进行必要的、高于普通公民的约束。检察官应按照职业道德的要求，对自己的个人爱好加以节制，谨慎处理好个人爱好与工作的关系。四是对检察人员业外言论的约束。检察人员应谨慎发表言论，避免因不当言论对检察机关造成负面影响。检察官要遵守检察新闻采访纪律，未经主管部门批准，不得就检察工作接受新闻媒体采访。

四、提高社会认同

加强检察文化建设有利于提高检察工作的社会认同，检察工作的社会认同源于检察公信力。检察公信力，是指检察机关依据自身对法律和事实的信用所获得的社会公众信任的程度，它反映社会公众对检察机关的主观评价、心理反映及价值判断。该概念包括以下内容：第一，该概念涉及两个主体，一方是信用方即检察机关，另一方是信任方即社会公众；第二，该概念包含两个行为，即"信"与"被信"；第三，该概念表达一种价值判断，"信"与"不信"皆为社会公众的主观评价、心理反映和价值判断；第四，该概念标示一种信度，"信"与"不信"存在程度高低指数。可见，检察公信力既包括检察机关信用的概念，又涉及社会公众信任的内容，同时也包含了诚信的意义，它表明了社会公众对检察机关的信任和尊重程度。[①]

公信力是一种社会构成，不仅有关司法和执法的实际状况，而且有关公众对司法和执法的想象、理解和期待。而公众对司法执法的想象、理解和期待与公众从各种媒体中获得的相关信息有关，与媒体对司法执法的想象、理解、期待以及对相关信息的选择性报道有关。[②] 因此，公信力与形象相互影响，密不可分。检察机关加强检察文化建设，从一定意义上说，是形象工程，同时也可以说是公信力工程。检察文化是检察人员的精神家园，检察文化建设是引导检察人员牢固树立正确的人生观、价值观、权力观的重要途径，是提升公信力、树立法律权威的重要手段，也是检察人员提升社会认同的重要途径。

首先，要打造检察机关典型文化，引领塑造检察队伍良好形象。典型文化是检察文化的重要组成部分，树立和弘扬先进典型是检察文化建设的重要内容。发挥典型示范立标。先进典型的力量是无穷的，发挥典型的作用对检察文化的形成、强化同样起着重要作用。先进典型是践行检察文化核心价值的代表，是检察干警学习的榜样、仿效的楷模，他们的先进事迹对检察官群体具有很强的示范导向功能，对检察形象的形成和提升有着举足轻重的作用。近年来，最高人民检察院和省院开展的"双先"表彰活动、先进基层检察院评选活动、地方党委组织的文明单位评选活动，以及其他各类表彰评比活动，积极组织推荐评选，对受到表彰的先进集体和先进个人进行集中宣传，大力弘扬他们忠实履行法律监督职责、维护社会公平正义、维护人民群众利益、维护社会

---

① 宋聚荣、张敬艳：《和谐社会视野下的司法公信力研究》，载《中国司法》2007 年第 2 期。
② 朱苏力：《从公众期待角度提高执法公信力》，载《人民检察》2009 年第 23 期。

和谐稳定的先进动人事迹，近年来，全国检察机关涌现出了方工、张章宝、蒋汉生、王书田、李树德、林志梅和葛海英等一大批模范人物，在他们身上集中展现了检察干警不怕牺牲、无私无畏、顽强拼搏、甘于奉献的优秀品格，集中体现了忠诚、为民、公正、廉洁的核心价值观，彰显了检察官的正面形象。榜样的力量是无穷的，运用优秀检察官作为榜样进行法治精神和美德的弘扬和培育，用他们的模范行为、先进事迹等形象地感染检察人员，为全体检察人员树立了学习的榜样，同时，也使全社会了解检察机关和检察人员的先进事迹，增加对检察机关、检察工作的认知度和满意度。应该不断加大树立和弘扬典型的力度，在不断丰富检察文化内容的同时，传承检察队伍的正能量，营造良好的执法氛围，树立检察队伍正面形象。

其次，要加强检察文化建设，营造良好的执法环境。社会对企业、组织、他人的形象认识，是整体的、概括的，但又受具体的、细微的、独立的事件影响，是大量单一因素综合形成的。社会形象好的，获得的社会支持度就高，无形资产价值就大，生存环境就好，反之亦然。对于履行法律监督职责、维护公平正义的检察机关来讲，检察形象也是生存之本。检察机关如果不能很好地履行法律监督职责，不能严格依法办案，有的甚至违法办案、贪赃枉法、滥用权力，必然就会失去党和人民的信任。在这方面我们有十分深刻的教训。比如，免予起诉权的存废问题。1979年刑事诉讼法中规定了检察机关对一些犯罪案件，根据一定条件可以作出免予起诉的决定。由于个别地方不能很好地规范免诉权的行使，导致实践的滥用，引起社会极大不满，最终立法机关取消了检察机关免诉制度的规定。

此外，由于社会公众对检察机关和检察人员的认识并不直接来自亲身参与、见证检察权运行过程，大多数人心目中的检察形象往往来自间接的、随机的、零散的见闻和感受，来自口口相传，有多种途径和渠道。社会公众获得什么样的材料和信息，从什么渠道获得有关材料和信息，对形成明确的检察形象具有重大影响。因此，检察机关要树立良好的检察形象，只注意提高队伍素质是不够的，还要根据社会舆论规律和社会公信力及公共形象形成规律，加强公共关系意识，加强组织形象管理。要推进检察机关公共关系活动，及时向媒体和公众传递重要的信息，要把握舆论的主导权，提高社会舆论引导和控制能力，提高开放、透明、信息化条件下的检察舆情处置能力和危机处理能力。

检察文化对检察形象的塑造所起的作用，具有由内而外、由里及表、潜移默化的特点。它的独特作用在于内部群体或检察人员素质的提高及其内部凝聚力的加强、内部团结的增进、精神面貌的改善、敬业精神的增强、管理水平的提高。因为各种形象要素，实际上都是人的要素作用的结果，组织的形象说到底是个体的形象，要通过每一个群体成员具体表现出来。检察形象的核心是由检察官的行为构成的，有什么样的检察官，就会有什么样的检察形象。建设一支高素质检察队伍是检察文化建设的目标，检察形象塑造不能脱离这个目标而要服务于这个目标。检察公关活动、检察礼仪以及检察物质文化等对检察组织形象有重要影响，但通过检察文化建设塑造起来的检察队伍的内在精神风貌作用更加重要，有着强有力的影响力和生命力。这是因为：第一，检察文化造就的是高素质的优秀检察官，由优秀的个体形成的检察队伍，其组织形象必然是引人注目、为人肯定的。第二，检察文化造就的检察官群体拥有共同的价值观，这种价值观一旦形成，必然使检察队伍具有统一的精神形象。第三，良好的检察形象可以唤起和激励检察人员的自豪感、荣誉感和责任感，激发其进取心、参与意识和主人翁意识，自觉地爱护检察、关心检察、献身检察，把自己的命运与企业的发展紧密联系在一起，不断释放自己的潜能，竭尽全力为检察事业发展做贡献。第四，为了获得良好的社会形象，检察机关必然会高度重视通过多种方式和途径加强自身建设。这就必须以队伍建设为重点。因为，检察形象塑造大致可以分为主动宣传形成和个体日常表现自然形成两个大的途径。前者要以后者为基础。没有较高的队伍素质、没有执法公正的社会评价，再怎么宣传，检察机关的形象也不可能是好的。

加强检察文化建设，必然也是一个塑造检察形象的过程，但检察机关不能单纯以塑造形象为目的，不能把检察文化建设的落脚点放在形象塑造上，而要通过形象塑造的倒逼机制、社会评价机制，虚心听取、收集社会评价，社会评价好的，要及时、全面总结经验，不断发扬光大；社会评价不好的，要深刻总结教训，采取有效措施有针对性地整改提高。总之，要把人民满意作为检验检察工作的根本标准，把人民群众的肯定作为最高荣誉，把人民群众的否定当作最大失职。人民群众满意度提高了，检察形象肯定就好了，检察工作就能获得党和人民的更大支持，就能更好地提高执法办案的效果。

第七章　检察文化的传播

传播论学派认为，人类文化发展史的主要内容是文化的传播或借用，人类文化发展史归根结底是一部文化传播或借用的历史。可以说，传播是文化的本质，或者说是它的存在方式①。中国有句名言："酒好也怕巷子深。"建设社会主义检察文化，不仅需要在自身的硬件设施、检察权的行使主体、行使方式以及行使依据上下功夫，而且要在检察文化的传播上做足文章。检察文化建设对检察机关和检察人员行使检察职能有哪些影响，对国家的整体文化建设具有怎样的促进作用，具有怎样的亮点和特色等，都需要进行一定程度的、有效的传播，以提升检察机关和检察人员在人民、党和政府乃至国际上的形象和影响力，从而不断推进富有中国特色的社会主义检察文化事业。

检察文化传播，是指对检察文化的理念、价值、建设的各项成果等，在进行一定包装的基础上，通过各种途径和方式，向外界广泛输出信息的过程。检察文化传播的内涵和特点主要表现为内容的真实性和典型性、形式的生动性和可变性、载体的有效性和丰富性以及效果的广泛性和持久性。检察文化传播的主要价值在于打造检察公信力，提升检察话语权。传统媒体和新媒体都是实现检察文化传播的路径，发挥好这些媒体的传播作用，关键是处理好检察机关与这些媒体的关系。新媒体的出现和发展既是检察文化传播的历史机遇，也是检察文化传播管理的重大挑战。

第一节　检察文化传播的特点

一、检察文化传播的概念

按照美国著名传播学家施拉姆（Wilbur Schramm）的定义，传播是指信息

---

① 参见居延安：《关于文化传播学的几个问题》，载《复旦学报》（社会科学版）1986 年第 3 期。

经过社会信息系统运行而实现的交流及其影响①。简单而言，传播就是不同的社会关系主体之间通过某种渠道和方式传递和交换信息的过程。理解这个概念应注意以下几个方面：第一，传播是一个信息共享过程，即把一个或少数人独有的信息转化为两个乃至更多人共有的过程。第二，传播是在一定社会关系和文化条件下进行的，传播者和受传者（或称"受众"）双方要有共同的语义空间，即拥有共同的文化背景和对符号含义的共同理解。第三，传播是一个相互作用的过程。在此过程中，传播者处于主动地位，但受传者也不是完全被动的，他可以通过信息反馈来影响传播者，即传播是双方之间的信息互动过程。第四，传播的内容不只是信息，还附随着价值、观念、情感、态度②。

文化传播又称文化扩散，指的是人类文化由文化源地向外辐射传播或由一个社会群体向另一群体的散布过程。文化传播过程取决于文化的实用价值、难易程度、文明声望、时代适应性和抗逆性等多种因素。文化人类学家 R. 林顿把文化传播过程分为 3 个阶段：（1）接触与显现阶段。一种或几种外来的文化元素在一个社会中显现出来，被人注意。（2）选择阶段。对于显现出来的文化元素进行批评、选择、决定采纳或拒绝。（3）采纳融合阶段。把决定采纳的文化元素融合于本民族文化之中。从地理空间看，文化传播是由文化中心区向四周扩散，根据传播途中信息递减的一般规律，离文化中心区越远的地方，越不能保持文化元素的原形。当一种文化元素传播到另一个地区以后，它已不是原来的形态和含义，在传播和采纳过程中已被修改过。

检察文化传播当然也具有文化传播的基本属性和特征。我们认为，检察文化传播是指对检察文化的理念、价值、建设的各项成果等，在进行一定包装的基础上，通过各种途径和方式，向外界广泛输出信息的过程。

二、检察文化传播的内涵

检察文化传播不是简单地表现为一个地区的检察文化向其他地区扩展或迁移的现象，这样的理解并没有揭示检察文化传播的性质。应从检察变迁和发展的角度揭示检察文化传播的性质。检察文化发展的形式有两种：一种是跨时间的纵向的发展，即检察文化的历史发展。一种是跨空间的横向的发展，即检察文化的传播。之所以将检察文化的传播当成是检察文化发展的形式，是因为检

---

① 转引自雷晓彤：《新时期以来中国文化传播史研究综述——从传播学的视域试论》，载《辽宁行政学院学报》2007 年第 7 期。

② 参见《传播效果研究基本概念百题》，载中华传媒网，http：//bbs. mediachina. net/index_ bbs _ show. php？b_ id = 8&s_ id = 549830。

察文化的传播过程并非检察文化原封不动从一个地区迁移到另一个地区,而是检察文化发生各种形式的重组、损益、变异的过程。就像检察文化在历史发展的过程中必然要随着历史条件的变化而变化一样,检察文化在地域传播的过程中也必然要随着生存空间的变化而变化。检察文化主要是在检察官这个特殊群体当中存在的一种法律文化,这个大群体当中又存在多个小群体,检察文化的传播就存在内外传播之分,一种是在不同的检察官群体之间的传播,包括上下级检察机关检察文化的纵向传播,也包括不同地域之间检察官群体的检察文化传播;另一种是检察文化从检察官群体向社会大众的传播,即检察文化的社会化传播,面向社会公众传播检察文化,使其为全体社会成员所接受、理解与共享,检察文化只有通过社会化传播才能发挥更强的社会影响力,也才能吸引社会公众参与检察文化建设,为检察文化创新发展集聚社会力量。

具体而言,检察文化的传播可分为以下几种:一是内向传播。即个人接受外部信息并在人体内部对信息进行处理的过程。就检察文化传播而言,每位检察官在学习检察制度、理念、检察法律、规范,接受检察业务技能培训时,都是在进行内向传播。通过这种内向传播,全面、深入、准确地理解、把握检察文化的内涵,并将其纳入自己的认知和心理结构。二是人际传播。人际传播是指个人与个人之间的信息、意见、情感的交流与沟通行为。人际传播是一种高质量的传播,尤其在说服或沟通感情方面,其效果要好于其他形式的传播活动。人际传播是一种基本的社会互动形态,对个人的社会化具有重要影响,同时,对大众传播的效果也起着中介和过滤作用。三是组织传播。组织传播指的是组织内的信息传播活动,包括纵向和横向的联系与沟通。组织传播的功能在于形成组织内共识,收集、处理外部信息以适应环境变化,其最大目的是促进组织目标的实现。四是群体传播。群体传播即群体内部成员之间的信息传递和交流活动。群体传播是大众传播效果形成的重要中介和制约因素之一。五是大众传播。大众传播是由专业化的传播机构运用复杂的技术手段面向不特定多数的受众进行的大面积传播活动。其是由专业化的传播机构从事的有组织的传播活动,这些机构包括报社、出版社、电台、电视台、网络传媒等,传播对象是广泛而分散的、不特定多数的受众。在现代社会,大众传播是人们获得外部信息的重要渠道,是进行社会动员、实现国家和社会目标的重要手段,也是社会文化、娱乐及其他精神消费产品的提供者。最高人民检察院在检察文化传播方面设立了专职从事检察文化传播的大众传播机构——检察日报社、检察出版社、《人民检察》杂志社、正义网等,这些检察大众传媒已经在社会上产生了广泛而重要的影响,取得了良好的检察文化传播效果。

检察文化传播是个整体性、综合性、技术性的工作,要有效开展检察文传播，确保取得良好的传播效果，须注意以下几个问题：一是检察文化传播并非仅仅是检察机关内部宣传部门和检察专业传媒的工作，而是整个检察系统的任务。要充分调动一切检察资源，发挥所有检察机关及每位检察官的作用，将检察机关日常的管理和运作及检察官的具体执法行为与检察文化传播结合起来，使传播工作常态化。二是要综合运用多种传播途径和方法，拓展传播的范围和对象。既要重视检察文化的社会传播，又要重视检察系统内的传播；既要重视检察文化的国内传播，又要重视跨国交流和对外传播。三是要在研究传播规律的基础上，制定系统的传播规划，设计有针对性的传播方法，要综合运用传播学、文化学、人类学、社会学、社会心理学等学科的理论成果，提高传播的科学化水平。

三、检察文化传播的特点

每一种文化传播在符合传播基本特征的同时都有自身的特点，检察文化作为一种法治文化，作为存在于检察官这个特殊群体的社会文化，其传播也有自身特点。我们认为，检察文化传播的特点主要体现在以下几个方面：

（一）内容的真实性和典型性

检察文化传播的效果如何，能不能被受众者接受，关键取决于实质内容。检察机关所要传播的检察文化在内容上必须具有真实性，即检察文化必须是在检察群体中客观存在。而且在传播过程中不能"失真"，不能夸大或缩小检察文化成果，受众者所接触到的检察文化与原本存在于检察群体的文化不能发生重大偏差，在这个过程中一方面要注意传播源的问题，另一方面要注意传播媒介的问题。此外，所要传播的检察文化必须具有典型性，即检察文化在内容上必须具有代表性，代表了一定区域、某个群体的检察精神文化、行为文化以及物质文化。

（二）形式的生动性和可变性

检察文化的传播形式多种多样，包括书面文字、语音视频、图画等诸多种类，但无论采用什么样的形式传播检察文化，其最终目的就是让受众者接受，那么什么样的传播形式易被接受，就应该采用这种形式。生动性的传播方式是契合大众的内心需求的，检察文化不同于一般的社会文化，其传播形式必须注重生动性，只有形式上具有生动性，才能引起别人关注，才能给受众者留下深刻印象。检察文化的传播形式也不是一成不变的，不同的时期、不同的地域、不同的群体，文化传播的形式也不一样，这种可变性是由文化传播的目的决定的，也是由传播效果的好坏决定的，我们所应注重的就是要采用最佳的、最有效的传播形式来传播检察文化。

（三）载体的有效性和丰富性

检察文化的传播需要依赖一定的载体，在现代信息社会，传播载体种类繁多，无论是新兴媒体还是传统媒体都在发挥着重要的传播作用，检察文化的传播当然也面临着载体选择。在传播载体的选择过程中，必须把握载体的有效性和丰富性问题。所谓有效性，主要是指选择某种载体就期望其在传播检察文化时产生效果，换言之，必须以效果为标准选择检察文化的传播载体，检察文化并非适用任何一种载体就能产生较大的社会影响。所谓丰富性，主要是指传播载体的多样性、多彩性，每种载体都有自身的特色，每种载体发挥的作用和功效也不尽一致。检察文化本身就有不同层次、不同种类，其表现形式也是纷繁复杂，检察文化的传播也必须立足于载体的丰富多样性，选择适宜于某种文化传播的一种或多种载体。比如，网络传播具有多元化、大容量、开放性的传播特点和优势以及双向互动的传播过程等特点，像工作理念、价值取向、职业信仰、职业精神等精神层面的检察文化，借助于网络传播比较快捷、有效。

（四）效果的广泛性和持久性

正如前文所谈到的，检察文化的传播当然要注重传播效果，但传播效果究竟如何取决于传播者、传播载体和形式以及受众者等多种因素。从检察机关自身而言，传播检察文化更应注重广泛性和持久性，广泛性可以从地域和人的角度来分析。从地域角度分析，检察文化要在更多地区、更广地域内传播，包括中国特色检察文化在全球范围内的传播；从人的角度分析，检察文化要在不同阶层的群体中传播，要使得更多的社会大众了解、知晓、接纳、认可检察文化。而持久性主要是指检察文化的影响力要长久、深远。如果传播的检察文化对受众者的影响转瞬即逝，便不可能发挥多大的作用。在检察官群体内，检察文化特别是精神层面的检察文化的传播必须注重持久性，价值理念、宗旨意识、职业精神这些层面的文化只有长久植根于检察人员的内心，才能使凝聚作用、导向作用得到充分发挥。对于社会大众而言，我们当然也希望检察文化能够在社会大众中产生持久的影响力。检察机关应该着眼于文化传播效果的持久性，不断丰富传播手段和载体，同时对传播效果要进行科学、务实的评价。

第二节　检察文化传播的作用

检察文化传播具有什么样的作用，或者说我们通过传播检察文化期望达到什么样的目的？这是研究检察文化传播需要回答的基础性问题。我们认为，检察文化传播的作用和意义主要体现在以下两个层面：

一、检察文化传播的首要价值——检察公信力

检察文化传播的最根本的目的仍然还是为检察工作赢得公众的信誉和信任，为检察工作的发展赢得公众的理解和支持。在现代信息社会中，对公信力的塑造，也是接受群众监督，回应群众质疑的最根本、最有效的途径。

（一）提高检察人员的素质

这里所言的素质，并非仅仅指检察人员的专业素质、法律功底，它还包括检察人员应当具备从事法律职业所要求的职业素养、道德品质以及政治素质等。如果仅仅从专业素质、法律功底来看，我国目前绝大多数的检察官都能够胜任，但是，考虑所有的素质，其中又有多少检察官能够真正地达标呢？每年在全国检察系统内部发生的一定数量的违法乱纪行为，无不是检察人员的素质尤其是职业素养、道德品质以及政治素质等低下所造成的恶果。"阳光是最好的防腐剂"，这已经成为经多次实践检验的、世界性的防止腐败的成功经验。这里的阳光，对检察机关和检察人员而言，就是通过传播检察文化，将自己放在整体社会大众的"阳光"下。检察机关和检察人员在曝光、宣传自己的同时，也使得自己被社会大众更好地了解和监督。通过这样的社会监督，能够使检察人员更加收敛、规范自己的行为，逐步提高自己各方面的素质，从而达到整个社会对检察官素质的高要求。

（二）树立检察工作的威信

在一个法治的国家里，我们总是强调，要培养民众的法治理念和法律信仰。但是，培养民众的法律信仰并非仅仅是民众信仰的一个单向过程，它还需要法律值得被信仰。如果法律不值得被信仰，又如何去谈论对法律的信仰。而法律值得被信仰，除了法律本身符合自然正义的要求之外，还需要树立法律的权威，即制定的法律能够在实践中真正得到不偏不倚的执行，能够真正维护社会各方的利益。有法不依，执法不严，违法不究，甚至不公正执法，无法树立法律的权威，也无法让法律被社会大众所信仰。作为执行法律、适用法律的检察机关，树立检察工作的威信，实际上就是树立法律在社会民众中的权威。一方面，这样的权威来源于检察机关的公正廉洁文明执法，另一方面，也来源于对这种公正廉洁文明执法的广泛宣传。检察机关能够公正地适用法律解决社会矛盾，能够公正地维护各方当事人的利益，能够适当地为当事人伸张正义，那么检察机关的威信也就自然树立，人们对法律的权威性也就自然增加，人们对

法律信仰的确立和社会主义法治国家建立的脚步也就必然加快。

（三）促进检察工作的现代化

司法以其中立和保守而为社会所广知，司法也因其中立和保守而为人们所信赖，但是，检察工作具有的这种中立和保守所带来的副作用就是现代性的不足。这种现代性的不足一方面表现为包括检察人员在内的司法人员本身的保守性，长期的法律思维训练和对社会负面信息的大量接触，都导致司法人员具有某种谨小慎微的保守品质。另一方面这种现代性的不足表现为司法工作对现代化科技工具的采用率不高，如在网络迅速发展的时代，检察机关和法院网上办公的推进步伐就明显低于行政机关。通过检察文化的传播，不仅可以树立检察机关和检察人员的对外形象，还可以增强检察人员与社会的接触和交流面，增强检察人员对整个社会的经济、科学、文化等方面发展的了解，并积极关注检察工作与当今社会、经济、科技乃至生态等发展潮流的关联，关注检察工作从理念到技术操作方式的渐进演变，从而进一步推进检察工作现代化的发展。如积极推进网上办公、制作检察内网和外网网站、开展网络举报、检察院领导走进演播室现身说法、检察院领导与网民在线交流等。

（四）增进人民群众对检察工作的理解

检察工作执法公信力的问题，不仅仅是极少数检察人员道德素质低下、职业素养偏低以及腐败问题，它还涉及人民群众对检察工作和检察人员的理解和期待问题。正如北京大学法学院院长朱苏力所说的，公信力不仅有关司法和执法的实际状况，而且有关公众对司法和执法的想象、理解和期待。而公众对司法执法的理解、想象和期待与公众从各种媒体中获得的相关信息有关，而媒体对司法执法的理解、想象、期待以及相关信息的选择性报道有关。[①] 在实事求是的基础上，通过媒体积极主动地向人民群众传递检察机关和检察工作的相关信息，并要求媒体进行客观性报道，力争让老百姓知道检察机关和检察工作的职权范围，知道检察工作有可为也有不可为，以便对检察工作有一个正确合理的期待。检察机关只要在人民群众合理期待范围内充分认真地履行职权，就能够得到人民群众的理解和支持，才能够获得司法和执法的公信力。而在这个转换的过程中，检察文化的传播就起着非常重要的作用。

二、检察文化传播的重要价值——检察话语权

从话语权的历史渊源来看，"话语权"这个名词最早是由法国哲学家米歇

---

① 选自湖北省人民检察院检察发展研究中心编：《执法公信力建设的理论与实践》，第17页。

尔·福柯提出来的①，其在《话语的秩序》当中最早提出了"话语即权力"的观点。在现代意义上的"话语权"中，话语，意味着一个社会团体依据某些成规将其意义传播于社会之中，以此确立其社会地位，并为其他团体所认识的过程。有观点认为，权利与权力是话语权的二重属性，自由与民主是话语权的本质要求，而利益表达是话语权的出发点及根源，社会共治则是话语权的必然导向②。在信息社会中谁掌握了话语权就意味着谁占有了主动地位，从一定意义上讲，话语权就代表了信息传播主体潜在的现实影响力。我们认为，检察文化传播的一个重要功能作用就是增强检察话语权。

（一）检察文化传播的核心是价值认同

认同是社会学研究的基本概念之一，具有身份、同一性、一致、特性等含义，在很大程度上，指的是自我认为具有从属于某个群体的身份。价值认同是指个体或组织通过相互交往而在观念上对某一或某类价值的认可和共享，或以某种共同的理想、信念、尺度、原则为追求目标，实现自身在社会生活中的价值定位和定向，并形成共同的价值观，它是社会成员对社会价值规范所采取的自觉接受、自愿遵循的态度甚至服从。价值认同体现的是社会成员在价值理想、价值取向和价值标准等方面的一致性和统一性。对于检察文化而言，我们通过传播检察文化，就是期望检察工作发展中所形成的精神、理念、制度、规范等被包括检察人员在内的大众普遍接受、认可，使得广大检察人员对检察工作的价值意义形成共识，使得广大社会民众认可检察工作，而这个被普遍接受、认可的过程就是价值认同的过程。这样一种价值认同，不仅是个体和社会共同体两个层面的认同都必然具有的一个维度或方面，而且是一切个体认同和社会共同体认同的基础。

（二）检察文化传播的形式是话语认同

检察话语权的保障是要通过话语权力的运作来完成的。检察话语意味着一个检察机关依据某些成规将其意义传播于社会之中，以此确立社会地位，并为其他机关、团体、社会民众所认识的过程。这个过程必然存在话语认同的问题，就是检察机关的话语得到别人的认可、理解、支持、信任。从某种意义上讲，检察文化代表了中国社会公众对于检察制度在国家宪政、法治体系下的价值、地位、功能、意义的理性认知和情感态度，凝聚了全国检察机关及检察官群体在检察执法、法律监督方面的知识、智慧、方法和经验。检察文化的传播

---

① 莫勇波：《论话语权的政治意涵》，载《中共中央党校学报》2008 年第 4 期。
② 莫勇波：《论话语权的政治意涵》，载《中共中央党校学报》2008 年第 4 期。

就意味着检察机关要"发声",社会大众对检察机关的话语认同就成为检察文化传播的基本形式,或者说,检察文化传播所用到的所有的载体、渠道都必然涉及话语认同的问题,其根本就是通过话语认同来传播检察文化。

(三) 检察文化传播的最终目的是产生说服力

检察文化之所以要传播,旨在促进检察文化的发展,使检察工作、检察文化得到社会的认可,这里一个根本的问题就是检察文化如何被认可。我们认为,检察文化传播的最终目的就是形成说服力,这种说服力的形成一方面是在检察官群体内,即通过检察文化的传播使检察人员对检察工作宗旨观念、制度规范、行为方式和职业道德等真正形成内心认同,使检察文化的凝聚、导向、激励等作用得到充分发挥;另一方面是通过检察文化从检察官群体向社会大众传播,在社会上形成说服力,使社会大众信服检察工作,就是提升检察机关的社会影响力。检察机关在任何情况下都不应忽视民意、忽视社会评价,检察执法工作从程序到结果都必须符合民众的期待,获得民众的认同和支持,这样检察文化才真正具有力量,检察机关才具有执法权威和公信力。因此,必须加强检察文化的大众传播,通过传播,不断增强社会公众对检察制度、检察机关的价值、功能、意义等的认知度和接受度,从而优化检察机关的公共关系,提升检察官群体的公共形象,并使检察文化转化为一种真正的软实力,促进检察事业的发展。

第三节 检察文化传播的途径

检察文化的传播必须依赖于传播媒介或者载体,传播媒介对检察文化的发展具有重要的促进作用。加拿大传播学家麦克卢汉有个著名论断:"媒介即讯息","传播技术决定着历史发展的轨迹和特征",文化传播连同传播媒介在社会发展中居于至关重要的地位,起着不可替代的作用。因此,在传播检察文化时必须注重媒介、载体的选择,整合各类信息传递的方式,构建综合利用当前社会各种传播渠道的机制。在检察文化的传播过程中,检察机关本身要树立媒介关系意识,主动与各类媒体打好交道、处好关系,必要时请他们为我们出谋划策,丰富、拓展检察文化传播的途径,从而促进检察文化更广泛、更深入地传播。

一、借助新媒体传播检察文化

新媒体是指新技术支撑体系下出现的新的媒体形态，是相对于传统媒体（报刊、杂志、广播、电视）而言的，也可称为现代媒体（网络、手机、数字电视）。随着数字技术、网络技术以及现代通信技术等的发展进步，现代社会产生了形形色色的新媒体，诸如网络媒体、手机媒体、博客、微博、交互式网络电视、移动电视等，其中，网络媒体和手机媒体是新媒体的主要代表。新媒体利用数字技术、网络技术、移动技术，通过互联网、无线通信网、有线网络等渠道向用户提供信息，具有交互性与即时性、海量性与共享性、多媒体与超文本、个性化与社群化等特征，是受众可以广泛且深入参与的媒体形式。检察机关应大力开发、构建、利用手机、网络等新型媒体平台。通过这一平台，及时向民众发布检察新闻和执法动态信息，公开检务规范，披露办案流程，受理网上举报，解答民众的疑难问题和法律咨询，接受民众对检察执法行为的批评和监督等。通过与民众全面的、即时的、便捷的交流与互动，增强民众对检察机关及检察执法行为的理解和认同。

二、依靠传统媒体传播检察文化

传统媒介主要包括印刷媒介和电子媒介中的电话、广播、电报、电视以及电影媒介等传统电子媒介。报纸、期刊和杂志等纸质媒介已经成为大众传播的一个极其重要的途径，纸质媒介和传统媒介仍然在信息的传播中发挥着巨大而不可替代的作用。尤其是广播和电视，不仅具有覆盖面广、普及性强、时效性快的特点，还可以用于休闲娱乐、学习知识、了解新闻等。随着人类通信卫星的制造、发射，以及全球定位系统的建立，无线电信号已经可以到达地球上的任何一个角落。检察文化传播必然要求利用这一广泛的信息传播渠道。检察机关可以拍摄关于检察业务、检察工作和优秀检察人员的专题电影或电视纪录片，借助于电视传播检察文化，也可以通过相关期刊、报纸尤其是学术期刊、权威报纸等传播检察文化。在现代社会，小说、影视等文艺作品以其高度的故事性、艺术性和表现力成为最强大的文化传播工具。检察机关要重视编创检察题材小说、影视剧等文艺作品，加大编创检察及法治题材影视剧的力度，大力传播、弘扬检察及法治文化，增强检察及法治文化的影响力和感染力。

三、依赖内部渠道传播检察文化

检察机关自己编辑的内部刊物，撰写的内部通信材料以及制作的相关公文等检察内部文件，都对检察文化传播起着相当重要的作用。这些检察内部文件不同于外界发行的书籍和报刊，它无论在内容和形式上都属于可控制性媒介。检察内部文件的表现形式，除了上述内部刊物、通信材料和公文以外，还具有各种各样的表现形式，如半年或者全年总结、先进工作者或者优秀共产党员的事迹材料、一些内容精练的小册子、卡片或传单，甚至包括检察机关制定的内部规章制度等。这些主要对检察群体内部的载体对于检察文化在检察系统内部上下、左右传播也起着非常重要的作用。

四、采用原始手段传播检察文化

检察文化传播也可通过采用媒体发布会、海报、宣传栏、照片、展览、口头法制宣传以及法制讲座等相对原始的传播途径来进行。媒体发布会、口头法制宣传、法治预防以及对外上课等都属于口头媒介的范围，口头媒介是指以有声语言为媒介，它是利用声音符号作为载体来传播信息的一种传播方式。[①] 口头传播在当今社会信息传递中的作用尽管有所下降，但是，对检察文化的传播而言，却有着极其重要的地位，在进行信息沟通的同时，不仅能够保持信息不失真，增进交流双方之间的感情联结，还可以对交流的内容进行详细的阐释。而海报、宣传栏、照片、展示、展览等文字、图片宣传媒介，在对检察机关的地位、职权、工作性质乃至工作的亮点特色进行宣传报道的同时，还可以生动展示检察机关的形象和魅力。此外，检察机关应加强社会团体建设，利用社会团体的平台宣传检察文化，吸引社会公众参与建设，同时也要积极开展文艺演出、体育比赛、书法绘画展览等健康向上的文化活动，增强检察文化的吸引力。

五、通过加强理论研究传播检察文化

检察业务调研和理论研究，是一个依附于各种媒介的信息传播途径。检察机关有没有话语权、有多少话语权、说话有没有分量，都与检察机关进行业务调研和理论研究的深度和广度有关。检察机关在现实中的地位如何，未来的司法体制改革中检察体制应该如何进行改革，检察机关未来的发展方向

---

① 选自赵志立：《网络传播学导论》，四川人民出版社 2009 年版，第 13 页。

如何，都与检察业务调研和理论研究息息相关。检察机关进行的检察业务调研和理论研究，其对象涉及检察体制和法学研究，而这两方面并非仅仅是检察机关在单独研究，学术界、法院甚至公安机关也在进行这方面的研究。检察业务调研和理论研究进行得怎么样，不仅仅是一个学术的问题，还是一个自身形象和尊严的问题。检察业务调研和理论研究搞得好，不仅使我们的检察文化传播更有底气、更有深度，也为检察文化传播增添了新的素材、新的亮点和特色。

第八章　检察文化的比较和借鉴

检察文化既具有鲜明的国家性，也具有一定的地域性。从世界范围来看，大陆法系、英美法系、社会主义法系、伊斯兰法系等法系的划分本身都具有很强烈的文化色彩。法系的划分从一定意义上说就是法律文化的划分，检察文化基本上从属于法律文化，因此，关于法系的划分大致适用于世界范围内的检察文化的地域划分或者类型化。

第一节　大陆法系检察文化

现代意义上的检察制度诞生于 1789 年的法国大革命，正式奠立于 1808 年的拿破仑《治罪法》，该法典全面规定了检察官侦查和追诉犯罪的职能。随后，在拿破仑战争的影响下，德国、芬兰、意大利、俄罗斯等欧陆国家相继建立了检察制度，由此汇聚而形成了具有大陆法系传统和特色的检察制度谱系。

大陆法系检察文化饱含大陆法系"契约制度"、"正义观"以及"人性恶理论"中的思想文化精髓，在检察文化中传承了权利保障和权力节制的法治观念，形成了防止法官擅断和警察恣意的"国家权力之双重控制"理念，同时，还明确了检察官"法律守护人"的角色定位，其遵循的客观公正义务成为大陆法系检察文化鲜明的职业伦理特征。

大陆法系检察文化特质最为明显的外在表现形式就是今天大陆法系检察制度中控审分离、检警一体和"检主警辅"的权力配置以及检察机关在侦查、审判中收集和评断证据客观公正、忠于事实的诉讼义务和办案立场。这些特征有利于持续改善检察官在民众心目中的职业形象。

一、大陆法系的检察观念

大陆法系是由数个有着不同历史起源以及在不同历史阶段发展起来的支法

构成。其中最古老也最为显著的组成部分来源于公元 6 世纪查士丁尼皇帝统治时期所编纂的罗马法。在大陆法系文化中，人与人之间的权利—义务关系常常被解读为一种契约关系。随着历史的推移，以罗马法为源头的大陆法系逐渐与教会法、商法以及 1776 年革命下的法律文化思潮相融合，形成了复杂且内涵丰富的大陆法系文化。

（一）自由、平等的个人本位观和权利观

由于古罗马法是以契约为中心形成和发展的，因此产生契约的前提条件："意思自由"与"契约主体地位平等"也被大陆法系的法权文化所吸纳和发展，为自由、平等以及权利等观念的生长提供了社会条件。具体而言，大陆法系文化认同人与人之间的契约关系，承认人的利己性，重视个体权益的保护，相应地便有了"自然权利"、"天赋人权"、"平等博爱"、"权利本位"等一系列提倡以人为中心、一切为了人的权利观和个人本位观。在这一文化体系中，强调在社会、在法律面前人人平等的思想，反对专制主义的特权等级观；主张用法律治理来代替封建的人治观，排斥立法随意、司法擅断。罗马法所倡导的个人本位和权利本位的价值观后来随着启蒙思想家的大力宣扬而成为大陆法系文化的主流，并进一步上升为法律观念。

（二）限权观念

到了近代，传统的大陆法系文化与革命思想相互借鉴、融合。人与人之间的"契约关系"被启蒙思想家演绎发展为人与国家之间的"社会契约关系"。启蒙思想家卢梭在《社会契约论》中指出："我设想，人类曾达到过这样一种境地，当时自然状态中不利于人类生存的种种障碍，在阻力上已超过了每个个人在那种状态中为了自存所能运用的力量。于是，那种原始状态便不能继续维持，并且人类如果不改变其生存方式，就会消灭。"① 为了提高生存能力和生活质量，人们改变了交往方式，通过相互承认和尊重彼此的利益，让与并且集合个体权利形成公共权力，克服人类生存的阻力。随着公共权力的产生，人类社会由自然状态转变成了政治状态，国家形成，权力诞生。

在社会契约关系下，国家权力只能来源于公民权利的赋予，权力是为了更好地追求公民的自由和利益而存在，权力是手段，权利是目的，除此之外，权力没有任何自身的利益追求。正如洛克所言："政治权力就是为了确定和保护财产而制定法律的权利，判处死刑和一切较轻处分的权利，并从而使用这种共同体的力量来执行这些法律和保卫国家不受外来侵害的权利；而这一切都只是

---

① ［法］卢梭：《社会契约论》，何兆武译，商务印书馆 1982 年版，第 22 页。

为了公众福利。"① 然而，权力本身具有天然的扩张属性，"自古以来的经验表明，所有拥有权力的人，都倾向于滥用权力，而且不用到极限绝不罢休"②。因而在行使权力时必须有所节制，否则就会形成专制。在欧洲大陆法系文化中反对专制，节制权力的思想开始被普遍认同，经典的"三权分立"学说被提出，立法权、行政权和司法权的三足鼎立，将集中的权力分散，同时通过权力配置，使分散的权力彼此制约。分权制衡成了经典的限权构造，这一观念一直影响到今天的大陆法系国家，并始终蕴含在大陆法系的检察文化脉络中。

（三）法治观念

古希腊文化中以柏拉图为代表的人性恶的思想，在罗马时代与基督教的原罪观念紧密结合在一起，成为大陆法系文化中一个根深蒂固的传统观念，以至于圣·奥古斯丁、托马斯·阿奎那以及近代的洛克、孟德斯鸠等为代表的大陆法系国家的启蒙思想家都是性恶论者或倾向于性恶论者。③ 正是由于人性本恶，所以如果权力掌握在专制皇帝或专制君主个人手里常常会形成最终的恶果——人治下的专制统治，对这一点美国学者尼古拉斯·泰玛什弗（Nicholas S. Timasheff）有过经典描述，他指出："在专制权力结构中的国民，无法期望统治者的行为同一般性命令相一致，而对于这些国民的行为来讲是具有决定意义的；因为这些命令并不拘束于制定者，而且严格遵守昨天发布的一般命令，则会在今天或明天引起统治者的恼恨与报复欲望。每个个人都必须意识到统治者瞬时即变的念头，并力使自己的行为适应于统治者的怪念头。在这种政权结构中的国民的通常精神状况，肯定是忧虑不安的。"④ 要从现实社会中彻底消除人性中的恶和它在权力上无节制的扩张常常难以做到。因此，只有最大限度地从其他途径去遏制，方法就是以法（权）制约权力，由法治代替人治，而这一文化理念的实践就是1789年的法国大革命以及其后欧洲诸国针对封建制度而进行的各种社会运动与政治制度改革。应当说法治的建立不仅推动了欧洲大陆法系国家挣脱中世纪权威和桎梏的运动，而且通过对市场经济的保护，促进了整个西方社会现代化的进程，法治观念一直延续到今天，成为大陆法系检察文化显著的观念特征。

（四）正义观念

由于不同分支法系的影响和融合，大陆法系法律文化一直处于开放多元的

---

① ［英］洛克：《政府论》（下），叶启芳、瞿菊农译，商务印书馆1997年版，第3页。
② ［法］孟德斯鸠：《论法的精神》（上），许明龙译，商务印书馆2009年版，第166页。
③ ［美］E. 博登海默：《法理学——法哲学及其方法》，华夏出版社1987年版，第22—25页。
④ ［美］E. 博登海默：《法理学——法哲学及其方法》，华夏出版社1987年版，第223页。

状态，但"正义观"在大陆法系法律文化中却始终是最基本最稳定的部分。早在大陆法系的源头——罗马法典《国法大全》之一的《学说汇纂》第一编第一章"正义和法"中就辑录了乌尔比安的经典名言：对于学习罗马法的人来说，必须首先了解"法"（jus）的称谓从何而来。它来自于正义（justita）。承继这一朴素的法律思想，大陆法系的法律文化中始终贯穿着正义这一基本要素。特别是从 16 到 18 世纪的几百年间，在古典自然法运动的影响下，正义几乎与当时的"法"（自然法）成了同义词。这一时代的斯宾诺莎、洛克、孟德斯鸠、伏尔泰、卢梭等都共同把自然法看成是与人性相一致的人类至高无上的准则和道德；认为正义是自然法的基本准则，人权也应以正义为基础；没有正义也就没有自然法意义上的自由、平等、安全、财产、权利和幸福，法律必须以正义为价值取向。即使是在 19 世纪，历史法学和分析法学成为欧洲法学舞台上的主角，当时的代表人物萨维尼也认为，"在每个民族中，都逐渐形成了一些传统和习惯，人们通过不断地运用这些传统和习惯，使它们逐渐演变成法律规则。后人只要对这些传统和习惯进行认真研究，就能发现法律的真正内容是同人民关于公正和正义的看法相一致的"。① 第二次世界大战后，大陆法系重新侧重于"价值法学"，其代表人物马里旦认为"不正义的法律不是法律"。对正义的追求和探究已经成为大陆法系检察文化乃至法律文化重要的思想基础和发展主线。随着将"正义"这一美好事物转化为现实的愿望越发强烈，人们对如何施行法律、畅行法治以实现正义的探索也越发深入。在大陆法系国家，正义观念最重要的表现就是严格依照法律作出裁决，即"法无明文规定不为罪、法无明文规定不处罚"，因为在大陆法系国家，法律是以法典的形成而存在的成文法、制定法，这些法律通过立法者的精耕细作、精雕细琢已尽可能地体现了正义，所以"遵守法律，是谓正义"。②

二、大陆法系的检察伦理

任何一种文化的形成和发展都可以追溯到一定的思想渊源。文化的孕育只有经过思想的启迪、滋养和培植才能生根发芽，茁壮成长，结出丰硕的文化果实。大陆法系的检察文化也概莫能外，其坚实的思想土壤主要来源于古希腊、古罗马时代发达的契约制度、性恶论学说以及朴素的"正义观"。

---

① ［德］弗里德里希·卡尔·冯·萨维尼：《论立法与法学的当代使命》，许章润译，中国法制出版社 2001 年版。

② ［荷兰］格老秀斯：《战争与和平法》，转引自《西方法律思想史资料选编》，北京大学出版社 1982 年版，第 140 页。

检察文化的职业观念体现为职业伦理之中，两者具有思想观念的一致性。恪守权力的分界是大陆法系检察文化的伦理要求，这种职业伦理与三权分立思想有着密不可分的关系，大陆法系检察制度的设立就是在纠问制诉讼向职权主义诉讼改造中，对司法权的合理分权、限权，这一分权、限权的结果就是形成大陆法系检察文化如下职业伦理特征：坚守司法体系中控审角色的分离，警察服从检察机关对侦查的主导，检察机关在追究犯罪的立场上与警察一致但相对于警察来说处于优势地位。

（一）控审角色的分界与检察文化中的分权思想

大陆法系检察文化是职权主义色彩的检察文化，检察权从审判权分离出来，两者有着不容混淆的清晰界限，尊重权力的分界是大陆法系的检察伦理要求。中世纪，盛行于大陆法系国家的是纠问制诉讼模式，纠问法官包办刑事追诉与审判工作，由于法官独揽控审大权，欠缺外部的监督与制约，罪刑擅断、裁判恣意盛行。同时，由于法官自行侦查追诉，心理上对于被追诉之人早已主观入罪，公正裁判往往很难实现。面对强大且不公正的纠问法官，被告成为刑事诉讼的客体，根本没有诉讼权利可言，以致冤假错案层出不穷。

为了杜绝流弊，改革的刑事诉讼制度遵循了控审分离的原则，将刑事程序拆解为控诉（侦查）和审判两个阶段，原来纠问法官的权力被削弱为单纯的审判官，其自行侦查控诉的权力由新创制的检察官主掌。如此一来，既往法官独揽的控审大权被一分为二。同时，新刑事诉讼改采"控诉原则"，即检察官作为控诉方，决定是否提起公诉，由于控审分立原则之下，"无控方之起诉，即无法官之裁判"，法院需恪守"不告不理"原则，因而，检察机关理所当然地成为控制法院裁判入口的把关者，法院、法官被限定为被动消极的角色。

由此可见，大陆法系司法体系下，检察制度创设的重要目的沿袭了大陆法系文化中分权制衡的思想，即"透过诉讼分权模式，以法官与检察官彼此监督节制的方法，保障刑事司法权限行使的客观性和正确性"①。

（二）检警关系与检察文化中的限权思想

除了分权制衡，大陆法系检警一体化的司法构造还蕴含着通过检察权控制侦查权的"限权"文化思想。在大陆法系国家，"受欧陆法治之控诉原则与检察官制，以检察官为侦查程序之主导者，负责发动、进行以及终结侦查程序"②。具体而言，只有检察官才有权决定是否对某一嫌疑行为展开正式侦查，

---

① 林钰雄：《检察官论》，法律出版社 2008 年版，第 7 页。
② 林钰雄：《刑事诉讼法》（上），元照出版有限公司 2004 年版，第 137 页。

同时，在大陆法系国家，侦查程序能否终结的权力也同样掌握在检察官手中。之所以在大陆法系的司法制度中选择此种"检主警辅"的权力配置格局，原因就在于"警察官署的行动自始蕴藏侵害民权的危险，而经验告诉我们，警察人员经常不利关系人，犯下侵害民权的错误"①。通过训练一批严格遵循法律、坚持法律规范的公正客观的官署——检察官，就可以最大限度地实现在侦查活动中控制、规范警察的侦查活动，引导其走向合法化和合理性，摆脱警察国家的梦魇；警察要服从检察机关的指挥和监督，他扮演着检察机关的辅助机关的角色。可见，大陆法系检警一体、检主警辅的司法制度设计体现了检察文化中的"限权"。

三、大陆法系的检察形象

承继大陆法系优良的"法治"传统，大陆法系的检察文化中同样流淌着"法治"的血液。守护法律，使客观的法意贯通整个刑事诉讼程序是大陆法系检察制度设立的一项重要功能。

具体而言，这一文化因子促成了今天大陆法系检察官"法律守护人"的角色定位，具体包含在两个方面：

（一）客观公正的检察官

检察官客观义务是对检察官的伦理要求，这一伦理要求有力地塑造了大陆法系的检察形象。检察机关以客观义务自我塑造，最早出现在 19 世纪中叶的德国，随后由德国传播至其他大陆法系国家。比利时、丹麦、希腊、意大利、荷兰、西班牙、葡萄牙等国家的现行刑事司法构造中，都能或多或少找到德国法"客观义务"的制度痕迹。② 大陆法系的检察文化认为，检察机关乃世界上最客观公正之官署，检察官乃国家法意志的代表人，而非"政府的传声筒"、"君王的耳目"。具体言之，检察机关不单单是诉讼一造的当事人、片面追求打击犯罪的追诉狂，而是依法言法，客观公正的守护人，既要收集有罪、罪重等对被告人不利的证据材料，更要收集无罪、罪轻等有利被告的事项，并注意被告诉讼上应有的程序权利，一切以"法"为准则。检察文化中检察官的客观义务在具体的法律制度设计上体现在三个诉讼阶段。

首先，侦查阶段检察官具有客观收集证据的义务和职责。如德国《刑事诉讼法》第 160 条第 2 款规定："检察院不仅要侦查证明有罪的，而且还要侦

---

① 林钰雄：《检察官论》，法律出版社 2008 年版，第 8 页。

② 参见程雷：《检察官的客观义务比较研究》，载《国家检察官学院学报》2005 年第 4 期。

查证明无罪的情况，并且负责提取有丧失之虞的证据。"同法第 160 条规定：
"被指控人请求收集对他有利的证据时，如果他们具有重要性，应当收集。"

其次，审判程序中客观评断证据、提出指控和量刑建议的义务和职责。在
审判程序中检察官同样要秉承客观义务和自我心证主张被告是否有罪和课以何
种刑罚。法国《刑事诉讼法》第 33 条规定，检察官可以自由地发表自己认为有
益于司法审判的口头意见。在德国，检察官声请无罪判决的客观义务 19 世纪已
经确立，如果审理时检察官对被告无罪已形成心证，可请求法院作无罪判决，
不受起诉书的拘束。除了定罪请求权外，在刑法的裁量方面，检察官亦可提出
从轻、减轻处罚的申请，正如德国刑事司法改革的倡行者米德迈尔所言："检察
官应仅力求真实与正义，因为他知晓，显露他（片面打击被告）的狂热将减损
他的效用和威信，他也知晓，只有公正合宜的刑罚才符合国家的利益。"

最后，审判程序后检察官具有客观评价裁判结论的义务和职责。在德国，
检察机关可以同被告一样"在相同范围内亦具有提起法律救济之权利，并且
一如其中之立场，其所提出之法律救济亦得为有利被告者"[1]。在意大利，检
察官可以在庭审中请求无罪判决和为被告人利益提出上诉。[2]

（二）谨守法制的检察官

大陆法系的检察官谨守法制，严格以法制为圭臬。大陆法系国家也较为重
视以明确的法律规定约束检察官的诉讼行为，近几十年才放宽对检察官自由裁
量权的严格限制。过去对于检察官的法律限制典型的表现是实行法定原则，该
原则强调检察官依所取得的线索或证据，若足以认定被告有犯罪嫌疑的，必须
开始侦查或提起公诉。一般认为，法定原则包括侦查法定主义、起诉法定主义
以及不起诉法定主义等内容。具体而言，在德国《刑事诉讼法》第 160 条第 1
项中就规定了侦查法定主义，其是指："通过告发或者其他途径，检察院一旦
了解到有犯罪行为嫌疑时，应当对事实情况进行审查，以决定是否提起公
诉。"德国《刑事诉讼法》第 152 条第 2 项规定了起诉法定原则，要求"除法
律另有规定外，在有足够的事实根据时，检察院负有对所有可予追究的犯罪行
为进行追究的义务"。至于不起诉法定主义，其在《刑事诉讼法》第 153 条中
也作了明确规定。大陆法系国家之所以设置法定主义，除了担心检察裁量权过
大，滋生检察恣意外，还有一个非常重要的原因：在大陆法系国家，检察官在
组织上归属于司法部长管辖，司法部设立在政府之下，司法部长的顶头上司又

---

① ［德］克劳思·罗科信：《刑事诉讼法》，吴丽琪译，法律出版社 2003 年版，第 490 页。
② Elisabetta Grande. Italian Criminal Justice：Borrowing and Resistance，American Journal of Comparative Law，2000.

为行政首长。为了防止检察官在是否发动侦查、起诉上顾虑政治背景，屈服于行政指令，成为行政干预刑事司法的枢纽，故法律规定，检察官决定是否发动侦查、提起公诉时，必须严格依照法律规定行事。如此一来，检察官不再成为政治统治者的传声筒，无论被告是叱咤风云的政客还是底层民众，检察官皆负有相同的追诉义务。正如德国学者彼得所说，"检察官所执行者，并非朝向合目的性或公共安全秩序的行政工作；检察官所做的事情，是法的贯彻与实现"①。检察机关严格守法的形象，有利于赢得民众对于检察机关的支持，形成民众鼓励、支持、配合检察工作的文化土壤。

第二节　英美法系检察文化

受民主与法治传统以及文化背景的影响，英美法系的司法过程体现出鲜明的对抗色彩，以至于"对抗制"、"当事人主义"逐渐成为这一法系的代名词。出于保护个人自由不受国家强权恣意危害之目的，同时也为了查明案件真实情况，英美法系的诉讼过程鼓励对抗，这种在法律规范之下的对抗成了一种具有英美特色的诉讼制度，这种诉讼制度就是英美法系检察文化的司法基础。可以说，对抗是英美法系的最大特点，在其检察文化中的体现也是无处不在。

对抗不仅使英美法系检察文化独具特点，也赋予了这一法系之下的检察官特有的意识结构。对抗制这种具有强烈规则色彩的诉讼模式使得英美法系的检察官有很强的程序意识，他们崇尚程序正义，尊重辩护权，注重公平竞争，将司法过程视为一种在法律框架内进行的控辩之间的对抗游戏，并坚信真相只有在对抗的过程中才能显露出来。

对抗的法律文化和平等竞争的意识塑造了检察官的现象，与他们大陆法系的同行相比，英美法系国家的检察官之"官"的色彩较淡，他们扮演着控方律师或者政府律师的角色。

一、英美法系的检察观念

考察英美法系检察文化，将英美法系视为一个整体看待，能够找到它们在文化特质与民族性格中的共性。然而，如果深入探究，英美法系不同国家的文

---

① 陈卫东、陆而启：《检察官的角色——从组织法和诉讼法角度分析》，载《法学论坛》2005年第4期。

化特质及民族性格也存在一定差异。

在英美法系检察文化的共性中，有一项不可忽视，那就是其文化特质中的自由主义与个人主义倾向，以及因此而形成的英美国家民族性格中的守法、对抗、包容及平等观念。

（一）自由主义文化特质与守法观念及对抗意识

英美法系爱好自由的传统既不是简单地从英美人的嘴里喊出的口号推导出的，也不是从那些外化于行动上的表现——如美国独立战争——得出的，真正体现英美国家爱好自由传统的，是英美人对"自由"一词的理解。英美法系文化特质的"自由主义"是一种宽泛意义上的自由主义，其核心在于尊重个人自由，对国家权力给个人自由带来的威胁和造成的损害抱有警惕。可见，这种"自由主义"是建立在对法律的遵守以及对国家权力的约束之基础上的。由此，英美法系也形成了崇尚自由、守法与对抗的民族性格。

从表面上看，崇尚自由与遵守法律、遵守法律与对抗国家似乎存在矛盾，但是，实际上这两者都是在"自由主义"文化特质下发展出的具有内在联系的民族性格。首先，自由依赖于法治。只有有效的保障自由的方法，才能有普遍的个人自由实现。保障个人自由的责任应当由政府承担，而政府应当通过立法及执法使得全民自由最大化。所以在英美法系，守法精神体现在方方面面。其次，自由必须避免强权。对个人自由最大的侵害来自于国家强权，故而必须对国家权力始终抱有高度的警惕。英美法系的刑事诉讼体现出强烈的"个人对抗国家"之特点。

（二）个人主义文化特质与包容观念及平等意识

作为英美文化特质的"个人主义"是与"自由主义"紧密相连的，是强调个人自由的必然结果，它是指这样一种观念：即"应当允许人们按照他们认为理想的方向去努力"；"任何个人都不可能知道谁知道得最清楚；并且我们能够找到的唯一途径就是通过一个社会过程使得每个人在其中都能够尝试和发现他能够做的事情"。① 可见，"个人主义"并不排斥政府、法律以及约束，也并不等于自私自利。"个人主义"仅仅意味着每一个人都有选择的自由。

"自由主义"的文化传统必然使生活在其下的人们具有包容及平等的意识。首先，选择的自由意味着对于他人的选择应当给予尊重，无论我们是否同意他的选择；与东方文化中的"己所不欲，勿施于人"相比较，这种"个人

---

① ［奥］F. A. 冯·哈耶克：《个人主义与经济秩序》，贾湛、文跃然等译，北京经济学院出版社1989年版，第15—16页。

主义"的要求更高，其意味着"己所甚欲"也要"勿施于人"；没有相互尊重，也就没有自由可言，没有自由，就谈不上个人。其次，尊重个人选择隐含着平等的观念，因为正是因为人与人是不同的，人与人的选择也是不同的，所以我们才能平等地对待他们，如果人与人是相同的或者选择是相同的，我们就必须区别地对待他们以形成一种社会组织。[1]

英美法系的司法之所以体现出强烈的竞技色彩，很大程度上取决于其文化中的自由主义与个人主义特质。这种文化传统保护个人自由，尊重个人选择，限制国家权力，鼓励自由竞争。

（三）"法律的正当程序"观念

"法律的正当程序"作为一种观念，最早体现于英国 1215 年颁布的旨在限制国王权力的《自由大宪章》中。该宪章规定："任何自由人，如未经其同等的人之依法裁判，或经国法判决，皆不得被逮捕，监禁，没收财产，剥夺法律保护权，流放，或加以任何其他损害。"[2] 其中的"国法"就是"法律的正当过程和程序"。

"法律正当程序"理念包含程序性正当程序和实质性正当程序两个方面。程序性正当程序是对国家权力行使的方式加以限制，主要针对的是司法和行政过程。在刑事诉讼中，程序性正当程序主要包括：提前告知被告人被指控的罪名；保障被告人获得辩护的权利；保障被告人对指控的事实和证据提出意见的权利；由合适的审判组织对案件进行审判；保障被告人上诉的权利，等等。违反程序性正当程序的后果最突出的表现就是非法证据的排除，即宣告以违反法定程序的方法取得的证据为非法证据，不得作为认定犯罪事实的依据。有时，这种消极结果甚至还包括对以非法手段间接获得的证据加以排除。比如美国的"反对强迫自证其罪"规则，还要求排除作为侵犯公民宪法权利的结果而间接获得的证据。实质性正当程序是对国家权力的内容加以限制，主要针对的是立法过程，即立法机关通过立法程序所确定的国家权力的内容应当具有合理性和正当性，否则即使通过了适当的程序获得了通过，甚至已经得到了有效的实施，其仍然具有违反宪法的性质。违反实质性正当程序的结果就是被法院裁定违宪，从而丧失其作为法律的有效性。

在英美法系，诸多程序性（尤其是证据规则）的规定体现着其程序性正当程序理念，而违宪审查制度的确立则体现着实质性正当程序理念。需要说明

---

① ［奥］F. A. 冯·哈耶克：《个人主义与经济秩序》，贾湛、文跃然等译，北京经济学院出版社 1989 年版，第 16 页。

② 《世界人权约法总揽》，四川人民出版社 1990 年版，第 231 页。

的是，尽管"法律的正当程序理念"已经对全世界很多国家产生了影响，但违宪审查制度则仍然以英美法系最为发达，这体现着英美法系国家正当程序理念的根深蒂固。

二、英美法系的检察伦理

英美法系自由主义、个人主义的文化特质渗透于检察制度中的表现之一，民主与法治的传统让检察官对公民自由权利抱有敬畏的态度，尊重个人的人格尊严和价值成为英美法系检察官的重要伦理要求。

（一）检察权受到民主机制的制约

英美法系有着源远流长的民主传统。一般认为，英国民主制的历程自1688年"光荣革命"开始，通过1689年的《权利法案》初步确立起君主立宪制。此后，又通过1689年的《叛乱法案》、1694年的《三年法案》以及1701年的《王位继承法》逐步限制王权，巩固了民主政体。而美国的民主制历程则自1776年北美殖民地宣布独立开始，通过1787年《宪法》确立了联邦制，并采用行政、立法、司法三权分立、相互制衡的原则肯定了民主共和政体。尽管英美在政体上有所不同，但都体现了分权、有限政府以及代议制的民主原则。时至今日，英美法系的民主传统均已有两百余年的历史。

英美法系民主制度的建立与其自由主义、个人主义的文化特质是分不开的。个人主义的拥护者不仅相信民主制，而且坚信民主的思想来源于个人主义的基本原则。正如阿克顿勋爵指出的："真正的民主原则是谁也没有权利来支配人民，采取这一原则意味着谁也不能够限制或者取消人民的权利。真正的民主原则保证人民将不会被强迫去做他们不喜欢的事情，也意味着永远不会去强迫人民容忍他们不喜欢的事情。真正的民主原则，是每个人的愿望都将是尽可能地自由发展，它意味着作为一种集体的人民的自由愿望将不受任何束缚。"① 由此可见，民主的传统与保障自由、尊重个人选择的自由主义、个人主义观念是一脉相承的。

检察官在民主机制中不但要认识到自己的权力是受到限制的，而且具有尊重民主机制对于自己权力的义务，他们必须慎重行使手中的权力，不能恣意妄为，在履行追究犯罪义务的同时小心翼翼不要滥用手中的权力。

（二）英美法系检察官对法律的尊崇

尽管民主与法治经常被相提并论，但法治传统在英美法系（尤其是英国）

---

① ［英］阿克顿：《国民性》（1862年），重印于《自由史》中，第270—300页。

的历史是早于民主传统的。因为民主作为一种政治体制，其形成和发展需要一定社会发展到一定的阶段，但作为法治的关键要素——法律，其产生的时间则远远早于民主制的诞生。以英国为例，其能够率先实现现代意义上的法治（rule of law），并不是偶然的。

首先，英国从来没有过高度集中的中央集权。英国国王从来没有像其他一些国家的国王或皇帝那样获得过恣意的专制大权，其始终受到法律的约束。即使在封建时代，英国国王也没有凌驾于法律之上的权力。

其次，英国人崇尚法律。英国人是古斯堪的纳维亚人中的一支，曾经从法国迁至英国的罗洛部落，这是一个崇尚法律和命令的部落。英国的诺曼人天生地习惯于在所有方面都遵从法律。早在 12 世纪，整个英格兰都沉浸在对法律的学习中。在诺曼征服后，几乎每座修道院都拥有自己的法律顾问。许多修道士把自己的一生都用于在法院、修道院以及法律学校研究罗马法、普通法。正因为如此，当时流行着这样一句话："没有一个牧师不是抗辩士。"诺曼民族对法律热爱的最明显的结果，就是英国比德国、荷兰和斯堪的纳维亚半岛上的完全日尔曼化国家提前两个世纪产生了一个法律职业者阶层。崇尚法律的传统在很大程度上促进了英美法系的形成，并最终使得英美法系诉讼过程中呈现出极为强烈的抗辩色彩。

最后，英美法系具有对法律的信仰。孟德斯鸠曾经说过："在英国，一个人所有之仇敌，即使多到像他的头发一样，也不至于对他有什么伤害。"因为他们均受到法律的保障，没有受人非法侵害的忧虑。[①] 这段话说明，在英国，人们建立起了对法律的信仰。需要说明的是，对法律的信仰并不等于相信法律能够毫无闪失地保护自己的合法权益，而是意味着相信法律是解决纠纷的最好的方式。在这种信仰之下，人们通过法律限制征服的权力，通过法律解决个人之间的纠纷，并且通过法律维护良好的社会秩序。法治的传统正是这样被建立起来的。

检察官作为从事司法活动的一支主要力量，在伦理上具有严格遵守法制的义务。他们起诉犯罪，接受对抗法律文化的法官、对手和社会民众的严格检视，在遵守法制方面必须无所懈怠才能赢得社会的广泛尊重。

（三）在司法竞争过程中尊重对手、公平诉讼

对抗制的本质体现为公平竞争。在刑事诉讼中，由于检察机关代表国家对犯罪行为进行指控，国家拥有的强大的追诉权有可能因被滥用而侵害个人权

---

① 储安平：《英国采风录》，岳麓书社 1986 年版，第 87 页。

利，因此，这种公平竞争就体现为辩护权与国家追诉权的对抗，这是公民权利对国家权力的抵制，即个人对抗国家。

对抗制诉讼的主要特征包括以下几个方面：第一，法官恪守"自我克制"原则。与职权主义诉讼模式不同的是，对抗制诉讼下的法官不会主动依职权调查取证，他们在法庭审理过程中注重倾听，很少发言，甚至不对证人进行询问。第二，检察官作为国家之律师，与被告人委托的律师地位平等，权利对等，双方在法官的主持下，在法律的框架下运用证据激烈对抗。对抗制诉讼有时也会使诉讼过程走向对抗的反面。高强度的对抗使得英美法系检察官办案压力增大，其直接结果就是检察官对某些案件倾向于与被告方达成辩诉交易，"交易"一词隐含了双方地位的平等性。第三，案件事实的查明依赖于控辩双方的举证及辩论。法庭在调查阶段允许使用交叉询问。然而如果被告人自愿承认指控的事实，则就该事实无须再举证，法官可以径行作出有罪判决，即所谓的"起诉认否程序"。第四，实行陪审团制度，由一定数量的非专业人士组成陪审团，负责对案件实事存在与否进行裁决。

对抗制诉讼模式在英国已实行300余年，其优点是显而易见的。比如，该模式非常灵活，容易为人们所理解；再如，其注重对人权的保护，能够有效防止国家权力对个人合法权益的侵害。

但是，我们也应当看到，这种诉讼模式也有诸多不足之处。比如，对抗制诉讼模式过多地依赖于法律专业人士（律师），可能导致实质上的不公平。再如，对抗制诉讼模式对个人权利的保护有矫枉过正之嫌。尤其是许多复杂的证据规则有时意味着对案件审理起着重要作用的证据无法进入法庭审理，进而可能使犯罪人逍遥法外。另外，诉讼规则可能被当事人滥用，进而导致拖延审判、使法庭无所适从的情况发生。此外，辩诉交易制度还容易导致审判不公正现象发生，即使在英美法系，辩诉交易也经常受到质疑，有些人认为检察官在此情况下违背了自己的职责。当然，随着两大法系的不断融合与借鉴，对抗制诉讼模式也在不断地调整，以弥补其自身存在的缺陷。

英美法系对抗制诉讼模式的形成及发展有着深厚的文化、社会基础。尽管其在某些方面有不足之处，但有一点可以肯定，那就是在程序的表面公正方面，其显然优于以法官主导调查为主要特征的审问之诉讼模式。或许，这就是该种诉讼模式中最值得我们学习借鉴的地方。

我国有学者认为，"公平竞赛"精神是代表英国人精神气质的字眼。一种竞技比赛的精神融入司法过程中，意味着人们对法律的信仰并不是相信法定程序一定能够给其公正，而仅仅意味着相信法定程序是解决问题的最好手段。因此，"公平竞赛"精神在司法活动尤其是刑事司法活动中的体现，是检察官、法官、辩护人真诚地相信法律的正当程序是解决社会纠纷最理想的方式。在这种相信之下，双方遵循法律允许的方式追求胜诉，并在这一过程中相互尊重，公平竞争。法院裁决是在控辩双方公平竞争的推动下形成的，对这一结果，无论胜负，都应当尊重。

可见，"公平竞赛"精神是与"正当程序"理念紧密相连的。英美法系检察官的"公平竞赛"意识是其所具有的"正当程序"理念的必然结果。

三、英美法系的检察形象

英美法系对抗制诉讼中，由于强调控辩双方地位平等、权利对等，在审判中将检察官称为"控方律师"，检察官代表控诉方进行诉讼活动，尽管有官方色彩，但"控方律师"的称谓，减弱了检察官之"官"的色彩，与欧陆国家相比，英美法系检察制度并不发达，检察官的职权也不如欧陆国家那样占据强势。这些特点，与司法竞技主义抑官扶民的基本精神相一致。

检察官常常被认定是出于保护公众抵御来自被告人的某种形式的威胁的目的而站在人民一边的，因此更容易被看作是"正义的化身"。但在对抗制度中，检察官在对抗制本身的特性和案件数量的双重压力之下，会产生寻求妥协的愿望。这促成了在美国检察官和其诉讼对手之间辩诉交易的盛行。

英美法系的检察官像他们在大陆的同行一样，属于公共利益的代表。在每一个案件中，在拥有足以定罪的证据时必须考虑公共利益。英国《皇家检察官准则》指出："就公共利益所作出的决定不是将各个方面的因素简单相加。皇家检察官应当确定各个因素在每个案件情况中的重要性并在此基础上进行通盘考虑。"公共利益原则使检察官不同于民事诉讼中的律师。

第三节　社会主义法系检察文化

社会主义法系是以苏联为代表、由苏联和东欧社会主义国家以及其他社会主义国家的法律制度构成的法系，具有不同于英美法系、大陆法系、伊斯兰法系等的自身特点，抛开意识形态，从法典化、立法技术层面和若干法律制度的特征看，与大陆法系较为接近。

社会主义法系以苏联法律制度为核心，受苏联法律制度影响的社会主义国家共同构成这一法系。受苏联法律影响的社会主义国家主要有：东欧的保加利亚人民共和国、捷克斯洛伐克共和国、匈牙利人民共和国、德意志民主共和国、阿尔巴尼亚人民共和国、波兰人民共和国、罗马尼亚人民共和国，亚洲除中华人民共和国外的蒙古人民共和国、越南民主共和国、朝鲜民主主义人民共和国，美洲的古巴共和国。1990 年苏联和东欧社会主义体系解体，蒙古国也随之放弃社会主义制度，目前存在的社会主义国家主要有中国、朝鲜、越南和古巴等少数国家。

一、社会主义法系检察文化的政治思想基础

社会主义法系的检察文化作为一种新型司法文化产生于社会主义国家。这种文化既有世界范围内检察文化的共性，也具有鲜明的无产阶级政权的特殊性，社会主义法系检察文化的意识形态和服务目标、任务和根本职能与其他法系检察文化有着显然不同的特征，其检察文化的内在和外在表现也有自身特点。

社会法系有着自身的特点，其思想基础是马克思列宁主义关于社会主义国家本质和法的本质等的思想观点，社会主义法系的检察文化是在这些思想观点下孕育而成的，带有鲜明的社会主义国家的文化特征。

社会主义法系国家检察文化的政治基础是无产阶级政党的一元化领导。在国家权力体系中，人民代表机关是最高权力机关。

苏联学者特拉伊宁等在《苏联国家法教程》中就无产阶级政党发挥领导作用的方式写道："共产党的领导是实现工人阶级专政及保障国家政权真正民主制度的最重要条件。""联共（布）是苏联唯一的党，并且是当权的党。"这个党在国家机关活动中发挥着领导作用，"党透过参加国家机关的党员，竭力使这些机构在自己的工作上与党接近，自愿地接受党的领导"。党的领导表现为：根据选举使自己的党员参加代表机关——苏维埃；党透过苏维埃使自己优秀的工作者担任国家工作的重要职务；党要检查国家机关的工作，改正其错误与缺点；在国家活动的一般问题上，任何一个重要决议，没有党的领导指示，便不为这些机关所接受。党的领导以对国家机关的指令的方式来实现，"党的指令具有实际决定的效力，具有法律的效力"，"党的指令只是法律的核心，亦正如党为国家政权的核心一样"。①

苏联式的共产党在社会主义法系国家实行一元化领导，对包括检察机关这样的国家机构也进行着这样的领导。苏联学者弗拉索夫所著的《苏维埃国家机关》中指出："整个苏维埃国家机关以及所有群众社会团体的行动统一，是

---

① ［苏］特拉伊宁等编：《苏联国家法教程》，上海大东书局 1951 年版，第 336—337 页。

以党的领导来保证的。"共产党对苏维埃国家机关的领导体现在两个方面。

一是组织人事的领导，体现在检察机关就是对于检察人员的选任发挥决定作用，"共产党力求通过苏维埃和苏维埃代表大会把忠实于无产阶级事业并愿全心全意为无产阶级服务的自己的候选人、自己的优秀工作人员，输送到我国重要的国家工作人员"。①

二是对国家机关发布指令并发挥检查工作、纠正错误和缺点的作用，"党检查各管理机关的工作、政权机关的工作，纠正那些不可避免的错误和缺点，帮助这些机构执行政府的决议，竭力保证它们得到群众的支持，而且他们通过任何一项重要的决议都非有党的有关指示不可"。②

共产党在各机关发挥具体领导作用的机制是设在这些机关的党组。弗拉索夫指出："党对苏维埃和群众社会团体的领导，是通过在其中组成的党组来实行的，党组的任务是以一切方法加强党的威信并在非党人士中实行党的政策，巩固党和国家的纪律，反对官僚主义，检查党和苏维埃指示的执行情形。"③

在国家宪法层面，社会主义法系国家的最高权力机关是共产党领导下的人民代表机关。在社会主义法系国家，司法权不是依据三权分立的原理确立的，社会主义法系国家实行"议行合一"的政体结构，在这种制度下，存在职权分工，但不是分权④。人民代表机关是国家最高权力机关，由人民代表机关产生行政机关、法院和检察机关。人民代表机关拥有对行政机关、法院和检察机关的监督权。

苏联以外的社会主义法系国家也实行由人民代表机关产生检察机关的制度，有的采用选举制度，有的采用任命制度。

社会主义法系国家既强调党的领导，也强调人民主权原则。按照人民主权原则，人民掌握着政治法律体系中的最高权力和终极权力。不过，人民并不共同直接行使主权所包含的各项具体权力，而要把它们委托给人民中的一部分成员（国家机关工作人员）来行使并对他们进行监督，除了由人民进行监督外，掌握由主权派生出来的权力的国家机关之间也应该确立分工负责、相互制衡的关系。如果国家权力集于某一个人或者某一团体，就可能为该人或者团体潜夺了应当归属于人民的主权提供条件。

社会主义法系国家对于社会主义国家、政党和国家机关有着明显的文化优

---

①　［苏］斯大林：《列宁主义问题》，人民出版社1953年版，第762—763页。

②　［苏］斯大林：《斯大林全集》，人民出版社1954年版，第93页。

③　［苏］弗拉索夫：《苏维埃国家机关》，法律出版社1955年版，第198页。

④　《法学词典》编辑委员会编辑：《法学词典》，上海辞书出版社1984年版，第241页。

越感。马克思列宁主义指导思想和社会主义制度被认为是社会主义国家强大和具有优越性的来源。对于社会主义法制、检察机关和检察制度，这种优越感同样存在，如巴甫洛夫在《保加利亚人民共和国的刑事审判》一书中指出："社会主义国家同剥削者的社会来比较，不仅在性质上是崭新的，在国家结构和民主制度的形式方面也是高级的，所以创造了性质崭新的和高级类型的法院组织和刑事诉讼，而这种刑事诉讼，是建立在社会主义法制、公平和人道主义原则之上，是建立在真正和彻底的社会主义民主主义原则之上。"① 社会主义法系各国在抨击资本主义国家法律制度的同时，高度评价自我，对于检察制度和检察活动也是如此。自我优越感既是社会主义法系司法文化的特色，当然也是检察文化的特色。

苏俄是世界上第一个社会主义国家，在苏俄影响和鼓励下形成的社会主义国家，都以苏俄为楷模，建立与苏俄相近的政治制度、经济制度、法律制度和社会及文化制度，检察制度同其他法律制度一样，是对苏联制度的移植和继受。社会主义国家是在否定资本主义国家的基础上成立和发展的，这些国家有着浓厚的社会主义阵营意识，他们在充满敌意的西方国家面前共同抵御着来自敌对阵营的影响、干预，检察文化也有着强固的排斥西方资产阶级法律思想影响的内容。社会主义法系的检察文化，也都是在苏俄影响之下成长起来的，带有明显的苏俄检察文化的特点，如社会主义法系国家一般均将法律监督作为检察机关的根本职能，将垂直领导和民主集中制作为检察机关的组织原则，实行党对检察机关的领导。这些都来源于苏俄的检察制度与检察文化。

二、社会主义法系的检察观念

社会主义法系的思想基础是马克思主义关于国家和法的思想和观点，包括法的起源和本质、法与经济基础的关系、社会主义法的作用与制定、司法机关的性质和任务以及活动原则、社会主义法的执行与监督等一系列思想、观点和主张。这些思想、观点和主张对检察文化有着直接影响和塑造作用，构成了社会主义法系检察文化的思想基础，属于社会主义法系检察文化中精神文化层面的重要组成部分。

马克思主义关于检察机关的性质、任务与活动原则的思想，是社会主义法系检察文化的重要而直接的组成部分。列宁的统一法制思想是社会主义法系检察机关职能定位的直接理论依据，列宁认为法制必须统一，检察机关承担维护

---

① ［保］C. 巴甫洛夫：《保加利亚人民共和国的刑事审判》，张文蕴译，法律出版社 1957 年版，第 13 页。

法制统一的重任，他指出："检察机关和任何行政机关不同，它丝毫没有行政权，对任何行政问题都没有表决权。检察长的唯一职责和必须做的事情只是一件：监视整个共和国对法制有真正一致的了解，不管任何地方的差别，不受任何地方的影响。检察长的唯一职权是把案件提交法院判决。"① 列宁还指出："检察长的责任是使任何地方政权的任何决定都与法律不发生抵触，检察长必须仅仅从这一观点出发，对一切非法的决定提出抗议，但是他无权停止决定的执行，而只能设法使整个共和国对法制有绝对一致的了解。"②

马克思列宁主义是社会主义法系检察文化中精神文化的核心要素，社会主义法系诸国检察机关都以马克思列宁主义的思想、观点为指针，进行自我精神塑造，使社会主义法系在思想基础和精神文化层面具有很强的同质性，这是社会主义法系不同于其他法系检察文化的一大特色。

由于无产阶级政党文化的统摄和支配作用，社会主义法系检察文化是在无产阶级政党文化下发展、体现并服务于无产阶级政党文化的。社会主义法系的检察机关和检察活动是在无产阶级政党下存在、发展和实行的，无产阶级政党并不讳言对政法工作的领导。如检察机关的根本职能是法律监督职能，其目标在于保证法律的正确、统一实施。而统一法制正是苏联共产党的一项基本政策。检察机关对于政党在法律领域的大政方针发挥着具体落实和承担检察任务的作用。为了保证党对于法律和司法的大政方针的落实，执政党在组织人事上保障司法人员忠诚可靠，同时检察机关设立党的组织并以党组进行领导，党与检察机关形成水乳交融关系，不实行西方国家要求的司法官员独立于党派之外的原则。当然，社会主义法系国家也注意到坚持党的领导的同时也存在改善党的领导的必要性。苏联共产党第十八次、十九次代表大会指出"应当使领导工作更实际、更具体的必要性，因此，经常采取最坚决的方式来根除官僚主义和文牍主义就特别重要，无论对党和政府的指示，或者对自己的指示，都必须检查执行情况。广泛地开展批评与自我批评，对于改善组织工作，是具有巨大意义的"③。直到今天，如何改善党对检察工作的领导，仍然是社会主义国家政法工作的一大课题。

社会主义法系国家的检察机关承担的根本职能是法律监督职能。法律监督职能是与列宁的统一法制思想紧密相连的。列宁在 1922 年指出："法制不应该卡卢加省是一套，喀山省又是一套，而应该全俄统一，甚至应该全苏维埃共和

---

①　列宁：《论"双重"领导和法制》，载《列宁全集》（第 33 卷），第 326 页。

②　列宁：《论"双重"领导和法制》，载《列宁全集》（第 33 卷），第 327 页。

③　谢鹏程选编：《前苏联检察制度》，中国检察出版社 2008 年版，第 65 页。

国联邦统一……法制应当是统一的。我国全部生活中和一切不文明现象中的主要症结是放任半野蛮人的旧俄国观点和习惯，他们总希望保持卡卢加的法制，使之于喀山的法制有所不同。"① 监督和维护法制统一的责任由检察机关承担，对于检察机关的职能，列宁指出："应该记住，检察机关与一切政权机关不同"，"检察长的唯一职权是：监视全共和国内对法律有真正一致的了解，既不顾任何地方上的差别，也不受任何地方上的影响。""检察长的责任是要使任何地方当局的任何决定都不与法律相抵触……必须设法使对法制的了解在全共和国内，都是绝对一致的。""如果我们不来绝对施行这种规定全联邦统一法制的最起码条件，那就根本谈不上对文明性有任何保护和任何建树了。"②

苏联率先确立检察机关的法律监督职责，苏联检察机关既有一般监督的职权也有审判监督职权，《苏维埃社会主义共和国联盟宪法（根本法）》第113条规定："苏联总检察长对于所有的部和这些部所属的机关、公职人员和苏联公民是否严格遵守法律，行使最高检察权。"苏联检察机关既有一般监督职权，也有诉讼监督职权，包括"监督各审判机关在适用法律上是否正确和统一"。在苏联检察机关50周年之际，苏共中央、苏联最高苏维埃主席团和苏联部长会议发去贺信，对苏联检察制度的政治实质有这样的表述："根据列宁的倡议建立起来的苏联国家检察机关，从自己存在的最初起，一直毫不动摇地捍卫社会主义的伟大成果，对正确和统一地实施法律实行最高监督，积极贯彻共产党关于加强社会主义法制和法律秩序的政策。"③

受苏联检察制度影响，社会主义法系国家都赋予检察机关法律监督职权，对本国法律的正确、统一实施进行监督。社会主义法系检察机关的法律监督职能是这些国家检察文化特色的直接来源之一。检察机关的职能对于维护国家法制的尊严和落实具有举足轻重的作用，进而对于维护国家的安全和统一具有不可取代的作用。由于检察机关承担法律监督职责，检察机关在国家权力系统中具有崇高地位，对于审判机关具有的监督权力是检察制度相对发达的大陆法系检察机关望尘莫及的。苏联和其他社会主义法系检察机关的定位是"法律的维护者"和"国家政权的眼睛"，这决定了检察人员自我角色塑造的依据和指

---

① 列宁：《论"双重"领导和法制》，载《列宁全集》（第33卷），第326页。参见《苏联检察制度史》（重要文件汇编），人民出版社1954年版，第192页。

② 列宁：《论"双重"领导和法制》，载《苏联检察制度史》（重要文件汇编），人民出版社1954年版，第192页。

③ ［苏］诺维科夫：《苏联检察系统》，中国人民大学苏联东欧研究所译，群众出版社1982年版，第6页。

向，也对检察机关的意识结构产生决定性的影响。可以说，社会主义法系检察文化是围绕法律监督这一基本职能形成的。

三、社会主义法系检察官的意识构造

苏联法学提出的"社会主义法律意识"一词，概括了社会主义法系国家的司法人员具有不同于其他法系国家的特定的意识结构。

不同于欧陆国家诉讼中强调的"良心"和"理性"，以苏联为代表的社会主义法系国家要求司法人员具有社会主义法律意识。1969 年 6 月 30 日苏联最高法院全体会议在"关于刑事判决"的指导性决议中强调："对一切应在刑事判决中解决的问题，审判员根据法律，根据社会主义法律意识和崇高的共产主义道德原则，根据自己基于全面、彻底和客观审理案件一切情况而形成的内心信念，在排除对审判员外来影响的情况下予以解决。"① 维辛斯基认为司法人员的法律意识"归根到底成为那一社会占统治地位的和由那一社会各统治阶级特点所决定的法律意识的反映。它在基本上决定着全部审判政策的内容和方向，对于审判机关的实际活动加以决定的影响"②。他还指出："社会主义法律意识是以历史唯物主义与辩证唯物主义为其理论基础之一般社会主义世界观的一部分。正是因为这个缘故，社会主义的法律意识就用马克思主义哲学唯物论的方法，作为评定现象、事实和审判员所应解决的问题的基本方法。……马克思列宁的辩证法，在作为法律、哲学和政治观点之总体系的社会主义法律意识上，在作为诉讼程序特殊问题与具体问题之解决方法的心证上，都是成为基础的。"③ 对于社会主义法律意识的作用，维辛斯基指出："在社会主义社会里，审判员心证是由社会主义的根源培养起来的，是由对于社会、对于周围人们、对于自己对国家天职的那些社会主义关系原则培养起来的。决定这种心证的是人的全部世界观、从社会主义国家与社会主义建设利益的观点来看一般人们和人们自己的现象与行为。"④ 这里讲的虽然是法官，但对检察官也当然适用，这种法律意识对于检察活动也具有决定性的影响。

---

① ［苏］B. H. 库德里亚夫采夫等：《苏联宪法讲话》中译删节本，群众出版社 1983 年版，第 216 页

② 安·扬·维辛斯基：《苏维埃法律上的诉讼证据理论》，王之相译，法律出版社 1954 年版，第 183 页。

③ 安·扬·维辛斯基：《苏维埃法律上的诉讼证据理论》，王之相译，法律出版社 1954 年版，第 207 页。

④ 安·扬·维辛斯基：《苏维埃法律上的诉讼证据理论》，王之相译，法律出版社 1954 年版，第 203 页。

社会主义法律意识体现了社会主义法系司法人员的党性原则。无产阶级政党的领袖们反复昭示了无产阶级政党的特性。无产阶级的党性是与主观主义相对立的，主观主义是党性不纯的一种表现。这样的党性在司法活动中应当体现为尊重司法规律、尊重客观事实的理性。

在无产阶级政党执政的国家，检察官的党性和法律意识表现在多个方面，在具体司法方面，也有多种表现，其表现之一是自觉履行法律监督职能，维护法律的尊严，纠正破坏法制的行为。检察官的诉讼角色不仅仅是原告人，更重要的是法律监督人，包括对审判活动进行监督，他必须以此进行自我角色塑造，检察官始终将法制统一作为自己的最重要的职权。

在检察活动中尊重客观事实也是检察官党性和法律意识的表现。在检察活动中，检察官应当做到正确适用法律，自觉维护司法公正，履行一些社会主义国家和执政党对检察官提出的要求。

四、社会主义法系的检察伦理

在苏联以及受苏联影响的一些社会主义国家，检察机关实行垂直领导体制，检察官处于指令——服从体制之中。俄国"十月革命"后，领导苏维埃中央执委会工作的中央委员会就检察机关的体制问题展开争论，大多数委员反对地方检察官只能由中央委任并只服从中央节制的办法，主张"双重"从属制，即一切地方工作人员一面服从其所属中央人民委员部，一面又服从地方的省执委会。列宁认为"这个问题如此重要"，所以"提议把他交到中央政治局去解决"。在就此而写的《论"两重"从属制与法律制度——致斯大林同志转中央政治局》一文中，列宁从统一法制和检察机关的职能的角度提出否决"两重"从属制，提出检察机关只服从中央节制，是对抗地方影响、地方的和其他一切的官僚主义的保证。在列宁的坚持下，苏维埃检察制度采行由上至下垂直领导体制。在苏联影响下，除中国外，其他社会主义法系国家都采纳了垂直领导体制。在社会主义法系国家里，检察官具有整体意识和服从义务，向上级负责、服从上级的指令成为对检察官的基本伦理要求。

社会主义法系检察机关是具有主动性的国家机关，在检察活动中坚持法制原则，强调司法活动的合法性，不但检察机关要严格遵守法制，对于其他机关、企事业单位、团体、组织或者个人违反法制的行为，也要依据法律赋予的职权加以监督、纠正并追究相关人的法律责任。除法制原则外，检察机关在司法活动中要贯彻公益原则，即"提起追究刑事责任、侦查以及审理刑事案件，均由国家机关为了公共利益根据其职权全权进行，而不管与犯罪有某种关系的个别国民和团体的意志和愿望"①。社会主义法系检察机关在进行刑事诉讼活动中，要尊重事实和证据，注重对案件客观真实的发现，不接受英美法系国家的当事人处分原则。客观真实原则是指导社会主义法系国家检察活动的一项重要原则，这一原则建立在对司法人员理性能力的乐观主义立场之上，如保加利亚学者所说："客观真实原则同我们新刑事诉讼的本质和任务有机地联系着。由于人民民主制度毫无疑问永远会发现真实，所以就把它作为审理和裁判刑事案件的基本因素。"②

社会主义的检察伦理体现无产阶级司法的阶级特性。社会主义法系的检察文化构成要素之一是阶级以及阶级斗争理论，检察机关的人民性实际上就是阶级性，所谓"人民"乃是一种政治概念，代表的是拥护社会主义制度和共产党领导的人民大众，与反对社会主义制度和共产党领导的政治上的敌人相对立。基于无产阶级司法的阶级特性，反对金元司法，抨击西方国家向有钱人倾斜的司法，认为那是维护剥削阶级利益的司法。阶级立场鲜明和坚定是对检察人员基本素质的要求，在司法活动中，检察官必须具有坚定的无产阶级政治意识，加入共产党是检察官追求政治进步的表现，也是成为检察官的基本政治要求。

五、社会主义法系的检察形象

由于检察官在社会主义国家权力体系内占有重要位置，检察官成为捍卫法律的主要力量并因此展现保障法律正确、统一实施的强势形象。社会主义法系检察机关的宪法地位和诉讼地位很高，主要源于检察机关的根本职能定位，这就是检察机关是以保证法律正确、统一实施的法律监督机关。由于检察机关承担着法律监督职能，使得检察机关不同于仅仅履行控诉职能的原告者角色，在诉讼中的角色定位上也不同于当事人地位，而是法律监督者角色，代表国家监督法律的统一实施。苏联学者明确指出："把审判程序中的国家公诉人的地位等同于其他当事人的地位，是完全不正确的。……国家公诉人的地位与其他当事人的地位之所以有原则上的区别，还因为检察长在法庭上对于一切违法现象无权置之不理，即使这些现象对于支持公诉有力，也不能予以忽略。国家公诉人在察觉法庭的活动侵犯了受审人的诉讼权利时，必须向法庭提出纠正违法行

---

① ［苏］切里佐夫：《苏维埃刑事诉讼》，中国人民大学刑法教研室译，法律出版社 1957 年版，第 117 页。

② ［保］C. 巴甫洛夫：《保加利亚人民共和国的刑事审判》，张文蕴译，法律出版社 1957 年版，第 132 页。

为或错误的声请。"① 检察机关的监督职责意味着检察官在法庭上"同法院的任务是一致的：惩罚有罪的人——也只是对于有罪的人才给予惩罚，预防犯罪，教育领导人民尊重苏维埃法律"②。

社会主义法系的司法机关具有浓厚的政治机关的色彩。社会主义法系的检察官明确自己的服务目的是社会主义政权的稳固和共产党的领导以及广大人民群众的利益，不讳言自己的阶级立场和党派属性。这与马克思列宁主义所主张的法律必须服从政治和社会目的相一致。检察机关履行法律监督职能，对于检察官来说有着重要的角色塑造作用，产生模范遵守法律的自我约束意识和客观公平对待事实、证据的意识。这些显然都构成了社会主义法系的检察形象的深层思想来源。

第四节 检察文化的交流与融合

一、检察文化交流与融合的原因与意义

现代社会，特别是第二次世界大战以后，世界的政治、经济、文化的交往日益密切和频繁。伴随着这种交往的加强和一些区域性组织的建立，法律文化的频繁交流也成为现代法治发展中的潮流。此外，对联合国宪章和其他国际组织章程的共同承认，对国际条约和惯例的共同遵循，也为各国法治的相互接近、交流与融合架起了一座桥梁。检察文化的交流也在这一大背景下开始相互吸纳和渗透，风格迥异的大陆法系、英美法系和社会主义法系的检察文化出现携手而行、不断交合的历史前进画面，有其重要的原因。

虽然不同法系的检察文化有很大的差别，但透过各个法系检察制度、检察文化的发展轨迹，我们仍然可以看到检察制度和检察文化的萌芽、生成时期在不同法系间的趋同性。检察文化的交流与融合有着明显的现实意义。

（一）有助于不同法系的检察制度相互借鉴、取长补短

检察文化的交流是一种双向互动，由于参与交流的检察文化在量和质上必

---

① ［苏］包尔迪列夫：《苏维埃法庭上的国家公诉人》，陈莱棣等译，法律出版社1956年版，第5页。

② ［苏］包尔迪列夫：《苏维埃法庭上的国家公诉人》，陈莱棣等译，法律出版社1956年版，第6页。

然有所区别，不同的文化内容必然会引起交流者的新鲜感和好奇心，在这一潜在动力的驱使下，检察理论和实践的研究人才会通过比较研究的方法，探寻文化差异背后的深层原因，并通过两相比较的方式作出优劣的评判，进而探寻如何将对方文化中的精髓找寻接口，进行移植、借鉴和吸收，取长补短来为我所用。这样借鉴融合的检察制度将逐步走向更好的发展。

（二）有助于不同法系国家检察业务的司法合作

由于国家意识形态、政治制度以及法律文化的不同，不同法系检察文化的内涵和价值取向必然有所区别。然而，随着当今全球经济一体化趋势的逐步明显，国际间的交流特别是司法领域内的交流与合作日益加深。这种合作的重要基础就在于要有一定的文化认同感和信任度，检察文化的交流与合作也概莫能外。通过检察文化的交流可以使不同法系的国家了解对方的检察制度、检察理念，增进彼此在司法制度层面的互信，并以此为基础，增强双方在相关制度与程序上的协调与磋商，为国际间的检察事务合作创造良好的基础和环境。

（三）有助于检察官个人文化素养的提升

检察文化滋养着检察机关中从事检察事务的检察官们，潜移默化地影响着检察工作的一言一行。无论如何，一国乃至一个法系的检察文化总有其缺憾或者不尽如人意的地方，而这些负面因素直影响着检察官文化素质的养成。通过加强检察文化的交流，选派优秀的检察官到对方国家访问学习，可以使不同国度的检察官了解各方检察文化的不同之处，增加对自身检察文化的认同感。同时，他国检察文化中所呈现出的一些正面的精神、思想和观念也能够给参加交流的检察官以启发，在多重检察文化中找到提升其自身文化素养的最佳契合点，而这一文化素养的提升可以由交流访问的检察官带回本国，通过消化和传播，循序渐进地融入自己的检察文化。

二、检察文化交流与融合的表现

在法律文化大交流、大融合的大背景下，检察文化的发展、壮大和繁荣也离不开不同法域文化的启发和学习，检察文化的交流与融合不可避免。

（一）大陆法系与英美法系检察文化的相互学习和借鉴

1. 公诉文化的传播与借鉴

大陆法系与英美法系检察文化在不断借鉴、吸收和融合中创新和发展，其中交流和融合的突出表现首推公诉文化。无论是大陆法系国家还是英美法系国家，最初检察制度都萌生于国王的代理人，其代表国家行使权力的同根性不言而喻，也正是由于这种同源性，英国才最终将刑事案件放权于民的"私诉"

收归到代表国家的皇家检察署手里，最终建立起了类似大陆法系的检察官起诉制度。在美国，虽然目前保留了大陪审团制度，但其适用范围极其有限，大部分的案件中检察官享有独立的起诉权。反观大陆法系国家，其也吸收了英美法系的"私诉"理念，规定"私诉"在合理范围内可适度存在。除了日本的控诉权由检察官独占、不存在任何私诉形式外（诉讼理论上称为"起诉一元制"），大多数大陆法系国家都采取了公诉与私诉（主要是自诉）相结合的起诉制度，即"起诉二元制"。这一运作模式，在社会主义法系的中国也有体现，即刑事诉讼中实行公诉为主、自诉为辅的犯罪追诉机制。

如前所述，大陆法系国家实行检察官独占公诉，而且对案件决定起诉和不起诉也完全由检察官决定。英美法系国家提起公诉的权力则是检察机关与其他机构分享的模式，检察官只能出现在处理轻罪的治安法院中，刑事法院的出庭则由高级的专职律师代理。即使检察官提起公诉之后，决定是否交付审判的权力也并不在于检察官，而通常由专门的具有司法性质的起诉审查机关控制。换言之，英美法系的检察机关只享有起诉请求权，但这种请求权并不能直接导致开庭审判，只有通过司法性质的审查程序，才可能启动审判。

随着不同法系文化的交流和借鉴，上述的区分也不再那么泾渭分明，在不断学习与借鉴中，公诉制度和公诉文化发生了融合。大陆法系国家有感于检察官独占公诉权带来的弊端，在限权文化的影响下，开始通过引进司法审查进一步控制公诉的提起，甚至连不起诉案件也开始审查。而英美法系国家则是基于公诉文化中公正与效率理念的平衡思考，逐渐赋予检察官对诉讼案件的决定权。例如，英美法系国家在刑事起诉制度上的变化，即英国从警察和大陪审团起诉到1985年《犯罪起诉法》后普遍建立的检察机关起诉就是受到欧洲大陆法系检察先进文化的影响。而大陆法系吸收的英美法系国家发达的证据规则，如证据可采性规则、非法证据排除规则、传闻证据规则等也为大陆法系检察机关如何正确、公允地评判证据给予了规则和方法上的支持，对其进一步体现检察机关的客观公正性起到了强化作用。

2. 有关检察机关行使或控制侦查权的学习与借鉴

除了两大法系在公诉权上的交流与融合外，两大法系间的检警关系也由传统的检警分立和检警合一的截然不同开始走向目标的趋同，即都强调检察机关对侦查权的控制。在大陆法系检警关系中，检察机关掌握着立案决定权，指挥警察的侦查活动，控制着侦查的走向，"检主警辅"的权力配置模式是其主要特色。英美法系国家在对刑事案件进行侦查的过程中，由于其刑事诉讼模式实行的是当事人主义，检察机关和警察机关处于检警分立的权力配置模式。因此，在很长的一段时间内，刑事案件的侦查活动主要被定位为一种行政活动。

随着两大法系文化的融合，特别是对侦查权规范的文化趋同性，英美法系逐渐把侦查活动作为刑事诉讼的一个重要阶段，将其纳入刑事诉讼范围，这也给检察机关提供了对侦查权实行权力监督的条件。如英国于1986年正式颁布了《犯罪检控法》之后，检察机关获得了一定的对警察侦查行为的监督和建议权。虽然此种侦查监督权的行使具有一定的限度，但是确实加强了检察机关在刑事诉讼案件侦查过程中对侦查权的监督和控制。在美国，检察机关被赋予了一定范围内的侦查权，如各州的检察机关对某些重大刑事案件和部分一般的刑事案件负责侦查。此外，当检察官认为由警察机关侦查的刑事案件的犯罪证据不充分时，检察官可以对此案进行补充侦查。因此，检察机关在侦查过程中也起到了一定的监督作用和必要的辅助作用。[①]

反观大陆法系，由于一直以来在法律框架下倡导检察机关对侦查权的指挥控制，然而这一构想实践中却常常发生偏离。例如德国《刑事诉讼法》第163条规定，在侦查刑事犯罪行为范围内，警察只担负着辅助检察院的责任，只能作"不允许延误的决定"，对自己的侦查结果应当"不迟延地"送交检察院，由检察院进行进一步侦查。"可实际情况却是警察常常自主地将侦查程序进行到底，然后才向检察院移送侦查结果。而对于检察来讲，如果没有足够的人员，它也根本不可能执行刑事诉讼法所规定的程序模式。"[②] 同时，如果警检一体过于紧密，以致两者合二为一，那么检察官就成了承担警察职能的"高级司法警察"，并将因此深陷于侦查事务而带上浓厚的行政机关的色彩，丧失其司法机关的非偏倚品格和独立性，其"过滤"与制约的功能实际上也就此丧失。正是意识到这一问题，大陆法系的检察文化也考虑在检警一体的模式下，适当保持两机关一定的距离，对实践中警察机关是侦查活动的主体保持默认，而且由于人员、专业技能等因素的限制，检察机关对侦查权的指挥控制实际上更多地具有象征意义。

3. 大陆法系与英美法系检察文化的相互学习和借鉴的其他表现

近两个世纪以来大陆法系刑事诉讼程序的发展演变，已经脱离了对纠问制度的极端滥用。与此同时，普通法系刑事诉讼程序的改革，也已不再过分迷信控诉制度，并抛弃了它的某些陈规。换言之，两种制度正在从不同方向融汇成为一种大体相当的混合的刑事诉讼程序。[③] 在这一混合法律模式和诉讼程序的

---

① 刘兆兴：《两大法系国家检察机关在刑事诉讼中的职权比较》，载《外国法译评》1995年第3期。

② 赫尔曼：《德国刑事诉讼法典中译本序言》，载《德国刑事诉讼法典》，李昌珂译，中国政法大学出版社1995年版，第3页。

③ ［美］约翰·亨利·梅利曼：《大陆法系》，顾培东、禄正平译，李浩校，法律出版社2004年版，第133页。

形成过程中，英美和大陆法系的法律文化出现了相互借鉴、彼此学习的发展态势，例如基于对正义理念的不同理解，英美法系国家实行判例制度，认为司法裁判更能直接体现出对正义价值的追求；大陆法系国家则强调按照事先已经创制出的"良法"——制定法，依法判决就是正义。随着不同法系的借鉴与融合，判例和成文法都因其固有缺陷，不同法系的国家认识到这一问题之后力图加以改进——英美法系国家加强了成文法的制定工作，大陆法系国家的判例制度也吸收了判例法国家的先进文化理念。除此之外，大陆法系国家逐渐注意吸收和借鉴英美当事人主义诉讼形式下比较发达的证据规则以及人权保障的先进理念，被告人的辩护权扩大，强制措施的规范性越来越强。

（二）社会主义法系检察文化对其他法系检察文化的学习与借鉴

1. 社会主义法系检察文化的基础是大陆法系的检察文化传统

社会主义法系以苏联为代表。"十月革命"前的沙皇俄国的法律文化，深受法国、德国的法律文化影响，同时也间接受到英国法律文化的影响。沙俄时期的法律制度原本是大陆法系的组成部分，其在法国检察文化影响下形成的检察制度，将检察官置于相当高的地位，沙俄时期的检察官在政治和司法体系中不但属于控诉机关，同时也担负着监察百官的角色，形成俄国检察制度的文化特色。由于法国在大革命前后受到英国政治和法律文化的吸引，一度引入英国式陪审团制度，该制度对其他一些欧陆国家也一度产生影响，如沙俄时期就实行陪审团制度，使沙俄时期的法律文化在欧陆文化的主基调之外也带有一点英美法律文化的影响。在沙俄废墟上建立的苏维埃俄国及其后来的苏联，都以大陆法系法律制度和法律文化为基础，纳入社会主义法律制度和文化的内容，形成社会主义法系自身的法律文化特色，包括检察文化特色，但无论观察苏联法学理论还是法律制度乃至更宽意义上的法律文化，都很容易与大陆法系相联系，有一种难以割断的连续性。俄国"十月革命"之后，对于沙俄的法律制度并没有采取简单摈弃的态度，相反，在社会主义法律体系建立之前曾一度沿用沙俄时期的法律，后来建立的社会主义法律制度也不是凭空产生，还是保留了许多旧日法律制度的技术性的内容并有所发展。尽管苏联极力表明其制度的阶级性和创新性，但不可否认，苏联检察机关的法律监督职能就是在沙俄检察官扮演着"君主的眼睛"的基础上纳入列宁的"统一法制"思想发展而来的。

不仅苏联如此，构成该法系的国家历史上大都拥有大陆法系的传统，如民主德国建国前本来就是大陆法系代表国家之一的德国的一部分，第二次世界大战终结之前东西德是统一的国家，德国法律制度对一些欧陆国家也有着重要影响，第二次世界大战德国战败后才分裂成社会主义和资本主义两个德国。保加利亚、罗马尼亚、波兰、阿尔巴尼亚等东欧国家在实行社会主义制度之前也都属于大陆法系的一部分，这些国家与苏联一样都有着欧陆国家的老根底，其建立的社会主义法律制度和社会主义法学乃至包含检察文化在内的法律文化，都可以清晰看出大陆法系的影响。撇开社会主义法系检察文化有意识形态特色的内容，依大陆法系国家检察文化观察社会主义法系国家检察文化，或者反过来，依社会主义法系国家检察文化观察大陆法系国家检察文化，都有一种似曾相识的感觉。

古代中国属于中华法系的核心国家，中华法系的司法特点是纠问主义和职权主义的诉讼模式；晚清法律改革"远师法德，近仿东瀛"，走的是大陆法系之路；1949年新中国建立社会主义制度之前，中国实行的是大陆法系的法律制度，其检察文化受法国、德国和日本影响很大。越南曾经是中华法系的一部分，近代越南成为法国的殖民地，法国是现代检察制度起源国之一，越南检察制度明显受到法国影响，建立社会主义制度之后，越南又受到苏联法律制度的影响，其检察文化带有鲜明的社会主义特色，但与英美法系相比，越南检察文化与大陆法系检察文化更为接近。同样，朝鲜曾经也是中华法系的一部分，朝鲜被日本强占之后，日本推行殖民文化，其检察文化也带有日本检察文化的特点，日本检察文化又源自法国和德国，因此朝鲜在日据时期的检察文化间接受到法国和德国的影响。第二次世界大战之后，日本战败，朝鲜获得独立，但分裂成为南北两个朝鲜，北朝鲜建立起社会主义制度，其检察制度转而仿效苏联，其检察文化也受到苏联检察文化的影响。可见，东亚的三个社会主义法系国家的检察文化虽受到苏联检察文化影响而重新塑造，但其基础仍然不外乎大陆法系的文化根底。

2. 当代社会主义法系检察文化的借鉴与创新

苏联与东欧社会制度解体之后，社会主义阵营国家中的中国、朝鲜、越南、古巴等国家继续自己的发展道路，在坚持社会主义制度的前提下，它们吸取国际共产主义运动的经验和教训，也在探索自身的社会主义道路，改革政治和司法体制，完善社会主义法律制度。社会主义法系诸国的检察制度仍然保持苏联检察制度的总体框架，但检察文化也不是一成不变，尤其是中国和越南的改革开放使检察文化有所发展和进步。社会主义的中国和越南都意识到作为世界的一员，闭关锁国只会使自己被时代抛弃，要发展进步就必须勇于和善于借鉴其他国家的先进制度与文化，包括检察制度和文化。我国和越南都向世界敞开了大门，与西方国家检察机关的交流和司法互助由此展开，大陆法系检察文化、英美法系检察文化与社会主义法系检察文化有了更多的沟通与对话机会，我国和越南检察制度也从大陆法系和英美法系检察制度获得有益的借鉴和启发，为完善自身的社会主义检察制度提供了外来资源，使社会主义检察文化得以发展和寻求创新的机会。

我国和越南的政治制度和司法制度改革，清楚地表明社会主义国家的文化创新能力，社会主义制度并不意味着固步自封，只要肯借鉴和吸收世界上其他国家的成功模式和经验，社会主义制度也会更新和完善，不断取得进步。社会主义法系检察文化也是如此，将文化作为一个开放的体系，可以使文化的融合更加便利，也使文化的发展进步成为可能。

在调整中有所发展的检察文化，必然是在勇于借鉴其他国家的经验并努力将自身纳入国际社会的过程中形成的。不能忽视的因素是，第二次世界大战之后，人权受到国际社会的高度重视，国际社会制定了一系列刑事司法的国际准则，对于检察制度和检察文化都有着直接影响；另外，有组织犯罪和腐败日趋严重，需要国际合作来共同抵御，催生了《联合国反腐败公约》之类国际合作协定的产生。就国际社会制定的刑事司法准则来说，它们并不限于在某一法系实施，而是普遍适用于全球各个国家和地区，显然，这些准则不是凭空产生的，英美法系和大陆法系的长期司法经验及其取得的成果是它们的重要来源，这些法系的国家有着丰富的实践资源可供社会主义国家在确立和落实这些准则时加以借鉴、吸收。

很明显，对于人权的重视，以及为共同抵御腐败和有组织犯罪而越来越多的国际合作，都为社会主义检察文化注入了新的活力，使社会主义检察文化为顺应国际化和世界潮流而自我更新，进而迈上一个新台阶。在这个过程中，大陆法系和英美法系的国家与社会主义法系国家产生了相当多的互动，其检察文化也因这种互动而产生影响，或多或少地发生了变化。这使我们看到检察文化是流动的活水，其发展方向必然是向人类的共同理想的实现而不断迈进。

第九章　检察文化的发展规律

规律即事物内在的、本质的、必然的联系。规律是客观的，不能改变也不能违背，但我们可以认识、把握和运用规律。按客观规律办事，这是马克思主义的一个基本观点和基本要求。检察文化作为检察机关和检察人员在检察工作中创造、发展和传承的，体现检察工作职业规定性的职业观念、职业伦理和职业形象的精神成果，其形成和发展必然有其特定的规律性。本章所研究的检察文化发展规律特指中国特色社会主义检察文化发展规律。

第一节　检察文化与政治法律协调发展

中国特色社会主义检察文化，是以马克思主义为指导的社会主义主流文化组成部分。研究检察文化与政治法律协调发展规律，是多元化文化背景下保持检察文化先进性和主流文化性质的必然要求。在全球化条件下，当代中国文化呈现出明显的多元发展趋势，其中，既有传统文化与现代文化的矛盾与调适，也有本土文化与域外文化的冲突与融合；既有主流文化和非主流文化的对立和统一，又有社会主义文化和资本主义文化的对抗与共存①。这一环境下，西方资本主义文化渗透是不言而喻的，检察文化发展不可避免地存在"迷失自我"的风险，只有把握检察文化与政治法律协调发展规律，才能永保检察文化的社会主义政治法律本色，并肩负起引领非主流文化健康发展的时代使命。

一、检察文化与政治法律协调发展规律的内涵

检察文化与政治法律协调发展规律，反映检察文化主体、渊源、存续方

---

① 参见张军：《全球化与多元化背景下的中国主流文化建设》，载《思想政治教育》2009 年第 5 期。

式、本质和内容与国家政治法律的内在联系，体现检察职业观念、职业伦理和职业形象等精神成果与国家政治法律的一致性，揭示国家政治法律对检察文化建设与发展的决定性和检察文化建设促进国家政治法律建设完善的必然性。

（一）以检察文化的主体为视角

检察机关是中国共产党领导下的法律监督机关，检察人员是以共产党员为主体的执法力量，这就决定了检察文化主体在其职业观念、职业伦理和职业形象创造、发展和积累的过程中，必须秉持党的政治法律主张，坚持中国特色社会主义制度，坚持马克思主义意识形态指导地位，自觉抵制三权分立等错误主张，不折不扣地贯彻执行党的路线方针政策。思想上，用马克思主义中国化的最新成果武装头脑，深入开展社会主义法治理念教育，致力于思维方式和执法观念的转变，努力使执法思想与科学发展的要求相适应、与人民群众的期待相符合、与法治文明的进程相统一；组织上，加强检察机关的党组织建设和领导干部配备，充分发挥检察机关党组织的战斗堡垒作用和党员的先锋模范作用，从而确保检察文化建设的社会主义性质和发展方向，使检察文化成为体现党的政治法律主张的精神成果。体现党的政治法律主张的检察文化，又以一种精神力量通过检察工作促进中国特色社会主义政治法律制度的巩固与完善，为检察文化发展提供新的政治法律资源。

（二）以检察文化的渊源为视角

首先是检察职能活动的政治性、法律性。检察机关的法律监督职能是中国特色社会主义宪政体制的体现，检察机关的根本任务是"三个维护、一个确保"，即维护国家政治安全，维护社会和谐稳定，维护法制统一正确实施，确保在全社会实现公平正义。这不仅是宪法和法律对检察机关的职权规定，而且是党和人民赋予检察机关的政治使命。正是这样的政治、法律内涵，决定了正确的检察执法是把法治精神、法律要义与大局需求紧密结合起来的科学执法；也决定了检察文化中追求法律效果、政治效果和社会效果的有机统一等体现党的政治法律主张的执法观念的确立。其次是检察管理活动的政治性、法律性。检察管理活动的政治性、法律性集中体现在教育、制度、监督三个环节。在三者的运行中，政治信仰和法律精神犹如一条主线贯穿其中，赋予教育、制度、监督等管理行为以生命活力，同时催生了检察管理文化的形成。最后是自身建设的政治性、法律性。检察自身建设是检察机关的人员素质提升和工作质量改进，包括业务建设、队伍建设、检务保障及其改革和发展。从某种意义上说，检察机关的自身建设，是以政治为灵魂、法律为主题的建设。中国特色社会主义政治法律融入检察机关自身建设的过程，就是检察职业观念、职业伦理和职业形象创造、发展和积累的过程。

（三）以检察文化的存续方式为视角

创造、发展和积累是检察机关和检察人员与检察文化的基本关系，也是检察文化存在的基本方式，这种基本关系和基本方式必然浸润着中国共产党不同历史时期政治法律主张。如民主革命时期和新中国成立初期，我们党主要通过斗争的方法和手段来消除各种社会矛盾，其政治法律主张是以阶级斗争为纲，这个时期检察机关和检察人员与检察文化的基本关系和基本方式均带着强烈的阶级斗争色彩；而在改革开放新的历史发展时期，我们党提出了以人为本、构建和谐、科学发展、执政为民的重大命题，检察机关和检察人员与检察文化的基本关系和基本方式也由公正执法、保障人权等理念所取代。这种由阶级斗争型文化到保障人权型文化转变，就是检察文化的创造与发展。它反映了不同时期检察机关和检察人员对检察文化的不断增长的需要，也反映了检察事业发展的要求。检察文化的积累，是检察文化成果本身的丰富和增加，也是检察人员对检察文化的传承和运用；检察文化的积累既是政治与法律的文明进步在检察文化中的体现，也是检察文化推进政治法律走向文明进步的反映。

（四）以检察文化的本质为视角

检察文化的本质就是检察职业。这项职业从一开始就是带有政治性和法律性。早期的检察职业是维护国王、公共利益的诉讼代理人。随着时代的发展、法治的进步，检察逐渐由公诉演化为国家制约权力和保障权利的职业。我国的检察职业与其他国家相比，具有显著的特点。根据宪法的规定，检察机关是国家的法律监督机关。在政治体制中，以检察机关的专门法律监督为主要特色的权力制衡机制，是与我国的国情相适应的。在司法体制中，检察与审判分别以程序控制和实体裁决共同分享司法权，履行打击犯罪、化解矛盾，维护国家安全和社会稳定的任务。随着依法治国基本方略的推进，构建和谐社会战略任务的提出，广大人民群众对公平正义的要求越发强烈，加强法律监督的呼声越来越高，检察职业的政治责任更加重大，法律要求更加精准、全面，这都从本质上规定了我国检察文化只能是体现中国特色社会主义政治法律的精神成果。

（五）以检察文化的内容为视角

从检察文化的内容看，检察文化主要由检察观念、检察伦理和检察形象组成。检察观念从某种意义上说是政治、法律与检察职业的结合体，其表现为理念、思想、理论、价值观念等形式，是检察文化的较高层次的存在形态，它是检察文化的灵魂，从总体上决定着检察伦理和检察形象。检察伦理包括职业道德、职业精神、职业礼仪等规范性要求，是检察文化的中坚和相对稳定的成分。体现检察观念的检察伦理，必然是符合政治法律要求的职业道德、职业精神、职业礼仪等规范。如"忠诚、公正、清廉、文明"检察职业道德，就蕴含着坚定的政治品格和法律信仰。检察形象作为检察人员思维方式、行为方式和职业能力的综合反映，是公众对检察机关和检察人员的总体性的评价、印象和信任程度，其核心是检察机关的公信力，既反映党和国家的政治形象，又代表司法机关的法治形象。

二、政治法律对检察文化发展的决定性作用

政治法律对检察文化发展的决定性作用主要表现在，规定检察文化发展道路，强化检察文化主流意识，奠定检察文化发展基础，保障检察文化的社会主义性质及其中国特色。

（一）中国特色社会主义规定检察文化的发展之路

中国特色的社会主义是中华民族的复兴之路、检察文化的发展之路。中国特色的社会主义制度包括人民民主专政的国体、人民代表大会制度的政体、共产党领导的多党合作和政治协商制度以及民族区域自治制度、中国特色的社会主义法律体系和司法制度及其检察制度等，之所以历经磨炼而愈加显示其强大的生命力，就在于这些制度是适合我国人民当家做主的好制度。因而，我国政治法律制度改革与经济体制改革，是两种不同的内容和程度改革，经济体制改革是要实现由原有的计划经济体制向社会主义市场经济体制转变，政治法律改革则不是要用另一种政治法律制度来取代社会主义政治法律制度，而是要通过改革使之更好地实现自我完善和发展。这是改革开放以来检察文化与政治法律协调发展的一条基本经验，也是中国特色社会主义性质的检察文化发展的一条基本规律。

中国特色的社会主义制度下的检察文化，是政治法律文化的有机组成部分。中国特色的社会主义政治法律文化，坚持马克思主义意识形态的主导地位，坚持中国特色社会主义理论体系的根本指导，是以依法治国为核心、以执法为民为本质、以公平正义为目标、以服务大局为使命、以党的领导为保障的政治法律理念文化在社会生活各个领域、各个层面得到充分贯彻和展开的体现。检察机关作为国家法律监督机关，是党依法治国和依法执政的重要职能部门，其呈现出来的文化内涵，必然属于政治法律文化的范畴。因此，检察文化的首要价值是增强对中国特色社会主义的政治认同、理论认同、感情认同，真

正把中国特色社会主义作为伟大旗帜来高举、作为正确道路来坚持、作为科学
理论来运用、作为共同理想来追求。使社会主义政治法律原则，成为检察文化
的主导价值观，这是检察文化中国特色社会主义性质的必然体现，是改革开放
以来，我国享有立法权和司法解释权的国家机关，坚持在中国共产党的领导
下，为保障人民民主专政的国家政权及国家、集体和公民个人的合法权利而制
定并修正的。

（二） 中国特色社会主义理论体系决定检察文化的发展方向

马列主义毛泽东思想奠定了检察文化的理论基础。中国特色社会主义检察
文化之所以本质上是人民民主的政治文明，而不是资本民主的政治文明，是因
为其赖以生存的检察制度是社会主义而非资本主义，检察制度的理论基础是马
列主义毛泽东思想。马克思关于国家与法的学说是我国社会主义检察制度的理
论渊源。其著名论断 "你们所说的法，不过是你们作为统治阶级所代表的国
家意志的体现"[1]，深刻地揭示了法的阶级本质，奠定了国家与法的理论根基。
列宁创立和领导了第一个社会主义国家。他提出，法律的内容是确认和保护人
民的权利，在社会主义社会中，法制应统一，必须加强法律监督，民事流转越
发达就越需要法制等重要思想，深化和发展了马克思主义法律理论。毛泽东在
领导新中国政权建设的过程中，结合中国实际，继承和发展了列宁的无产阶级
专政理论，创造性地提出了人民民主专政理论，系统地阐述了我国社会主义政
权的阶级本质、组织形式和组织原则。他说："西方资产阶级的文明，资产阶
级的民主主义，资产阶级共和国的方案，在中国人民的心目中，一齐破了产
……资产阶级的共和国，外国有过的，中国不能有，因为中国是受帝国主义压
迫的国家。唯一的路是经过工人阶级领导的人民共和国。一切别的东西都试过
了，都失败了。""总结我们的经验，集中到一点，就是工人阶级（经过共产
党）领导的以工农联盟为基础的人民民主专政。"[2] 人民民主专政是适合我国
国情的无产阶级专政，人民民主专政理论是中国化的无产阶级专政理论。新中
国的检察制度就是在人民民主专政理论的指导下，借鉴苏联司法制度建设的经
验，逐步探索和建立起来的。

中国特色社会主义理论体系决定检察文化的发展方向。中国特色社会主义

---

① 《共产党宣言》，载《马克思恩格斯全集》（第 22 卷），人民出版社 1965 年版，第 595 页。

② 毛泽东：《论人民民主专政》，载《毛泽东选集》 （第 4 卷），人民出版社 1991 年版，
第 1480 页。

理论体系是包括邓小平理论、"三个代表"重要思想以及科学发展观等重大战略思想在内的科学理论体系，是马克思主义中国化的最新成果，是我们党最可宝贵的政治和精神财富，是全国各族人民团结奋斗的共同思想基础，是必须长期坚持的指导思想，是我们做好一切工作的根本指针。① 改革开放以来，检察文化建设面临两方面的严重影响。一方面是斗争哲学、计划经济条件下思维模式和执法理念根深蒂固，比如把"重要的"变成"唯一的"，"非此即彼"，"人要完人、金要足赤"，重理轻情、重自觉轻自发、视欲为恶的思维方式；② 重打击轻保护，重实体轻程序，重惩治轻预防，机械执法、粗暴执法，重法律效果、轻社会效果的执法理念，等等。另一方面是打开国门使我们对西方法律制度和思想的接触和了解，有利于借鉴和使用其合理而成功的经验、制度和措施，对提高我国立法和司法工作的水平和效率带来了帮助。但同时，西方一些似是而非的法律思想、法律意识，也不可避免地给一些检察机关和检察人员带来思想混乱。有的在司法实践和办案中，简单套用西方的一些"法律术语"，造成执法思想和执法活动的混乱，有的片面崇尚西方的法律思想和法律制度，主张全盘照搬照用，甚至对一些建立在资本主义本质基础上的基本法律制度和思想，如"三权分立"等也丧失了起码的政治鉴别力。这两种思维方式内含许多十分有害意识形态，严重影响了检察文化的健康发展。只有坚持中国特色社会主义理论体系的根本指导，才能确立完整健全的中国特色社会主义检察文化信念。

党的十一届三中全会以来，我们党以开辟建设中国特色社会主义新道路的巨大政治勇气和开拓马克思主义新境界的巨大理论勇气，在坚持马克思主义基本理论的基础上，勇于解放思想，实事求是，从建设中国特色社会主义的战略高度，遵循社会主义制度的本质要求，把马克思主义法律理论推进到一个新的阶段。邓小平同志提出了一系列关于社会主义法治建设的重要思想：建设社会主义必须健全法制；坚持社会主义法制必须做到有法可依、有法必依、执法必严、违法必究；实现社会主义法治必须做到公民在法律和制度面前人人平等；要维护法律的稳定性，必须使民主制度化、法律化，使这种制度和法律不因领导人的改变而改变，不因领导人的看法和注意力的改变而改变；要维护法律的权威性，无论是不是党员，都要遵守国家的法律，"党必须在宪法和法律规定范围内活动"，等等。以江泽民同志为核心的党的第三代中央领导集体，继承

---

① 吴邦国：《中国特色社会主义法律体系的已经形成》，载中国新闻网 2011 年 3 月 10 日。
② 周熙明：《洞察文化的本质性力量掌握文化自身发展规律》，载《石家庄市委党校学报》2007年第 11 期。

和发展了邓小平同志的法治思想，并在系统总结以往实践和前瞻今后中国社会发展大势的基础上，提出了"依法治国，建设社会主义法治国家"的伟大目标，明确把"依法治国"作为治理国家的基本方略，把建设社会主义法治国家作为社会主义初级阶段基本纲领的重要组成部分。以胡锦涛同志为总书记的新的中央领导集体进一步指出，实行依法治国基本方略首先要全面贯彻实施宪法，必须在全社会进一步树立宪法意识，维护宪法权威，使宪法在全社会得到一体遵行；要充分发挥法治在促进、实现、保障社会和谐方面的重要作用；要坚持民主执政、科学执政、依法执政。① 正是这些闪烁着时代光芒的社会主义法治建设思想，使检察机关和检察人员确立了社会主义法治理念：既解放了思想，冲破了传统的不合时宜的执法观念和思维模式，又实事求是，坚决抵制了三权分立等错误思潮，从而坚定了做中国特色社会主义建设者和捍卫者的决心和信念，保障了检察文化发展的正确方向。

（三）中国特色社会主义法律体系奠定检察文化的发展之基

中国特色社会主义法律体系是宪法、法律、行政法规和地方性法规的法律体系的总称，是检察机关建立、检察人员履职、检察工作开展的依据和遵循。如果说检察文化是检察机关和检察人员在检察工作中创造、发展和积累的，体现检察工作职业规定性的职业观念、职业伦理和职业形象的精神成果，那么，检察文化的发展，就是以中国特色社会主义法律体系为根基的发展。舍此，检察文化就成了无源之水、无本之木。

1. 我国法律体系的丰富完善是检察文化的传承发展的基础

作为中国特色会主义伟大事业的重要组成部分，中国特色社会主义法律体系是全面实施依法治国基本方略、建设社会主义法治国家的基础，是新中国成立 60 多年来特别是改革开放 30 多年来经济社会发展实践经验制度化、法律化的集中体现。② 一方面，它体现了中国特色社会主义的本质要求。我国是工人阶级领导的、以工农联盟为基础的人民民主专政的社会主义国家，在社会主义初级阶段，我国实行公有制为主体、多种所有制经济共同发展的基本经济制度。这就决定了我们构建的必然是中国特色社会主义性质的法律体系，它的全部法律规范，它确立的各项法律制度，必须有利于巩固和发展社会主义，以体现人民共同意志、维护人民根本利益、保障人民当家做主为本质要求。哪些法律需要制定，哪些法律不需要制定，具体法律制度的内容如何，都要从社会主

---

① 参见中央政法委员会：《社会主义法治理念教育读本》，中国长安出版社 2006 年版，第 10—15 页。

② 参见吴邦国：《中国特色社会主义法律体系的已经形成》，载中国新闻网 2011 年 3 月 10 日。

义的本质要求出发，从中国特色社会主义制度和处于社会主义初级阶段的实际出发，从人民群众的根本意志和长远利益出发。这是以公有制为基础的中国特色社会主义法律体系与以私有制为基础的资本主义法律体系的本质区别。① 另一方面，它体现了改革开放和社会主义现代化建设的时代要求。改革开放作为当代中国的伟大社会实践，为法律体系的建和完善提供了波澜壮阔的舞台。改革开放和现代化建设为法律体系构建提供内在需求和动力，提供实践基础和经验。法律体系的构建为改革开放和现代化建设提供法制环境，积极发挥促进、规范、指引和保障作用，改革开放和现代化建设越向前推进，经济社会的发展变化越深刻，对健全和完善法律制度的要求就越迫切，法律体系构建所依赖的基础也就越扎实。中国特色社会主义检察文化之所以能在新的历史条件下永葆生机与活力，一个根本的原因，就在于它与社会主义法律体系建设同频共振，在保障改革开放和检察机关自身建设中，既体现中国特色社会主义的本质要求，又坚持与时俱进、妥善处理法律稳定性和改革变动性的关系，在中国特色社会主义法律体系框架内实现检察文化的繁荣发展。

2. 我国法律体系是检察文化精神内核的依据

我国法律体系是以宪法为统领，法律为主干，行政法规和地方性法规为细化和补充的系统结构，它从不同层面规定着检察机关的组织建设（检察机关的建立和内设机构的安排）、业务建设（检察职权的配置和检察职能的履行）和保障建设（人力资源、财力资源、物质资源、科技装备）。宪法以国家的根本大法的形式确定了我国人民民主专政的社会主义国家性质。其突出的特点是在政体结构上不实行立法、行政、司法三权分立的分权与制衡的政治体制，而是以建立在民主集中制理念之上的人民代表大会制度为根本政治制度。② 检察机关在宪法中的制度地位具体表现为：它是国家机构中的组成部分，是序列独立的国家机关，它与其他国家机关的关系，除了权力机关以外，在宪法和法律上是一种并列的关系；它的性质是国家法律监督机关；其工作职能由法律确定为实施法律监督，其各项具体职能是法律监督的实现方式。检察机关法律监督的宪法地位，是我国社会主义制度的必然要求，是国家宪政体制和法治建设的重要特征，既是检察文化最鲜明的中国特色，又是检察文化中价值理念的决定性因素。而人民检察院组织法和刑法、刑事诉讼法，民法、民事诉讼法，行政法、行政诉讼法则从检察职权配置、检察职权行使等方面决定着检察文化中执法理念和发展理念的形成与完善。如人民检察院组织法是检察机关组织形式与

---

① 参见吴邦国：《中国特色社会主义法律体系的已经形成》，载中国新闻网 2011 年 3 月 10 日。
② 参见吴邦国：《中国特色社会主义法律体系的已经形成》，载中国新闻网 2011 年 3 月 10 日。

职权配置、职权行使的法律依据和检察执法的合法性基础，其蕴含的职权由法定、有权必有责、用权受监督、违法必追究等法治原则，是检察文化权力观的核心内容。而刑事诉讼法、民事诉讼法、行政诉讼法等，则是检察职权在刑事、民事、行政三大诉讼领域运行的程序规范。这些程序规范特别是修订后的刑事诉讼法，通篇贯穿着惩治犯罪与保障人权相统一、实体公正与程序公正相统一、公正与效率相统一、监督与配合相统一、办案法律效果与政治效果、社会效果相统一的理念，对于检察机关坚持正确的执法观、严格依照法律规定履行职责，具有重要的规范意义。[①] 作为法律的细化和补充的行政法规和地方性法规，是检察机关业务建设和保障建设不可或缺的制度基础。我国检察一体的国家性和检察职能的统一性落实到不同的地方和区域，受经济社会发展水平制约，必然存在一定差异。这种差异一般表现在执法素质、执法能力、执法保障等方面。最理想的状态是一个地方的检察工作与当地经济社会发展相适应。而要实现这种"适应"，其制度保障必然是行政法规和地方性法规，这也是检察文化的统一性和多样性协调发展的法定基础。

三、检察文化发展对政治法律的能动作用

检察文化是一种在检察工作中获得、反过来又指导规范检察工作的日趋丰富多样的价值信仰系统、认知系统和审美系统，是人民检察制度创建以来，一代代检察人创造积累和精神记忆。如果说检察文化是人民检察事业传承发展的重要基因，是推进检察工作科学发展的精神力量，那么，检察文化发展对政治法律的能动作用必然通过检察职能活动、检察管理活动和检察自身建设体现出来。

（一）检察文化促进中国特色社会主义政治认同与政治清明

政治认同在检察文化中居于统摄地位，是检察意识的调节中枢。中国特色社会主义政治认同，是在党领导人民把中国由不发达的社会主义国家建设成为富强民主文明和谐的社会主义现代化国家的新的历史进程中形成的精神成果。凝聚着这一精神成果的检察文化，让各级检察机关深刻认识到，在当代世界风云变幻的历史条件下，在中国改革开放和社会主义现代化的伟大变革中，检察

---

① 参见孙谦：《为修改后的刑诉法实施做好充分的准备》，载正义网 2012 年 3 月 21 日。

机关要用中国特色社会主义理论武装起来，全心全意为人民服务，思想上、政治上、组织上完全巩固，能够经受住各种执法风险，依法正确履行法律监督职责，维护党的执政地位，维护国家安全，维护人民权益，确保社会大局稳定的核心力量。完成这一使命，就要充分发挥检察文化在坚定中国特色社会主义共同理想中的教化作用。

政治清明可以解读为立党为公、执政为民，求真务实、改革创新，艰苦奋斗、清正廉洁，富有活力、团结和谐。而深入开展反腐败斗争，切实加强反腐倡廉建设，是实现政治清明的重大课题。它要求检察机关始终保持高压态势，使贪污、贿赂等职务犯罪分子依法受到制裁，震慑心存侥幸的人不敢犯罪；结合查办职务犯案件，针对发案单位管理上的漏洞，提出检察建议，完善规章制度和廉政措施，从而达到"办理一案，教育一片，治理一方"的目的；充分利用查办职务犯罪的执法成果，广泛开展警示法律教育，昭示党和政府反腐倡廉的坚强决心；综合运用办案成果和有关信息，适时开展调研预防，把职务犯罪监督成果转化为管理和廉政建设的决策参考；通过对已出现的职务犯罪进行专题调查研究、宏观调研、具体论证，分析职务犯罪形成的原因、特点，对一系列带有苗头性、倾向性的职务犯罪规律进行剖析，督促有关系统及其主管部门采取相应的措施，落实整改方案，创建新的管理制度，避免同类犯罪在系统内再度发生。检察机关在惩治和预防职务犯罪工作形成的反腐败文化，作为检察文化的重要组成部分，通过执法办案和职务犯罪预防活动，促进国家工作人员勤政廉政，维护国家政治清明。与此同时，检察文化反腐败内涵驱动着检察机关自身的反腐倡廉建设，如依托建设学习型党组织，加强思想政治教育，促进忠诚、为民、公正、廉洁的核心价值观的确立。依托执法素质和能力建设，促进理性、平和、文明、规范执法观的树立。依托司法民主教育，深化检务公开，落实人民监督员、专家咨询委员、特约检察员制度，完善律师联系制度，促进监督者更要自觉接受监督权力观的树立。依托干部人事制度改革，加强和改进监督管理。坚决纠正和治理"利益驱动办案、刑讯逼供、执法作风简单粗暴"等人民群众反映强烈的执法"顽症"①。依托巩固和发展先进性教育活动成果,着力加强基层院的建设,认真贯彻落实《检察官职业道德基本准则》,把"忠诚"转化为干警的执法信仰,把"公正、文明"转化为干警的执法品格,把"廉洁"转化为干警的执法操守。依托改进党的作风,着力加强检察机关群众工作。真诚倾听群众呼声,真实反映群众愿望,真情关心群众疾苦,多为群众办好事、办实事,做到权为民所用、情为民所系、利为民所谋,进一步彰显检察工作的人民性。②

(二) 检察文化促进中国特色社会主义法律统一正确实施

检察文化作为检察机关自觉与自信的精神力量,推动法律监督功能的有效发挥,维护法律统一正确实施。法律制度是一个静态的规则体系,也是一个动态的规范治理系统,由立法、执法、司法、守法、法律监督等构成。实现法治必须以法制统一为基础。一方面,要使一个国家的法律制度适应社会需求,能够对各种纷繁复杂的社会关系予以法律调整,使其呈现出一种有序状态,法律体系本身必须是统一、合理、互不抵触的;另一方面,作为一种制度性设计,法律的目的是为人们提供统一的规则和界限,总是要求在它的效力范围内统一适用,因此,维护法制统一始终是维护国家统一和法律权威的基本要求。我国地域辽阔,发展不平衡,还有民族区域自治地方,客观上需要法制具备必要的地方性,宪法和法律赋予了地方一定的立法权,但是,地方立法权是有限度的。为了维护我国的法制统一,《立法法》在第 8 条规定了全国人大及其常委会的十项专属立法事项之后,在第 9 条中还对全国人大及其常委会授权国务院的立法范围进行了排除性的规定:"有关犯罪和刑罚、对公民政治权利的剥夺和限制人身自由的强制措施和处罚、司法制度等事项除外。"第 63 条规定,省级人大制定的地方性法规不得与宪法、法律、行政法规相抵触,较大的市的地方性法规不得与宪法、法律、行政法规和本省、自治区的地方性法规相抵触。第 90 条还专门规定了法制统一的维护机制:"国务院、中央军事委员会、最高人民法院、最高人民检察院和各省、自治区、直辖市的人民代表大会常务委员会认为行政法规、地方性法规、自治条例和单行条例同宪法或者法律相抵触的,可以向全国人民代表大会常务委员会书面提出进行审查的要求,由常务委员会工作机构分送有关的专门委员会进行审查、提出意见。"检察文化以强烈的责任意识促使检察人员在保障法律规则的统一上有所作为。

---

① 参见曹建明:《在深入学习实践科学发展观主题实践活动大会上的讲话》,载正义网 2008 年 10 月 6 日。

② 参见吴建雄:《检察工作科学发展机理研究》,中国检察出版社 2009 年版,第 403—408 页。

正确适用法律是法制统一的重要环节，必须在法律适用中排除特权观念、地方和部门保护主义等因素的影响。在刑事诉讼中，检察机关的审查起诉和抗诉等职能活动不仅要保证追诉犯罪在适用法律上的统一，而且要保障和促进审判机关在适用法律上的统一。如果相同的案件在此地被处以重刑而在彼地则不被处罚，国家就难以保障基本的司法公正，有损司法的公信力乃至国家法律的权威性统一。我国检察机关的法律监督不是一般的、全面的法制监督，而是特定范围的法律监督，是在法律规定的范围内通过法定程序对具体案件或事件的合法性和公正性实行监督，主要通过对具体案件的法律监督，维护国家法律的统一正确实施。为了实现检察机关的法律监督，我国法律赋予了检察机关职务犯罪侦查权、批准和决定逮捕权、公诉权、诉讼监督权以及其他一些职权，这些职权，是我国检察机关维护法制统一的手段和有力保障。随着社会主义法制建设的不断发展，我国基本形成法律体系，社会生活的各个方面基本上改变了无法可依的状况。法律的实现要靠公民和法人的自觉遵守，也要靠行政机关的严格执法和司法机关的公正司法。无论是守法、执法还是司法，都需要有效的监督作为保障，否则，法律就难以全面实现。从我国的法治状况来看，由于缺乏法治的传统和经验，立法不够精密，执法和司法的能力不够强，执法的条件和环境也不够好，比较容易出现执法不统一、不规范的现象。检察机关作为法律监督机关，其基本职责就是保证法律的统一正确实施。检察文化作为在法律监督实践中获得、反过来又指导规范法律监督实践的日趋丰富多样的价值信仰系统、认知系统和审美系统，帮助检察人员抓住公平正义这个社会关注的问题，自觉把加强自身监督摆在与强化法律监督同等重要的位置，狠抓执法规范化与纪律作风建设，加强自身监督制约机制建设，着力解决执法办案中不文明、不规范的问题，切实做到自身正、自身硬、自身净，确保检察权依法正确行使。通过强化法律监督和自身监督，使犯罪得到惩罚、权益得到维护、正义得到伸张，社会主义法律得到正确有效实施。

（三）检察文化促进中国特色社会主义政治体制与司法体制改革

检察文化既是一种政治法律文化，又是一种与时俱进的文化，检察文化的丰富和拓展，有赖于检察工作的创新与发展，但这种创新与发展不是任意的，它必须以政治体制改革特别是司法体制改革为前提，而在这个前提下不断丰富发展的检察文化，又能有效促进政治体制和司法体制改革。中国政治体制改革是一项事关全局、影响长远的复杂系统工程，一直以不事声张的、平静的、渐进的方式向前推进。既方向明确，又不预设框框和时限；既借鉴人类政治文明的有益成果，又不照搬照抄；既发扬民主走群众路线，又不搞群众运动制；既积极进取，又谨慎稳妥，这不能不说与检察文化的促进作用有关。

1. 以法律监督为本质属性的检察文化对政治体制改革的促进作用

一是以社会主义法治理念为指导，充分发挥法律监督职能，推进中国向法治国家迈进。坚持"依法治国"方略，坚持"法律面前人人平等"，坚持发挥查办案件的警示教育功能，昭示任何组织和个人都不允许有超越宪法和法律的特权。促进立法机关加快立法速度，制定了数以百计的法律，改变过去很多问题"无法可依"的状况，为建设现代法治国家打下基础。二是以执法为民为检察工作宗旨，充分运用人民赋予的检察权维护人民权益，推进社会主义民主的扩大。通过查办侵犯人民民主权利的案件，使人民依法实行民主选举、民主决策、民主管理和民主监督的权利有了更多保证，过去被视为资产阶级观念的"人权"概念深入人心，并在法律上得到了尊重和保障；党务公开、政务公开、司法公开、基层单位，完善了公开办事制度，保证了人民群众直接行使管理基层公共事务和公共事业的民主权利，村民委员会实行了直接选举。三是以维护党的执政地位和国家长治久安的政治责任感和使命感，加强和改进职务犯罪监督，促进对权力的制约和监督的加强。促进重点加强对领导干部特别是主要领导干部的监督，加强对人财物管理和使用的监督。改革和完善纪律检查体制，建立重大事项报告制度、质询制度、民主评选制度、政务公开制度。促进组织监督、民主监督和舆论监督都有所加强。促进全国上下形成一套比较健全的反腐体制，每年都有数以百计甚至千计的县处级以上的贪官落入法网。促进以建立和健全选拔任用和管理监督机制为重点，以科学化、民主化和制度化为目标的干部人事制度改革取得明显进展。

2. 检察文化与司法改革的关系更加密切，其影响更加直接

作为政治体制改革的重要方面，司法改革是审判机关和检察机关等国家机关在宪法规定的司法体制框架内，实现自我创新、自我完善和自我发展。检察文化的职业观念和职业伦理包含着对司法改革的根本目标、基本原则和基本路径的正确认识，引领检察人员把依法独立公正地行使审判权和检察权，建设公正高效权威的社会主义司法制度，为维护人民群众合法权益、维护社会公平正义、维护国家长治久安提供坚强可靠的司法保障为根本目标。坚持从国情出发，既博采众长，又不照抄照搬，既与时俱进，又不盲目冒进；坚持群众路线，充分体现人民的意愿，着眼于解决民众不满意的问题，自觉接受人民的监督和检验，真正做到改革为了人民、依靠人民、惠及人民；坚持依法推进，以宪法和法律规定为依据，凡是与现行法律相冲突的，应在修改法律后实施；坚持统筹协调、总体规划、循序渐进、分步推进。从民众反映强烈的突出问题和影响司法公正的关键环节入手，按照公正司法和严格执法的要求，从司法规律和特点出发，完善司法机关的机构设置、职权划分和管理制度，健全权责明

确、相互配合、相互制约、高效运行的司法体制，促成中国司法改革走向整体统筹、有序推进的阶段。新一轮司法改革从民众司法需求出发，以维护人民共同利益为根本，以促进社会和谐为主线，以加强权力监督制约为重点，抓住影响司法公正、制约司法能力的关键环节，解决体制性、机制性、保障性障碍，从优化司法职权配置、落实宽严相济刑事政策、加强司法队伍建设、加强司法经费保障四个方面提出具体改革任务。各级检察机关充分发挥检察文化的引领、聚合和传播功能，认真贯彻中央政法委司法改革的决策部署，在强力推进最高人民检察院重大改革项目，全面落实改革任务的同时，主动适应服务科学发展和自身科学发展的新要求，不断丰富加强和改进检察工作的科学内涵，为检察业务、检察队伍和检务保障建设提供源源不断的动力。

第二节　检察文化与经济社会协调发展

中国特色社会主义检察文化，是服务经济社会发展大局的社会主义法律监督文化。研究检察文化与经济社会协调发展规律，是牢固树立正确的发展理念和司法为民根本宗旨的需要。这是因为，司法实践中不正确的发展文化理念已成为检察工作科学发展的"梗阻"。狭隘的自我发展文化使得一些地方"一讲发展就想到自己怎么发展，而不是考虑怎样保障和服务经济社会发展。"①，或在权力配置上求扩张，或在执法保障上比规模，或在执法建设上重粗放，等等。只有把握检察文化与与经济社会协调发展规律，才能从根本上认清检察工作服务大局的内在规定性，自觉摒弃错误发展理念，切实做到在保障发展中推进检察工作，在服务发展中推进检察文化建设。

一、检察文化与经济社会协调发展规律的内涵

检察文化与经济社会协调发展规律，反映作为上层建筑的检察文化与经济社会发展内在联系，体现检察职业观念、职业伦理和职业形象等精神成果与国家经济社会发展要求的一致性，揭示经济社会发展对检察文化建设的决定性和检察文化建设促进经济社会发展的必然性。

---

① 龚佳禾：《更新执法观念，树立和谐执法观》，载《人民检察》（湖南版）2008 年第 2 期。

（一）从经济社会发展对文化与检察的决定作用看

文化是与社会结构和物质生产方式、制度、存在方式密切相连、相互渗透，又是有相对独立形态和特点的精神活动及其成果。个体价值观的形成过程，就是生物人成长为社会（文化）人的过程。生物人转变为社会（文化）人，是社会结构和物质生产方式、制度、存在方式发展变化的结果。而社会结构和物质生产方式、制度、存在方式则是经济社会发展到一定阶段的产物。从这个意义上说，文化的形成与发展归根结底是由经济社会发展决定的。检察职业作为一项公共管理职能，其设置和建立的正当性与合理性不在于法律规则的赋予，而在于社会文明进步的客观需要，检察文化作为以检察职业为本质的文化，是凝聚检察人心的力量，沟通检察心灵的载体，创造检察潜能发挥的源泉，其价值观念、思维模式、行为准则以及与之相关联的精神成果，必须反映经济社会发展对检察工作的客观要求，适应经济社会发展的丰富内涵，永葆检察文化强大的生命力。

（二）从检察文化对经济社会发展的促进作用看

检察文化作为检察工作的灵魂和内在驱动力，在保障服务改革、发展、稳定大局中，赋予检察机关理想、信念和目标，推动检察人员不断超越自我、自强不息，为促进经济社会又好又快发展，确保国家长治久安尽职尽责。如强调检察工作要置于党和国家工作的大局之中，围绕大局进行思考和谋划，引领检察人员根据党和国家一个时期的工作要求，适时调整法律监督的主攻方向，特别是结合重大改革措施的推进，针对相关部门违法犯罪的新情况、新特点，及时研究打击和防范对策，取得工作的主动权；促使检察人员贴近经济、了解社会，深入到经济社会建设的主战场去，发现和揭露问题，做好维护社会稳定，维护经济秩序，维护清正廉洁，维护司法公正，保障社会公平正义的工作，为加快推进社会主义现代化建设清障护航；依法惩治"坑蒙拐骗"等欺诈犯罪，维护社会诚信建设；坚持亲民、爱民、护民，促进社会充满活力，有效打击各类犯罪，及时化解社会矛盾，保障促进安定有序和人与自然和谐相处；坚持以科学发展观作为判断是非曲直的根本标准，符合科学发展观的就坚持，不符合科学发展观的就纠正，努力实现打击、预防、监督、教育、保护职能的有机统一。改革开放以来的检察工作证明，中国特色社会主义检察文化，具有与经济社会同步发展的内在品质。① 检察文化总体上适应了科学发展、构建社会主义和谐社会的客观需要，反映了对中国特色检察工作、检察文化规律认识的深化。

---

① 参见吴建雄：《论检察工作科学发展基础》，载《中国刑事法杂志》2008 年第 12 期。

（三） 从检察文化自身的发展变化看

检察文化与经济社会发展同频共振。改革开放后中断了 11 年的检察工作开始启动。在实事求是、有错必纠的检察文化氛围下，平反纠正了"四人帮"造成的大量的冤假错案。伴随党的工作重点的转移，检察职能文化在刑事检察、职务犯罪检察和诉讼法律监督的基础向民事审判和行政诉讼检察拓展；对林彪、江青反革命集团案的检察起诉，丰富了特殊时期的检察文化内涵。为严惩严重经济犯罪，保障改革开放和社会主义经济建设顺利进行而发布和实施"两高"通告，昭示了检察政策文化的威力；围绕整顿经济秩序，国有企业改革发展以及实施西部大开发战略开展检察工作，大局意识成为检察文化主导要素。新世纪新阶段，改革、发展、稳定成为检察工作的出发点和落脚点，从加快发展、又快又好发展，又好又快进发展到全面协调可持续，法律效果、政治效果和社会效果的有机统一，立检为公，执法为民执法观的确立，促使检察人员对"科学执法"的文化思考：法律的普遍适用性、相对滞后性以及法律条文本身的抽象性、规范性，决定了它在一些方面难以适应整个社会曲折发展的情况，决定了执法办案是一个复杂的认识、思考、分析、推理、判断的高级思维活动，把法律理性与社会正义感结合起来，使司法决定既符合法律规则，又体现社会认知，这种思考凸显了检察文化的司法意蕴。①

二、经济社会发展对检察文化发展的决定性作用

经济社会的发展客观要求以服务大局为使命的检察文化建设必须与之相适应。以人为本的发展核心决定了检察文化本质的人民性，又好又快的发展方式决定了检察文化功能的服务性，经济社会发展的永恒主题决定了检察文化发展的可持续性。

（一） 经济社会发展决定检察文化本质的人民性

科学发展观认为，经济社会发展的本质和核心是以人为本，全面协调可持续发展，归根结底都是为了人，即人的全面协调可持续发展。人的发展是经济社会发展的最根本的落脚点和归宿，如果失去了人的发展，经济社会的发展就失去了存在的意义。因此，以人为本不仅是科学发展观的本质和核心，而且是现代法治的价值内核。现代意义上的"法治"是以民主为前提、以制约权力和保障人权为核心内容、依法办事的国家社会活动方式和状态。法治的根本精神是人民当家做主，法治的根本力量在于人民的拥护与支持，法治的核心价值

---

① 参见吴建雄：《科学发展观对法律监督的指导意蕴》，载《湖南社会科学》2006 年第 5 期。

在于维护人的自由和尊严。对于法治而言，如果没有广大人民群众的参与，没有广大人民群众的自主、自觉和自愿的参与，这种法治必然是一种空虚的法治，一种形式的法治，一种脱离中国实际的法治。法治的这种深层次的意义或价值理念，是以人为本的科学发展观的本质体现。对于检察文化而言，以人为本就要把人民群众作为最高价值主体，把实现人的全面发展作为最高理想，把实现好、维护好、发展好广大人民利益作为检察执法的出发点和落脚点，通过公正、文明的执法活动，带给社会公众和谐、安宁和幸福的美好感受，培植对法律、对公平与正义的坚定信仰和信心。

1. 检察文化本质的人民性在观念上表现为"执法为民"的根本宗旨

它是新时期检察机关执法观念的灵魂。在检察工作中，执法观念对于检察机关和检察人员的执法活动，既是一种内在的精神动力，又是引导、评价和调节检察机关和检察人员行为方式的价值标准。它贯穿于执法的整个过程，并始终对执法活动起着统摄、支配、决定作用，与检察机关的执法水平具有密切的关系。随着社会主义市场经济的发展和依法治国基本方略的全面落实，检察机关的执法观念也要不断地更新和发展，要逐步克服"重打击、轻保护"，"重实体、轻程序"，地方本位、部门本位和官本位，片面、不透明地履行检察职能等错误的执法观念。这些错误的执法观念有一个共同的特点，那就是背离了社会主义检察职能的本质要求，没有把人民的根本利益放在首位并作为社会主义检察事业发展的根本目的和根本动力，违反了"执法为民"的宗旨。因此，只有牢固地树立宗旨意识，才能自觉地更新执法观念，落实以人为本的发展理念。

2. 检察文化本质的人民性在伦理上表现为对人权的尊重与保障

人权就是人的生存和发展所享有的各种权利。检察伦理视人的全面、协调、可持续发展是最大的发展，人的和谐是最大的和谐。个体的独立和自由是整体和谐的必要条件，每个人是一个相对自足的和谐体，人的存在有其尊严和价值。深刻理解这种尊严和价值不是来自上帝而是来自人自身，来自宇宙自然，因而为一切人所具备。现代法治的核心价值在于维护人的自由与尊严。因此，检察机关要增强人权意识，提高保障人权的能力和水平，坚决制止刑事诉讼中的刑讯逼供等侵犯人权的行为，克服有违人权精神的执法习惯和做法，把保障人权落到具体监督职能中。通过刑事侦查监督，维护侦察活动的合法性，保障公民人身自由权不被非法限制与剥夺；通过刑事审判监督，维护审判活动的公正性，保障当事人及其他诉讼参与人的诉讼权利，保障当事人不受错误裁判；通过刑罚执行监督，维护刑罚执行的准确性，保障并非应当执行死刑的人生命权，保障被监管人员的合法权利；从"促进人的全面发展"出发，结合办案，弘扬法制，教育公民自觉地遵守宪法和法律，促进人的法律化即法律社会化，在培养公民的法律信仰、提高公民的法律能力，促进良好法律秩序的进程中发挥应有的作用。

3. 检察文化本质的人民性在形象上表现为亲民爱民的执法作风

司法权既是保障经济社会发展的强制性手段，又是维护社会公平正义的最后防线，关乎公民人身自由、生命财产权利的生杀予夺，十分关键，十分重要。如果没有好的执法作风，这道防线就会被突破，就会给社会带来失序和混乱，使公众产生对法律的否定与蔑视、对社会公正的怀疑与失望。加强改进执法作风，就应从提高执法效率、落实便民措施、增强执法透明度、加强举报人的保护、妥善处理历史积案、热情接待涉法涉诉上访、慎重应对群体性事件等方面踏踏实实地下功夫，使检察工作贴近民心，贴近民情，贴近民意，让人民群众真切地感受到生活中的法律正义。就应以改进领导作风、执法作风和工作作风为重点，全面加强检察机关作风建设，大力倡导"联系群众、一心为民，与时俱进、开拓进取，求真务实、真抓实干，顾全大局、令行禁止，公正执法、清廉严明"的风气。加大自身反腐败力度，坚决查处检察人员违法违纪案件，以严格执纪促进严格执法，以严格执纪促进执法公信力的提高。

（二）经济社会发展决定检察文化功能的服务性

我国正处在改革和发展的关键时期，要"全面推进经济、政治、文化建设，实现经济发展和社会全面进步"，还面临着不少矛盾和问题，需要用法制的统一性、公正性和权威性，来矫正和修补被可能出现或已经出现的违法行为破坏的法律关系。具有职务犯罪侦查、刑事批捕起诉和诉讼监督职能的检察机关，通过全面加强法律监督，为社会全面发展创造和提供所必需的秩序、环境和保障。

1. 检察文化功能的服务性在观念上表现为大局意识

经济社会发展大局具有统领性、目标性、引导性的根本地位，任何工作与之相比均是部门工作与整体工作、局部工作与全局工作之关系。部门必须服从整体，局部必须服从全局。综观我国社会主义法治建设的历史与现实，法治的目的、任务都是为我们党和国家不同历史时期所确立的根本任务和发展目标服务的。[①] 现阶段，党和国家大局的根本任务和目标是科学发展，构建和谐，全面建成小康社会。检察工作服务大局，就要紧紧围绕中央关于加强和改善宏观调控、加快经济结构战略性调整、推动经济发展方式转变和完善基本公共服

---

① 求是杂志政治编辑部：《社会主义法治理念教育辅导读本》，红旗出版社 2006 年版，第 115—120 页。

务、进一步改善民生等重大决策部署，进一步加强、完善和落实服务大局的措施，充分发挥打击、监督、教育、预防、保护等职能作用。

2. 检察文化功能的服务性在伦理上表现为责任感和使命感

检察机关的根本职责在于确保法律统一正确实施。因此，检察权维护的正义是法律的正义。要实现法律正义，就必须全面加强对刑事诉讼、民事审判和行政诉讼的法律监督。坚持打击犯罪与保障人权的统一，监督制约与协作配合的统一，切实做到有罪追究、无罪保护、严格执法、客观公正。追求法律效果和社会效果的统一，把实现法律正义与追求经济正义、政治正义、文化正义结合起来，努力促进社会公平正义的实现。检察机关现实职责是确保经济社会和谐稳定，因此，要把化解社会矛盾贯穿于司法活动的始终，重视社会关系的修复，认真贯彻宽严相济刑事政策，健全调判结合、检调对接等机制，进一步完善和落实困难当事人司法救助、刑事案件被害人救助等机制，进一步健全完善科学有效的诉求表达机制、利益协调机制、矛盾化解机制、权益保障机制、办案风险评估预警机制、舆情汇集和分析、应对机制等，使检察工作更加适应社会管理的要求；通过正确行使自由裁量权、合理解释法律规则、灵活采取司法措施，使检察职能更好地服务经济社会发展、维护人民群众合法权益，实现法律效果与社会效果、个案公正与社会公正、依法办案与化解矛盾的有机统一，切实做到对党的事业负责，对人民负责，对宪法法律负责。

3. 检察文化功能的服务性在形象上表现为建设者和捍卫者

就检察机关而言，做中国特色社会主义的建设者和捍卫者，应从改革发展稳定全局出发，着眼于巩固党的执政地位、维护国家长治久安、促进经济社会发展，主动把检察工作摆到党和国家工作大局中来谋划和推进，忠实履行法律监督机关的神圣使命和崇高责任；就检察人员而言，应着眼于公正司法能力的提高，能正确、适当、合理地适用法律，首先应具备对法律透彻的理解和把握；不仅应掌握法律规则的含义，更应精确领会立法的目的，把握隐藏在法律背后的价值取向。这就要求执法者具备更为广博的知识修养。美国联邦高等法院法官布兰代斯有句名言"一个法律工作者如果不曾研究经济学与社会学，那么他就极有可能成为社会公敌。"① 只有广博的知识才能促进执法者参与民族的社会意识，才能使执法者把握时代的脉搏和精神，才能认识和理解纷繁复杂的社会生活，全面提升执法服务的能力与水平。在新形势下，经济关系、利益调整、分配方式、矛盾纠纷等愈加多样化，检察执法面临的环境越来越复杂，承担的任务越来越繁重，党和人民对检察执法提出了不少新要求新期待，

① [美] E. 博登海默：《法理学——法哲学及其方法》，邓正来译，华夏出版社1987年版，第491页。

充分发挥检察执法在保障服务经济社会发展中的功能作用，满足日益复杂的社会关系对检察的需求，就必须把强化检察人员素质作为不懈追求，努力造就一支具有广博的知识修养、高尚职业道德素养、精深法律专业功底、扎实群众工作能力的检察队伍，造就一批中国特色社会主义的建设者和捍卫者。

（三）经济社会发展决定检察文化发展的可持续性

检察文化发展的可持序性从根本上说是由经济社会发展的永恒主题决定的。经济社会发展的过程，就是妥善处理各种矛盾、不断消除不合理因素的过程，同时也是检察机关和检察人员用法制的统一性、公正性和权威性，来矫正和修补被可能出现或已经出现的违法行为破坏的法律关系的过程。经济社会发展的永不停息，以服务经济社会发展为使命的检察文化发展就不会停息。特别是在经济体制深刻变革，社会结构深刻变动，利益格局深刻调整，思想观念深刻变化的背景下，社会稳定形势仍处于人民内部矛盾凸显、刑事犯罪高发、对敌斗争复杂的时期，维护社会和谐稳定的压力增大；腐败现象滋生的土壤和条件在短期内难以消除，职务犯罪在一些地方和部门还比较严重，反腐倡廉形势仍然严峻；人民群众的司法需求日益增长，对维护公平正义特别是司法公正的要求越来越强烈，需要检察机关不断加强法律监督，为社会全面发展创造和提供所必需的秩序、环境和保障。而要持续不断加强法律监督，就必须以可持续的检察职业观念、检察职业伦理、检察职业形象等检察文化为支撑，检察文化自身也在保障服务中培植新的可持续发展资源。

经济社会发展为检察文化可持续发展提供的主要资源，一是法律资源，即检察机关法律监督权能和行使检察权的形式、程序、方法、手段所依据和适用的法律及其理论支撑；二是人力资源，即检察人员的数量、质量、智力、知识、技能、体能、价值观等；三是保障资源，即履行检察职责所必需的政治经济待遇和物质装备；四是公信力资源，即检察执法所产生的公共影响和社会形象。其中，法律资源是基本前提，人力资源是基本动力，检务保障资源是基本条件，公信力资源是基本环境，上述要素相互联系，相互作用，形成有机协调的系统结构。如果这个结构中的任何一个要素出现不良或损坏，都将影响检察文化可持续发展，因此必须加强检察资源建设。

从法律资源看，由于经济社会的不断发展变化，需要我们从本国的国情和现实矛盾出发，从先进理论和先进法律文化中汲取营养，与时俱进，勇于探索，寻求可行的法律对策，积极主动配合立法机关做好人民检察院组织法等法律的修改工作，创造新的法律资源。当前要加强检察理论研究，充分论证中国特色社会主义检察制度的合理性和必然性；加强对检察权配置的研究，进一步完善法律监督职能；加强对检察工作实际经验的理论概括，使检察工作更好地体现时代性、把握规律性、富于创造性。

从人力资源看，首先，要以政治坚定、业务精通、作风优良、执法公正为标准，建设一支高素质、专业化的检察队伍。按照检察官法和组织法的要求，引进专业人才，加大教育培训工作的力度，为检察官的职业发展创造有利条件，形成良好的人才成长环境。其次，要大力加强领导班子建设，以班子带队伍[①]。曹建明检察长强调，要始终坚持把领导班子建设作为队伍建设的首要任务来抓，做到严格教育，严格管理，严格监督。只有好的领导班子，才能带出好的检察队伍。最后，要把队伍管理同业务管理结合起来，队伍管理要为业务工作服务。业务绩效管理要为队伍管理提供准确的评价指标，使选拔、任用干部工作不仅能够做到岗得其人，人尽其才，而且对其他干部的成长和发展起到正确的导向作用。

从保障资源看，保障建设包括检察行政事务管理机制建设和检察后勤保障管理机制建设两个方面，是保障检察业务工作顺利进行和检察机关正常运转的支撑体系。保障建设不仅直接影响着检察业务建设和队伍建设，而且本身就是法律监督能力建设的重要组成部分。首先，保障建设要明确为检察业务这一中心工作服务的目标，不断改进工作机制，提高管理水平，为业务工作提供可靠的支持和有效的保障。其次，保障建设要加强为全体检察人员服务的意识，努力把工作做细致、做周到，尽量解除检察人员的后顾之忧，使其集中精力做好本职工作，为人民检察院营造良好的工作和生活环境。最后，要把保障建设同信息化建设结合起来，通过保障机制的现代化、信息化，提高保障工作的可靠性和效率，适应检察工作发展的需要。

从公信力资源看，要坚持执法公正的核心价值观，始终把程序公正和实体公正作为法律监督工作的灵魂，以业务规范化为目标，建立健全业务工作规范，把各项业务工作纳入办案流程管理，形成科学合理的业务规范体系、评价体系和监督体系。把目标管理、质量管理和绩效管理等现代管理科学的理念和方法运用到检察管理工作中来，通过管理科学化建设同业务建设结合起来，以科学的管理促进办案质量和办案数量的提高，促进办案的法律效果和社会效果的统一，不断地加大工作力度，提高执法水平。营造崇尚法治，尊重法律，支持监督的执法环境。以良好的执法环境资源，促进法律资源、人力资源、保障资源的不断优化和良性互动，实现法律监督的不断强化和检察文化建设的可持续发展。

---

① 曹建明：《高举旗帜，继往开来，不断开创中国特色社会主义新局面》，载《检察日报》2008年7月12日。

三、检察文化对经济社会发展的能动作用

检察文化对经济社会发展的能动作用，在维护经济秩序和社会稳定中，表现为控制犯罪的文化自觉；在人权保障和民生建设中，表现为维护公民合法权益的文化认知；在构建和谐社会中，表现为化解社会矛盾的价值取向和文化追求。

（一）检察文化在维护经济秩序和社会稳定中的作用

检察文化在维护经济秩序和社会稳定中表现为犯罪控制的文化自觉，因为检察文化是价值选择的指南针，它不仅包含着"是什么"的价值支撑，也蕴含着"应如何"的价值判断。它促使检察人员忠实履行服务大局法定职责，充分发挥批捕、起诉等职能，依法准确、有力地打击各类犯罪；依法严厉打击民族分裂势力、宗教极端势力、暴力恐怖势力和邪教组织犯罪活动，依法惩治黑恶势力犯罪、爆炸、杀人、绑架、抢劫等重大暴力犯罪和盗窃、抢夺等多发性犯罪，增强人民群众的安全感；依法打击各类经济犯罪活动，依法查处企业改制、征地拆迁、移民补偿、重点工程建设过程中，以及金融、证券等领域出现的侵吞、私分、挪用国有资产犯罪案件，维护国有资产安全，保障改革发展的成果。依法打击危害各类经济主体财产安全、影响正常生产经营秩序的违法犯罪活动，审理好各类经济纠纷案件，调整经济社会关系，平等保护各种经济主体的合法权益，维护有利于安心经营、公平竞争和自主创新的经济秩序，就要完善与行政执法等部门的协作机制，积极支持、参与整顿和规范市场经济秩序工作，健全现代市场经济的社会信用体系，依法保护和鼓励公平竞争；推动建立健全预防经济犯罪体系，为社会主义市场经济发展营造良好的法治环境。

犯罪控制的文化自觉表现为规制权力的坚定性。法治的第一要义是约束、规范公共权力，权力行使不严谨、不规范，极易导致职务犯罪，激化社会矛盾。"一次不公正的裁判，其恶果甚至超过十次犯罪，因为犯罪虽是无视法律——好比污染了水流，而不公正的执法则毁坏了法律——好比污染了水源"①。检察机关作为法律监督机关，首先要做到自身执法规范，通过严格的制度规范把合法性原则落实到各个执法部门、环节和每一位干警。高度重视和慎重对待改革中出现的新情况、新问题，准确把握法律政策，正确区分罪与非罪，防止检察权超越边界、过度行使，伤害经济社会建设的积极性和创造性。清正廉洁党风政风和社会风气，是经济社会发展进步的必然要求。贪污腐败等

---

① ［英］培根：《论司法》，载《培根论人生》，四川文艺出版社 2010 年版。

职务犯罪阻碍国家政治发展，造成经济环境资源浪费，助长社会不良风气蔓延，是一种极具破坏力的丧失道德，违反国家法律的行为。必须始终把查办职务犯罪工作摆在突出位置，进一步加大办案工作力度，提高执法水平和办案质量，突出办案工作的重点。围绕规范市场经济秩序和健全社会信用体系，积极参加治理不正当商业行为的工作，坚决依法惩治商业贿赂犯罪。严肃查办金融、工程承包、土地管理、矿产开发和政府采购等领域的职务犯罪案件，为改革发展清除障碍。在查办职务犯罪的同时加强预防犯罪工作。在全社会实现公平和正义，是经济社会发展进步的路径选择。检察机关的根本职责在于确保法律统一正确实施。因此，检察权维护的正义首先是司法公正，即是法律内的正义。要实现法律正义，就必须全面加强对刑事诉讼、民事审判和行政诉讼的法律监督。坚持打击犯罪与保障人权的统一，监督制约与协作配合的统一，切实做到有罪追究、无罪保护、严格执法、客观公正，努力促进社会公平正义的实现。

（二）检察文化在维护人权、保障民生中的作用

检察文化的人民性把人民群众作为最高价值主体，把实现人的全面发展作为最高理想，把实现好、维护好、发展好广大人民利益作为检察工作的出发点，通过公正、文明的执法活动，带给社会公众和谐、安宁和幸福的美好感受，培植人民群众对法律、对公平与正义的坚定信仰和信心。具体地说，主要体现在以下几个方面：

1. 维护人民权益的文化认知

人民权益就是每个公民个人生存和发展所享有的各种权利。人的全面、协调、可持续发展才是最大的发展，人的和谐才是最大的和谐。个体的独立和自由是整体和谐的必要条件，每个人是一个相对自足的和谐体，人的存在有其尊严和价值。这种尊严和价值不是来自上帝而是来自人自身，来自宇宙自然，因而为一切人所具备。现代法治的核心价值就是维护人的自由与尊严。[①] 因此，检察机关要增强人权意识，提高保障人权的能力和水平，坚决制止刑事诉讼中的刑讯逼供等侵犯人权的行为，克服有违人权精神的执法习惯和做法，把保障人权落实到具体监督职能中。通过刑事侦查监督，维护侦查活动的合法性，保障公民人身自由权不被非法限制与剥夺；通过刑事审判监督，维护审判活动的公正性，保障当事人及其他诉讼参与人的诉讼权利，保障当事人不受错误裁判；通过刑罚执行监督，维护刑罚执行的准确性，保障并非应当执行死刑的人生命权，保障被监管人员的合法权利；要进一步深化检务公开制度，把检察执

---

① 参见谢鹏程：《论检察机关在构建和谐社会中的职能作用》，载《国家检察官学报》2006 年第 3 期。

法置于人民群众的监督之下，以公开促公正，促进人权的司法保障。要本着有利于当事人的原则，简化诉讼程序、慎用批捕权、减少羁押，保障律师在刑事诉讼中依法执业，切实落实法律的各项规定；要注重人性化执法理念，对特殊群体如未成年人、少数民族、残疾人的案件采取人性化的办案手段，保障其合法权益和人格尊严。结合社会治安综合治理，认真履行"通过行使检察权教育公民同违法犯罪作斗争"的法律规定，从"促进人的全面发展"出发，结合办案，弘扬法制，教育公民自觉地遵守宪法和法律，促进人的法律化即法律社会化，在培养公民的法律信仰、提高公民的法律能力，促进良好法律秩序的进程中发挥应有的作用。

2. 保障民生建设的文化认知

党的十七大作出了以改善民生为重点的社会建设的重要部署。提出在经济发展的基础上推进社会体制改革，扩大公共服务，完善社会管理，促进社会公平正义，努力使全体人民学有所教、劳有所得、病有所医、老有所养、住有所居。充分体现了社会主义本质的要求，体现了以人为本科学发展观的要求，体现了构建和谐社会的基本要求。改善民生必须正确对待群众诉求。当前，一些群体事件的发生，很多时候都是一些基层组织、基层干部群众观念淡薄、群众作风漂浮、群众方法简单，使得一些小的民生诉求得不到妥善解决，直接导致民怨的聚集、酝酿、炒作。在某一特定事件、特定时期被引爆后，最终有关机关必须付出比解决此民生诉求上百、上千倍甚至更大的代价方能妥处此事。如何正确对待群众呼声，努力消除群众疾苦，与其说是能力问题，还不如说是感情问题、立场问题。感情越深，压力越大；感情越真，动力越足。民生诉求，能以小见大。一些检察机关正是从保障民生诉求入手，体现执法为民的文化品格，形成了特有的"检民互动"文化现象。有的健全受理申诉控告举报机制，整合受理接待举报各种资源，实行电话受理、网络受理、信函受理、接访受理，实现了诉求接待工作的集约化。有的开展巡回服务活动，根据检察联络室所在地的情况和群众的要求，深入社区、农村、企业和机关等工作一线，巡回受理申诉控告，进行举报普法宣传。有的建立工作联动机制，对于检察联络室受理的事项，实行上下联动、部门联合，分工协作，依法妥善处理；对于群众反映的问题及办结的情况，定期向所在街道办事处或乡镇公开。有的建立网上舆情收集和回应机制，建立法律咨询、举报控告、检察长信箱、检察论坛等网络版块和栏目，为群众提供更加便捷畅通的表达渠道，及时掌握网络舆情动态和网民心理，有效引导网络舆论，以发挥检察文化导向功能。[①]

---

① 参见龚佳禾：《新时期检察工作科学发展的深刻领悟》，载《湖南省情要报》2012 年第 2 期。

3. 接受人民监督的文化认知

权力必须受到监督是一切法治社会所共同遵循的重要原则，也是落实一切权力属于人民之宪法原则的必然要求。依法治国首先是依法治权。法国思想家孟德斯鸠告诫人们："权力产生腐败，绝对的权力产生绝对的腐败。"为了防止权力的腐败、滥用，就必须对权力进行制约或监督，确保权力的合法运行。我国宪法规定了一切国家权力都要受到监督的原则，并建立了相应的监督机制，如权力机关的监督机制、法律监督机制、人民举报（控告、申诉）监督机制、党的监督机制、执法机关相互监督机制等，其目的就是遏制权力的滥用。检察机关代表国家行使职权，这是人民的信任与重托，应十分珍惜这个权力。[①] 看到人民是检察机关和检察人员的衣食父母，是国家权力的主人，检察人员是人民的公仆，不论官有多大、权有多重，都只有老老实实为人民服务的义务，绝没有当官做老爷的权利。检察机关和检察人员必须认真听取人民群众的意见和呼声，本着对人民群众的根本利益和法律高度负责的精神办案，自觉把人民群众的监督意见作为改进工作的动力。接受人民监督要进一步完善检务公开的内容和形式，通过检察门户网站、新闻媒体、受理接待中心等多种媒介，向社会公开执法依据、执法权限、执法程序和执法纪律，通报检察决策、重要信息、工作成效。组织检察人员同网民交流，通过互联网做好群众工作，正确引导网上舆论，落实当事人权利义务告知制度以及不起诉案件、重大申诉案件公开审查听证制度，完善律师会见犯罪嫌疑人、听取当事人及其委托人意见的程序，保障诉讼参与人合法权益。建立检察开放日制度，邀请群众参与执法检查和主题教育实践活动，参观办公、办案区，了解检察机关工作职责、办案流程等，提出对检察工作的意见和建议。坚持职务犯罪"一案三卡"制度，对已经办结的案件认真回访，听取群众、发案单位、有关当事人及其亲属对执法办案的监督意见。对群众反映的执法违法行为严肃查处，坚决纠正利益驱动办案、违法违规办案、到涉案单位吃拿卡要、不文明办案，以及不作为、乱作为等损害群众利益的问题。要在检察门户网站公告与群众利益相关的重大决策、规范性文件，广泛征求群众意见，加大职务犯罪七种情形监督力度，完善督办检查、监督备案、工作考评、情况通报等运行机制，为人民监督员有效开展监督提供保障。完善特约检察员、检风检纪监督员制度，促进廉洁公正执法文化氛围的形成。[②]

---

① 引自何素斌：《检察机关执法为民论纲》，中国检察出版社 2006 年版，第 6 页。

② 参见龚佳禾：《加强与改进：十一五湖南检察工作的新发展》，载《湖南省情要报》2012 年第 3 期。

（三）检察文化在化解社会矛盾、构建和谐中的作用

1. 化解社会矛盾的文化追求来源于和谐友好的价值认同

各级检察机关认识到，社会建设的内核是和谐发展，它包括城乡之间的和谐发展，区域之间的和谐发展等。这些发展只要有一个地方出了问题，就会影响到发展的全局。和谐是发展的最高境界，全面协调可持续发展的过程，实际上也是构建和谐社会的过程，具体地说，全面发展实际上就是人与人、人与社会、社会与社会的各个方面都能够在同一历史时段上、同一历史空间内得到有效的、积极的进步和发展。不搞全面发展，片面追求某一方面的发展，必然导致发展产生新的不平衡、不协调和不稳定，即不和谐。协调发展包括先进与落后的协调、城市与乡村的协调、沿海与内地的协调、国内与国外的协调等。协调就是为了照顾到事物发展的各个方面，照顾到全局，实际上就是为了和谐。可持续发展的可持续包括人类自身的可持续、自然的可持续、社会的可持续和人与自然、人与社会、自然与社会的可持续。所有的可持续其实就是使人、自然、社会三者达到一种有机的和谐与统一。① 因此，和谐是发展的价值精髓。检察工作的价值精髓显然也是和谐。检察机关保障和推进的依法治国的方略，就是通过立法、司法、执法等一系列的法治过程来营造全面、协调和可持续发展的社会环境，营造人、自然和社会和谐发展的环境。不论是通过法律规范来建立法治政府，促进依法行政，还是利用法律规范来平息人与人、人与集团、人与政府之间的纠纷，促进社会使用法律规范的强制规定对于一些严重危害国家、社会或者他人利益的犯罪行为进行惩罚，促进社会和谐的恢复等，都体现了法治过程的一种精髓所在。因为我们所进行的法治，我们所使用的法律，其过程的价值精髓就在于为了维护社会的和谐，维护人、自然和社会的和谐。一旦这种和谐被打破，我们就会通过法律或者法治的手段、途径予以恢复，这就是检察工作的价值精髓所在。

2. 化解社会矛盾的文化追求内化为检察工作的方式方法

其一，依法公正处理案件，源头防范矛盾。这是党和人民对司法工作的基本要求，是司法工作的永恒主题。马不伏枥，不可以趋道；士不素养，不可以重国。培养公正执法素养，要从领导抓起，"言传不如身教，己正才能正人"。高超的职业技能是实现公正执法的基础和保证，"法律是一门艺术，在一个人能够获得对它的认识之前，需要长期的学习和实践"。应以大规模教育培训为契机，扎实推进"建设学习型党组织、争创学习型检察院"活动，根据不同

---

① 参见陈运龙：《科学发展观的法治价值》，载《国家检察官学院学报》2006 年第 2 期。

执法岗位的职责和特点，有针对性地加强专门培训和实践锻炼。做到既惩治犯罪，实现违法当罚、罚当其罪，又保障人权，切实维护当事人诉讼权利，使无辜的人不受法律追究，确保办理的每一起案件都经得起法律和历史的检验。其二，注重改进办案方式，避免引发矛盾。按照理性、平和、文明、规范执法的要求，把办案的"三个效果"有机统一放在更加突出的位置，紧紧围绕人民群众最关心、最直接、最现实的利益问题，着力通过理解、尊重、关爱和帮助等一系列人性关怀措施，最大限度地兼顾各方面利益诉求，最大限度地兼顾法、理、情，最大限度地满足人民群众的合理需求，使群众通过案件的办理、事情的处理，既感受到法律的权威、尊严，又感受到检察机关的关爱、温暖①。其三，坚持宽严相济，有效消除矛盾。在深入开展打黑除恶等专项斗争，依法严厉打击黑恶势力犯罪、严重暴力犯罪、多发性侵财犯罪、毒品犯罪、经济犯罪特别是涉众型犯罪，维护市场经济秩序和群众切身利益的同时，着眼于消除矛盾、促进和谐，深入探索和规范刑事和解、量刑建议、附条件不捕不诉等办案新方式，健全完善轻微刑事案件快速办理机制、未成年人犯罪案件办案机制和执法考评机制，坚决克服下达追捕追诉指标等错误做法，把从宽处理的每一件案件作为有效消除社会矛盾的具体实践。其四，延伸办案服务，积极调处矛盾。对办案中发现的个体性矛盾和当事人面临的实际困难不回避、不敷衍，通过进一步完善刑事案件被害人救助机制，健全检调对接机制，加强联系协商、释法说理、心理疏导等工作，积极引导和帮助当事人特别是困难群体、弱势群体应对困境，化解积怨，消除深层次隐患，真正实现"案结事了"，以为群众做好事、办实事、解难事的实际行动构建和谐友好的司法环境。

---

①　特别是当前查办涉企职务犯罪案件，要按照"五个更加注重"的要求，坚持"一要坚决，二要慎重，务必搞准"的方针，切实做到"三个考虑到"（办案前要考虑到运用何种方式不至于影响经济发展环境；办案中要考虑到使用何种手段才能保证生产发展正常运行；办案后要考虑到如何尽可能挽回损失，恢复发展）、"四个必须"（不利于经济发展和社会稳定的案件，必须慎重，该迟办缓办的要迟办缓办，绝不能因案件查办造成经营困难和群众不满；初查必须秘密进行，在调查取证时，不开警车，不穿警服，不轻易公开到办公地点传人，不发表有损形象和声誉的言论；对发案单位财产进行查封、冻结必须经过严格审批，不能影响正常生产经营活动；追缴贪污、挪用等赃款赃物应该返还的必须返还）、"四个避免"（避免影响资金流动）；避免影响生产经营的连续性；避免影响招商引资和经营业务关系；避免影响声誉和产品信誉，做到该保护的要坚决依法保护）。参见龚佳禾：《突出工作重点，有效化解社会矛盾》，载《新湘评论》2011 年第 4 期。

第三节　检察文化与检察工作协调发展规律

中国特色社会主义检察文化，既是检察工作产生的精神成果，又是检察工作传承发展的内在动力。研究检察文化与检察工作协调发展规律，是检察工作和检察文化革故鼎新、与时俱进的需要。一个不争的事实是，刑事诉讼中"重打击，轻保护"、"重实体，轻程序"等司法观念，粗暴执法、刑讯逼供等不文明行为，往往与我国"重群体，轻个体"的传统法律文化及其以牺牲个人利益来维护群体利益的消极影响密切相关。研究检察文化与检察工作协调发展规律，就是把检察工作与检察文化放在法治中国的时代背景和以人为本的发展理念上进行审视和考量，通过对传统法律文化的扬弃、检察执法理念的更新、法律监督工作的改进，实现检察文化建设促进检察工作发展、检察工作发展促进检察文化建设的良性循环。

一、检察文化与检察工作协调发展规律的内涵

检察文化与检察工作是马克思主义哲学实践性必然的逻辑展现，[①] 具有一种与生俱来的内在的、必然的联系。这种辩证联系表现为：一方面，检察文化来源于检察工作，检察文化的深入发展必须立足检察工作，离开了检察工作，检察文化就成了无源之水、无本之木；另一方面，检察工作的全面、健康发展，离不开来自检察文化的思想上的、理论上的支撑，检察文化对于推动检察工作的发展，同样发挥着不可替代的作用。

（一）检察文化来源于丰富的检察工作

"检察文化首先表现为一种实践的文化，是检察人员群体实践的文化形态和成果。从实践中来，在实践中发展完善；到实践中去，指导实践，这是检察文化的实践逻辑，是它与实践的辩证统一关系，也是它的生命力之所在。"[②]显然，检察文化是根植于法治建设实践的客观存在，检察工作是检察文化产生和不断发展的根基，检察文化所包含的内容也必将随着检察工作的发展而逐渐丰富、完善。因此，当代中国检察文化的深入发展必须立足于我国的国体、政

---

① 参见刘尚明：《马克思哲学的现代性立场及其效应》，载《兰州学刊》2005 年第 5 期。
② 参见徐汉明：《当代中国检察文化建设：理念更新与实践创新》，载《法学评论》2011 年第 3 期。

体和社会主义初级阶段的基本国情，必须立足于中国特色社会主义检察事业的生动实践，必须立足于我国检察体制机制改革的现实需要，必须立足于中国特色社会主义检察制度自我完善、自我发展的全过程，以服务和推进检察事业发展为目标，以构建检察人员的共同价值体系为核心，以检察人员的主体性发挥为原则，以推进精神文化、行为文化、物质文化"三位一体"的建设为重点，以机制、载体创新为动力，从而不断推动检察文化建设的繁荣发展。①

（二）检察工作的创新开展需要检察文化作为精神动力和智力支持

检察文化所包含的价值观及法治信仰、执法理念是全面培养和提升检察队伍思想境界、职业操守、人文素养、业务能力的思想基础，是促进检察事业不断发展壮大的精神动力和无形财富。检察文化对检察人员不仅有一种"无形的精神约束力"，而且还有一种"无形的精神驱动力"，②"激发每个人潜在的或者是已经表现出来的对检察工作有促进作用的驱动力，使其懂得他所在的检察机关及本人存在的社会价值和意义，进而产生职业尊荣感和崇高的使命感，以高昂的士气，自觉为国家、为人民、为社会，为实现自己的人生价值而勤奋工作"③。显然，检察文化建设的根本目标和司法价值就是通过用科学理论的引导、先进文化的熏陶、高尚精神的鼓舞来促进检察文化建设与法律监督职能的协调统一，实现检察工作的科学发展和全面发展。因此，要把检察文化建设纳入检察工作总体格局，突出检察文化特色，以开展社会主义法治理念教育、学习实践科学发展观、"恪守检察职业道德，促进公正廉洁执法"等主题教育活动为形式，以政法干警核心价值观为精神内涵，大力加强检察文化建设，有效引导全体检察人员坚定理想信念，打造政治思想素质过硬、法律业务素质优良的检察队伍。

二、检察工作对检察文化发展的决定性作用

检察工作对检察文化发展的决定性是"存在决定意识"这一唯物主义基本观点的体现。其决定性作用在于，检察工作决定检察文化的基本属性，奠定检察文化的发展基础，提供检察文化的发展平台，构成检察文化的发展依托，使检察文化成为检察工作发展不可或缺的外在引领和内在动力。

（一）检察工作决定检察文化的基本属性

我国宪法把检察机关确立为国家的法律监督机关，承担法律监督职能。因

---

① 参见徐汉明：《当代中国检察文化建设：理念更新与实践创新》，载《法学评论》2011年第3期。
② 陈剑虹：《检察文化的价值功能与实现路径》，载《人民检察》2008第4期。
③ 张国臣：《试论中国检察文化建设的几个基本问题》，载《中国检察官》2011年第8期。

而检察工作的主题是强化法律监督，维护公平正义；其根本宗旨是执法为民。法律监督的职能定位表明，检察机关的独特性质是其他形式的监督不可替代的。它在国家和社会生活中发挥着重要作用，其主要表现在三个方面：一是维护国家安全、经济安全、和社会稳定。检察机关通过履行公诉等职能，追究犯罪人的刑事责任，维护社会的安宁和秩序。二是保障国家权力的正确行使。检察机关通过履行职务犯罪侦查、公诉等职能，对国家机关和国家工作人员遵守法律的情况进行监督，追究贪污受贿、滥用职权、玩忽职守等犯罪行为，有利于保证国家机关和国家工作人员在法律范围内从事公务活动，促进廉政勤政建设。三是保障社会公平和正义的实现。检察机关通过履行对诉讼活动的监督职能，促使诉讼中的违法情况得到纠正，有利于维护公民和法人的合法权益，清除司法不公和司法腐败现象，维护司法公正和法制统一。这些中国检察机关法律监督的职能特征，是确定检察文化的基本依据。检察文化的功能价值，在于培升和提高与法律监督职能活动密切联系，符合职业特点要求的执法思想、执法理念、职业道德和职业形象。

以法律监督为本质的检察工作，包括检察业务（职能活动）、检察主体（队伍建设）和检察管理活动，其中，检察业务是基础，检察主体是关键，检察管理是保障。检察业务在整个检察工作中处于基础和中心地位，这就决定了检察文化建设必须以提升法律监督职能文化为第一要义。检察队伍是法律监督能力建设的主体工程，在整个检察工作具有举足轻重的作用，这就决定了检察文化建设必须以提升检察队伍整体素能文化为根本任务。检察管理是集中人、财、物等资源开展业务工作保障活动，是检察工作的重要组成部分，这就决定了检察文化建设必须以检察管理为重要依托。因此，检察文化建设从某种意义上说，是以法律监督为属性、以检察业务为基础、以检察队伍为关键、以检察管理为依托的"四位一体"战略任务。

（二）检察文化建设以检察业务建设为基础

1. 各项检察监督职能的履行产生以公正司法为核心的检察法律文化

在建设检察文化的过程中，必须把检察职能活动放在重要位置。一是强化刑事立案监督，加大对公安机关应当立案而不立案、不应当立案而立案的监督，依法监督纠正滥用刑事手段等问题。二是强化侦查活动监督，健全完善及时介入公安机关侦查活动的制度，加强对侦查机关采取的强制性侦查措施及强制措施的监督，完善对侦查违法行为开展调查和纠正违法的程序、方式和措施，建立健全当事人不服侦查机关采取的强制性侦查措施的救济机制。三是强化刑事审判监督，加强审判程序违法以及审判监督薄弱环节的监督，加大抗诉力度，完善对死刑案件审判活动的监督机制，探索完善量刑建议工作。四是强化刑事执行和监管活动监督，建立和完善对刑罚执行活动的同步监督机制，健全对监管活动严重违法情形的发现和纠正机制；建立有效的羁押必要性审查的工作机制和技术规范，健全预防和纠正超期羁押的长效工作机制；建立和完善假释案件的法律监督工作机制，重视和加强假释犯的社区矫正监督工作；探索加强派驻检察机构建设，建立统一的智能化监所检察监督数字平台。五是强化民事审判和行政诉讼法律监督，完善民事、行政抗诉工作的机制，加强对行政诉讼的检察监督，加强对人民法院再审活动的监督，积极探索民事行政检察监督范围、途径和措施。通过各项检察职能的有效履行，法律监督价值取向的确立，奠定以维护司法公正为核心的检察职能文化的实践基础。

2. 检察业务建设的科学规范和制度管理产生以规范执法为主线的检察管理文化

检察业务建设影响和制约检察文化建设，而检察业务建设的科学化管理水平，又是影响检察业务建设成效的重要因素。因此，为确保检察业务建设的新发展，实现检察业务建设和文化建设发展的协调，就要通过完善管理机制的手段来促进和加强检察业务建设，一是建立健全业务工作规范。以规范化为目标，把各项业务工作纳入办案流程管理，形成科学合理的业务规范体系。一方面，检察机关要根据检察职权，制定总体的业务流程，科学配置各个职能部门的权限；另一方面，检察机关各个职能部门要根据刑事诉讼法和《人民检察院刑事诉讼规则（试行）》等规定，分别制定适合本职能部门办案需要的业务工作流程。二是建立科学的考核评价体系。建立包括实体和程序、体现法律效果、社会效果和政治效果有机统一的考核评价标准。三是把检察业务建设与管理科学化建设结合起来，把现代管理的科学理念和先进方法运用到检察管理工作中来，以科学的管理促进办案质量和办案数量的全面提升，促进执法办案"三个效果"的有机统一，最大限度地提升检察文化建设的整体效能。

3. 检察业务监督制约机制建设产生以自我约束为主旨的检察自律文化

对检察业务建设进行有效的监督制约，既是确保检察权能正确行使的保障，也是实现检察人员理性、平和、文明、规范的执法理念的重要举措。因此，如何从内部和外部两个方面健全完善检察业务的权力制衡系统，是确保检察业务工作和检察文化建设健康开展的重要条件。在内部监督方面，一是完善检察职能配置，实现业务部门之间的监督制约。建立完善举报中心统一管理线索制度，实行案件线索计算机管理，健全完善重要案件线索上报一级备案制度，完善案件线索评估机制，细化线索处置程序，有效规范职务犯罪线索初查工作；加强检察机关自侦案件不立案的监督，探索建立由上级检察机关的举报中心和侦查监督部门进行监督的制度，探索建立对刑事立案的社会监督机制。

二是加强对案件的监督力度，实现执法办案的规范化。完善对检察机关侦查活动的监督制约机制，对于职务犯罪侦查活动中能够公开的事项，及时予以公开。全面推行讯问职务犯罪嫌疑人全程同步录音录像制度，规范搜查、扣押、冻结等侦查措施的具体操作过程，建立完善对违法侦查行为的救济程序；完善省级以下人民检察院办理直接受理立案侦查案件的备案、批准制度，规范备案、批准程序。落实和完善职务犯罪案件审查逮捕制度。三是加强对办案人员的监督，确保检察人员依法履职。完善检察人员违纪违法行为惩处和预防机制，健全检察人员执法过错责任追究制度，加强执法监察、检务督察和巡视工作，确保检察机关及其工作人员公正廉洁、文明执法。在外部监督方面，检察机关要牢固树立"监督者更要接受监督"的意识，自觉接受人大监督、民主监督和社会监督，完善和落实自觉接受监督的机制和措施。

（三）检察文化建设以检察队伍建设为平台

检察机关队伍建设的基本任务，是以保证公正执法，提高队伍整体素质为目标，加强教育，优化管理，强化培训，严格监督，努力建设一支政治坚强、公正清廉、业务精通、纪律严明、作风优良、党和人民满意的高素质的专业化检察队伍。说到底，就是让"忠诚、为民、公正、廉洁"为核心价值的检察文化，内化为检察队伍的思想观念、道德准则和行为标准。从这个意义上说，检察文化建设是以检察队伍建设为平台的检察观念的培升、检察伦理的培育和检察形象的塑造，它像一根主线，贯穿于检察队伍建设的各个方面。

1. 检察队伍建设以政治建设为首要

它通过深入开展的党性党风教育，采取治本措施，全面提高检察人员特别是领导干部的思想政治素质，巩固发展教育整顿成果。加强和坚决维护党的政治纪律、组织纪律、经济工作纪律和群众工作纪律。开展多种形式的争先创优活动，把广大检察人员的积极性及时引导和凝聚到检察工作中，在检察工作中进一步统一执法思想，增强公仆意识，树立正确的世界观、人生观、价值观，加强检察机关的形象建设，形成检察主导文化。

2. 检察队伍建设以组织建设为根基

它坚持党管干部原则，按照中央《党政领导干部选拔任用工作暂行条例》和检察官法的要求，选好、配强检察院领导班子，认真贯彻民主集中制，完善领导干部述职评议、任期目标考核、任职回避、轮岗交流、离任审计、收入申报和个人重大事项报告等监督管理制度；加强上级检察院对下级检察院领导班子的考核和协管力度，按照"四化"方针和德才兼备原则，培养选拔优秀年轻干部。坚持以党建带队建，加强检察机关党的建设，健全党的组织，配强支部（机关党委、党总支）书记；坚持"三会一课"制度，严格党内生活，严肃党的纪律；加强对党员的教育、管理和监督，充分发挥党组织的战斗堡垒作用和共产党的先锋模范作用，构建永远保持忠于党、忠于人民、忠于法律的检察核心文化。

3. 检察队伍建设以专业化建设为主题

它要求全面落实检察官法的各项规定，健全检察人员的录用、考核、培训、奖惩、任免、晋升、辞职、辞退等制度，做到用法律和制度管人、管事。既把教育培训作为一项长期的基础性、战略性任务，又作为一项紧迫的现实任务。加强以提高实际工作能力为主要任务的岗位培训，积极开展多层次、多形式的专项业务培训，进一步规范任职资格培训、检察官晋升培训和初任检察官考试制度；改革教育培训方法，更新培训内容，提高培训质量，注重培训研究问题、解决问题、分析处理案件的能力；加强现代科技知识和经济知识的培训，形成比较完善的检察教育培训体系，实现教育培训的科学管理。正是在检察队伍专业化建设的高标准严要求中凸显检察机关执法护法的职能文化。

4. 检察队伍建设以纪律作风建设为支撑

它强调突出抓好检察干警特别领导干部廉洁自律；从严查办执法犯法、贪赃枉法等违法违纪案件；切实纠正作风粗暴、态度蛮横等逞威风、要特权现象。杜绝以案谋私、以权谋钱的现象。认真落实从优待检政策，把深入细致的思想政治工作与满腔热情地帮助干警解决实际问题结合起来。争取随着国家经济发展和财政的增长逐步提高检察干警的工资待遇和津贴标准，积极创造条件解决干警在人身保险、医疗、住房、子女入托入学等方面的实际困难，使广大检察干警全身心投入到各项工作之中，形成从严治检、从优待检的检察特色文化。

（四）检察文化发展以检务保障建设为依托

检察物质保障是依法履行检察职责的条件要素所构成的支持体系，是确保检察文化建设正常运行的资金、装备、技术等资源供给、维护系统。检察机关的物质经费保障体制与检察文化建设的有效开展息息相关。如果缺乏有效的物质经费等保障的支撑，检察文化建设就无从开展。因此，开展检察文化建设必须以保障建设作为依托，切实抓好检察执法的事务保障、基本建设保障和信息技术保障。

1. 检察事务保障

它是检察机关为了确保检察职能的正确履行，对机关事务工作进行合理的组织、指挥、协调、管理、服务和监督等一系列内部行政事务管理活动，是检察机关履行法律监督职能和开展检察文化建设的保障机制。① 检察机关的后勤保障部门通过行政事务管理的方式为检察人员顺利开展法律监督工作提供衣食住行服务。提供优质、高效的后勤保障服务和管理，是促进各项检察工作健康发展的迫切需要。易言之，检察机关后勤保障工作开展的情况既直接影响到检察工作的质量，也会影响到检察文化建设的水平。而检察后勤工作的有序开展，当务之急就是需要业务经费、行政经费、人员经费和基础设施建设经费等各个项目的资金的支持。这些资金用于行政运行、机关服务、查办和预防职务犯罪、公诉和审判监督、侦查监督、执行监督、控告申诉、"两房"建设以及其他检察支出等科目。显然，充足的资金是保障检务工作和检察文化建设的基础和前提。同时，要深入推进检察机关后勤保障制度和服务机制的改善，健全完善部门职责、工作规程、考核标准等一系列科学规范的检务保障的长效工作制度，促进后勤管理工作与检察监督执法工作同步，与检察文化建设同步，从而实现后勤管理科学化、保障法制化、服务优质化。

2. 基本建设保障

它是检察机关履行各项法律监督职能、开展检察业务工作的基本物质基础。为统一指导全国检察机关"两房"建设，编制、评估和审批人民检察院办案用房和专业技术用房项目建议书和可行性研究报告，以及审查工程初步设计和监督检查，2002 年 6 月最高人民检察院、建设部、国家计划委员会（现国家发展和改革委员会）制定《人民检察院办案用房和专业技术用房建设标准》。根据其第 2 条的规定："人民检察院办案用房是指人民检察院在办理各种案件过程中，专门用于侦查、审讯、指挥等因安全、保密需要而需相对独立设置的特殊用房。"其第 3 条规定："人民检察院专业技术用房是指人民检察院在行使法律监督职能过程中，运用各种专业技术手段和专门设施条件进行检验、鉴定等而需相对独立设置的特殊用房。"落实执行上述的规定，进一步加强和改进检察机关的基本建设，是开展检察文化建设的基本前提，有利于提升检察机关的文化品位、改变检察干警的精神面貌。

3. 信息技术保障

检察信息化是科技强检的先导。"积极运用现代科技手段，是检察工作发展的客观需要，是科技发展和社会进步的必然趋势，没有先进的手段和现代信息技术，就不可能有效地打击各种犯罪活动、维护经济秩序和国家利益。"②

---

① 参见徐海美：《浅析检察机关后勤保障管理》，载《全国商情（理论研究）》2011 年第 14 期。

② 朱金玲：《信息技术在检察业务中的应用》，载正义网，http://review.jcrb.com/zyw/n3/ca416076.htm，2012 年 7 月 13 日访问。

可见，信息技术在检察工作中的作用越来越重要。检察机关信息技术包含两个方面的内容：一是技术装备，主要是指通信指挥设备、物证检验鉴定设备、录音录像设备等职务犯罪侦查装备、诉讼装备、投影机、视频展台、文件检验仪、测谎仪、密录包等诉讼监督装备和公务用车、电脑、打印机、复印机等检察行政装备。二是信息网络，即技术网络和信息技术管理。技术网络主要指检察系统的一级、二级、三级局域网和一级、二级专线网。技术网络为检务工作开展提供沟通协调渠道，有助于加强信息共享，减少重复劳动。信息技术管理指在录入、处理、传送、输出检察信息过程中所需的各项技术。检察机关信息化建设的整体目标在于检察系统内部实现互联，实现上级检察机关对下级检察机关信息的有效采集，不同检察机关之间对信息的共享。总之，信息技术的广泛运用，从总体上改变了检察机关的办案方式，提高了检察工作的效率，也体现了检察文化建设的新发展。

三、检察文化对检察工作的能动作用

前文已述，检察文化来源于丰富的检察工作，检察工作是检察文化的根基，而检察文化在推动检察工作的深入发展过程中同样发挥着积极的能动作用。

（一）检察文化培植检察人员忠诚的政治品格，引领检察工作永葆正确的政治风向

社会主义核心价值体系和社会主义法治理念是检察文化建设的指导思想。检察文化必然对检察人员产生一种强大的精神意志牵引，促使检察人员接受共同的精神认知，调整自己的言行举止乃至整个精神世界。所以，检察文化是全体检察人员共有的价值体系，反映了检察人员的价值取向。检察文化建设的基本任务就是培养和践行检察机关的价值信念和价值信仰，并使价值理念内化为全体检察人员共同的精神支柱，外化为全体检察人员共同遵循的行为准则，实现奋发向上、拼搏进取、公正诚信、浩然正气的作风转变，全面提升检察人员素质和文化品位，引导检察干警转变执法理念，改进执法方式，将检察工作融入大局中去，做经济发展的促进者、和谐稳定的维护者、公平正义的捍卫者。检察人员的价值信仰可以凭借足够的知识而形成，并在学习、实践中不断巩固和升华。因此，检察文化建设的重要使命就是通过各种教育实践活动，培植全体检察人员牢固树立和坚持共产主义的理想信念，始终坚持中国特色社会主义的政治发展道路，准确把握检察机关的宪法定位，从政治上、理论上和感情上增强对中国特色社会主义的认同，高举中国特色社会主义的伟大旗帜，坚持中

国特色社会主义的正确道路,实践中国特色社会主义的科学理论,不断追求中国特色社会主义的共同理想;坚持社会主义法治理念,统一执法思想,澄清模糊认识,坚持"三个统一",牢记"三个至上",注重"三个效果",确保检察工作有效应对各种复杂局面,切实维护党的执政地位,维护国家安全,维护人民群众合法权益,确保社会大局和谐稳定,确保检察工作坚定正确的政治风向,切实肩负起检察机关的职责使命。

(二) 检察文化培植检察人员为民的宗旨意识,有效促进检察机关在检察工作中落实以人为本的执法理念

执法为民是检察机关思想建设和文化建设的核心内容和根本目标,是检验检察工作成效的最高标准。在我国,人民是国家和社会的主人,也是检察工作的主人,检察机关代表人民行使权力,以人民的名义履职。人民赋予的检察权自然用来服务于人民,为人民谋利益,这是检察工作最终的落脚点和终极的司法价值目标。[①] 我们全部检察工作的宗旨就是"立检为公、执法为民"。"立检为公、执法为民"的宗旨是新时期检察机关执法观念的灵魂,是检察机关落实以人为本执法理念的执法境界。检察机关的执法观念是检察人员在执法实践中逐渐积累形成并指导其行为的思想、观点和心理状态的总和。在检察工作中,执法观念对于检察机关和检察人员的执法活动,既是一种内在的精神动力,又是引导、评价和调节检察机关和检察人员行为方式的价值标准。它贯穿于执法的整个过程,并始终对执法活动起着统摄、支配、决定作用,与检察机关的执法水平具有密切的关系。只有坚持以人为本的思想方法,牢固树立宗旨意识,才能自觉地更新执法观念,实现由"治民"到"为民"的根本性转变。从思想上解决"为谁执法"和"怎样执法"的问题。这样,检察机关在履行法律监督职能的过程中,才能充分体现人民意志,认真听取人民群众的意见和呼声,满腔热忱地对待人民群众的诉求,带着对人民群众的深厚感情执法,本着对人民群众的根本利益和法律高度负责的精神办案,自觉地接受人民群众的监督,依法保障和落实人民群众对检察工作的知情权、参与权、表达权、监督权,尊重人民的主体地位,切实维护人民群众的合法权益,[②] 不断满足人民群众对检察工作的新要求和新期待。在刑事诉讼中,不仅充分尊重当事人与公民的人格尊严与权利,而且应保障公民与当事人的权利得到有效救济,实行人性化办案方式,切实对被告人、犯罪嫌疑人应有的权利予以保障,包括:被追诉

---

① 曹建明:《坚持执政为民紧紧依靠人民切实造福人民始终坚持检察工作的根本要求》,载《检察日报》2009 年 2 月 19 日。

② 李勤:《检察工作要始终坚持人民性》,载《党的建设》2008 年第 10 期。

人在刑事诉讼过程中与诉讼活动密切相关的自我救济的各项权利；被追诉人人身安全不受侵犯的权利；被追诉人不受非法关押的权利；被追诉人通信与会见家属的权利；被追诉人在刑事诉讼中的陈诉权、辩解权等权利。

（三）检察文化培植检察人员公正的价值追求，保障宪法和法律在检察工作中得到统一正确实施

宪法法律至上要求确立和实现以宪法和法律为治国的最高权威的标准，树立法高于人、法大于权的观念和价值取向，这是依法治国的核心内容。检察机关作为国家法律监督机关，是依法治国的重要力量。而从根本上说，依法治国就是国家遵循必须确立法律的权威，依法管理政治、经济和社会事务的共性法治规律来推进社会有序发展的进程；而法律监督则遵循以检察活动为载体，以职能的专门性为特点，独立公正行使检察权的自身个性规律来实施法律监督的。可见，公正既是政法工作的生命线，也是检察执法的最高价值追求。检察机关通过检察文化建设，加强马克思主义法律思想、先进法律文化的学习引导，让自由平等和公平正义等法治观成为检察干警思想阵地的主导价值观，培植全体检察人员对法律神圣向往和对法治不懈追求的内心确信，忠诚地履行宪法和法律所赋予的职责，公正执法，依法规范监督，切实维护宪法和法律的统一正确实施，为经济社会的发展营造公平正义的法治环境。具体而言，就是确保检察机关的一切执法行为都严格遵守法律规定，检察人员在履行法律监督职权时执法有据，坚持罪刑法定原则，坚持罪刑相适应原则，坚持以事实为根据，以法律为准绳，坚持实体公正与程序公正的有机统一，实现执法办案的结果公正与过程公正；正确处理公与私的关系，摆正自己与他人、感情与法律的关系，排除个人利益对公平正义的影响，克服各种人际关系的干扰，要以公允的态度、中立的立场处理相关事务，给人以看得见的正义；在刑事诉讼中以追求实体真实和正义为己任，不站在当事人的立场，而应站在客观公正的立场，全面收集证据，不偏不倚地审查案件和进行诉讼，对刑事错案保持高度的警惕与防范。

（四）检察文化培植检察人员廉洁的职业操守，在检察工作中规范和指引检察人员的道德行为准则

"廉洁"是公职人员的一种高尚人格，更是对检察人员文化品格的基本要求。公正是司法永恒的价值追求，廉洁则是维护司法公正的前提和基础。检察机关肩负着"强化法律监督，维护公平正义"的职责使命，检察人员执法是否公正清廉直接关系到宪法法律的尊严能否得到有效维护，直接关系到公平正义的信心能否在全社会树立起来，直接关系到能否为有效惩治和预防腐败提供有力的组织和纪律保证。显然，廉洁是政法干警核心价值观的根基，是检察人员最基本的职业操守和必须坚守的道德底线。因此，检察文化建设的又一项重要任务就是要通过教育、培训等形式与学习廉洁从检、公正执法的先进事迹紧密结合起来，大力加强检察职业道德建设、纪律作风建设和廉政文化建设，认真落实党风廉政建设责任制，不断完善内部、外部监督机制，大力推行"阳光执法"，培植全体检察人员清廉的情操，真正内化认同核心价值观，[①] 筑牢拒腐防变的防线，着力解决执法不公、不廉等影响检察机关执法公信力的突出问题，进一步树立检察官公正廉洁执法的公共情怀、公共正义及公共责任。[②]

第四节　检察文化的统一性与多样性协调发展

检察机关有自己特有的价值观念、执法理念、业务理论、管理规范、行为准则，形成了自己独特的文化风格。检察文化是检察工作人员以中国特色社会主义检察制度以及检察权的设置、运行为依据，在长期检察工作中积淀和体现出来的群体性价值观念、行为方式以及与之相关联的物质表现的总和。在我国，既要坚持中国特色社会主义检察文化建设的统一性，强调检察文化的一元主导地位，也要提倡社会主义文化建设的多样性，使亚文化多种多样、丰富多彩。可以说，检察文化的统一性是检察文化的本质和基础，检察文化既有检察机关法律监督本质文化的统一性、检察执法理念和发展理念为基础的统一性，也有职务犯罪侦查、审查逮捕、审查起诉、诉讼法律监督等职权文化的复合型、融入不同地区人文精神为表征的多样性。中国特色社会主义文化建设，必须坚持弘扬主旋律的统一性，不断巩固和壮大社会主义主流文化，在表现形式上注重不同心理状态、家庭环境、工作环境、社会环境、历史传统、相互关系、民族性格、思维方式、行为方式等的多元性，形成多元中立主导、在多样中谋共识的检察文化建设格局。

一、检察文化的统一性

我国检察文化的统一性具体体现在检察观念、检察伦理和检察现象的统一

---

① 刘新庚、刘峥：《社会主义核心价值观认同的动力要素与过程机制探索》，载《中南大学学报》（社会科学版）2012 年第 3 期。

② 卞桂平：《公共精神：共产党员的核心品质》，载《中南大学学报》（社会科学版）2012 年第 4 期。

性中。检察观念在检察文化中处于核心地位，其统一性体现在政治导向和精神凝聚上。它以科学发展观为指导，以社会主义法治理念为依据，揭示检察工作规律和特点的执法理念和发展理念，是社会主义法治理念与检察职能相结合的、检察机关和检察人员对法律的功能、作用和法律的实施所持有的内心信念和观念。检察观念包括检察法治观念、检察执法观念、检察发展观念等，实质上表现为政治信仰和法律信仰。一方面，政治信仰是检察文化培育的前提。政治信仰即坚信共产主义远大理想、社会主义共同理想和马克思主义学说。为此，就要坚持中国特色社会主义理论体系的指导。中国特色社会主义理论体系探索和回答了什么是社会主义、怎样建设社会主义等重大理论和实际问题，是全国各族人民团结奋斗的共同思想基础，是中国化的马克思主义。我国社会主义民主与法制建设的发展实践、检察机关恢复重建以来的改革和建设实践，都验证了这一理论体系的科学性和强大生命力。我们要认真学习和运用这一理论体系来认识、研究和解决检察制度和检察工作改革发展中的重大问题，始终坚持在这一理论体系的指导下发展和完善检察制度，确保检察工作在依法治国、建设社会主义法治国家的进程中发挥应有的作用。[①] 另一方面，法律信仰是检察理念文化培育的基本要求。法律信仰即崇尚法律监督的价值追求，这种价值追求就是基于检察规律的认识而形成的公平正义、人保障权、民主法治等价值要素。公平正义是人类社会的共同追求，是法律最重要的价值目标。最高人民检察院确定的"强化法律监督，维护公平正义"的工作主题，充分体现了检察工作这一价值理念。人权保障是现代法治的价值选择，是"以人为本"的科学发展观的客观要求。以人为本就是以人的权利为本，保障人权就是维护人应该享有的各项权益。民主法治是和谐社会的首要特征。检察机关的法律监督是民主法治的重要组成部分和监督保障，推进民主法治是检察机关服务社会主义和谐社会建设的首要任务。检察职业文化统一于以检察职业道德为核心、法律监督为本质的履职文化中。检察官职业道德是与检察职业活动机密联系、符合职业特点要求的道德准则、道德情操、道德品质的总体要求，是检察官的立身之本、职业之基、发展之源，是检察文化的核心要素。检察职业道德的的基本要素是忠诚、公正、清廉、文明。忠诚，即忠于党、忠于国家、忠于人民、忠于宪法和法律，做中国特色社会主义事业的建设者、捍卫者和社会公平正义的守护者。公正，即树立忠于职守、秉公办案的观念，坚守惩恶扬善、伸张正义的良知，保持客观公正、维护人权的立场，养成正直善良、谦抑平和的品

---

① 参见贾春旺：《检察机关社会主义法治理念教育电视电话会议上的讲话》，载正义网 2006 年 6 月 28 日。

格，培育刚正不阿、严谨细致的作风。清廉，即不以权谋私、以案谋利、借办案插手经济纠纷，遵纪守法，严格自律，并教育近亲属或者其他关系密切的人员模范执行有关廉政规定，秉持清正廉洁的情操。文明，即做到执法理念文明，执法行为文明，执法作风文明，执法语言文明，维护检察官的良好形象。以法律监督为本质的检察职能主要通过侦查权、逮捕权、公诉权、诉讼监督权的行使和察看、调查、侦查、审查、公诉、抗诉、提出检察建议、发出纠正违法通知等手段表现出来。检察机关通过参与诉讼与诉讼监督，打击犯罪，保障人权，对于定分止争，实现正义，维护司法公正和司法权威不可或缺。[①] 以法律监督为本质的多项检察职权行使价值的履职文化认知，是通过几代检察人的实践与思考才形成的。

检察文化载体是检察文化的实体标志、文学艺术作品、文化传播活动、文化体育活动等文化形式。中国特色社会主义检察文化以中国化的马克思主义为指导，以忠诚、公正、廉洁、文明的价值观为核心，着眼于强化法律监督、强化自身监督、强化高素质队伍建设，运用多种文化形式，培育检察意识，倡导检察精神，提升检察形象，营造有利于检察工作科学发展和检察人员身心健康的舆论环境和文化氛围，在这些重大原则问题上我们必须保持高度的统一。

二、检察文化的多样性

我国检察文化的多样性在理念文化、职业文化以及载体文化中也有所体现。检察理念文化的多样性，是指不同地域的检察机关在检察文化建设中，既要坚持政治信仰和法律信仰，坚持检察工作的人民性，又要吸收当地的主流精神文化。如陕西省检察机关就将延安精神融入检察理念文化之中。延安精神就是全心全意为人民服务的精神。延安时期是我们党在中国局部地区建立人民政权并不断扩大执政区域的重要时期。那时的陕甘宁边区政府被誉为"民主的政治，廉洁的政府"。中国共产党就是以对人民的无限忠诚赢得了人民的拥护和支持。陕西省检察机关继承和发扬延安精神，在新的历史条件下牢记革命传统，用延安精神凝聚检察机关打击犯罪、保护人民、维护稳定、促进和谐的职责使命的精神力量。江西省检察机关结合本地实际，在检察文化建设中，提出检察工作的井冈山精神，发动检察干警学习讨论井冈山精神的实质和核心，认识到是井冈山共产党人对中国革命光明前途的坚定信念和不懈追求，点燃了

---

① 参见吴建雄：《检察权的司法价值及其体现》，载《刑事诉讼法杂志》2011 年第 4 期。

"工农武装割据"的燎原之火，照亮了中国革命的前程。有了这种崇高的理想信念，就会产生战胜困难、战胜敌人的精神力量，在艰难困苦的环境中精神饱满、斗志旺盛。继承和发扬井冈山精神就是要坚定对党的事业、人民利益和宪法法律的政治认同、感情认同、理论认同，坚定不移做中国特色社会主义的建设者和捍卫者。四川省检察机关把发扬抗震救灾精神作为检察理念文化的重要内容。发生在四川省内的抗击"5·12"汶川大地震中表现了中华民族自强不息、顽强拼搏、百折不挠的大无畏英雄气概。四川省的检察干警，在继承和发扬抗震救灾精神的过程中，充分感悟到一部中华文明与民族精神的发源史，就是一部敢于抗争、百折不挠的民族史。中华民族在 5000 多年的发展中，历经磨难而信念愈坚，饱尝艰辛而斗志更强，这种精神对于检察机关抵御各种错误思潮的侵蚀，在纷繁复杂的矛盾问题中站稳立场，始终沿着正确的政治方向阔步前行具有重要的现实意义。曹建明检察长针对执法环境的新变化提出"理性、平和、文明、规范"的执法理念，[①]深刻揭示和反映检察执法的内在品质，成为统一检察执法思想的文化经典。湖南省人民检察院根据本省执法现状提出了"七个转变"、"七个树立"，即转变重打击轻保护的执法观念，树立打击犯罪与保障人权并重的执法思想；转变重实体、轻程序的执法观念，树立实体公正与程序公正辩证统一的执法思想；转变机械执法、就案办案的执法观念，树立办案与服务并重、打击与预防并举的执法思想；转变"先入为主"、"片面追诉"的执法观念，树立秉公执法、客观公正的执法思想；转变单纯以查证犯罪为成绩的执法观念，树立查证犯罪是成绩，还当事人清白也是成绩的执法思想；转变对犯罪分子惩处越重越好的执法观念，树立罪刑相适应和宽严相济的执法思想；转变司法神秘观念，树立以公开促公正的司法民主的思想等，[②]有效促进了和谐执法观的形成，增强了检察文化的执法特色。湖南株洲市检察机关就从地域文化的炎帝精神提炼出"务实奉献"与"铁牛精神"、"笃恭精神"与"敬业精神"、"包容求实"与"团队精神"等，使精神文化的内容更加丰富。

　　检察官作为社会的成员，不仅要遵守职业道德，还必须受公共道德的约束。社会公德、传统美德和个人修养是检察道德文化不可或缺的内容。检察机关要坚持"八荣八耻"为主要内容的社会主义荣辱观，积极参与公民道德建设工程；大力倡导以文明礼貌、助人为乐、爱护公物、保护环境、遵纪守法为

---

　　① 参见曹建明：《在学习贯彻全国政法工作会议精神电视电话会议上的讲话》，载正义网 2009 年12 月 23 日。

　　② 参见吴建雄：《检察工作科学发展机理研究》，中国检察出版社 2009 年版，第 63—64 页。

主要内容的社会公德，大力倡导以尊老爱幼、男女平等、夫妻和睦、勤俭持家、邻里团结为主要内容的家庭美德；提倡尊重人、关心人、热爱集体、热心公益、扶贫帮困，在全社会形成团结互助、平等友爱、共同前进的社会氛围和人际关系；汲取"和合"文化传统和"修身"、"齐家"、"治国"，"仁、义、礼、智、信"等儒家思想精华，为陶冶情操提供的重要精神源泉。复合型的履职文化是检察职业文化多样性的外部彰显。查处职务犯罪是监督国家公职人员依法履行职权的行为，既是刑事司法的题中之义，又是法律监督的职责所在。检察机关对职务犯罪案件的侦查、追诉、交付审判和采取的预防措施，是以权制权、以法制权的过程，具有司法弹劾的法律监督性质。逮捕既是证实犯罪、保障侦查诉讼活动顺利进行的必要手段，又是最严厉的强制措施，直接关系到当事人的人身自由，和人民群众的生活息息相关，由法律监督性质的检察机关审查批准逮捕，对于保障侦查活动的依法进行，保障当事人的合法权益，公正、准确地惩治犯罪，具有重要的司法价值。① 公诉是一种国家追诉权，其基本诉讼功能是在查清犯罪事实的基础上，由检察机关代表国家提请法院追究犯罪行为人的刑事责任。这种提请追究刑事责任活动本身，既是国家对违反法律情况所进行的具有法律效力的监督，也是对国家法律不可侵犯性的宣示和维护；其具有的这种诉讼功能，有助于增进人们对国家法律的尊重，抑制其实施违法犯罪的内心冲动，从而达到维护法律尊严、促使人们遵守法律的结果。正是由于这种程序功能，使得刑事公诉在性质上有别于仅具有查明案件事实功能的侦查，而承担着维护法律统一实施的使命，具有法律监督的性质。刑事诉讼立案监督、侦查监督、审判监督和执行监督，有利于保障侦查活动的合法性、审判活动的公正性、刑罚执行的规范性，保障诉讼参与人的合法权利，是法律监督在刑事诉讼中的价值体现；民事行政检察则是人民检察院通过办理民事、行政抗诉案件，对人民法院的民事审判活动和行政诉讼活动进行法律监督，维护国家利益和社会公共利益。检察载体文化的多样性是指文化载体的多样性和表现形式的丰富多彩。作为承载检察文化的物质设施主要包括建筑设施，器物设施，服饰设施和文化设施。建筑设施是用来开展检务或其他相关活动的场所或建筑物，如博物馆、纪念碑、雕塑、法治广场，等等。器物设施是为了保障检务活动正常开展而制作或配备的器物；服饰设施是为了彰显法律的神圣而制作的服装与饰物；文化设施是检察机关为了传播法治精神而设置的媒体（包括专栏、专门频道、专页等等）、制作的宣传品、影视作品以进行检察业务培训及文艺体育活动的场所，如报社、杂志社、电视台、广播台、网站、文艺活

---

① 参见孙谦：《中国特色社会主义检察制度》，中国检察出版社 2009 年版，第 170 页。

动场所、宣传画等。① 载体文化建设要注重直观性、严肃性、专属性和民族性，探讨检察设施的设计理念、检察设施的象征意义、检察设施所体现的法治精神，探讨这些设施的法治理念和蕴含的法治文化。作为运用文学与艺术的手段和表现方法来反映检察系统的工作与生活、弘扬法治精神的作品，从体裁上可以划分为小说、诗歌、戏曲影视剧本、散文、报告文学、纪实文学、书法、绘画、摄影、歌词、曲谱等。检察文学艺术作品只有如下文化特征：一是源于生活、反映生活，在作品中融入作者对社会生活的体验、理解、情感和态度，因而又能引导生活；二是通过塑造的典型形象弘扬法治精神，彰显公平正义；三是鞭恶扬善，用艺术的手法增强受众的法治意识；四是雅俗共赏，在潜移默化中对受众进行法治教育。② 坚持文化形式的多样性是检察文化的统一性的价值体现。检察文化形式的多样性主要是通过检察文化活动来实现的。检察文化活动从检察工作的门类上划分，可以概括为：理念文化型学习教育活动，如社会主义法治理念教育、创学习型检察官和检察机关活动等；专业文化型业务培训活动，如法律学历教育、专业技术轮训、岗位练兵活动等；制度文化型规范执法活动，如执法规范化教育、职业道德教育、文明执法活动等；和谐文化型基层建设活动，如检察工作科学化管理、检察工作争先创优、创和谐检察机关、文明家庭活动等。统筹安排、精心组织、高质量地开展这些不同类型的文化活动，是丰富检察文化的现实需要，是检察文化建设的必然要求。如果把检察文化分为硬件和软件两个部分，那么各种制度化和结构化的组织、机构、规则可以说是检察文化的硬件部分，而以精神、道德、知识、行为养成为目的的文化活动则是检察文化的软件部分。如果离开了软件的建构，检察文化就失去了精神支撑和行为基础。开展检察文化活动，一要注重领导表率者的作用，在一个组织中领导者的模范行为是一种无声的号召，起着重要的示范作用，是看得见、摸得着的价值导向；二要发挥参与者的自主作用，使活动成为促使核心价值体系与个体价值观塑造、变革、融合的一个重要过程；三要注重活动机制建设，要把精神激励与物质激励结合起来，使干警行为由于检察活动的不断强化而稳定下来，自然地接受这种行为的价值观念的指导，从而使检察机关的核心价值观念为全体干警所接受，并固化为规范的执法行为。

① 参见魏启敏：《检察文化建设研究》，载《中国刑事法杂志》2010 年第 7 期。
② 参见刘斌、张建伟、徐苏林：《加强检察文化建设推动检察工作深入发展》，载《人民检察》2011 年第 17 期。

三、检察文化的统一性与多样性的关系

（一）检察文化的统一性与多样性是相辅相成的关系

统一性是检察文化的本质和基础，多样性是检察文化的现象和表征。任何一种的文化都是多元一体、多样共生的，推进文化建设必须强化主导、壮大主流。文化总是以丰富多样的内容形式来展现的，但其中总有一种占据主导地位、起着支配作用。特别是在阶级社会，占据主导的总是统治阶级的思想文化。在我国封建社会，尽管儒、释、道等多种思想文化长期并存，但长期居于正统地位的是儒家文化。① 近代以来的西方国家，虽然各种各样的文化表达和文化思潮不断涌现，但以个人主义为核心的资产阶级思想文化始终占据主导。当今世界，许多国家对自己主流文化的建设更加重视、更加自觉。美国就始终把反映垄断资产阶级利益的思想文化作为根本内容，以此来打造"美国梦"、强化"美国精神"。新加坡为团结国民共同致力于本国发展，以国会法案的形式，确定了以国家至上、社会为先、家庭为根、社会为本等为主要内容的共同价值观。

（二）检察文化的统一性与多样性集中表现为隐性文化的统一性和显性文化的多样性

检察隐性文化主要包括执法理念文化、发展理念文化、检察道德文化构成的核心文化体系。这些文化实质上属于精神文化的范畴，是一种政治信念、法律信仰、道德素养、制度精神等，是一种看不见的、无形的行为推手和动力之源。检察显性文化主要包括：检察文化活动，如政治思想教育活动、专业素质教育活动、文化体育活动、法制宣传教育活动等；检察文化载体，如报纸、杂志、设施、展览、网络等；具有文化内涵的检察机构、标志；检察机构的风俗与仪式，即检察机关长期相沿、约定俗成的习惯、仪式、典礼、纪念日等。隐性检察文化是显性检察文化的内涵，显性检察文化是隐性检察文化的体现。检察文化的统一性与多样性同时表现为内容同质性与形式上的多元性。如理念文化除了包括法治文化的基本概念，还包括检察文化体系中的特有基本概念、基本关系和基本理论。检察文化要着眼检察人员精神文化需求，尊重检察人员的主体地位和首创精神，准确把握社会文化生活的新特点和检察人员精神文化需求的新变化，在内容、形式等方面进行积极的探索和创造。善于运用现代技巧

---

① 参见云杉：《文化自觉文化自信文化自强——对繁荣发展中国特色社会主义文化的思考》，载求是理论网 2010 年 9 月 8 日。

和喜闻乐见的形式增强文化的表现力，不断创造新的文化样式，催生新的检察文化业态，实现检察文化品种、样式、载体、风格的极大丰富，使当代检察文化更加多姿多彩。检察文化涵盖理念、制度、行为、设施等各个方面，具体到一个单位，其检察文化建设必然烙上当地的地域文化色彩和本单位的个性特质。[①]

（三）　检察文化的统一性通过检察文化的多样式予以提示和体现

检察的多样性需要统一性来指导和规范，正是这种统一性与多样性的对立统一运动，促进了整个检察文化统一性与多样性的协调发展。

---

① 参见张国臣：《关于检察文化建设若干问题的思考》，载正义网 2010 年 10 月 31 日。

第十章　中国特色社会主义检察文化建设

一个没有文化的民族是没有根基的民族，一项没有文化的事业也是没有根基的事业。检察文化建设是中国特色社会主义检察事业的组成部分，要进一步巩固和推动检察事业的发展，就必须构建和发展检察文化。作为检察文化建设主体的检察机关和检察人员必须从建设中国特色社会主义文化强国、促进检察事业科学发展的高度，深刻认识加强检察文化建设的重要战略意义，把检察文化建设纳入社会主义文化建设的总体布局，明确检察文化建设的总体目标、基本原则和发展策略，探索和正确把握检察文化建设规律，推动中国特色社会主义检察文化不断繁荣发展。

第一节　检察文化建设的总体目标

关于检察文化建设，最高人民检察院检察长曹建明提出明确要求：检察文化是社会主义文化的重要组成部分，是检察事业不断发展的重要力量源泉，是全国检察人员的精神家园。全国检察机关要从社会主义事业兴旺发达和民族振兴的高度，充分认识文化建设的重要意义，更加积极、更加主动、更加自觉地加强和改善检察文化建设。要坚持社会主义先进文化的前进方向，从检察事业发展的本质要求出发，准确把握文化工作的规律和特点，以改革创新的精神认真研究和采取建设、发展、繁荣检察文化的新思路、新举措、新办法。要把检察文化建设置于检察事业发展全局来思考和谋划，在围绕中心、服务大局上下功夫见成效；要坚持用社会主义核心价值体系引领检察文化建设，在培育检察精神、提升职业素养、规范执法行为、塑造良好形象、陶冶高尚情操上下功夫见成效；要积极开展健康向上、体现检察特点和精神的检察文化生活，在丰富检察文化建设内容和形式、创新载体上下功夫见成效，努力推动检察文化建设不断取得新的更大成绩。这为检察机关加强检察文化建设确立了目标、明确了发展方向。

最高人民检察院从我国检察工作的实际出发，并借鉴世界各国司法文化、检察文化建设的先进成果，在其2010年12月出台的《关于加强检察文化建设的意见》中确立了检察文化建设的总体目标："对检察文化建设重要性认识更加深刻，检察文化建设工作思路更加清晰，活动载体更加丰富，基础设施更加齐备，工作机制更加健全；通过加强检察文化建设，检察人员职业信仰进一步坚定，检察职业精神进一步弘扬，检察职业素质进一步提高，检察职业行为进一步规范，检察职业形象进一步提升；中国特色社会主义检察文化理论体系逐步确立，为推进检察文化建设提供有力的理论支撑；在围绕中心、服务大局方面成效明显，为推动社会主义文化大发展、大繁荣，促进各项检察工作健康发展发挥积极作用。"

党的十八大召开之后，为深入贯彻落实党的十八大精神，进一步加强检察文化建设，促进检察工作和检察队伍建设不断科学发展，最高人民检察院又于2012年12月出台了《关于深入贯彻落实党的十八大精神进一步加强检察文化建设的决定》，进一步明确了检察文化建设的目标任务：通过开展检察文化建设，社会主义核心价值体系建设深入推进，检察人员职业信仰进一步坚定；社会主义法治理念和政法干警核心价值观持续深化，检察职业精神进一步弘扬；正确发展理念和执法理念得到强化，检察职业素质进一步提高；执法规范化建设深入推进，检察职业行为进一步规范；检察宣传工作力度加大，检察职业形象进一步提升，检察文化理论体系逐步确立，文化建设机制不断健全，文化活动丰富多彩，文学艺术繁荣发展，检察文化建设阵地固定，基础设施齐备，物质保障有力；检察文化建设围绕中心、服务大局成效明显，促进各项检察工作健康发展。

最高人民检察院关于中国特色社会主义检察文化建设总体目标从理论上概括起来，主要有四个层次：一是检察文化工作得到加强。这是检察文化建设本身的发展目标，即要求检察机关和检察人员对检察文化建设重要性认识更加深刻，检察文化建设工作思路更加清晰，活动载体更加丰富，基础设施更加齐备，工作机制更加健全。二是构建中国特色社会主义检察文化理论体系。这是将检察文化提升到理性认识、理论层面的发展目标，是对检察文化认识的质的转变，检察文化理论体系是在检察文化建设与发展的实践中逐步形成和确立的，同时它的确立又反作用于检察文化建设，为推进检察文化建设提供有力的理论支撑。三是促进检察文化的功能彰显。检察文化建设在加强检察队伍建设、推进检察工作、深化检察科学化管理方面发挥重要作用，检察人员职业信仰进一步坚定，检察职业精神进一步弘扬，检察职业素质进一步提高，检察职业行为进一步规范，检察职业形象进一步提升。四是推动文化大发展和检察工作健康发展，这是检察文化延伸辐射的发展目标，检察文化作为文化子系统，检察文化建设作为整个检察工作的一部分，所起到的促进整体全局的作用，即在围绕中心、服务大局方面成效明显，为推动社会主义文化大发展、大繁荣，促进各项检察工作健康发展发挥积极作用。

一、加强检察文化工作

检察文化工作得到加强，是中国特色社会主义检察文化建设的自我发展目标，是较为直接和比较容易实现的目标。作为检察文化建设目标而言的检察文化工作的加强，具体包括以下几个方面：

（一）检察机关和检察人员对检察文化建设重要性的认识更加深刻

检察机关和检察人员要深刻地认识到：（1）加强检察文化建设是服务社会主义文化大发展大繁荣的客观需要。文化是一个民族的精神和灵魂，是国家发展和民族振兴的强大力量。检察机关作为国家法律监督机关，在推动经济社会发展和文化繁荣方面肩负着重要职责。各级检察机关应从讲政治、讲大局的战略高度，加强检察文化建设，为推动社会主义文化大发展大繁荣做出积极贡献。（2）加强检察文化建设是推动检察工作和检察队伍建设科学发展的内在要求。检察文化建设涵盖检察思想政治建设、执法理念建设、行为规范建设、职业道德建设、职业形象建设等方面，内容庞大，属于系统工程。实践证明，检察文化具有独特的教育、引导、规范、凝聚、激励等功能，加强检察文化建设，对于提升检察人员的综合素质，促进各项业务工作健康发展具有基础性、长期性推动作用。（3）加强检察文化建设是检察干警团结拼搏的动力源泉。检察事业要发展、要进步，必须有一个精神支柱、精神追求，把全体干警凝聚起来，为一个共同的目标而奋斗。检察文化通过熏陶、教化、激励形式，发挥凝聚、润滑、整合作用，将公平、正义等检察文化因子潜移默化地植入每一位干警的心中，不断培育他们的集体主义思想、团结协作精神和争先创优意识，把检察干警的追求和检察事业的发展紧紧联系在一起，增强检察干警的归属感和荣誉感，激发检察干警的积极性和创造性，从而形成巨大的凝聚力和向心力，为检察事业的发展提供强大精神动力。各级检察机关应高度重视，从检察事业发展的本质要求出发，准确把握检察文化建设的规律和特点，以改革创新的精神，认真研究检察文化建设的新思路、新举措、新办法，推动检察工作和队伍建设的科学发展。

（二）检察文化建设工作思路更加清晰

"民族的宗教、民族的政治制度、民族的伦理、民族的法制、民族的风俗以及民族的科学、艺术和技能，都具有民族精神的标记。"① 检察文化既有共性文化的一面，更有其鲜明的个性特征，这正是检察文化具有无限生命力的根源所在。检察文化建设要坚持检察特色、地方特色、时代特色"三位一体"整体推进，要立足自身工作实际，立足自身队伍状况，立足自身文化传统，赋予检察文化新的形式、新的内容、新的内涵、新的活力，使其与检察事业同生长，共发展，将其打造成为体现检察工作总体水平的形象品牌。中国特色社会主义检察文化建设应从中国的实际出发，具有中国的印记，呈现中国的特色、中国的气派、中国的风格。社会的和谐发展需要先进文化来引领，检察事业的和谐发展需要优秀的检察文化来支撑。富于实力、活力、魅力的检察文化建设必须有清晰的检察文化思路为指引。各级检察机关在开展检察文化建设工作时，将不断从实践中总结提升，工作思路将不断清晰化，既高举中国特色社会主义伟大旗帜，坚持党的事业至上、人民利益至上、宪法法律至上，又紧紧围绕"强化法律监督，维护公平正义"的检察工作主题，结合检察工作和队伍建设实际，求真务实，勇于开拓，深入开展检察文化建设，培育检察精神、提升职业素养、规范执法行为、塑造良好形象、陶冶高尚情操。

（三）检察文化活动载体更加丰富

文化活动是检察文化建设的实现形式。统筹安排、精心组织、高质量地开展这些不同类型的文化活动，是丰富检察文化的现实需要，是检察文化建设的必然要求。检察文化活动形式将更加多样化和活动载体将更加丰富化，既广泛开展形式活泼、寓教于乐、深受检察人员喜闻乐见的经常性书画、摄影、文艺表演、球类、棋类等文化体育活动，又倡导开展不受环境条件和时间限制，便于检察人员参与、适合机关工作特点的文化活动，培养检察人员良好的生活作风和健康的生活情趣，还要组织成立各类文体协会、文艺团体和兴趣小组，通过举办"检察艺术节"、"检察文化节"、"文化建设巡礼"等形式，推动群众性文化活动蓬勃开展。如果把检察文化分为硬件和软件两个部分，那么各种制度化和结构化的组织、机构、规则可以说是检察文化的硬件部分，而以精神、道德、知识、行为养成为目的的文化活动则是检察文化的软件部分。如果离开了软件的建构，检察文化就失去了精神支撑和行为基础。因此，精神文化是检察文化的核心内容。在开展检察文化活动中，一要注重领导者的表率作用，在

---

① ［德］黑格尔：《历史哲学》，王造时译，生活·读书·新知三联书店 1956 年版，第 104 页。

一个组织中领导者的模范行为是一种无声的号召，起着重要的示范作用，是看得见、摸得着的价值导向；二要发挥参与者的自主作用，使活动成为促使核心价值体系与个体价值观塑造、变革、融合的一个重要过程；三要注重活动机制建设，要把精神激励与物质激励结合起来，使干警行为由于检察活动的不断强化而稳定下来，自然地接受这种行为的价值观念的指导，从而使检察机关的核心价值观念为全体干警所接受，并固化为自觉的执法行为。

（四）检察文化基础设施更加齐备

检察文化基础设施是指承载检察文化的物质形体，主要包括建筑设施、器物设施、服饰设施和文化设施。建筑设施是用来开展检务或其他相关活动的场所或建筑物；器物设施是为了保障检务活动正常开展而制作或配备的器物；服饰设施是为了彰显法律的神圣而制作的服装与饰物。物质性文化载体建设要注重直观性、严肃性、专属性和民族性，探讨文化载体的设计理念、象征意义及所体现的法治精神，探讨这些文化载体的法治理念和蕴含的法治文化。检察机关建筑外观、办公场所将更多地体现法治文化、检察文化色彩，如设计制作反映检察工作理念、廉政勤政要求的"文化橱窗"、"文化长廊"、"文化墙"。因此，要通过建立检察博物馆、荣誉室、院史室、检察志编辑室等，展示检察文化的深厚底蕴和文化传承，激发检察人员的职业使命感、职业荣誉感和归属感；同时，要更多创造符合检察工作规律和科学发展要求的优秀文化作品，通过鲜活感人的艺术形象，真实反映强化法律监督、维护公平正义的检察工作，用艺术化的社会主义法治理念和检察精神教育人、激励人，给人以积极进取、奋发图强的精神力量。

（五）检察文化工作机制更加健全

应把检察文化建设纳入检察工作整体部署来思考和筹划，坚持实事求是、因地制宜，积极稳妥地推进检察文化建设，坚持以点带面，由浅入深，循序渐进，持之以恒，确保实效。成立检察文化建设领导机制并形成工作格局，研究制定加强检察文化建设的具体规划和措施；应把检察文化建设纳入工作考核体系，建立健全目标管理、考核评价和激励机制；同时要加强检察文化工作的人才队伍建设和物质保障建设。

二、构建检察文化建设理论体系

检察文化理论研究是检察文化建设的重要组成部分，为检察文化建设提供理论支撑和精神动力，构建中国特色社会主义检察文化理论体系，目标宏大，但任务复杂而艰巨，需要长期而不懈的努力。构建和确立检察文化理论体系，应立足检察工作，在实践的基础上，不断总结检察文化的基本规律，对检察文化的基本内涵、基本范畴、基本特征、基本功能、主要载体、主要类型、历史演进、建设方法，以及检察文化建设与检察队伍建设、检察事业科学发展的关系等进行理论研究。构建检察文化理论体系，还应广泛深入开展检察文化理论与应用研究，做到"六个坚持"，即坚持正确的理论方向，以马克思主义的文化理论和法治理论为指导；坚持统筹兼顾，将基础性理论研究与应用性理论研究相结合；坚持从检察工作实际出发；坚持深入实际，调查研究；坚持开放借鉴和传承创新，借鉴人类司法文明的有益成果，在传承中坚持开拓创新、与时俱进；坚持民主参与，加强协作，集思广益，形成合力。检察职业精神是中国特色社会主义检察文化的精髓和灵魂，在检察文化理论体系的建构中，特别要结合检察工作的生动实践，加强对检察职业精神的研究，深刻阐述检察职业精神的科学内涵、重要意义和实践要求，不断总结提炼富有时代气息、具有检察特点、社会普遍认同的检察职业精神。

三、彰显检察文化功能

检察文化是推动检察事业科学发展的内在力量，加强检察文化建设就是要发挥检察文化的引领、凝聚、导向作用，提升检察队伍的整体素质，提升检察工作科学发展的"软实力"。

（一）在凝聚队伍上彰显功能

检察文化是检察队伍建设的灵魂，是全体检察人员的精神家园，是检察事业创新发展的力量源泉，其根本任务和主要目标就是培养、教育、激励、造就高素质检察队伍，努力建设一支政治坚定、业务精通、作风优良、清正廉洁的高素质检察队伍。[①] 一旦检察文化成为检察人群体的共同行为准则，就会成为增强团队凝聚力、鼓舞士气的黏合剂，从认识、期望、信念等各个方面进行整合沟通，组成一个团结协作、荣辱与共的有机整体，去激励这个群体追求共同的目标和价值。加强检察文化建设的一个重要目的，就是要使检察人员职业信仰进一步坚定，检察职业精神进一步弘扬，检察职业素质进一步提高，检察职业行为进一步规范，检察职业形象进一步提升。要把检察文化建设作为提高检察人员素质和推动检察工作发展的新动力，不断探索、创新检察文化建设的途径与方法，充分发挥先进检察文化的引导、教育、凝聚、塑造等功能，有效促进检察工作的健康持续发展。

---

① 赵阳：《素质建设成检察文化主要目标》，载《法制日报》2012 年 6 月 21 日。

（二）在推进工作上彰显功能

检察文化建设所围绕的中心就是检察工作健康发展。检察文化不仅是一种观念性文化，而且是一种实践性文化、实用性文化，它来源于检察工作，运用于检察工作并指导和服务于检察工作。检察文化的形成与发展，是检察机关和检察人员长期法律监督实践和管理活动的结果，同时，它的建设发展又促进法律监督实践水平和层次的提高，促进检察工作的健康发展。检察文化建设促进检察工作健康发展主要表现在为其提供有力的思想保证、精神动力、智力支持和舆论力量。"强化法律监督、维护公平正义"是检察工作的主题，检察文化建设要紧紧围绕和服务于这个主题，通过加强检察文化建设，更好地实现检察机关充分履行法律监督职能，维护社会公平正义的目标。

（三）在科学管理上彰显功能

检察工作的全面科学发展离不开检察内部的科学管理包括对检察队伍的管理。检察机关的内部管理，既要靠制度管理，也要靠文化管理。检察文化通过一定的规范、制度等促使检察机关构成一个协调的功能体系。检察机关之间以及检察机关内设组织机构之间的相互协调配合，主要是通过目标调适、机构和制度的调适、人员行为的调适等，达到各部分的协调与行动一致，实现科学管理和有效制约。加强检察文化建设，就是期望检察文化在科学有效管理上发挥作用。检察文化对队伍管理的功能主要体现在两个方面：一方面是激励功能。这种激励既包括外在的推动，即检察机关通过构建激励机制、典型示范、人文关怀等手段和方式，对检察人员的行为所进行的功利化的推动和促进作用，也包括内在的引导，即检察文化所具有的尊重人的主体地位、激发人的主体意识、调动人的主观积极性，使检察人员在内心深处自发地产生为检察事业拼搏奉献的精神，进而转化为推动检察工作发展自觉行动的作用。另一方面是自律、约束功能，指的是检察文化成果的行为规范力，它向检察人员传达什么样的行为是被许可的、什么样的行为不被许可。检察文化倡导的群体共同意识在人的价值观念中内化，使其在精神理念上确立一种内在的自我控制的行为标准，进而约束自我。检察人在接受这种文化的熏陶和影响后，对检察人群体及其成员的社会责任以及检察人群体的发展目标等精神要素有更透彻的领悟和理解，从而自觉地约束个人的言行，使自己的思想感情和言行与检察人群体目标保持相同的价值取向。检察文化通过一种无形的精神力量对检察人个体的思想、心理和行为进行约束和规范。换言之，检察人接受这种约束不取决于某种规章制度，而取决于内心对检察文化的认同。

四、实现检察文化大繁荣大发展

检察文化是全社会文化系统中的一个组成部分，是整个人类文化系统中的一种文化现象，它与整个全社会文化系统是个别与一般、部分与整体、子系统与系统的关系。个体的发展属于整体发展的一部分，也对整体具有促进作用。检察事业是中国特色社会主义事业的有机组成部分，必须随着中国特色社会主义事业的发展而发展，始终为党和国家工作大局服务。[①] 检察文化的建设发展也是如此，要为中国特色社会主义文化大发展、大繁荣这个大局服务。事实上，中国特色社会主义检察文化是社会主义文化在检察职业领域的应用和具体化。检察文化的建设发展不仅是检察工作科学发展的要求并促进检察工作进一步的健康发展，而且将为社会主义文化的丰富和发展营造良好的氛围，在一定程度上推动全社会文化大发展、大繁荣。繁荣发展中国特色社会主义检察文化，必须始终坚持正确的发展方向，遵循检察工作规律和文化建设规律，统筹协调好检察工作发展、人才队伍发展和检察文化发展；必须从检察机关实际出发，不断适应新形势新要求，切实把检察文化建设作为检察工作和检察队伍建设的灵魂工程和基础工程来抓，在加强组织领导、建立健全保障机制上下功夫，正确把握文化发展规律和检察工作规律，努力提升检察文化建设的科学化水平，为检察事业科学发展提供有力的精神支撑、智力保障和文化条件。

第二节　检察文化建设的基本原则

检察文化建设是一项长期、复杂的系统工程，不可能一蹴而就，既需要立足当前，又需要着眼长远，构建检察文化必须坚持检察文化建设的基本原则。检察文化建设的基本原则，是建筑在检察文化建设客观规律的基础上，用以指导和规范检察文化建设全部过程、各个环节的具有全局性、根本性的准则。根据最高人民检察院《关于深入贯彻落实党的十八大精神进一步加强检察文化建设的决定》，检察文化建设必须坚持以中国特色社会主义理论体系为指导，持续用马克思主义中国化的理论成果武装头脑、指导实践，确保检察文化建设正确的发展方向；坚持"二为"方向和"双百"方针，坚持服务检察中心工

[①]　孙谦主编：《中国特色社会主义检察制度》，中国检察出版社 2009 年版，第 1 页。

作,切实把文化建设融入检察工作方方面面,有效提高检察队伍法律监督能力,推动检察事业科学发展;坚持以人为本、以我为主、眼睛向内,突出检察人员的主体地位,贴近检察人员思想、工作和生活实际,形成共谋共建共享、全员参与的文化建设格局,促进人的全面发展;坚持重心向下、因地制宜,依托地方文化、历史等特色资源,突出基层文化建设,尊重基层首创精神,充分发挥基层文化建设的主观能动性和创造性;坚持与时俱进、改革创新,学习中外先进法治文明,借鉴各行业文化优秀成果,积极推进检察文化理论、内容、载体和机制创新,努力提高检察文化建设科学化水平。

检察文化建设应当坚持的基本原则包括:

一、服务检察中心工作

检察文化作为一种职业文化,检察工作是其职业属性,这是检察文化区别于法院文化、行政文化、企业文化和社会文化的关键。检察文化作为从意识层面创造出的物质财富和精神财富,它"从实践中来,到实践中去"。检察文化来源于检察工作,在检察工作中培育和养成;检察文化服务于检察工作,在检察工作中发挥其精神动力的作用。建设检察文化的根本目的,在于更好地服务检察工作,通过发挥检察文化的教育、引导、规范、凝聚、激励等功能,提升检察人员的综合素质,促进各项检察业务工作健康科学发展。检察文化建设,应当坚持把服务促进检察工作作为中心任务,坚持把文化建设置于检察事业发展全局,紧紧围绕检察中心工作和重大决策部署谋划和推进。

检察文化建设的首要原则是坚持服务检察中心工作原则。首先,检察文化建设的全部过程都要围绕服务检察中心工作开展。检察文化建设不能脱离"强化法律监督,维护公平正义"的检察工作主题,否则就成了无源之水、无本之木。在每一个具体的检察文化建设过程中,都必须有明确的目的,要将检察工作主题贯穿于建设过程的始终,在一个具体的检察文化建设过程中,不允许有脱离检察工作主题的活动,更不允许有反向活动。[1] 其次,要把检察文化建设置于检察事业发展全局中谋划和推进。检察文化建设本身也是检察事业发展全局的一部分,检察文化建设要对检察事业发展全局贡献精神层面的力量,推动检察事业科学发展。检察文化建设要致力于形成检察制度的统一指导思想,树立检察事业的共同理想信念,培育检察人员的强大精神力量,塑造检察工作的基本道德规范,切实发挥文化育检、文化兴检、文化强检的功能。再

---

① 参见孙广骏:《检察文化概论》,法律出版社2012年版,第272页。

次，检察文化建设的成效，要以是否有利于促进检察工作健康发展为重要的评判标准。凡是能够促进检察工作健康发展的检察文化建设，都是富有成效的，应加以提倡和鼓励；凡是不能促进检察工作健康发展的检察文化建设，都是不成功的，应予以调整和改正。最后，检察文化建设要从检察工作中汲取营养、不断丰富完善自我。真正能够提高检察队伍整体素质、促进检察工作科学发展的检察文化，不是"闭门造车"的空想和空谈之作，它应当来自于检察工作一线，是从检察工作中凝聚的检察精神、提炼的检察信念。

二、以人为本

检察文化的精髓是重视人的价值、发挥人的作用，因此，应当力求把实现检察机关的整体价值和实现检察官的个人价值统一起来。检察文化建设要坚持以人为本原则，充分发挥检察人员在文化建设中的主体作用，坚持检察文化建设为了检察人员、检察文化建设依靠检察人员、检察文化发展成果由检察人员共享，促进检察人员的全面发展，培育有着坚定理想信念、强大精神力量、良好道德规范，高素质、专业化、廉洁性的检察队伍。

检察文化建设要始终突出检察人员的主体地位，坚持把满足检察人员日益增长的文化需要作为出发点和落脚点。必须贴近检察人员思想、工作和生活实际，深入了解检察人员的文化需求，着力解决检察人员的内在精神需求。必须用先进的检察观念武装检察人员头脑，着力营造促进检察事业可持续发展、促进检察人员全面发展的文化氛围，切实提高检察人员的素质和能力。检察文化建设，要把检察人员认可不认可、满意不满意作为评判检察文化建设成效的另一项重要标准，要致力于创造、发展和培育检察人员真正认可、真正满意的检察文化。

检察文化建设要充分发挥检察人员的主体作用，积极调动和激发检察人员在检察文化建设中的主动性、积极性和创造性。检察人员是检察文化建设的主力军，只有检察人员积极和广泛地参与，检察文化建设才能深入推动、健康发展。要积极组织实施各种形式的检察文化建设项目，引导检察人员主动参与检察文化建设，挖掘蕴藏在广大检察人员中的文化潜能和动力。要积极开展便于检察人员参与、适合检察工作特点、深受检察人员喜爱的文化活动，根据检察人员的兴趣和爱好，组织成立文化活动小组和协会，调动广大检察人员参与检察文化建设的积极性。要积极开展检察文化成果的评比、展示、汇报和宣传活动，对优秀的检察文化成果加以表彰、奖励和推广，激发检察人员文化建设的创造性。要支持、鼓励、帮助有文艺特长的检察人员在完成本职工作的基础上，积极从事文艺创作，培养和打造检察文艺骨干，为有文艺特长的检察人员提供创作的空间和展示的平台。

检察文化建设的成果要实现由检察人员共享，促进检察人员的全面发展。检察文化建设成果真正发挥作用，就要让检察人员了解、接受、认可检察文化成果，让检察文化内在的精神力量转化为检察人员自身的意志品质，推动检察人员素质和能力的提高。坚持以检察人员为中心的创作导向，热情讴歌社会主义检察事业的卓越贡献，生动展示检察人员积极进取、蓬勃向上的精神风貌和守望法治、服务大局的辉煌业绩，以先进的文化感染人、鼓舞人，全面提升检察人员的政治素质、道德素质、文化素质、专业素质等各项素质和能力，促进检察人员的全面发展。

三、继承与创新相结合

文化的形成和发展是一个长期孕育、取舍扬弃、不断积淀、薪火相传的过程，是在已有文化基础上不断创造和革新的过程。没有创新，就没有发展；而没有继承，就无从创新。继承与创新是文化发展的基本规律。检察文化建设要遵循文化发展规律，坚持继承与创新相结合的原则。

检察文化的健康发展离不开对优秀传统文化的继承。优秀传统文化凝聚着中华民族自强不息的精神追求和历久弥新的精神财富，是发展社会主义先进文化的深厚基础，是建设中华民族共有精神家园的重要支撑。要全面认识传统文化，取其精华、去其糟粕，古为今用、推陈出新，坚持保护利用、普及弘扬并重，加强对优秀传统文化思想价值的挖掘和阐发，使优秀传统文化成为新时代鼓舞检察人员奋发前进、推动检察工作科学开展的精神力量。

中国特色社会主义检察文化主要是当代检察工作的产物，也是检察机关和检察人员在长期法律监督工作实践中逐渐形成的检察特色、民族精神和时代特征，综合地反映了检察群体趋向的价值标准、知识结构、行为方式、思维方法和审美意识以及特殊的情感。① 新中国检察制度 60 多年来的发展历程，积淀的文化精神主要有四个方面：第一，始终坚持把列宁关于社会主义法律监督的思想与中国的实际相结合。第二，始终坚持中国共产党对检察机关及其工作的领导。第三，坚持为党和国家的中心工作和中心任务服务。第四，坚决执行群众路线。② 这四个方面的文化精神是新中国检察制度的优良传统，是中国特色检察文化的精髓。在新时期、新形势下，检察文化建设更应传承这些优秀文化精神，在传承中推新，在传承中发展。

---

① 参见徐汉明：《以创新引领检察文化发展》，载《湖北日报》2011 年 2 月 23 日。
② 参见孙广骏：《检察文化概论》，法律出版社 2012 年版，第 68 页。

创新是检察文化建设的内在要求，也是推动检察工作持续发展的不竭动力。只有以开放包容的胸襟推进检察观念创新、用科学严谨的态度推进检察文化机制创新、用生动活泼的形式推进检察文化载体创新，才能真正提升检察机关"软实力"，促进检察事业科学发展。① 检察文化建设要坚持解放思想、实事求是、与时俱进，以改革创新的精神，大力推进检察文化理论创新、内容创新、载体创新、体制机制创新，努力提高检察文化建设的科学化水平。要有开放包容的心态，兼收并蓄、博采众长，在批判、继承的基础上，借鉴其他行业先进文化，借鉴国外法治文化的先进成果，汲取人类一切检察制度及其文化中的精华，发展有中国特色的检察文化。要鼓励创新、激励超越、包容多样、宽容失败，激励文艺工作者在文艺创作中推陈出新，不断创造出有深远意义、丰富内涵、能够广为流传的先进检察文化。要重视运用高科技手段推进文化创新，不断为检察文化注入新内容、构建新平台、创造新形式，切实增强检察文化的吸引力、感染力和传播力。

四、全局性与地域性相结合

文化既有共性，也有鲜明的个性色彩。文化既有共通性，也体现出深厚的地域特征。地域文化是民族文化多元的外在呈现和内在结构丰富的直接体现，也是推进社会和谐的重要动力。地域文化在弘扬和谐文化传统、创新和谐文化内涵中具有无形的强大力量。② 检察文化建设，要坚持全局性和地域性相结合的原则，既要坚持从检察事业全局出发，培育适应检察工作整体要求，与全体检察人员文化需求相一致、共通的文化精神；也要坚持立足实际，因地制宜，将检察文化与地方深厚的特色文化有机融合，打造独具特色的地方检察文化品牌。

检察文化建设要着眼全局，坚持中国检察文化体系的基本概念、基本关系、基本理论和基本价值取向，着力在更大范围、更高层次上养成良好职业道德，塑造群体检察形象，培育共同价值理想，致力于构建普适性的物质文化、制度文化和精神文化。要通过检察文化建设，在检察机关形成一个以检察精神文化为核心，以检察物质文化建设、检察行为文化建设为基本内容，兼容法治文化、机关文化、地域文化，适应社会主义法治理念要求的检察文化体系。③ 检察文化建设的基本目标，就是要树立检察事业的共同理想信念，塑造检察工

---

①　参见徐汉明：《文化创新是检察事业科学发展的动力》，载《检察日报》2010年12月7日。

②　参见杨海中等：《中国地域文化概观》，载《北京日报》2010年2月8日。

③　参见孙广骏：《检察文化概论》，法律出版社2012年版，第271页。

作的基本道德规范。最高人民检察院出台的《关于加强检察文化建设的意见》、《全国检察机关文化建设工作会倡议书》等一系列规范性文件，就是立足检察文化建设全局所作出的重要努力。

作为人类精神成果总和的文化，因时间向度的演进而具有时代性，又因空间向度的展开而具有地域性。中国是一个文明传统悠久深厚的国度，又是一个广土众民的国度，其文化的时代性演进和地域性展开均呈现婀娜多姿的状貌。[①] 检察文化建设要尊重地域文化的差异性。检察文化建设，要坚持突出基层文化建设，尊重基层的首创精神，充分发挥基层文化建设的主观能动性和创造性。各基层院在具体的文化建设过程中，应当注重体现地域文化的特征，将地域文化凝练到本院的检察文化中，营造出与地域文化相符的检察文化氛围。要依托当地文化、历史等资源，开展独具特色的文化活动，塑造具有地域特色的检察文化品牌。

第三节　检察文化建设的格局

构建科学合理的工作格局对检察文化建设具有重要的指导意义和推动作用，在致力于推动检察文化大发展大繁荣的过程中，要从健全完善检察文化建设工作格局入手，正确理解和准确把握检察文化建设工作格局，将检察文化建设的发展目标具体化、阶段化，通过形成良好的格局推动检察文化建设全面深入发展。根据最高人民检察院出台的《关于加强检察文化建设的意见》和《关于深入贯彻落实党的十八大精神进一步加强检察文化建设的决定》的总体要求，检察文化建设的格局构建应该围绕"坚定职业信仰、培育职业精神、提高职业素质、规范职业行为、塑造职业形象"来展开。

一、学习践行社会主义核心价值体系，坚定检察职业信仰

信仰问题是检察文化建设中的核心问题，崇高的检察职业信仰能够为检察人员恪尽职守提供强大的精神动力与智力支持。加强检察文化建设必须将坚定理想信念、坚定检察职业信仰放在首要位置，通过促使检察人员对检察工作目标、任务、使命等的认识、理解与尊崇来凝聚检察人员的力量，引领检察人员

---

① 参见冯天瑜：《中国文化的地域性展开》，载《江汉论坛》2002 年第 1 期。

为检察事业的科学发展作出积极贡献。坚定检察职业信仰，集中表现为对中国特色社会主义的坚定信念，对贯彻党的基本理论、基本路线、基本纲领、基本经验的自觉性和坚定性，走中国特色社会主义道路的坚定性，坚持和发展中国特色社会主义检察制度的坚定性，以及检察官的职业忠诚。坚定检察职业信仰必须坚持以社会主义核心价值体系为引领。社会主义核心价值体系是我国在建设中国特色社会主义国家的伟大进程中逐步形成的、体现社会主义本质、在中国社会基本价值中居于统治地位、发挥指导作用的理论体系和思想观念，是社会主义意识形态的本质体现，是全党全国各族人民团结奋斗的共同思想基础[①]。社会主义核心价值体系是社会主义文化建设的根本，是检察文化建设的基本遵循和行动指南。必须把社会主义核心价值体系融入检察文化建设的全过程，不断巩固社会主义核心价值体系在检察文化领域的指导地位，确保检察文化建设的社会主义方向。必须坚持用马克思主义中国化最新成果武装头脑，用中国特色社会主义共同理想凝聚力量，用以爱国主义为核心的民族精神和以改革创新为核心的时代精神鼓舞斗志，用社会主义荣辱观引领风尚，真正使马克思主义价值观成为检察人员的主导意识和精神支柱，巩固检察人员共同奋斗的思想基础。

二、树立社会主义法治理念，培育检察职业精神

检察职业精神是检察文化的精髓和灵魂，培育、弘扬检察职业精神是检察文化建设面临的一个重大命题。检察机关要结合检察工作的生动实践，加强对检察职业精神的研究，深刻阐述检察职业精神的科学内涵、重要意义和实践要求，不断总结提炼富有时代气息、具有检察特点、社会普遍认同的检察职业精神。要强化教育引导，增强检察人员的理论共识和感情认同，着力培育符合科学发展观、社会主义核心价值体系要求，体现社会主义法治理念、政法干警核心价值观和检察工作规律的检察职业精神，构建检察人员共同的价值追求和行动指南。

依法治国、执法为民、公平正义、服务大局、党的领导的社会主义法治理念，是社会主义核心价值体系在法治建设中的具体体现。培育、弘扬检察职业精神，必须引导广大检察人员牢固树立社会主义法治理念，以社会主义法治理念为支撑，坚持忠诚、公正、清廉、文明的检察官职业道德基本要求，坚持立检为公、执法为民，信仰法治、忠于法律，客观公正、秉公执法，清正廉明、

---

①　徐汉明等：《当代中国检察文化研究》，知识产权出版社 2013 年版，第 215 页。

刚正不阿，伸张正义、维护公平。信仰法治、忠于法律对检察人员群体来说是最重要的一种职业精神，要视法治为一种神圣的职业理想，奉行法律至上，忠实履行法律监督职责，加快推进社会主义法治建设；客观公正、秉公执法既是检察办案工作的一项基本原则，同时最能反映检察职业精神的本质内涵，也是各级检察机关和检察人员赢得社会及公众信任的基石；清正廉明、刚正不阿的检察职业精神则体现了国家和社会对检察机关和检察人员政治品质的特殊要求，也是检察人员所必须具备的崇高精神品质；伸张正义、维护公平是法律赋予检察机关和检察人员最神圣而光荣的责任，要认真履行法律监督职责，维护社会公正与正义。

三、强化法律监督能力建设，提高检察职业素质

检察工作是需要具备一种特殊品质的职业，这种品质植根于一代代检察人积淀的职业传统。检察官群体本质上是从事法律职业的共同体，法律职业共同体不仅是法律知识的共同体和法律技能的共同体，而且必须是法律职业素养的共同体。只有这样，才能从制度上保证我们能建设一支高度专业化、职业化和同质化的高素质的法律职业队伍[①]。检察机关作为国家法律监督机关，担负着打击犯罪、惩治和预防腐败、维护司法公正等重要职责，从事检察职业的人员必须具备与其职业相匹配的学识和才能，提高检察职业素质、培养高素质的检察人才是检察文化建设的重要内容和关键环节。

在推进检察文化建设中要突出加强队伍专业化建设，坚持以队伍专业化推动法律监督能力建设。专业化是检察机关职业素质建设的核心，如果没有更高的法律素养和专业化水平，就不能胜任法律监督工作。一是强化专业知识的学习积累。适应中国特色社会主义法律体系的完善，加强对法律规范特别是修改后刑事诉讼法、民事诉讼法、《人民检察院刑事诉讼规则（试行）》和《检察机关执法工作基本规范》的学习，牢固树立人权意识、程序意识、证据意识、时效意识、监督意识。适应法律监督业务的拓展，自觉加强对法律监督基本理论、各项检察专业技能的学习，全面深入掌握履行岗位职责所必备的专业知识，真正使自己成为检察工作的行家里手。适应时代和社会的发展进步，自觉加强对金融、财经、科技、社会等相关知识的学习，不断优化知识结构，提高综合能力。二是推进专业化教育培训。牢固树立向教育培训要检力、要战斗力的理念，研究制定检察队伍专业化建设规划，推动形成专业化的教育培训体

---

① 霍宪丹：《法律职业与法律人才培养》，载《法学研究》2003 年第 4 期。

系。围绕发现违法犯罪、侦查突破案件、审查运用证据、适用法律政策等能力建设，制定实施检察人员岗位素能基本标准，细化各层次、各岗位人员尤其是业务部门检察官的专业知识结构标准、履职能力具体标准，为培养不同岗位检察人员提供基本依据。坚持以领导干部、业务一线和基层检察人员为重点，分级分类全面开展领导素能、任职资格、专项业务、岗位技能和通用技能培训，着力培养一大批综合素质高、既具较高检察理论水平又具有丰富办案经验的检察业务专家、业务尖子和办案能手。三是重视专业技能的实践锻炼。坚持把学习理论知识与研究解决工作实践中的重点难点结合起来，边学边干、学干结合，广泛开展岗位练兵、岗位竞赛和岗位技能比武，结合执法办案的具体实践掌握新知识、积累新经验。围绕提高群众工作能力，选派优秀年轻检察人员到其他部门挂职交流，组织新进人员和长期在机关工作的同志到基层一线实践锻炼。各级领导干部带头深入基层、深入一线，带头承办重大疑难复杂案件，在丰富的检察工作中积累经验、增长才干。四是推进检察队伍专业化制度建设。加强专业化建设的顶层设计，明确专业化建设的目标任务、工作重点、措施要求和方法步骤。坚持以法律专业为主体、其他专业为补充，健全检察人员职业准入制度，完善检察人员招录机制，严格把好"进人关"，不断优化队伍专业素质结构。适应新型案件增多、办案难度加大的新情况，积极推进专门型检察队伍建设。

四、深入推进执法规范化建设，规范检察职业行为

检察文化不仅包括精神层面，也包括行为层面。同样，检察文化建设既包括精神文化建设，也包括行为文化建设。检察行为是检察制度的实践形态，是实现检察权的基本途径，是实现检察机关职能的重要过程，是检察制度发展的动力与源泉[①]。检察行为文化是指检察活动过程中所体现和形成的主体的共同行为取向、共同行为规范、共同行为准则或行为模式，其本质是主体的检察工作对检察制度和检察权运行规则的实现，其功效是促进主体的自我发展和提升社会对主体的认同[②]。

加强检察行为文化建设，必须切实规范检察人员的执法行为、言谈举止、人际交往等，努力培育检察人员符合职业道德要求的行为模式，确立检察人员共同的行为准则。坚持依法履行职责，严格按照法定职责权限、标准和程序执法办案；坚持客观公正、忠于事实真相、严格执法、秉公办案、不偏不倚、不

---

① 朱孝清、张智辉：《检察学》，中国检察出版社 2010 年版，第 443 页。
② 徐汉明等：《当代中国检察文化研究》，知识产权出版社 2013 年版，第 243 页。

枉不纵，使所办案件经得起法律和历史检验；坚持打击与保护相统一、实体与程序相统一、惩治与预防相统一、执行法律与执行政策相统一、强化审判监督与维护裁判稳定相统一；坚持理性、平和、文明、规范执法，保持专业水准，秉持专业操守，维护职业信誉和职业尊严。必须坚持推进执法规范化建设，抓好《检察官职业行为基本规范（试行）》、《检察机关文明用语规则》和《检察机关执法工作基本规范》的贯彻实施，注重规范检察执法行为，突出重点岗位和关键环节，把各种规范要求融入执法办案流程、岗位职责和办案质量标准之中，以信息化为手段，通过细化执法标准、严密执法程序、加强执法监督、完善执法考评，实现对执法办案的动态管理、实时监督和科学考评，促进公正规范执法。

制度是检察行为文化的重要组成部分，其通过对检察人员群体的行为设定一定的准则，对执法行为和心理进行合乎目的性要求的调整，以达到规范执法行为之目的。要不断健全、规范、落实检察机关的各项工作制度和管理制度，稳步推进检察机关的规范化建设，切实规范检察人员的职业行为，促进公正执法，维护和树立执法权威，提升检察机关形象，增强社会公众对检察机关的信任感。要高度重视检察礼仪。检察礼仪的真正意义在于它不仅通过一种形式激发出一种心理冲击，使社会公众产生敬畏和尊崇，而且强化了检察人员对公正执法的角色感知，时刻提醒检察人员规范自己的行为，谨慎履行自己的职责。

五、深化职业道德和廉政教育，塑造检察职业形象

检察职业形象的塑造对于检察机关提高执法公信力、树立法律监督权威、提升人民群众的满意度具有重要作用。检察文化建设必须把深化检察职业道德和廉政教育放在突出位置，大力塑造检察职业形象。

（一）加强检察职业形象建设

检察职业形象的提升表现为检察机关和检察人员在社会公众中的表现更加出色更令人满意，以及社会公众对这些表现的总体印象更好、评价更高。提升检察职业形象，塑造和维护检察机关和检察人员良好的、理想的、应然的职业形象，需要检察机关和检察人员对职业形象的自觉追求。检察职业形象的提升，要求检察人员的司法能力得到提升，职业作风更加严明。同时，要强化检察人文关怀，塑造和维护检察为民形象，还要规范检察职业礼仪和规范检察职务外行为。加强职业形象建设就是要加强与中央和地方主流新闻媒体的密切联系，充分运用报纸、杂志、电视、广播特别是互联网等新闻传媒，通过合作设立专栏、制作专题节目等，搭建检察宣传平台，拓展宣传渠道，打造宣传品

牌，大力宣传检察机关的性质、职能，宣传检察工作的新成绩、检察队伍的新面貌、检察改革的新进展，营造良好的社会舆论环境；建立和完善检察机关新闻发布制度，积极推行"检务公开"、"阳光检察"、"检察开放日"活动，不断提高检察工作的透明度，树立检察机关良好的执法形象。

（二） 加强检察职业道德建设

检察职业道德是检察职业特有的、处于检察官群体中的所有人员都应当遵守的道德规范中的最高层次的特有准则。它主要应包括三个方面：（1）其他职业不特别要求遵守的；（2）虽然其他职业也要求遵守，但在检察职业中有特殊表现的；（3）虽然其他职业或所有公民都应遵守，但对检察职业有特别重要的价值的[①]。根据最高人民检察院制定的《检察官职业道德基本准则（试行）》，检察职业道德的基本要求是忠诚、公正、清廉、文明。忠诚，是检察官必备的政治品格和检察职业道德的本质要求；公正，是检察官的价值追求和检察职业道德的核心内容；清廉，是检察官的职业本色和检察职业道德的底线；文明，是检察官形象和检察职业道德的业务根基。忠诚，就是要忠于党、忠于国家、忠于人民、忠于宪法和法律，牢固树立依法治国、执法为民、公平正义、服务大局、党的领导的社会主义法治理念，做中国特色社会主义事业的建设者、捍卫者和社会公平正义的守护者；公正，就是要树立忠于职守、秉公办案的观念，坚守惩恶扬善、伸张正义的良知，保持客观公正、维护人权的立场，养成正直善良、谦抑平和的品格，培育刚正不阿、严谨细致的作风；清廉，就是要以社会主义核心价值观为根本的职业价值取向，遵纪守法，严格自律，秉持清正廉洁的情操，不以权谋私、以案谋利；文明，就是要做到执法理念文明、执法行为文明、执法作风执法语言文明，遵守各项检察礼仪规范，注重职业礼仪约束，仪表庄重、举止大方、态度公允、用语文明，保持良好的职业操守和风范，维护检察官的良好形象。检察机关要坚持不懈地加强职业道德建设，以推广实施检察官宣誓制度为载体，建立健全教育、宣传、自律、监督、考核并重的职业道德建设机制；坚持典型引路，深入开展创先争优活动，大力宣传恪守检察职业道德、公正廉洁执法的检察官先进典型，通过典型的激励和感召，进行潜移默化的职业道德教育，使大家始终保持高尚的道德情操和职业操守。

（三） 加强纪律作风和自身廉政建设

铁的纪律，是我们党的光荣传统和政治优势，是我们党和国家的力量所

---

① 蒋惠岭：《司法职业道德之基本认识》，载《法律适用》2001 年第 1 期。

在，也是检察队伍抵御诱惑、不出问题的重要保证。检察机关要严明政治纪律，自觉与党中央保持高度一致；坚持上下级检察院的领导体制，确保检令畅通、令行禁止；严格落实廉洁从政、廉洁从检规定。必须从源头上加强作风建设，始终保持同人民群众的血肉联系，坚决反对特权思想、霸道作风，自觉做到执法为民；始终坚持和发扬艰苦奋斗精神，厉行勤俭节约，不搞铺张浪费。严格执行党风廉政建设责任制，加大对《廉政准则》和《廉洁从检若干规定》贯彻执行情况的检查力度；认真贯彻落实中央有关文件，及时研究制定具体实施办法；深入开展岗位廉政教育和示范教育、警示教育，建立廉政教育长效机制。

第四节　检察文化建设的发展策略

就中国特色社会主义检察文化事业而言，与我国处于发展中阶段的国情相类似，在今后相当长的时期内，基础建设将是一个重要的内容。尤其是在我国中西部等经济不发达地区，基础建设将任重而道远。而竞争日益激烈的国际形势，民主政治和现代法治的迫切需要，包括文化建设在内的整体精神文明建设的危机，都在无形中促使我们，即使检察文化基础建设并没有完全稳固，也要整合有限的资源，集中精力进行精品建设。要以检察文化的精品引领检察精神的塑造，进而促进中国特色社会主义检察事业的科学发展。同时，当我们把检察文化作为一项检察工作的事业来追求时，也就意味着我们对检察文化建设要有一个长期的深远思考，要有一种追求精品化的战略选择。然而，无论是对基础建设还是对检察文艺作品的精品战略而言，正确恰当地处理两者之间的关系，将对中国特色社会主义检察文化事业的发展起着至关重要的作用。

一、推进检察文化基础建设

检察文化的基础建设，是指在检察文化事业的构建过程中，要加强对影响检察文化的最根本或最基础的相关因素的建设。这些最根本的因素，不仅包括检察队伍的规模和人员素质状况、检察机关的房屋、场地、技术装备等硬件设施，以及检察文化建设过程中所必需的经济财力支撑等物资性基础力量，而且包括社会主义法治指导理念、政法干警核心价值观等精神性基础力量。这些因素，都是检察文化事业建设所必须依赖的基础和保障力量。没有这样的保障，包括精品建设在内的一切检察文化建设都将成为虚幻的"空中楼阁"，可望而不可即。同时，基础建设的含义也意味着，在检察文化事业建设的整体大格局中，要将基础建设列为所有建设的重中之重。即在构建检察文化事业的宏伟"大厦"时，要将基础建设作为"大厦"的起点和支撑，作为优先考虑的重点对象，切不可本末倒置，在基础建设极其不充分的情况下，忽视基础建设而进行所谓的检察文化精品建设；也不可不考虑基础建设而进行所谓不切实际的检察文化精品建设、创优创新。

（一）检察文化基础建设的现状

当前，我国国民生产总值已经位居世界第二位，但是，我国仍然是发展中国家，人民平均生活水平仍然较低。这样的经济现实决定了我国政府不可能为检察机关的建设尤其是检察文化建设而投入过多的人力、财力和物力，这也意味着在相当长的时期内，中国特色社会主义检察文化事业的基础建设将面临一系列的瓶颈。尽管如此，我国检察机关以"两房"为代表的基础建设，经过30多年持续不断的建设，仍然取得了巨大的成绩，目前已经进入第三阶段，能够部分满足检察机关现代化建设尤其是检察文化建设的需要。

在检察人才建设方面，经过30余年的不断积累，我国检察队伍的结构不断优化，法律监督能力不断提升，尤其是自2002年国家统一司法考试实施以来，我国检察队伍的专业化、职业化建设成效明显，队伍整体素质有了大幅提升，执法形象不断改善，人民群众的满意度越来越高，已打造出一支政治坚定、业务精通、作风优良、执法公正的高素质检察队伍。截至2008年，全国检察队伍的规模已扩大至224592人，本科以上学历的162006人，占检察人员总数的72.1%；141942名检察官中，本科以上学历的93132人，占检察官总数的65.6%；其中，法律专业硕士研究生5227人，占检察官总数的3.7%。[①]这一支高素质检察人才队伍的形成，为我国检察文化事业建设打下了坚实的基础。但全国发展仍不平衡，部分地区尤其是中西部地区的检察人才队伍还不够庞大，个别检察人员的素质与检察工作的科学发展要求还存在一定程度的差距等。

尽管通过各级检察机关努力与十余年的实践，检察文化已经形成了一门比较独立、完整的研究课题，但在检察文化基础建设的实际操作中，却存在对检察文化没有全面了解、全面贯彻的现象。一是对检察文化内容认识不够全面。部分检察院和检察干警，对检察文化内涵和重要意义的认识不够全面、准确，认为只要努力工作、圆满完成各项工作、在工作中不出乱子就可以了。还有部分人认为开展检察文化活动就是娱乐活动，是对正常工作时间、效率的冲击。

---

① 参见尹晋华：《始终坚持科学发展，大力加强检察队伍建设》，载《检察日报》2008年12月9日。

也有一些人认为把有限的资金用在美化机关环境、建设文化活动设施、开展检察文化活动是一种奢侈浪费，是不合时宜、不实在的形象工程等。二是对检察文化的内涵与外在存在认识偏差。马克思哲学里强调，无论在何方面，物质文化都只是精神文化的载体及基础，精神文化才是文化的核心内涵。检察机关的物质文化建设的目的是为检察文化建设提供基础，并使它成为承担精神文化的载体，物质文化的建设不是目的，而是手段。但是，有的检察院甚至把检察文化建设的意义等同于机关环境的美化和丰富全体干警的业余生活，一味强调发展机关环境和娱乐文化，而离开了检察机关的精神文化建设，从而使新时代的检察文化建设偏离了航道。三是检察文化建设存在局限性。一些检察院把检察文化建设等同于对全体干警的思想政治教育、业务学习和业余活动的开展，导致检察文化建设与检察干警的实际情况割裂开来，参与度不高，限制了检察文化功能的发挥。四是地方检察文化特色不明显、无法凸显。任何事物都是具有共性和个性的。我们应当在充分了解共性的前提下大力发展个性的存在。检察文化应当是既有共性的一面，也应有其鲜明的个性特征，这正是检察文化的先进生命力所在。但是，在实际工作中，部分检察院在推进检察文化建设，尤其是促进本院精神的形成中，尚未注重体现检察机关、各自检察院、检察干警的自身特点和发展趋势，过于趋于一般化、形式化。

（二）检察文化基础建设的原则

检察文化基础建设应着眼于四个方面：（1）实用性。无论是人员的储备还是物资的保障，都必须以实用性为原则，即首先要能够满足包括检察文化事业在内的各项检察业务建设的现实需要。如果基础建设抛开了实用性，一方面将不可避免地导致人、财、物的浪费，另一方面也将导致整个检察事业的基础不牢。（2）经济性。要充分考虑到成本、效益的核算和建设时间的节约，在投入尽可能少的资源的前提下，能够最大限度地完成符合实际效果的基础建设。在检察文化基础建设过程中，充分发挥经济性原则将有利于突出检察文化建设的重点，并进行针对性、策略性的选择谋划，也有利于加快整体文化建设的进程。（3）因地制宜。由于我国各个地区地理环境、民族结构、宗教状况、经济条件、政治氛围、文化底蕴等都存在较大的差距，因此，不同地区的检察机关无论是人员结构、治院理念、管理制度，还是办公条件、办案经费、生活待遇等，都存在明显的区别。这种区别决定了不可能对全国所有的地方检察机关都采取"一刀切"的统一政策，必须根据各自的不同条件和特点，因地制宜地进行各项基础建设。（4）均衡性。尽管我国各地区情况差别较大，但为了国家的全面协调可持续发展，绝不能对基础建设较差的地区听之任之，放任不管。要有效利用我国目前正在开展的东西部地区对口支援开发新疆、西藏等落后地区的政治、经济大气候，在强化检察机关对口支援活动的同时，加大中央财政向落后地区倾斜的力度，统一划拨，增加转移支付的力度。这样既能解决落后地区检察机关的经费来源问题，有效避免受利益驱动办案的现象，又能提升检察机关开展检察文化建设的积极性。

二、推进检察文化人才建设

检察文化人才建设是检察机关为实现检察文化发展目标，把文化建设人才作为战略资源，对人才培养、吸引和使用作出的重大的、客观的、全局性的构想和安排，人才建设实质上就是培养人、吸引人、使用人、发掘人。

（一）检察文化人才建设的重要意义

人才是文化建设中最活跃的因素，是先进文化的创造者和传播者，人才工作在检察文化工作全局中具有十分重要的地位。加强文化人才队伍建设，培养一批检察文化建设理论的研究者、推进检察文化建设的组织者、积极投身检察文化建设的践行者，是全面推进检察文化建设的客观要求。只有培养大批适应时代发展的检察文化人才，提高文化服务水平，才能拓展广大检察人员的文化生活空间，满足检察人员多层次、多样化、多方面的精神文化需求。也只有培养出大批自觉把握时代特征和大众审美需求的检察文化人才，才能创作出更多深刻表现时代精神、深受检察人员和人民群众喜爱的精品力作，才能丰富检察人员的精神生活、提升检察人员的精神境界。

（二）检察文化人才建设的主要任务

1. 制定和落实人才发展规划

立足本地检察工作实际和检察文化人才队伍现状，制定切实可行的检察文化人才发展规划，增强文化建设工作的计划性和前瞻性。要摸清本地检察文化人才的数量、质量、类型和发展状况，研究检察文化人才队伍建设中存在的困难和问题，明确检察文化建设对于人才的实际需求和人才战略发展目标，立足当前，着眼长远，把采取具体措施和建立长效机制结合起来，制定有针对性和可操作性强的人才发展规划，确定当前和今后一个时期检察文化人才工作的主要任务，科学谋划人才发展，创新人才工作思路，指导和推进人才工作，为实施检察文化建设人才战略打下坚实的基础。在具体实施过程中，要结合目标任务，分阶段、有步骤地抓好贯彻落实工作，努力培养造就一批德才兼备、锐意创新、结构合理的检察文化人才队伍，为检察文化建设提供有力的人才支撑。在具体落实检察文化人才战略过程中，要加强文化人才引进工作，有计划、有意识地引进一批具有文化特长、熟悉文化工作的专业性人才。要善于发现和利用本地、本单位的文化资源，发掘各类检察文化人才，引导他们积极投身于检察文化建设中去。要加大培训力度，建立激励机制，支持文化工作者大胆开展检察文化活动，及时帮助解决工作中的困难和问题，充分调动检察人员参与检察文化建设的热情。要重点扶持拔尖人才，打造检察机关自己的名家团队，努力构筑检察文化建设的人才高地。

2. 切实加大资金投入

实施检察文化建设人才战略离不开经费保障。物质保障直接关系到人才战略能否有效开展、取得实效。从目前发展情况看，保障不力是当前检察文化建设中突出问题，检察机关几乎都没有专项的检察文化建设经费，开展文化活动主要依靠办公经费和工作经费，文化人才培训和实践的经费投入更是微乎其微。人才资源开发投入是效益最大的投入，要切实改变陈旧观念，从促进检察文化建设科学发展的高度，重视检察文化人才战略的制定和落实，重视投入，舍得投入，为检察文化人才队伍的成长壮大提供坚实的物质基础。

3. 改善人才的成长环境

检察文化人才的成长，不仅要靠个人努力，还需要有良好的外部环境。大力实施检察文化人才战略，必须把营造有利于文化人才健康成长、脱颖而出、发挥作用的良好环境和氛围作为重要工作来抓。在检察工作中，一些地方对检察文化建设不重视，对检察文化人才不关心，检察文化人才在人才队伍中有被边缘化倾向。这种倾向如果不能及时扭转，必然压抑现有检察文化人才的积极性和创造性，也不利于培养和造就新一代的检察文化人才。充分认识检察文化人才在文化育检工程中的重要作用，切实把检察文化人才建设摆在应有的位置，积极制定以评价、培养、激励、使用为主要内容的检察文化建设人才措施，营造良好的人才环境。积极推进学习型文化组织建设，最大限度地满足各类人才相互交流、学习提高的需求，为培育检察文化人才营造良好的成长环境。切实关心爱护文化人才，在工作中加强沟通、增进理解、鼓励创作，帮助他们解决实际困难，为他们营造良好的文化创作环境。要积极宣传优秀创作成果和检察文化精品，营造尊重文化、尊重劳动、尊重文化创作的浓厚氛围。

（三）检察文化人才建设的主要措施

用事业造就人才，用机制激励人才，用荣誉褒奖人才，用学习提升人才，让各类检察文化人才竞相涌现，创造活力充分发挥，形成以文化繁荣吸引凝聚人才，以人才辈出发展繁荣检察文化的生动局面。

1. 统筹推进各类文化人才队伍建设

检察文化人才是具有一定专业知识或专业技能，在检察文化建设领域从事文学艺术、理论研究、创新表演、传承传播等方面具有一定造诣的检察人员。检察文化人才队伍建设有自己的特殊规律和鲜明特点。在人才素质上共性要求和个性要求相对更高、更复杂，特别是在个性要求上具有极大的差异性，在人才培养和使用上特殊性和局限性相当突出，在人才队伍结构上层次和类型非常多样。因此，必须全面贯彻检察文化建设人才战略的指导方针，以创新型人才培养为先导，以应用型人才开展为主体，以高层次人才培养为重点，统筹推进各类检察文化人才队伍建设，把各方面优秀检察文化人才集聚到检察文化建设事业中来。要统筹抓好存量人才和增量人才、一般人才和高素质人才、重点人才和急需人才发展工作，抓好人才培养、引进、使用各个环节，使不同专业特长、不同能力水平的人才都能在检察文化建设过程中一展所长、建功立业。

2. 建立健全检察文化人才工作机制

建立健全检察文化人才工作机制是开发人才资源、用好用活人才、提高人才效能的关键。必须坚持把有利于促进人才成长，有利于促进人才创新创造，有利于构筑充满活力、富有效率的人才发展环境，作为创新检察文化建设工作机制的出发点和落脚点，积极探索符合检察文化人才发展的新路子，构建长效机制，最大限度地激发和保护各类检察文化人才的创新活力和创造智慧。要从检察文化建设的实际出发，改变人才评价方式，完善人才评价手段，把评价人才和发现人才结合起来，建立健全人才评价发现机制；以提高思想道德素质和创新能力为核心，在认真做好抓重点、分层次、有特色的培训工作的同时，坚持学习与实践相结合，培养与使用相结合，促进检察文化人才在实践中不断增长才干；着眼于体现人才价值、激发人才活力，以鼓励创新为目的，建立健全与工作业绩紧密联系的激励保障机制，努力形成上下联动、协调高效、整体推进的检察文化人才工作运行机制。

3. 充分发挥检察文化人才作用

使用好文化人才是检察文化人才战略中的核心环节，只有通过使用，人才才能成长和创造价值。要按照各类检察文化人才的特点和专长，充分信任，放手使用，努力形成人尽其才、才尽其用的良好局面。要把用好用活人才的观念贯穿检察文化建设人才战略的始终，通过安排文化人才参与重要文化工作、重点文化项目建设，给德才兼备的人压担子，给大家公认的人铺路子，给实绩突出的人搭台子，实现其自身价值，提高人才效能，最大限度地激发检察文化人才的创造活力。

三、推进检察文化精品建设

所谓检察文化事业建设的精品，或者说检察文化事业建设的品牌，是指在检察文化事业建设过程中，精心打造出的区别于大众化、一般性的高质量、标志性、个性化的优秀检察文化产品。其往往代表着一个地区，甚至整个检察系统的品质和形象，成为提升检察影响力、塑造检察公信力的有效路径。实践中，检察文化精品的表现形式也是多种多样，形态不一，有的是体制机制的创优创新，有的是先进人物、典型事迹的塑造，有的是文化载体的不断更新，甚至是优秀案例、精品案件的评选、汇编及宣传等，不一而足。

文化的发展以文化精品为支撑，文化的繁荣以文化精品为代表。精品战略也意味着检察文化事业建设是一个在全面发展过程中，需要突出重点、部分优先的战略。对于一个地区检察机关尤其是基层检察院而言，囿于各种实际情况，不可能把所有的检察事业，包括检察文化事业都建设成精品，也不可能把检察文化事业的各个方面都建设成精品，因此，在检察文化事业的精品建设过程中，进行符合各地实际状况的、力所能及的取舍，将是一条符合理性的相对合理之路。

（一）检察文化精品建设的现状

文化精品是文化繁荣发展的重要标志，是软实力的综合体现。尽管检察文化相对于整个国家的文化而言，只是一种适用于特殊群体即检察人员的所谓亚文化，但是，其同样具有文化的诸多优良品质。大力发展优秀的检察文化，打造检察文化事业的精品，将必然能够激励检察人员为检察工作奉献自己的青春，也必然能够克服各种困难而奋发向前。仔细考察我国当前的各种检察文化精品，尽管优秀者数量众多，尽管部分产品也在社会上产生了广泛的影响力，但仍然存在下列不足：

1. 内生性不足，借鉴和移植过多

在我国现有各项政治制度和学说中，检察制度和检察学都相对比较年轻，导致检察文化建设在实践中处于摸索阶段，仍然需要进一步积累；检察文化的理论研究仍然需要进一步向纵深拓展。我国人文社科领域整体存在的"内源性发展不足，知识创新度不够高；短期行为突出，整体知识积累不厚实；作品数量丰富，但在国际上叫得响的作品寥寥无几"等问题，都对我国检察文化尤其是精品文化建设战略造成了相当不利的负面影响。

2. 在一定范围内存在雷同现象

自检察机关恢复重建30年来，检察文化建设开展得如火如荼，也出现了一大批极富价值的文化精品，但是，由于文化创新尤其是原创性难度较大，加之检察工作历史较短，各地在检察文化建设尤其是精品建设方面出现了雷同现象。有的文化精品尽管表面上名称不一，形式各样，但仔细探究内容，却发现本质基本相似，思想基本相近。

3. 部分精品建设不符合实际

尽管检察文化建设是一种带有浓重意识形态特色的抽象精神建设，但是其仍然需要通过一定的载体予以体现，更不能脱离一个检察院及其所在地区的实际情况。然而，在现实检察文化建设过程中，有些检察机关推出的文化建设精品，或者说亮点特色，有的完全脱离当地检察工作实际，沦为"面子工程"，甚至是为了文化而文化，为了精品而精品，不认真探求文化建设的科学规律，不紧密结合当地的检察工作实际需要。

4. 部分精品建设失之偏颇

一是重形式轻内涵，内容游离于检察内涵之外，成为与检察业务相脱节的"形象"工程，不能有效发挥检察文化精品的灵魂导向、团队凝聚、行为约束、精神激励等作用，不能有效推动检察队伍整体建设。二是重自娱自乐轻传播推广，检察文化精品的社会影响力不够，不能起到其应有的检察事业推介功能，不能让更多的群众了解、监督检察工作，不能有效破解群众对检察工作的神秘感。三是重展示轻挖掘，"随风潜入夜，润物细无声"的文化功效被弱化，不能深刻洞悉检察文化建设和检察业务建设之间的良性互动关系，不能有效利用检察文化精品，在检察人和"文化人"之间建立起有效的沟通桥梁，开辟检察文化深入检察事业和检察人心灵的内化路径。

（二）检察文化精品建设的原则

1. 统一规划原则

要想建设富有特色的检察文化精品，实施建设的检察机关就必须对目标有清楚的理解，并坚信这一目标包含着重大意义和价值。而且这个目标还能够激励检察机关的每个成员把个人的目标升华并融入检察文化建设的目标中，并愿意为这一目标的实现积极行动和自我牺牲。而这一目标，从近期来说是逐步提升检察形象，提高人员素质，从长远来说，则是提升检察执法公信力，打造一个具有强大软实力的检察机关。同时，还要结合战略目标制定切实可行的战略规划，并作出有效的路径抉择。此外，对检察文化精品建设，也要制定符合自身实际的阶段性目标，并有步骤地实施，在力所能及的范围尽可能地实现精品战略总体目标。

2. 始终坚持和完善中国特色社会主义检察制度原则

综观当前世界各国的检察制度，不仅不同社会制度的国家之间存在较大差异，即使在同样社会制度的不同国家之间也存在较大差异，甚至在同一国家内部也存在不同差异，可以说没有一个放之四海而皆准的检察制度固有样本。一个国家的检察文化建设包括精品建设，如果脱离了其产生和存在的制度根基，那么检察文化精品建设将成为"空中楼阁"，而建成的所谓检察文化精品也将会成为"面子"或摆设，其实际的进步意义必然大打折扣。对于我国的检察制度而言，只有符合中国实际情况的检察制度，才是最好的检察制度，而这样的检察制度就是中国特色社会主义检察制度。因此，坚持和完善这一检察制度，不仅是我国政治建设的迫切要求，更是我国检察文化事业精品建设的现实需要和有力保证。

3. 始终以"六观"精神为统领原则

检察文化精品建设尽管存在着诸多的有形表现方式或载体，但究其本质，仍然是一种检察人员和检察机关的精神、气质和灵魂建设。如果忽视了这一内容的建设，那么检察文化精品建设将成为没有灵魂的"赝品"，将会带来检察事业建设尤其是检察文化事业建设路径上的迷茫。因此，检察文化精品建设必然要遵循精神文明建设的基本原则，要以核心的精神为灵魂、导引和保障。而这一核心精神就是以"六观"为代表的中国特色社会主义检察制度的核心价值体系，即牢固树立推动科学发展、促进社会和谐的大局观；牢固树立忠诚、公正、清廉、为民的核心价值观；牢固树立理性、平和、文明、规范的执法观；牢固树立办案数量、质量、效率、效果、安全相统一的业绩观；牢固树立监督者更要自觉接受监督的权力观；牢固树立统筹兼顾、全面协调可持续的发展观。

4. 始终紧扣检察工作主题原则

检察文化精品建设，作为抽象的思想领域范畴，必须来源于检察工作的实际，紧扣检察工作主题，并从富有成效的检察工作实际中追求、形成自己的亮点特色，最终建设成检察文化的精品。只有这样的文化精品，才富有鲜活的生命力，并具有恒久的吸引力。同时，检察制度作为上层建筑的一个有机组成部分，尽管必须统一于上层建筑建设的整体，但是其仍然具有自己独特的运行规律和机理，这决定了包括检察文化事业建设在内的各项检察事业建设必须遵循检察工作的规律，并以检察工作规律为衡量建设有效性的重要标准。

5. 始终坚持创优创新原则

创优创新始终是中国各项事业发展的主题和前进的动力，检察文化事业建设也不能例外。对于检察文化事业建设的精品而言，创优创新不仅是一条有效路径，更是本质需要。从某种意义上而言，检察文化事业的精品建设，就是检察文化的创优创新。当检察文化建设不断创优创新，并形成稳定的运行模式和经过实践检验的成果时，文化精品也就在这一过程中自然诞生。

（三）检察文化精品建设的路径

检察文化精品建设是一项复杂的精神劳动，既需要富有个性的创造，又是一项系统工程，更需科学有效的组织规划、扶持奖励、评论提高。因此，必须大力完善以组织机制、扶持机制、奖励机制、评论机制为基础的综合保障机制，为推进文化精品建设工程提供良好环境。一要完善组织机制。推进检察文化精品建设工程，需不断完善组织机制。可根据各地实际情况，研究制定相应的检察文化精品建设工程实施细则，明确任务目标和责任分工，确保工程有计划有重点地稳步推进。同时，可建立检察重大题材文化精品建设领导小组，组织专家、学者对重大和现实的题材进行研究，逐步建立重大历史题材和现实题材的创作名录库，吸引国内外文艺家参与检察文化精品建设。二要完善投入机制。扶持重大题材创作是推出检察文化精品的重要途径，但这类创作往往投入大、周期长、要求高，必须改进投入模式，不断完善投入机制，才能确保"好钢用在刀刃上"，提高检察文化精品建设工程的投入产出比。可积极争取各项优惠扶持政策，设立重大题材文化精品建设扶持基金，确保对重大题材作品加大投入和支持力度，促进各类资源向检察文化精品创作集聚。三要完善评奖机制。科学的评奖机制是激发检察精品文化创造活力的重要手段，是检察文化精品创作生产的重要助推器。因此，一方面，需积极推行提名作品公示、评委实名投票、投票结果公开等制度，不断完善公开、公平、公正的评奖机制，使评奖真正成为检验创作、推出精品、转化成果的重要调控手段。另一方面，需积极推进奖励制度化建设，逐步建立起由检察精品文化综合性最高奖、各专项奖和重大赛事奖组成的奖励制度，定期或不定期地开展检察文化精品评选奖励活动。

检察精品文化建设还必须有以下内容：

一是树立先进人物典型。检察文化精品建设也可以说是先进典型检察人员的塑造。而先进人物的感染力，尤其是对身边人的感染力，将是检察文化精品建设的有效"催化剂"。一个检察院的先进人物一旦成为该院的品牌，那么该先进人物就对该检察院文化建设甚至整个检察事业的发展都有着不可估量的社会意义和政治价值。而先进人物典型并非一成不变，可以根据实际需要从多种角度进行构建。如为彰显政法干警核心价值观，塑造检察人的优良道德和职业品质，可以树立如河南省马俊欣检察官这样身残志坚的典型。

二是加强示范检察院建设。树立先进人物典型可以引起检察系统内部尤其是上级检察院的关注，提高该检察院在系统内外的知名度，同样，加强示范检察院建设，也可以达到类似的效果。除此之外，大力加强示范院建设，还可以为检察文化建设尤其是精品建设打造一个公共平台，提供制造文化精品的条件和契机，并能够战略性地开展检察文化精品建设系统工程，从而整体上提升检察机关的形象和执法公信力。

三是始终突出业务精品建设。检察文化精品建设的根本目标就是为检察业务工作服务，否则检察文化精品建设就没有任何的现实意义。而检察业务工作的好坏，对检察文化建设尤其是精品建设起着至关重要的作用。在一定程度上，检察业务的精品能够造就检察文化的精品。而一个业务不突出、能力不强的检察院，无论进行怎样的文化宣传报道，也难以打造出本院的业务精品和文化精品。同时，检察机关除了大力构建检察文化精品之外，还要进一步做好精品的延伸工作，即在已经获得成功的某一文化精品的基础上，由点及面，逐渐扩大至所有的检察文化乃至业务的精品建设，从而提升整个检察机关的影响力和创造力，为检察事业的科学发展打下良好的基础。

四是始终坚持地方特色。要实事求是根据自己的客观条件，在能力和条件许可的范围内，创造出富于地方特色的优势文化精品，从而在资源限定的情况下，使检察文化精品建设走上科学发展之路。如江苏宜兴检察院打造的"紫砂文化"、山东乳山检察院建立的"快乐文化"、四川什邡检察院塑造的"偏居西部敢于争先的文化"，无不具有鲜明的地方特色。

五是充分进行宣传报道。文化建设不同于其他建设，文化成果的认同最终表现于社会，孤芳自赏绝非文化建设的目标，它需要借助于一定的外部载体予以充分体现。"酒好也怕巷子深"，讲的就是这个道理，无论做了怎样的文化精品，都需要通过宣传报道让外界所知晓，并能够真正地发挥作用，否则，文化精品也将不会成为真正的精品。尤其是包括检察文化建设在内的精品建设，更需要广泛利用各种现有媒介进行深度宣传报道，如利用各类报刊、杂志、网络、研讨会等。在具体推介过程中，要特别把握推介的介质，推介的内容和推介的地域范围和对象选择等问题。就推介的介质而言，要注意检察机关的内部宣传通道和社会媒介的共用。就推介的内容来看，应是全方位地展示，其中特别要注意推介反映本检察院特有的理念、制度、工作方法和成效，要抓住典型案例和先进事迹，树典型、扬正气。就推介的地域来看，立足本地、面向全国是基本态度，其中立足本地强调社会效应，面向全国更多强调行业效应。

（四）检察文化精品建设的表现形式

检察文化精品建设与所有的建设一样，最终必然要形成一定的成果，而这一成果的优劣，也是检察文化精品建设工程是否取得实效的最终反映。赋予文化精神和理念这一检察文化的核心以无穷活力，必须让每一位检察人员时刻熏陶在文化的氛围中，时刻体味着文化的精髓和魅力，让每一个接近该检察院的人都能了解和体会到检察文化的精要，所以将文化的精髓和理念以最为直观和立体的方式展示给全院干警的确是深入推进文化建设的重要途径。在内部的各种不同场所将自己的文化理念和精神展示出来，使院子、走廊、墙壁、门厅都洋溢出文化的气息，通过雕塑、浮雕、文字、书画等多种手段将成形的检察文化的精神和理念直观化、形象化，为检察人员了解、熟悉，并在潜移默化中自觉接受。实践中，高质量的检察文化精品，既可以是有相当影响力的检察学者、文化名人、文化工作室，如江苏常州的"纪萍工作室"，也可以是有影响力的期刊杂志、研究专著、书香工程等。但是，在这所有的检察文化精品表现形式中，不得不提检察文化精品产生的机制建设。好的机制，不仅能够创造检察文化精品，更是检察文化精品建设的重要表现形式。对于地方而言，这样的机制包括富有地方特色的检察学社、文化建设模式等，如打造以高校为平台、以检校合作为形式的研究基地等；从全国来说，这样的机制可以表现为检察官文联、检察学会等全国性文化载体的创立。

　　检察文化建设不能流于表面化，不能被简单地等同于各项文体活动。业余文体活动、政治思想工作属于检察文化的范畴，但不是检察文化的核心和主体，检察文化建设应该突出检察特色，围绕检察工作的特点、检察官的职业需求来开展。检察文化精品建设还有另一种重要表现形式，就是通过检察文化精品建设，将一个个的检察人塑造成一个个高品质的"法律人"兼"文化人"，使检察机关的执法公信力再上新台阶。这样的"法律人"兼"文化人"，不仅在 8 小时以内是忠诚公正、恪尽职守的"客观性义务"的守护者，也要在 8 小时之外成为清正廉洁、敬民亲民的人民公仆。检察文化精品建设，与其他所有的检察事业建设载体一样，都只是一种过程和形式，其最终目的仍然是为检察人服务的，或者说是为提高检察人员的素质、打造优秀的检察队伍服务的。当在整个社会中提及"检察官"一词时，人们都不禁油然敬佩，当提及检察工作和检察事业时，人们都不禁羡慕不已，那么，检察文化精品建设工程就将取得最大的成效，同时也是其最优秀的表现形式。

后　记

　　理论的深度和厚度往往决定着它适用的空间维度和时间维度。检察文化的大发展大繁荣首先要有检察文化理论的大发展大繁荣，而检察文化理论研究工作又必须扎根于检察文化建设的实践之中，从中汲取营养和动力。检察文化建设和检察文化理论相携相扶，共同发展，相互促进。中国检察官文联自 2011 年成立以来，一直高度重视检察文化理论建设，并在开拓性的探索实践中逐步形成了以检察文化理论研究为根本，以检察文化艺术创作为关键，以检察文化艺术活动为载体的"三位一体"的工作思路。

　　2012 年 5 月，在中国检察官文联主席张耕同志倡导和主持下，《中国特色社会主义检察文化理论研究》课题组成立，担当起了构建中国特色社会主义检察文化理论体系的重任，先后召开座谈会，拟定研究提纲，邀请了检察系统内外在检察文化理论研究上颇有建树的徐汉明、陈怀安、谢鹏程、徐建波、张建伟、郑青、常艳、高景峰、张书华、孙光骏、龚培华、王雄飞、吴旭明、吴建雄、李乐平、马滔、余双彪、王鹰、张晓华、沈海平、周泽春、赵鹏、董坤、陈磊、罗欣、朱明飞等 20 多名同志参加课题研究，分别承担一章或者一节的写作任务。大家分工合作，在 2012 年 10 月，形成了本书的第一稿《中国特色社会主义检察文化初论》。对这一稿，除了主编和副主编进行审阅和讨论外，还邀请了最高人民检察院检察理论研究所张智辉研究员、向泽选副研究员作为外聘专家进行审读，他们提出了不少宝贵的意见和建议。其中，张智辉同志关于检察文化概念应当采取狭义即"小文化"概念的建议，课题组经过反复研究讨论，接受了他的意见，并由课题组组长张耕同志主持召开研讨会，以"小文化"概念为基点，对全书的框架结构和观点论证进行了调整；会议还决定由谢鹏程、吴旭明、常艳、高景峰、张建伟、吴建雄、周泽春和李乐平 8 位同志分别承担一章或者两章的统稿和改写任务。对于检察文化理论来说，这次会议是一次统一认识的会议，也是这部专著在理论体系和基本立场上区别于以往检察文化理论研究的重要标志。

2013 年 2 月，本书第二稿《检察文化初论》形成了。张耕同志审阅后提出了三条重要意见：一是检察文化的内容尚未界定清晰，不利于研究的深化；二是检察文化的载体尚未与检察文化本身区分开来并深入研究它们之间的关系；三是检察文化的比较研究尚未突出检察职业特点。这三个问题关系到本书的深度和厚度，也直接影响本书对检察文化建设的针对性、实用性和指导性。在张耕同志主持下，课题组再次召开会议，研究解决这三个难题，经过一天半的讨论，统一了认识：第一，检察文化的内容可以划分为检察观念、检察伦理和检察形象三个方面。第二，检察文化的制度载体、行为载体和活动载体分别是检察制度、检察行为和检察文化活动。第三，对于三大法系的检察文化，可以从检察观念、检察伦理和检察形象三个方面概括。

随着认识的深化，对书稿的结构又进行了调整，由原来的九章增加为十章，章节顺序和写作人员也有一些变化。第三稿编写人员及分工如下：

张　耕：前言

谢鹏程：第一章（检察文化的概念）

周泽春：第二章（检察文化的特征）

张建伟：第三章（检察文化的形成和发展）、第八章（检察文化的比较和借鉴）

吴旭明：第四章（检察文化的基本内容）

朱明飞：第五章（检察文化的载体）

常　艳：第六章（检察文化的基本功能）

李乐平：第七章（检察文化的传播）、第十章（中国特色社会主义检察文化建设）

吴建雄：第九章（检察文化的发展规律）

上述 9 位作者既是课题研究的参与者，也是课题研究成果的第一批享用者。课题组对于曾经参与课题研究和写作而未参与最后一稿写作的徐汉明、陈怀安、徐建波、郑青、高景峰、张书华、孙光骏、龚培华、王雄飞、马滔、余双彪、王鹰、张晓华、沈海平、赵鹏、董坤、陈磊、罗欣等同志表示敬意，对他们为本书的写作奠定的基础和作出的贡献表示感谢！在本课题研究和本书的写作过程中，中国检察官文联杨明秘书长带领文联秘书处的田新潮、金俐、郭存星、朱明飞、王福方等同志给予了大力支持和配合，朱明飞同志协助课题组做了大量联络、协调和服务工作；在出版过程中，中国检察出版社社长阮丹生、副总编安斌同志及其他编辑同志等给予了许多支持和帮助，在此一并表示衷心感谢！

　　荀子说："不积跬步，无以至千里；不积小流，无以成江海。"如果《检察文化初论》能够成为检察文化理论千里之行的"一跬步"，成为汇入检察文化理论"大海"的一条"小流"，我们推动检察文化理论发展的愿望就达到了，构建中国特色社会主义检察文化理论体系的梦想就可能成真！

谢鹏程

2013 年 11 月 6 日

图书在版编目（CIP）数据

检察文化初论/张耕主编. —北京：中国检察出版社，2014.5
ISBN 978 - 7 - 5102 - 1144 - 7

Ⅰ.①检…　Ⅱ.①张…　Ⅲ.①检察机关 - 工作 - 研究 - 中国
Ⅳ. D926.3

中国版本图书馆 CIP 数据核字（2014）第 027969 号

检察文化初论

张　耕　主编

出版发行：中国检察出版社
社　　址：北京市石景山区香山南路 111 号（100144）
网　　址：中国检察出版社（www. zgjccbs. com）
电　　话：(010)68682164(编辑)　68650015(发行)　68650029(邮购)
经　　销：新华书店
印　　刷：北京嘉实印刷有限公司
开　　本：720 mm×960 mm　16 开
印　　张：21.25 印张
字　　数：387 千字
版　　次：2014 年 5 月第一版　　2014 年 5 月第一次印刷
书　　号：ISBN 978 - 7 - 5102 - 1144 - 7
定　　价：56.00 元